北京教育科学研究院学术著作出版资助基金项目

为学而教

中小学课程改革实践与思考

⭕ 赵艳平 著

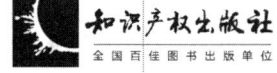

知识产权出版社
全国百佳图书出版单位

图书在版编目（CIP）数据

为学而教：中小学课程改革实践与思考／赵艳平著 .—北京：知识产权出版社，2015.9
ISBN 978-7-5130-3822-5

Ⅰ.①为… Ⅱ.①赵… Ⅲ.①中小学—课程改革—研究 Ⅳ.①G632.3

中国版本图书馆 CIP 数据核字（2015）第 224500 号

责任编辑：齐梓伊　　　　　　　　责任出版：刘译文
封面设计：张　悦

为学而教

中小学课程改革实践与思考

赵艳平　著

出版发行：	知识产权出版社有限责任公司	网　址：	http://www.ipph.cn
社　　址：	北京市海淀区马甸南村1号（邮编：100088）	天猫旗舰店：	http://zscqcbs.tmall.com
责编电话：	010-82000860 转 8176	责编邮箱：	qiziyi2004@qq.com
发行电话：	010-82000860 转 8101/8102	发行传真：	010-82000893/82005070/82000270
印　　刷：	北京嘉恒彩色印刷有限责任公司	经　销：	各大网上书店、新华书店及相关专业书店
开　　本：	787mm×1092mm　1/16	印　张：	25
版　　次：	2015 年 9 月第 1 版	印　次：	2015 年 9 月第 1 次印刷
字　　数：	370 千字	定　价：	62.00 元

ISBN 978-7-5130-3822-5

出版权专有　侵权必究

如有印装质量问题，本社负责调换。

序

"以学生发展为本"是教育活动的起点和终极目标，而最基本的教育活动主要是在学校范围内展开的。从这个意义上讲，学校改革的成败决定了教育改革的成败，学校的发展也决定了人的发展。因此，追溯学校的发展历程，分析学校发展的主要阶段和重要措施，探询学校发展的动力和策略，将有利于学校的不断进步，有利于更好地探索学校发展的内在规律，也将更好地促进人的全面发展。

教学与教学管理是学校发展中的重要内容，课程改革以来，学校在这些方面进行了很多探索，积累了丰富的实践经验。那么，如何剖析改革历程中诸多举措的实质，并借助理论将其总结提升，为教育改革提供可资借鉴的经验和启示，就成为了教育研究者的职责。每个教育工作者就是站在社会和教育发展阶段的宏观视野下反思教育现状，在课改背景下思考教学和教学管理变革的现实起点、理论支撑和操作策略。

作者立足实践，根植于广大学校实践创新，对学校习以为常的思维和行为方式变革进行关注；系统思考，对教学系统和教学管理系统进行研究，力图揭示实践案例背后的教育学意义，并在此基础上尝试建构策略；持续追踪，对样本学校课改以来变革历程进行研究，并一直追溯到课改前。书中多个案例的背景、原因、举措、成效等说明了这一过程，改革仍在路上，研究也在持续。

为学而教
——中小学课程改革实践与思考

  本书试图将理论系统性和实践问题性结合、现状调研和典型案例结合，力图体现应用性理论的建构、真实实践场景的把脉、实践策略的可操作。

  随着课标教材修订、课程设置调整、学科指导意见出台、考试改革方案落实，北京市揭开了新的课改序幕。站在新一轮改革的起点上，期待我们和作者共同努力、积极探索，以期为此贡献绵薄之力。

李中雄
二〇一五年八月

目 录
Contents

上篇 问题与思考

第一章 学生现状：一个班级样本 ……………………………… 3
 第一节 回到原点来思考问题 ……………………………………… 3
 第二节 做接受知识的"好孩子" ………………………………… 10
 第三节 做遵守规范的"好孩子" ………………………………… 18

第二章 原因分析：制度价值使然 ……………………………… 32
 第一节 单向度教育制度反思 ……………………………………… 32
 第二节 教育人本位价值取向 ……………………………………… 38
 第三节 后现代思潮全景审思 ……………………………………… 44

第三章 追根溯源：不同视角审视 ……………………………… 58
 第一节 类本位下的主体间性 ……………………………………… 58
 第二节 教育人学的真谛意蕴 ……………………………………… 64
 第三节 交往理论的教育启示 ……………………………………… 70

第四章 改革实践：课程领域切入 ……………………………… 79
 第一节 多元灵活的课程典范 ……………………………………… 79
 第二节 因地制宜中追随改革 ……………………………………… 85
 第三节 京沪课改政策的比较 ……………………………………… 94

中篇　教学设计思考

第五章　课堂教学：立足现实建构 …… 111
  第一节　课堂教学现状的进展 …… 111
  第二节　教学中典型问题解读 …… 123
  第三节　教学设计梳理与建构 …… 136

第六章　任务分析：基于学生需求 …… 156
  第一节　教师学生观观念审视 …… 156
  第二节　影响动机的教学因素 …… 161
  第三节　学生分析内容与方法 …… 167

第七章　目标设计：确立三维一体 …… 172
  第一节　目标维度及表述演变 …… 172
  第二节　目标落实现状及原因 …… 182
  第三节　三维一体实践与策略 …… 193

第八章　结构设计：顺应认知规律 …… 204
  第一节　教学结构及分析工具 …… 204
  第二节　课改后的结构及功能 …… 217
  第三节　一所学校的三次变革 …… 226
  第四节　不同类型学校的比较 …… 232

第九章　问题情境：抓住思维节点 …… 240
  第一节　情境设计的理论梳理 …… 240
  第二节　30节课看问题情境 …… 247
  第三节　有效情境特征与问题 …… 260

第十章　预设生成：引领学生资源 …… 267
  第一节　探究教学方式的生成 …… 267

第二节　情境三次设计中生成 ································· 274
第三节　预设—生成有效互动 ··································· 279

下篇　教学管理思考

第十一章　教学管理：基于现状思考 ··························· 289
　　第一节　教学管理理论梳理 ··································· 289
　　第二节　教学管理的新动力 ··································· 304
　　第三节　教学管理系统重建 ··································· 313
第十二章　质量管理：尊重内在规律 ··························· 320
　　第一节　备课管理减负增效 ··································· 320
　　第二节　听评课文化的再造 ··································· 328
　　第三节　校本教研运作机制 ··································· 334
第十三章　组织制度：打造专业系统 ··························· 342
　　第一节　研修结构生态模式 ··································· 342
　　第二节　教学管理制度重构 ··································· 345
　　第三节　教学管理过程优化 ··································· 349
第十四章　教学研究：提升内在动力 ··························· 357
　　第一节　透过论文看现状趋势 ································· 357
　　第二节　教学研究实效追问 ··································· 367
　　第三节　U－S有效互动思考 ··································· 374
参考文献 ··· 381
后　　记 ··· 388

上 篇

问题与思考

当前教育中什么样的学生会成为班级弱势群体？他们是如何在师生、生生互动中生成的？生成原因是教师吗？是孩子自己吗？是家庭吗？深层原因到底是什么？

本篇通过描述当前一个班级孩子的生存现状，揭示当前制度化教育下那些不能接受知识、不遵守规范的孩子成为弱势群体的过程；在此基础上对教育价值、制度等进行了反思，并进一步将教育放在宏观的历史社会背景下分析，在现实中寻找改革的切入点。

第一章　学生现状：一个班级样本

我们从哪里开始寻找问题呢？还是让我们回到原点——学生，回到他们学习生活的地方——班级、课堂，看看他们在那里的生存现状是怎样的。学校本应是学生共同成长的地方，那么，是怎样的机制让孩子们在这里有了分殊？黑箱是如何运作的？

第一节　回到原点来思考问题

一、研究缘起

（一）理论层面

1. 对个体生命的关注：人是复杂的生命有机体。人的发展是教育的本真内涵，关注完整的、生成的、个性的人是教育的前提。对人的终极关怀促使笔者反思：促进人发展的学校教育何以在某种程度上造成了人的异化，又何以建构了弱势学生群体？

2. 回归生活世界理念：胡塞尔认为"现存生活世界的存有意义是主体的构造，是经验的，前科学的生活成果。世界的意义和世界存有的认定是在这种生活中自我形成的"。[①] 教育要关注学生的现存生活世界，而非脱离生活去构筑宏大理论。这一思想促使我走向现实的教育实践，走近学生的生活世界，去挖掘、体验制度化教育对学生尤其是弱势学生群体的影响。同时也促使我反思：被学校、教师奉为真理的所谓"知识"，奉为教条的所谓"规范"在

---

① 衣俊卿：《回归生活世界的文化哲学》，黑龙江人民出版社2000年版，第53~54页。

何种意义和程度上是正确的、客观的？教学知识、学校生活本身所带有的取向（如忽视日常生活世界）对弱势学生群体的建构有什么作用？

3. 后现代思潮：后现代主义主张去中心，边界松散；关注边缘，尊重差异。后现代主义者福柯用高扬不可沟通性、差异性和离散性来对抗现代性的理性压抑，认为启蒙的理性神话用"求全求同"的虚妄来掩饰和压抑多元性、差异性和增殖性。① 这一观点使我的视角转向教育中的边缘和弱势群体。同时启发我用后现代思想反思当前教育现状。

（二）实践层面

（1）学校实践的启发。带着这样的哲学理念以及对制度化教育的质疑，我走进了一所中学的一个班级。在和学生们相处的一段时间，我时时刻刻都能感受到在学校、班级严格规范的量化管理下，一些同学如何成为教师规训的重点、班级群体怨愤的焦点；在以分数为唯一评价标准下，他们又如何成为其他学生蔑视、不屑的对象；在课堂教学潜在的知识本位、线性传承下，他们的生命个性如何被忽视；这些学生又是怎样的沉默（任由他人去批评、嘲讽）和抗争（与一切体制、规范对抗，以玩世不恭的态度对待惩罚，以开他人玩笑来释放心中的压抑）。这种种的冲突、妥协周而复始地运作，最终成为一种惯习。在彼此心中不再掀起任何波澜。再无辜的眼神也被认为正常，再激烈的反抗也被认为平常。这群孩子是不是我要研究的对象呢？

为此，我查看了他们的成绩单，发觉他们基本处于后8名。又进行了一个调查，设计了一个人际关系矩阵表，结果显示他们处于被同学漠视或排斥的位置。于是我有针对性地对这几个同学进行了观察和访谈，发觉他们并不比别人笨，甚至在某些方面还有特长，而且有些同学曾经很优秀。这些事实促使我不断地思考：是什么造成了他们现在的弱势地位？他们以前的学校经历对造成当前状况有什么影响？他们又是如何在学校体制内，与教师、学生互动中陷入弱势的境况，并进一步使之合理化？在这一过程中，受哪些因素影响，又是如何影响的，改变这种境况有无可能，如何改变？……这一系列的问题促使我在微观层面研究班级弱势群体的生成问题。

---

① 佘碧平：《现代性的意义与局限》，上海三联书店2000年版，第79~82页。

（2）个人生活的体验。反思12年的基础教育，感触最深的是一批批同龄人，他们由于暂时的学习失利或者不遵守规范，在以分数为唯一标准的评价体系下，在讲求服从、听话的价值导向下，成为"众矢之的"。最终他们在期待效应、标签理论下，在与教师、同伴群体、家长的互动中，成了教育中的失败者。他们注定是失败者吗？有一些同学正是由于不拘泥于死板教条，而屡屡与制度化学校教育相抵触，对此我深感痛心。这促使我挖掘学校教育运作对他们的影响。

二、前人研究

通过查中国期刊网、人大复印资料、baidu.com网页等发现：

（一）国内

中国期刊网。时间跨度为1994～2003年。以"弱势群体"为关键词搜索，文章共有179篇。以"教育"为关键词进行二次检索，文章共有5篇。都是探讨处于社会（政治、经济、人际关系等）弱势地位家庭的子女受教育问题（主要是教育机会、过程公平问题）。

以"班级"为关键词进行检索，文章共有5篇。其中两篇探讨对学校中处境不利学生的关爱，都是一线教师的经验总结；另有三篇探讨英语、数学等具体学科中，学业不良学生的教育问题。

以"差生"为关键字搜索，有文章539篇。以"后进生"为关键字搜索，有文章355篇。(1)主要是一线教师对转化差生、后进生的感悟、经验总结。(2)从教育学、心理学的角度研究差生、后进生形成的自身、家庭、教育、社会原因及对策。

查阅专门论述差生、后进生的书：俞国良著的《差生教育》指出差生在学业、品德、个性方面产生不良现象的内外因，并提出矫正策略；钟启泉《差生心理与教育》指出差生的心理特征，对差生进行教学论、性格学分析并提出教育对策。

教育社会学在进行微观研究时，涉及教育差异问题。吴康宁主编的《课堂教学社会学》中提到：在课堂控制中，控制的力度、方向、情感等因学生不同而存在差异；在教师课堂交往行为中因学生的成就、社会地位、班级职务不同而存在差异；在评价中的语气、方式存在差异等。

（二）国外

日本：认为差生源于社会过度追求学历成功。美国：近几年开始用教育社会心理学的观点和方法探讨差生。如：赞德和福华特动态研究了成就动机同角色模式及社会身份之间的关系。

西欧：宏观社会学学者认为学校是社会的子系统，它再生产了社会阶层。因此偏重从家庭文化背景和社会地位来探讨形成差生的原因。如：直接再生产理论者鲍尔斯和金蒂斯在《资本主义美国的学校教育》提出，社会经济背景是学业成就、职业地位的最终决定因素。间接再生产理论者皮埃尔·布迪厄提出所属阶层占有的资本尤其是文化资本是决定学业成就的决定因素，学校再生产了文化资本，从而使不平等合法化。法国学者玛丽·杜里-柏拉（M. Dubar-Bellat）和阿涅斯·冯·让丹（A. Van Zanten）把研究的触角深入到了学校内部，在其著作《学校社会学》中，他们首先把学校放在社会背景中，从选修课到学业指导探讨不同家庭背景孩子的差异。然后研究学校内部的运作，从学业评估、教育大纲、教学实践、成就规范、课堂生活等角度论述了学业不平等的因素。

这些研究者分别用差生、学业不良者、后进生等不同名称，进行了不同角度的探讨，他们的研究思路给了笔者很多启发。

三、概念界定

（一）班级

首先看一下与班级相关的概念。教室：一般专指用来供学习之用的一种物理环境和场所。人们倾向于把利用这种物理场所来进行学习的人的群体组织称为班级。课堂可看成是人的群体在教室这个物理场所里开展的学习。

关于班级的概念：一种观点认为，班级是一种学习集体[①]。它满足五个条件：（1）起码有一个学习成长的目标；（2）有两个以上的人为了实现这个目标聚集在一起；（3）为了实现既定目标，有指导和学习这两种角色分配；

---

① 〔日〕片冈德雄：《班级社会学》，北京教育出版社1993年版，第5~6页。

(4)这种集体起码要保证持续一定的时间;(5)一般说来应有一定的物理环境场所。另一观点认为,班级从教育社会学观点看,是以学生为主体,以社会化的学习和交往为特征的儿童社会①。

(二) 弱势群体

在 2002 年 3 月 5 日召开的第九届全国人民代表大会第五次会议通过的政府工作报告中,第一次使用了"弱势群体"一词。社会"弱势群体"是相对于"强势群体"而言的。通俗地说,弱势群体就是在社会各个群体中处于劣势的脆弱的人群。弱势群体是一个描述性概念,其内涵是相对模糊的,其外延是相当宽泛的。它不是一个一成不变的概念,而是社会发展到一定时期,政治、经济、文化等多种因素综合作用的结果。

目前我国的弱势群体,主要是在社会转型期出现的一个特定群体②。社会各界对其尚无统一的定义。社会转型期的弱势群体,其"弱势"的核心含义,是指在经济、文化、体能、智能、处境等方面处于一种相对不利的地位,从而获得各种稀缺资源的匮乏,导致生存困难和发展机会匮乏的那部分人群。

(三) 班级弱势群体

班级中的弱势群体,是指在同一个班级中,在学习成绩、心理素质、德育素养、家庭背景等方面低于全班平均水平或出现异常而处于劣势的学生群体③。班级中的弱势群体是客观存在的。

笔者在本书中指学校场域中处于不利地位继而产生对学校各种资源占有缺乏的同学。研究发现主要是学习成绩差(不包括由于生理、心理缺陷等先天因素所造成的学业失败)或不遵守规范的同学。(本书探讨的弱势群体,如果没有特别说明,均指笔者界定的班级弱势群体。)

本研究中,班级弱势群体是一个生成性和开放性的概念。所谓生成性是指概念的界定不是在研究前界定,而是在研究过程中生成并不断调整、完善起来的。所谓开放性,一方面,不可采用单纯的二元取向,把班级群体仅划

---

① 吴立德:《班级社会学概论》,四川大学出版社 1996 年版,第 3~4 页。
② 尹志刚:"论现阶段我国社会弱势群体",载《北京教育学院学报》2002 年第 9 期。
③ 陈泽茂:"要重视班级中的弱势群体",载《贵州教育》2001 年第 12 期。

分为强和弱两种状态,而是存在多种状态,弱势状态只是其中的一种。"强弱之间既有一种动态平衡,又有一种互变与断裂,二者之间并不存在天然的鸿沟。"① 另一方面,强和弱是不断发生变化的,班级弱势群体在各种因素的相互作用下,可能逐渐改变自己的处境。"我们每个人都是关系网络中的一个网结,只要在关系中就不得不思考自己所处的位置,而位置关系不仅随场域的不同而变化,且与权力、资源、资本、控制等相伴相生,正是在这种不断变化与相伴相生中,关系中的人的强势与弱势不再是本来如此的既定,而是有断裂、突变、重组、流动的必然。"②

（四）生成机制

生成③：产生形成；生就。

运作④：运行和操作,指进行中的工作状态。

机制⑤：有机体的构造、功能及其相互关系；机器的构造和工作原理。

（五）制度化教育

陈桂生教授认为,原始的蒙昧时期并无专门的教育,教育活动是与生产劳动和社会生活紧密相连的,随着生产力的发展及阶级的产生,逐步形成了专门的教育场所——学校；专门的教育人员——教师与学生；专门的教育内容——相应时代的课程。但其时所形成的教育实体虽有程度（等级）之分,彼此间并无固定的分工与明确的关系,各教育实体散落各方,处于游离状态,鲜有严格意义上的学校系统或教育系统。大抵在19世纪下半期,严格意义上的教育系统才基本形成,在教育系统形成以后,教育越来越"制度化",从而被称为"制度化教育"。⑥ 制度化过程具有两个共同特征：其一是划一性,即标准化,导致正规教育"十分死板"；其二是封闭性,导致正规教育"十分狭隘"。

---

① 马维娜："试析教育中的弱势群体",载《教育理论与实践》2003年第7期。
② 马维娜："试析教育中的弱势群体"载《教育理论与实践》2003年第7期。
③ 王同亿：《新现代汉语词典》,海南出版社1992年版,第1459页。
④ 王同亿：《新现代汉语词典》,海南出版社1992年版,第2026页。
⑤ 王同亿：《新现代汉语词典》,海南出版社1992年版,第724页。
⑥ 陈桂生：《教育原理》,华东师范大学出版社1993年版,第66~73页。

康永久在《教育制度的生成与变革：新制度教育学论纲》一书中认为，制度化教育具有正式化（从生产生活中独立出来，有自己的专门形态）、规范化（受正式教育制度的明确规约）、等级化（居于不同社会阶层的人有不同的教育权利和捕捉教育机会的不同能力，某些教育只对某些人开放）、科层化（教育组织中盛行一种按规章办事的形式主义、追求实效的功利主义和注重专业技能的精英主义的管理）、集权化（教育日益集中在权利中心的控制之下）的特征。

四、本书研究

（一）研究目的、意义

对于宏观、中观层面研究，笔者认为不同学生的家庭、社会地位等固然是学生学业成败的重要因素，尤其对不同阶层来说影响很大。但是，学校只是一个"复制机"吗？它在受社会因素影响的同时，自身是否也有一套独特的运作机制呢？笔者反思：学校不仅复制了文化资本，是否也在创造文化资本？尤其是对处于相同阶层的人来说，学校机制如何筛选出优秀生和差生呢？宏观理论均没有考虑学校运作的独立性和教师、学生的主观能动性，以及在此基础上两者的相互作用。

微观研究主要是在探讨课堂教学、师生互动时揭示对象的差异性，或在学校的背景下研究学业不良者的建构过程。目前尚无系统、具体的从班级内部论述班级弱势群体的生成问题。因此，笔者认为，有必要打开班级运作的黑箱，探寻一下是什么因素的作用产生了这些弱势群体。

本书试图通过对课堂内外的一切教育活动进行认真、深入、细致的研究，揭示制度化教育在培养优秀学生的同时，如何通过外显、内隐的方式建构了一批弱势群体，总结出其生成机制。并挖掘制度化运作的深层根源。从而引发理论研究者和实践工作者关注弱势群体，促进对教育体制、教师观念、教育评价等问题的深层思考。

（二）研究方法

主要采用文献法、观察法、访谈法、文本分析、个人生活史研究。

第二节 做接受知识的"好孩子"

其实我们有很多孩子，如果不看成绩，好的很啊（充满深情）。比如我们去春游，或让学生操作什么，有些平时很令人反感的学生，做得非常好，当时就觉得这些学生多么可爱啊！他们由于学不进去，学不好，就让老师反感。如果发挥他们的个性特长，他们就非常可爱。其实我们老师哪个不希望是这种教育，这种教育每个人有自己的发展空间，个性被充分挖掘，并能可持续发展。但现在不可能。

——一位教师的话

成绩好在学校场域中是好学生的最重要标志。而认真听讲、听老师的话被教师认为是影响成绩的最重要因素。当前标准化的考试下，在书本中的法定知识和多样文化间，只有按部就班地听老师讲解书本知识，才能考出好成绩。当前固定化的教师观念中，在师定文化和个体知识间，只有符合教师的文化取向，才能获得认可。在这样的教学现状下，弱势群体是怎样的呢？

一、法定知识与多样文化——高控制课堂教学中的弱势群体

教学案例：

案例1：师讲到概数时，让大家举例。吴林说："×市有330万人口"，没人理他。过了一会儿，接着说："65路车有48辆。"全班哗然。然后指着一个同学说："老师，他爸是开车的。"师："把嘴巴闭起来。"

案例2：教师对作业评析之前，讲到一篇文章："一个少女，被老板解雇，很失意地坐在公园的长凳上……"讲完后，老师说："生活中的失意随处可见。"（群笑，因为班级中有叫施毅的同学）吴嘉大喊："有什么好笑，失意（施毅）就失意（施毅）了呗。"师："以后再说话，滚到学生处去！我也不告诉你们班主任，直接交给学生处，由学校处理。搞得像家庭妇女似的！"（指吴嘉像家庭妇女，因为吴嘉长的又高又胖，大嗓门）群笑。一个男

生扭头看吴嘉。吴嘉朝此男生说"你家庭妇男"。男生回应"河马"（因为她长得又高又胖，还爱大喊大叫，所以同学们给她起了一个外号为"河马"）。

案例分析：

案例1和案例2分别是数学课和语文课中的教学片断。语、数、外是三大主科。学校每次考试的评比就是三大主科，其他科目不参加评比。中考时，除考语数外，还有政治及初二将要学的物理、化学共六门，所以初一主要针对主科学习。笔者一学期的观察发现，期末考试前至少有半个月时间，其他副科停课，只上三门主科，主要进行考前的复习和模拟训练。因此，主科时间总体增多，但由于一部分时间用于应付考试，真正用于日常教学的时间却相对缩短。

有限时间中，其教学内容和每节课的时间是固定的。如英语老师所言："平时上课以课为单位，一课就是一页书，一个单元有四课，一单元用一周的时间，最后一节课复习一下，训练一下语法。每个单元都是有联系的，比如一个单元专门讲什么人做什么工作，邮递员啊，司机啊（教师语）。"课堂教学是以课本为载体的知识传承过程。它有固定的教学内容"以课为单位，一课就是一页书"，固定的时间"一节课45分钟，一单元用一周的时间"，固定的教学程序"一周四课，最后训练一下语法"。师生被限定在固定的框架中，身处有限的时空，面对无尽的知识，以及头上的一把标尺——分数，教师不得不想尽办法高效地传递书本知识。

对"知识"（在学校中主要是书本知识）的认识直接导致教学中的线性传承。在师生看来书本知识具有客观真理的性质。这直接受制于现代知识观[1]，即真正的知识是不以个人兴趣、爱好为转移的，也不是以时间地点为转移的，是普遍有效的；是如实地"反映着""揭示着"事物"本质"的。因此知识是确定的、不变的；把寻找普遍的、确定性的、客观的或绝对的知识作为认识的根本目的。当前教育是在现代知识观背景下开展的，即从人类总体的知识中选择出被认为最有价值的知识，以合适的组织形式呈现给学习者。在这种理念下的教学是线性传承的过程，它不管学生自身需要、兴趣、

---

[1] 石中英、尚志远："后现代知识状况与基础教育课程改革"，载《教育探索》1999年第6期。

先天资质和社会背景如何，教学中有划一的教学计划，明确的教育环节，固定的教育模式等。

线性传承，一方面直接排斥学生的个体经验和个人生活史。完全忽视了学生个体的差异性、多元性。进而它往往还像其他社会体系一样，运用纪律进行"规训"和"惩罚"，以维持这一体系的运行。在案例1中，"×市有330万人口"，吴林对概数的举例无疑是鲜活的，知识源于生活，生活蕴含着知识，只有把书本知识和个人经验联系起来，才能真正内化为自己的东西。他把生活经验和书本知识联系了起来，是个体与文本的真正对话。这样的课堂也是充满生命活力的。但是，吴林不但没有受到表扬，反而不被理睬。当他想进一步解释自己的观点时，却由于扰乱课堂秩序而受到训斥。久而久之，吴林成为课堂中的失语者。

笔者观察的一学期，发觉吴林很有创新思想和发散思维，但在高效传递知识的课堂中，只有听话的学生才能有效接受老师传递的知识，吴林被作为"异端"而受到漠视或惩罚。正如一个学生坦言："吴林想象力非常丰富，老师让形容一下场景，他会像拍电影一样，背景是什么样子的，描述一番。他离题太远了，所以很少请他发言。"

线性传承，另一方面排斥课堂中新生成的文化。正如案例2所反映的，这是一个由教学内容引出的课堂意外。由于和同学名字出现谐音，吴嘉一语双关的话语无疑具有创造性的成分，是课堂中新生成的文化。在某种程度上，也给严肃紧张的课堂生活增添了一些生机，使课堂氛围一下子变得轻松活跃。（当然也不排除学生想趁机放松一下）吴嘉非但没有得到认可，反而引起同学哄笑，由于声音突出遭到老师严厉训斥。在老师看来，学生的注意力被她吸引了，课堂严重失控，教师"一言堂"受到冲击，这是不容许的。由于吴嘉的惯常表现，教师由对此事的训斥延伸到对整个人的奚落"搞得像家庭妇女似的"。老师的批评引起了学生的迎合。而吴嘉私下的反抗，也是苍白无力的。"河马"的外号充分说明她在同学心中的形象已定格。

高效传递知识的课堂教学就这样周而复始的运作，学生根据掌握书本知识的多少也逐渐分化。最后在以分数为唯一有效标准的评价下，被进一步标定。一部分人在标定中逐渐成为班级弱势群体。标定的结果反过来又进一步影响了课堂教学，因为在有限的时间内为提高教学业绩，教师不得不进行有目的的取舍。教师作为课堂教学的主宰者、控制者，会根据不同的问题选择不同的学生，对学生的回答做出评价，在这样看似"因材施教"的外衣下，实际隐含着对弱势群体话语权力的剥夺。教师创设的课堂氛围客观上使他们成为"沉默的羔羊"①，成为教学漠视的群体、冷落的对象。这恰恰在某种程度上形成了弱势群体。

二、师定文化与个体知识——低控制课堂教学中的弱势群体

教学案例：

案例：4月4日政治课

教师：我们已经讲完了如何交朋友以及友谊，下面我要求大家总结友谊小格言。（各小组开始讨论，老师不断指导各小组。）师：下面各小组把讨论的结果汇报给大家。（几乎所有的小组都举手）我要点纪律最好的，最有风度的一组。

吴林：情意有三种，友情、亲情、爱情，其中友情最重要。（下面议论纷纷）

师：不管别人讲的怎样，有什么意见，先保留，爱情、亲情、友情，哪个最主要，我想有他个人的理解。我们每个人有不同的经历，也就有不同的理解。我想随着时间的推移，这位同学会认识到它的正误。其他人没有理由说他是对还是错。

杨亚：友谊像一坛酒，时间越长，它越醇。

翁建：朋友是人生的启明灯，它总是为你指明正确的方向。

刘从：真诚的友谊使你的生活多姿多彩。

王晶：友情像一朵含苞待放的花，只有不断地施肥，浇水，才会开出美丽的花。

吴峰：诚挚的友谊，总是出现在暴风雨之后。（群笑）

师：大家不要笑，吴峰这句话很深刻，他肯定有自己的想法，我们听一听吴峰怎样想的。（群笑）

---

① 赵艳平："后进生：一种后现代学生观的解读"，载《江西教育科研》2004年第1期。

吴峰：比如考试，如果有人想抄答案，另外一个人不告诉他，会发生矛盾，但他是为了对方好。

师：很好，很有道理。

吴嘉：如果友谊是珍珠奶茶，我就是奶茶，朋友是珍珠。（群哄笑）

周帆：友情是从深处飘散出来的温暖，它苏醒着世界万物，照亮着那一颗受冷漠的心。

王利：抢先伸出你的手，你会比别人获得更多的友谊。

杨力：世界上最有价值的东西，莫过于朋友之间不朽的友情。

周阳：我是一只来自西伯利亚的蝴蝶，（群笑）友谊是来自非洲大草原上的阳光，给朋友带来温暖。孙伟站起来说"西伯利亚哪来的蝴蝶?！还有要被冻死"。（群笑不止）

师：不要笑了，我们请周阳自己来解释一下。

周阳：西伯利亚很冷，蝴蝶也需要温暖。

吴林：老师我知道，他把自己比喻成需要温暖的蝴蝶，蝴蝶发育、生长需要适当的温度。

师：刚才同学们都想了，都是很有道理的，大家所说的无外乎友情的真谛是什么，尊重、信任、理解，从这节课发言的笑声中，我看到了有些同学不诚恳，是对别人的不信任。吴林在下面说：肯定不是他写的。师继续：那我告诉你，这就是周阳写的。我相信是周阳写的。

师：下面各小组申请考核。

熊俊：申请优+。因为每一句格言都有自己的特色，尤其是周阳写的。

师：同意的举手？（绝大多数同学举手）

孙涛：申请优+。因为吴嘉表现好，不仅没有插话，而且积极发言。

师：同意的举手。（只有少数人举手）

师：我基本同意。

翁建：申请优+。因为吴峰平时不发言，这次很精彩。（下课铃响）

师：好，没有申报的组，下课后继续。

案例分析：

这是一节政治课。政治课由班主任程艳承担。程艳积极探索新的理念、

上篇

第一章 学生现状：一个班级样本

方法应用于教学中，她尝试发挥学生的主动性。但由于经验不足，对教学和管理有很多困惑，她曾向笔者谈起，她不知如何把握某些知识的价值取向，不知如何把握教师权威和学生主动性间的"度"。这节课教师给了学生很大的自主权。在这样宽松的课堂中，吴嘉、吴林、吴峰是最积极的，正如老师所言"因为他们平时比较好动，真正动起来实际上就照顾到'后面'的同学了"。真正参与课堂对三个人无疑是一次进步，而教师的引导变得关键。

通过案例我们发现，在所有的格言中，大多数学生把友谊比喻成酒、花、叶、启明灯等，均受到老师和学生的认可。但这些词，笔者有一种似曾相识的感觉，很多来源于古人或书本对朋友、友谊的诠释。而引起师生议论、哄笑的是成绩后几名的学生吴嘉、吴林、吴峰和周阳。让我们一起来分析一下。

据笔者观察，吴林是一个重友情的孩子，但在学校场域中，同伴群体很少主动理他，他通过自己的方式，试图和同伴沟通，却被视为攻击性行为而远离他。因此，在吴林的生活世界中，他缺少同伴的友情，这也许是他友情格言的真正含义吧。在没有书本知识约束的课堂中，教师的观点直接影响着对学生的判断。面对学生的议论纷纷，教师对此没有进行价值判断。

吴峰经历了小学时的心灵创伤，到中学后，一直提不起精神，主科的老师基本放弃了他，同伴群体把他视为另类，他一直生活在自己的空间中，课内外很少听到他的声音。班主任从他的妈妈那了解到他过去的情况，曾试图帮助他，但没有一点成效，很失望，从此很少管他。而且他也"没有对班级造成什么影响，老师很少关注他"。这次是笔者深入班级观察到他唯一的一次发言。老师的鼓励给那些嘲笑他的人一次回击。后来，再也没有被老师表扬过。虽然吴峰动手能力很强，手工做得很好，但在当前的分数至上的知识学习中，他的优势没有发挥的空间，也就不存在被师生认可的契机。教师对他赋予的教育资源贫乏，不足以改变同学对他的看法，吴峰依然重复着昨天的故事。

吴嘉由于经常违规，在一次广播操事件（后面提到）后，一直处于与教师对抗、冲突的状态，是这一阶段受批评最多的一个学生。她说出自己的格言后，引起同学的哄堂大笑，在笑声中悻悻地坐下。她用"珍珠奶茶"作比喻或许来源于她的现实生活，以此诠释着她理解的朋友。笔者没办法了解其中的深刻含义，或许她把朋友看作如珍珠一样珍贵……老师对此没有理会，或许认为吴嘉故意捣乱，或许认为她的话是无稽之谈。总之，与教师的对抗状态使吴嘉没有被理解的机会。

周阳在 MX 班成绩不好，但遵守规范，很有人缘。平时沉默寡言，开始笔者把他也作为一个研究对象，但随着调查的深入，笔者发现教师和同伴群体对他评价都很好。和吴嘉、吴林、吴峰相比，他可能只是成绩差一些。从他的发言中看出，他内心是需要友谊和关爱的。他形象的比喻，也引起了学生的哄笑，甚至下课后，一些同学还在他的背后说"西伯利亚蝴蝶、西伯利亚企鹅"之类。但在课上，教师的积极引导无疑对扭转学生的看法起了很大作用，因此在最后小组评价时，绝大多数人举手赞同他的发言。与此相对的是吴嘉的发言没有得到多少人的认可。由此可见，教师的引导对学生的观念有很大影响。

四位同学的格言都来自自己的生活体验，如何判断它们的优劣？在基本没有法定文化束缚的前提下，师定文化起着决定作用，而教师的价值取向、学生观直接影响了她对学生个体知识的判断。正如阿普尔的意识形态与课程理论揭示："课程知识表达了权势对于正常与异常、重要与不重要、好或坏所特有的特定观点，这种观点隐藏着一套社会所接受的规则和假设，以此来判断哪一种是学校知识，而非常识，哪一个是好学生，而非差生。"① 所以，班级文化及教师所认为的知识规范这种一元取向影响了对知识的判断。

三、交互作用与主体成果——课堂人际关系中的弱势群体

教学不仅是传授知识的活动，也是人际交往的活动。日本学者片冈德雄认为"教学的基本构成为学习内容、学习主体和人际关系。教学过程既可以理解为一种对于学习内容的'主体化'过程，又可理解为对于学习过程的'集体化'过程。换句话说，教学过程既是学习主体的一种主观心理过程，

---

① 〔美〕迈克尔·W. 阿普尔（Michael W. Apple）：《意识形态与课程》，华东师范大学出版社 2001 年版，第 20~21 页。

上 篇

第一章 学生现状:一个班级样本

同时,又是一种人际关系的交互作用过程。"① 如表1-2-1所示:

表1-2-1 教学的输入与输出②

输入	教学的集体过程	输出
成员的行为	班级的集体结构	班级成果、学习主体成果
交互作用 活动	达成目标功能、 维持集体功能	生产效率、学力、 凝聚力、热情、情绪

当前,老师占教学中主导地位,对不同群体的交互作用存在差异,对好学生往往给予更多的机会,而对弱势群体没有耐心。

对好学生:

案例:老师让翁建(好学生)读《狼三则》文言文,翁磕磕绊绊地读完。师:"翁读得不错,有同学在下面笑,你读一读,能读成这个样子吗?文言文第一遍读成这个样子已经不错了。"

对弱势群体:

案例:老师让几位同学把练习册的题在黑板上做一下,他转着检查下面同学的作业。吴嘉也举手,老师踱到她旁边,看到练习册还没有做完,说:"你没有做完,还敢举手!"吴嘉:"我就一道题没做。""一道题没做已经很过分了。"老师说。前面的同学李雅也转过头随声附和:"很过分!"

案例:老师:"《龙魂》这篇文章说明了什么?"(吴林举手)师:"吴林,你来回答。"吴林:"我没想好。"师:"没想好举什么手?!"吴林:"表达了对海外……"(还没说完)老师:"这和海外有什么关系?!"(群笑)

通过对比上面的案例,我们可清晰地看到老师对好学生和弱势群体的差异:当好学生磕磕绊绊地读课文时,老师一直耐心地听,给予无声的鼓励。面对其他同学非善意的笑时,老师立即为好学生辩护,"你读一读,能读成这个样子吗?"隐含的语境是你们不如好学生,可能读得更差。时时以好学生的标准评判他人。当吴林没有想好却站起来回答问题时,老师没有积极地

---

① 〔日〕片冈德雄:《班级社会学》,北京教育出版社1993年版,第54页。
② 表来源同上。

引导，而是责怪"没想好举什么手?!"当吴林尝试着回答这一问题时，话没有说完，就被老师毫不留情地抢白，无任何思考的空间和余地。

不同的交互作用，输出的学习主体成果也存在差异（正如表1-2-1所示）。对于吴嘉、吴林的排斥，不仅影响了他们的情绪，而且打击了课堂积极性，影响了他们的学习。

吴林表现欲很强，上课经常主动回答问题。但有一次，他趴在桌子上，不举手。后来经了解得知，"我不高兴发言，嗯，每次我都举手，老师就是不叫我。大家都被喊过了，然后剩下两个，老师说今天就到这。"（吴林语）

案例：整个一节课，吴嘉一直趴在桌子上，读课文时，有气无力，读几句就没有声音了。三次被老师点名批评，"坐好了""拿出作业本听写""吴嘉，就差你了"。听写单词星期几时，不会写，正好老师走到身边对她说："don't rememember？到现在还没记住！"几个同学开始向后看。（后来得知，学校让她叫家长，她的妈妈和老师谈的不愉快，妈妈不想管了。）

综上所述，课堂本应是师生、生生、师生与文本交流的活生生的世界。但在当前知识本位、线性传承、教学交往中，培养了一批失去了理性批判能力的单向度的人，也建构了一批遭到压抑的弱势群体。那些无条件顺从接受教育所传授知识的学生，往往成为当前教育体制下的优秀者。正如弗莱雷所说："讲解把学生变成了'容器'，变成了可任由老师'灌输'的'存储器'。老师越往容器里装的彻底，就越是好老师；学生越是温顺地让自己被灌输，就越是好学生。"[①] 而那些虽具有广博知识，但不符合此模式的人却遭到压抑性贬黜，最后成了弱势群体。

第三节　做遵守规范的"好孩子"

像吴嘉行为习惯比较差的同学，需要一天24小时盯着。看方向不对马上就扭转一下，就像紧牙一样，紧紧地约束她三个月，会有改变的。虽然可能

---

① 〔巴西〕保罗·弗莱雷：《被压迫者教育学》，华东师范大学出版社2001年版，第24~25页。

性比较小，但如果有人一直跟着她的话，像保镖一样，她就会向好的方向走。或过一年半载的又会变回来，但是改变肯定会发生。我觉得你盯她三个月，三个月会反复回来，但你盯她三年的话，她两年才能反复回来，如果坚持盯她六年的话，那时她已开始成人，她的人生观、价值观也会发生变化，已经开始自我约束。已经懂事的时候，基本可以，可能会反复一点点，但不会一下掉到底。

——一位老师的话

行为习惯被教师认为是影响学习的最主要因素。塑造学生良好的行为习惯无疑成了教师不遗余力的职责。在学校场域中通过对学生进行管理，使其规范化。如果班级管理是由惯例中无形的权威（管理观念）和制度中有形的权力（成文的规范、管理的实际运行）所搭设的管理场景，它同时也赋予了教师和学生角色规范。学生角色一方面由制度所规定，另一方面由教师、学生互动过程中确立起来。前者为后者提供了保障。管理的本质就是不断用各种手段、方法规训学生，使其规范化、角色化的过程。

吴嘉和吴林是不守规范、不服管理的典型人物。非典前后，吴嘉和吴林随着座位的改变，在班级中的地位也发生了戏剧性的变化。吴嘉在规范化过程中，行为有所收敛；吴林在规训过程中，逐渐沉沦。虽然期末评文明学生时，均没有得到学生认可，但一系列因素的运作已经发挥一定作用。在这一过程中，哪些因素在起作用？又如何作用？

一、遵守规范："好孩子"的标准之一

（一）规范的界定

一种观点认为，规范是为群体成员提供一个结构，它包括语言规范、社会角色规范以及道德规范。规范，一直被界定为至少在某种程度上为集体成员所接受的行为规则。也有人认为规范是统辖集体中个人行为的规则，它表明了集体成员中普遍存在的期望或一致性，从而为成员彼此之间划定了权力和义务的界限。另一观点认为，规范是群体成员为了保证行为的某种一致性而建立的规则，这种规则未必是明文规定的。班级中所形成的规范，是班集

体对于一些问题所期望的行为标准的概括化。规范代表着有关的社会情境中个体行为模式的价值判断,是在个体成员之间相互作用过程中形成的。①

从定义中看出,前一种观点侧重外显的规则,后一种观点侧重内隐的、互动生成的价值判断。不管哪一种都强调规范一致性。不管规则是否合理,只要在当时情境中,具有一致性就是"合理的"。但是,被大家一致认可的是否就是合理的呢?用一致性去排斥不一致的过程是规范化过程,也是多种因素起作用的过程。

(二) MX 班规范的执行现状

管理是对规范的执行。MX 班级根据外显的规范,即学校和班级的一系列规章、制度,对学生进行管理。同时,管理行为直接受制于管理观念。身处不同位置、具有不同教育理念的老师,他们的管理观念又有些不同。年级长是年级日常工作的管理者,他和学校的日常管理一脉相承,直接受制于学校管理理念。科任老师是课堂纪律的管理者,他们的管理观念主要受制于教学过程。

T 年级长:经过长期的教育实践,认为:"好学生和差学生基本由行为习惯导致。特别是初中,行为习惯是最主要的。智力不是不重要,它包括了好的行为习惯养成的,然后得到了厚实的知识积累。"对行为习惯的重视,教师对学生进行保姆式管理。"初中就像男保姆,稍微粗放一点,小学像母亲、女保姆。"

科任老师更加侧重教学,他们主要对课堂纪律进行管理。一方面,其管理观念来自于对学生的认识,大部分老师认为应严格管理。

T1:"上课有同学不听,扰乱课堂,如果不理他,在大多数学生眼里,好像老师拿他没办法。所以现在只要他敢和老师顶嘴,我会停下来,一直把这件事解决了。而且如果我不控制他,到初二的时候会更严重。"

T2:"他在你面前检讨得再诚恳,哭得再厉害,绝对是过了一段时间就忘了,因为这是他的本性。一般很少有人发生彻底的改变,还要反复犯错,而且有时后果更严重。"

---

① 李德显:《课堂秩序论》,广西师范大学出版社 2000 年版,第 59~60 页。

T3："如果你总是笑容可掬，很客气，很民主，那更不得了了，他要骑到你头上来。老教师就对我们讲'一开始哪怕你装，也要让学生怕你，让学生见了你就躲开你，慢慢地再放松'"。

另一方面，其管理观念来源于对课堂教学的认识，一些老师已经意识到课堂中学生的主动性。

T1："我觉得差不多就行，不希望他们特别呆板，呆板到像木头人似的，一般喜欢比较活泼一点的，能和课堂融合在一起。这和教学的内容、授课的方式有关。对不同的内容来说，有所不同。比如讲一些专项的内容，学生基本能跟着教师转，这就够了。如果我这节课是对话或表演（笔者未曾看到实施），那肯定是活泼的。"

虽然老师意识到管理中学生的主体性，但仍处于观念层面。当前教学仍以传授、灌输为主，所以管理是为传承服务的。"基本能跟老师转就可以了"不正说明了这一点吗？由此可见，遵守规范仍是好学生的重要指标，塑造遵守规范的学生仍是教师的职责。

二、规范化过程：对"坏"孩子的塑造

（一）案例实录：广播操比赛事件

广播操比赛是这学期重要的校园活动，是评文明班级和流动红旗的重要指标，在师生心目中占有极其重要的位置，因为广播操比赛分数将涉及整个班级荣誉。班主任对此非常重视，在赛前进行了严格训练及周密准备。

赛前：

在操场上，全班分小组练习。吴嘉动作很不到位，并借喝水之故离开了一段时间，回来后，继续训练。有一个马步的动作总做不好，孙班长和其他组员反复做演示，吴嘉总是嘻嘻哈哈，不认真做。王良用脚踢了一下吴嘉的左膝，希望她能弯下去，其他组的成员也围观，但是吴嘉自己在中间漫不经心地做。组长不时和她一起做，并纠正她的错误。吴嘉被人摆弄了一番，动作仍不到位。"再做不好，我要实施暴力政策了！""你笑什么笑？！"整个训练过程约40分钟，吴嘉一直是班级关注的一个焦点。置于一个被纠正、被摆布的客体化、对象化位置。

为了完成对吴嘉的改造，家长也是一个重要的资源。老师当天让她的妈妈过来，希望共同配合（据后来了解，她妈妈曾多次叮嘱要认真做，甚至为此打了她一顿）。

赛后：

比赛结束后，MX班得了倒数第一。班主任的脸都红了，全班同学都很生气。老师指责吴嘉"你跳得很不齐，跟不上！"吴嘉："我一直看李洁（一位班干部）跳。"班主任："你看她跳，你自己不会吗？""我自己也会。"后面几个同学也指责吴嘉为班级丢了分。吴嘉辩解道："我自己才扣多少分？！"

虽然比赛结束后，学校领导说"比赛分数是次要的，关键在这次活动中，大家都做了，都有收获"。但是在学校这样一个场域中，面对邻班作为胜利者的欢呼声，及其班主任眼神的挑衅，能简单地说分数是次要的吗？老师、同学真的不在乎分数吗？

回到教室，班主任忍住愤怒，（脸通红）较平静地对全班同学说："这次比赛失败什么原因，自己很清楚，谁努力了，站起来。（全班都站了起来）好，看来大家都尽力了，我们的实力就这样，比赛的评分受很多因素影响，这方面不行，不等于其他方面不行。虽广播操、眼保健操我们没拿到奖，但在我心里，MX班是最棒的。以后这样的活动很多，只要我们尽力了，就行了。站起来的同学里面，有很多没有尽力。"前面的同学朝后看吴嘉。吴嘉："看我干吗？眼睛都长到后面来了。"

事后，笔者了解到，比赛时，领队者做错了动作，影响了班级分数。但由于赛前吴嘉的种种表现和师生冲突，使大家的目光自然投向她。

影响： 比赛对老师和学生都产生了一定影响。家校联合下的规训、管理相对最终结果而言仍是失败的。

班主任感慨："吴嘉真叫人头疼，以前我把精力主要放到他们几个人身上。现在不想了，改变一个人太难了，这些毛病又不是一时形成的。"

同学认为："你越要训练她，她就越不服气，当面一套，背后一套"，"本性难改"。

吴嘉在这个过程中，屡屡受训，于是课上心不在焉，尤其是叫家长那天，一直无精打采。

上篇
第一章 学生现状：一个班级样本

（二）案例分析

广播操比赛作为一项丰富学生生活的校园活动，无可厚非，但学校的氛围却把它作为衡量班级管理的指标，随之具有了"考试"一样的性质。在这样的约束下，认真负责的班主任更加严格，几乎占用中午和下午放学所有空余时间组织训练。力图获得好的"成绩"。与整个格调不协调的是吴嘉的懒散行为。据了解，吴嘉曾在一所寄宿制私立小学读书，这所学校整体环境自由、宽松，因此也造成了吴嘉不受约束的行为习惯。这种习惯体现她在学校生活的方方面面，所以也最令老师和班干部头痛。在比赛训练过程中吴嘉依然如此，从而受到更多的训练。当吴嘉被围在中间受人摆布的时候，不知她的内心是怎样的感受？

对吴嘉的规范化，家长也是一个重要资源。据了解，她的妈妈非常重视吴嘉的成长，曾为此调整了工作，并积极利用对吴嘉成长有利的各种条件。用她的话就是"为了有更好的回报，就要懂得投资"。为此，她经常去学校和老师"沟通"。她曾多次叮嘱吴嘉在广播操比赛中好好训练，事与愿违的是她被班主任叫到学校，听到的都是"吴嘉如何不认真做"，由于和老师谈的不愉快，便"不想管了"。回家后，狠狠打了吴嘉一顿。

由对吴嘉的规范化管理引起的家校冲突，导致吴嘉在家中挨打，在校师生矛盾激化。在师生对抗中，教师用权威实现了对吴嘉的控制。比赛结束后，出人意料的结果（MX班是训练最多的一个班，成绩却最差）及学校场域中的处境，令班主任伤心和愤怒。她投射性的话语引起了班级学生的共鸣。吴嘉又一次受到整个班级内隐的排斥。事件作为一次经历，形成了彼此的观念。

广播操事件实质是对吴嘉规范化过程中的一个典型事件，学校生活中，类似的事件每天都在上演。从中我们可以看出，不守规范、行为习惯差是学校、班级所不允许的，在班级场域中，老师作为班级的组织者和管理者，作为教育体制的代言人，利用教育权威对学生进行规范和管理，并延伸到学校之外的家庭，家校间的互动，把吴嘉置于一个在学校和家庭场域中的不利境地。

（三）规训成为惯习

这种规范化的裁决周而复始的运作，逐渐分离出"极端分子"和"另类"。"在某种意义上,规范化力量是强求一律的。但由于它能够度量差距,决定水准,确定特点。通过各种差异相互对应使之变得有用,它也有分殊的作用,人们很容易理解规范力量是如何在一种形式平等的体系中起作用的。因为在一种同质状态中(这种状态就是一种准则),规范导致了各种个体差异的显现,这既是实用的要求,也是度量的结果。"①

对吴嘉和吴林的规范和管理逐渐成为一种惯习②,从而具有日常性、持续性、重复性的特征。通过对一个月班级日志的量化分析,发现两个人被加分的机率非常小,只有一次吴林由于上课表现好,加3分。而两人一起在扣分制中所占的比例最高达60%~70%,少则达30%左右。

案例:5月12日星期一的记录

吴嘉:插嘴、哄闹扣3分;插嘴扣1分;怪笑扣3分;大吵大闹扣5分;上课插嘴,打扰别人发言扣5分;眼操迟到扣3分;生物课被老师批评扣5分;弄同学的红领巾,干扰别人,情况严重扣8分;继续弄红领巾,干扰别人再犯扣10分;骂人扣5分;破坏课堂纪律扣1分;眼操睁眼不做扣4分;再次睁眼扣4分;插嘴扣2分;出口伤人、起哄扣10分;被老师点名批评、插嘴扣7分。

吴林:没带口罩扣1分;被老师点名扣1分;做操不认真扣1分;上课有小动作扣1分;课间打架扣3分;上课不守纪律扣2分;下位扣1分;多次下位,情况严重扣5分;上课骂同学扣5分;乱扔纸扣2分。

吴峰:迟到扣1分;上课看漫画扣5分;做小动作扣2分;没交作业扣3分。

从图1-3-1中可看出:系列1是两者所扣分的次数所占班级扣分总次数的比例,系列2是两者所扣的分数所占班级扣分总数的比例。曲线2高于曲线1,一方面说明两者违规行为的严重性;另一方面,潜在地说明他人对他们违规行为的夸大。

---

① 〔法〕米歇尔·福柯(Michel Foucault):《规训与惩罚:监狱的诞生》,三联书店1999年版,第207~208页。
② 采用布迪厄的定义:惯习是长期运作的结果。它是事物结构的内化,同时又产生出事物结构的结构。

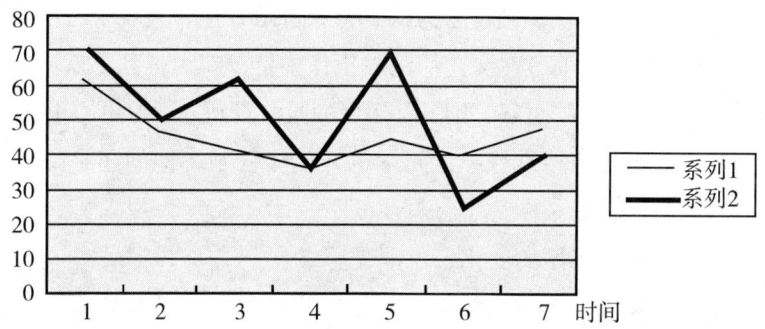

（注：系列1：两人在班级扣分次数中所占比例　系列2：两人在班级扣分分数中所占比例）

图1-3-1：吴嘉、呈林在扣分次数和扣分分数中共占比例

三、转变和沉沦："坏"孩子的不同结局

（一）对话与转变

"心里话本"是班级的一个亮点，是师生交流的纽带。但笔者发现它并没有起到沟通心灵的作用。心里话本中谈论的内容大多是针对班级管理、违规行为的。学生的建议不能被真正采纳，久而久之，学生产生厌烦心理。而且，在这种情况下，吴嘉、吴林、吴峰作为班级管理的重点对象是从来不写的。在心里话木中为自己申辩吗？不可能。所以，心里话本实质成了班级规范的监视器。

非典期间，班主任主动和吴嘉通过成长日记的形式进行心灵对话。家长也开始写孩子的成长日记。这样在教师、家长、学生之间真正形成了良好的互动关系。

对此，班主任有一个心理历程："一开始说实话，吴嘉真的是蛮讨厌的，有时看到她就觉得蛮烦的，这种心理有一段时间。后来我也反思觉得这样不太好，我尝试宽容她，让她写日记。我说'这就是我们之间的小秘密吧！'她可能对我没有了敌视的态度。我也找她妈妈谈过一次，试图分析她的家庭原因。"

在平等对话中，彼此观念都发生了很大变化。在观念支配下的互动过程中，彼此不断认同，并逐渐波及周围人：

吴嘉妈妈：原来简单粗暴，通过交流，改变了很多。老师的心理、心态对她改变也有影响。

吴嘉：本来不容易认识到自己的缺点，通过写日记，发现自己的缺点，并认识到可以不断纠正。而且在文艺活动中担任主持，能力得到了认同，获得了一种满足感。觉得要做得更好，别人又用新的眼光看她，学习更加积极了。

同伴群体：慢慢扭转过程中，同学也开始接受她，他们还是最希望获得同龄人的认可。

别的老师：看到了她的变化，也深受感染。

班主任坦言：我觉得对这种小孩还是应该和她建立这种关系，了解她的真实生活，平等地交往。

师生、生生的相互作用下，吴嘉不仅在学习上，而且在其他方面都发生了很大转变：

学习上，"以前她数学没及格过，上次考了67分。"

同伴关系，"以前是嘴巴上关心别人，现在开始变为行动。从心里关心别人。"

师生关系，"现在吴嘉和我（任课老师）关系蛮好的。上次，我没带扩音器，她说老师我给你拿一个话筒。我说不用了，她说：'哎呀，给你拿一个呀'。"

课堂表现，"我觉得她现在的样子，我已经满意的不得了。她现在已经能听七分了，剩下来的讲一两分话，再睡一会儿，已经很乖了，毕竟她参与到你的课堂中了。只要参与到课堂循环中来了，就有意义。"

在多方互动的情况下，吴嘉的弱势状态慢慢发生变化。我们从扣分这样一个小的角度可以真切地感受到变化。（图1-3-2是非典前后一段时间，吴嘉扣分比例的曲线图。）

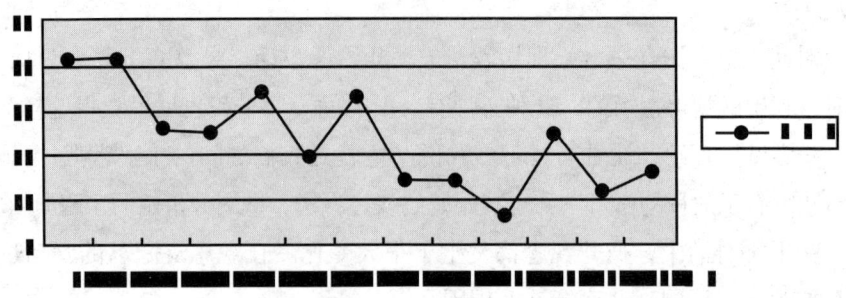

图1-3-2：吴嘉扣分比例

（二）对立与沉沦

与此同时，班主任也和吴林通过成长日记的形式展开对话。但由于当时正处于吴林屡犯错误的时期，尤其是之前"同伴冲突事件"严厉的惩罚后，吴林在师生心目中的不良印象还很深刻。表面是平等对话，实际上，彼此并没有真正接纳对方。吴林也试图融入班级中，但由于与教师、同伴的对立状态，结果无疑是失败的。

案例：期末评选活动中，吴林走上讲台，拿起粉笔，打算记录票数。班主任严肃地说："你要干什么？"吴林："我要记录。"师："你还不行（即你还不够格）。"吴林悻悻地走下了讲台。

如果说吴林当前的现状是在互动过程中逐渐形成的。那么，在特定的场景中，教师具有主导权，例如下一案例。

学期末评选文明学生，全班45个同学都有资格。全班举手表决，读到吴嘉的名字时，有几个人举手，师停了几秒说："应该用发展的眼光看问题，以前这个同学是这样的，现在是否有所改变呢？请大家再举手看一次。"读到吴林的名字时，没有几个人举手。老师立即读下一个人的名字。

结束后，吴林小声嘟囔："老师就是偏向吴嘉。"

笔者："为什么这样说？"

吴林："你看，同学选我时，老师还说啊？我也不想和她多啰唆。"（吴林看起来有气无力。）

教师对吴嘉和吴林的做法形成了鲜明的对照：对吴嘉，老师希望大家用发展的眼光重新审视；对吴林，没有任何回旋的余地。由于他们两个长期的不良表现，都没有得到同学认可。但由于在对话过程中吴嘉的转变，虽未得到大多数人的认可，但教师观念已开始发生变化，最后吴嘉成为了文明学生，而吴林不是。

在一系列的互动过程中，吴林不仅学习而且其他方面都有所下降：

T1：一开始英语还不是很弱，现在他一直不按时完成作业，也不爱听。从这学期期中考试之后，就很弱了，这次不及格，这和他的厌学情绪有关系。

T2：（很生气的样子）我快要气死了，我都不想管他们了，我花的精力太多了，我对他们那么好（很无奈）。他现在整个人就是不学了，书也不带，我看到初二就可能待不下去了。

据笔者观察，惩罚事件发生后，吴林上课基本不听课，书也不带，上课不断地往后面扔纸屑，偶尔插一两句话。例如，当老师谈到一个名字姜珊，他会说"不爱江山，爱美人"。自己笑过之后，继续玩手中的东西。整个人游离于课堂之外。

我们也可以从吴林的扣分比例曲线图中，看出他的状态没有好转，反而有恶化的趋势。（图1-3-3是非典前后一段时间，吴林扣分比例的曲线图。）

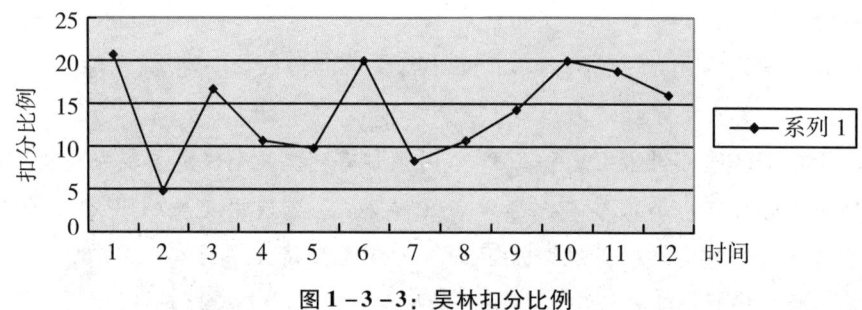

图1-3-3：吴林扣分比例

综上所述，在教师权威的严格僵化班级管理体制下，一些学生屡屡与之相抵触，在各自观念支配下，发生了一系列课内外师生、生生互动事件。事件伴随着管理和惩罚，如果学生对事件的处理结果真正认同，则会逐渐融入当前的教育体制。如果学生对事件的处理结果质疑或反抗，受到的是新一轮的僵化管理，并周而复始地运作。如果学生对事件的处理结果质疑或反抗，但迫于教师权威，群体压力，逐渐压抑自己，则会对整个教育制度失去信任，并产生厌学情绪。随之，各方面越来越差，逐渐沉沦，最终成为班级"弱势群体"。

四、规范化反思

规范化过程中的吴嘉和吴林，在师生互动过程中出现了不同的结局，让笔者陷入了沉思：吴嘉和吴林分别出生于机关干部和高校教职工家庭，在社会中占用优越的资源，如吴林的父母请大学的心理咨询教师为其辅导。两者都是聪明的孩子，吴嘉的主持、音乐才能和吴林的绘画才能在班级中出类拔萃。但在讲求"分数至上""僵化规范"的学校教育中，他们的才能被埋没。

上篇

第一章　学生现状：一个班级样本

同时，两个人的性格都很外向，吴嘉张扬的个性主要通过语言来表现，吴林由于语言发展缓慢，转而通过行为来表现。由此表现出行为习惯差，他们的"违规"行为，连同"与众不同"的思想一同被否决、压制。

吴嘉小学时所经历的宽松、自由的文化与现在封闭、僵化的文化出现强烈的冲突。在学校教育中，教师直接受制于学校甚至整个教育制度文化，她的思想有强大的现实支柱，是难以逆转的。吴嘉在她十几年的成长经历中，小学经历无疑对她的个性、观点的形成具有绝对优势。彼此都认同自己的观点。因此，当教师用现有的文化、规范管理吴嘉时，出现了管理—反抗—管理—反抗的恶性循环，循环的结果使吴嘉处于师生互动中的弱势。

后来，由于吴林的严重违规行为，老师把焦点集中到吴林身上，而与吴嘉的矛盾趋于缓和。作为具有主观能动性的人，吴嘉也尝试改变自己，主动要求坐到第一排。与此同时，老师也开始反思自己的教育行为。成长日记是双方反思的结果。它成功铺设了教师、家长、学生对话的平台。班主任也成功抓住"六一"儿童节的契机，让吴嘉发挥了自己的主持才能。教育资源的获得转化为心理资源，吴嘉在师生互动过程中，慢慢融入当前班级文化。被当前教育体制顺应。

其实在我们的学校教育中，教师呕心沥血改造"差生"的例子屡见不鲜，这些学生或许在教师的真情付出下，收起个性和锋芒，规规矩矩、按部就班地学习，或许暂时融入规范化的学校体制，但一遇到合适的土壤，压抑的个性和情感又会迸发出来。但是，教育是改造个性、培养克隆人的机器吗？看到吴嘉上课端端正正地坐在课桌前，一板一眼地记录老师讲课的内容，听不到她那与众不同的想法和因她而起的"骚动"，笔者心中很茫然：今天或许班级又多了一个乖孩子，明天或许中国会失去一位大胆的、有个性和创新性的人才。

与吴嘉相似，吴林由于小时候没有养成良好的行为习惯，而屡屡与封闭、僵化的学校制度相抵触。与吴嘉不同的是，面对教师的规范化管理，吴林很少反抗，而是压抑自己的不满。这也造成成长日记并没有在教师和吴林之间形成真正的心灵对话。同样，教师没有真正关注吴林目前的生存状态，他们之间通过成长日记进行的对话，成了一堆没有感情的文字符号。从班级评选活动中，教师具有暗示性的语言，我们可以想象吴林的失落。当吴林对学校教育失望并产生厌学情绪时，又怎能全心投入学习中呢？吴林的沉沦与其说是师生互动的产物，毋宁说是整个教育体制的必然结局。

综上所述，我们可分析出，当前学校教育是一种规范化的"克隆教育"，教师处于绝对主导地位。教师行为作为一种有效的教育资源，直接影响学生及同伴关系。那些不守规范的"坏"孩子在规范化过程中，造成教育、心理等缺失，最后成为弱势群体。

小　　结

一、生存现状的生成运作机制

本章分别从教学与管理两个方面阐述了弱势群体的生成。教学与管理相伴而生，班级弱势群体往往是在两者交织运作下生成的：

一方面，线性、僵化的教学需要学生听话。不听话的学生不能有效接受教师传授的知识，且受到严格管理。

以知识为本位的线性传承，忽视了学生的生活世界和个人经验，那些无条件接受教师传授知识的学生往往获得好分数。如老师所言："好学生上课认真听讲，听话、比较乖。上课也主要针对认真听的同学，他们的成绩会有所提高。如果不认真听课，即使讲十遍还是有人不会，肯定是这样子的。"在以分数为唯一评价标准的现状下，学生被分成三六九等。继而教师又根据学生的现有分数状态，对教育内容进行有目的的裁剪和分配。由此，成绩好的学生越来越好，成绩差的学生越来越差。

当学生的书本知识贫乏到无法融入课堂循环中时，造成他们身体在场，心灵不在场。于是他们往往通过做小动作、讲话来消磨时光或通过大声喧哗以表明自己的存在。这种做法又受到严格管理。吴嘉、吴林、吴峰作为经常违规者是有其深层原因的。"像吴嘉、吴林他们哪个笨？他们一个也不笨，就是因为他们行为习惯太差。他们不能控制自己的行为习惯，就不能静下心来听课，所以他们的成绩就不好。好多学生，在学习方面没有什么天赋，但他们注意听，所以听下来就有印象，保持中上等没有问题。"

另一方面，刚性、僵化的管理，需要学生顺从。"违规"的学生受到规训与惩罚，其结果往往使他们处于弱势，最终导致学业失败。正如老师所言："好的小孩和不太好的小孩之间的差距不是智力的差异，而是行为习惯。我教了一年下来觉得太重要了，我觉得性格对学习有直接的影响。像吴嘉就是狮子座的，很外向很活泼，天生就这样，就是改不了。每个班成绩最差的小孩基本有多动症。"

由此可见，两者互为起点，相互转化，长期运作成为一种惯习，"弱势群体"成了真正的弱势群体。

二、改变现状需系统改革

长期以来，我们的教育理论工作者和实践工作者从如何转化弱势群体入手，进行研究和探讨。虽费尽心思，却效果不佳。究其原因是并没有将孩子作为一个成长中的、具有个性特征、有发展潜力的整体的人，是把孩子当作了被教育的对象，而不是学校生活学习的主体；当作犯了错误改造的对象而非引导的主体，只关注孩子表现出的冰山一角而没有追溯冰山下的个人成长经历等。

我们也可看出，弱势群体的生成有其更深层的原因。要改变弱势群体的生存现状，不是改变教师观念或进行局部调整就能解决的。我们需要对整个教育制度进行思考。

第二章 原因分析：制度价值使然

从上面分析可以看出，改变孩子的生存现状，学校教师可以有所作为，但却不能从根本上解决问题。那么究竟如何从根本上解决问题呢？我们应先从教育自身开始反思。

第一节 单向度教育制度反思

教育作为一种培养人的实践活动，先后经历了非形式化—形式化—非制度化—制度化的过程。制度化的教育在历史上大大推动了教育进程，培养了大批优秀人才。但是走到今天我们也看到了它的一些弊端。下文旨在反思制度化教育在某种程度存在的单向度现状，来剖析弱势群体生成的原因。

一、教育目的：完人主义的取向

当代世界所遵循的教育目的表述为："每一项教育目的都是指向某个目的的一个过程的一部分，这些目的是普遍的和最终的目的所制约的，而这些普遍的和最终的目的基本上又是由社会确定下来的"[①]；"某种形势的客观的现实必然制约着每一个国家根据某特殊背景所制定的当前教育目的，同社会的一般目的一样，也是那些参加教育活动的个人意志行动与主观选择的结

[①] 联合国教科文组织国际教育委员会："学会生存"，见陈桂生：《教育原理》，华东师范大学出版社1991年版，第204页。

果。"教育目的是"一种关于教育过程预期结果的价值取向"①。从定义中看出，教育目的是与当时的社会背景、社会认知等紧密联系的，并带有一定的价值取向。

现代教育目的和启蒙运动相联系，建立在理性主义和逻格斯中心主义基础上。启蒙运动认为：理想的人应该是摆脱了宗教迷信、具有理性和自主性的人，应该是自身命运的唯一主宰。逻格斯中心主义确信存在着客观的、终结的、不需要任何媒介的"现实世界"。对于这个现实世界，人能运用语言对每件事物的本质作真实的说明，并由此而获得客观的知识。在理性主义和逻格斯中心主义的影响下，人们认为通过理性分析存在一个客观的、完美的人才培养模式。所以，在教育之外确立了"完人"形象。教育试图建立一个标准化的"完人"模式规定人的发展，将人的发展理解为对"完人"这一标准的无限接近。"三好学生""优秀学生"事实上是对"完人"教育目的观的反映，那些不符合标准的成为弱势群体。

完人主义必然导致教育中的精英主义取向。整个教育关注的是"精英"，暂时处于劣势的学生成为忽视的对象。这表现在通过外显和内隐的方式对各种教育资源的占有。而且，在现实教育中，用完人的标准去衡量学生，必然会忽视学生未成熟性、生成性的本质。同时，由于"完人"标准是预先存在的，它自身带有一定的价值取向。用完人的规格塑造不同地域、文化背景和不同个性特征的个体，必然会忽视学生之间的个体差异性。后现代主义者吉鲁认为"'现代性'下的教育目的往往是为了培养优势文化的支持者"。"教育目的要从优势文化决定的解释中解放出来，而肯定个人经验及其代表的特殊文化。学生在批判能力的培养过程中，逐渐深入了解自己与他人之间的关系，认同自己也认同不同文化背景下具有不同价值观的他人。"②

"完人"只是教育追求的乌托邦。人不仅是一个复杂的生命有机体，而且是一个生活在一定社会背景中的个体。作为一个有机体，他是成长中的、

---

① 联合国教科文组织国际教育发展委员会：《学会生存》，见陈桂生《教育原理》，华东师范大学出版社1991年版，第204页。

② 陆有铨：《躁动的百年——20世纪的教育历程》，山东教育出版社1997年版，第169～170页。

未成熟的、潜在的人。马克思·舍勒的"人是一个无限趋向未来的 X"正说明了人的不确定性、潜在可能性和生成性。完人理论抹煞了人的生命特性。作为一个社会人,他是一个具有不同文化背景、个性特征的异质主体。教育只有从外在目的的"完人取向"转向个体的人,关注不同背景的人,才能真正实现其本真目的——培养人。

因此,教育目的应该由单一的外在目的,转变为关注个体内在价值,建立外在目的与内在目的结合的价值取向。

二、课程设置:封闭的目标模式

现代的课程模式是现代知识观的反映。现代知识观认为:真正的知识是不以个人兴趣、爱好为转移的,也不是以时间地点为转移的,是普遍有效的;知识作为人类认识世界的结果,是如实地"反映着""揭示着"事物"本质"的,而事物"本质"是稳定的、唯一的,因此知识也应是确定的、不变的;个人的认识可能会犯错误,但人类总是朝着真理的方向前进的;尽管经验主义与理性主义在获得知识的方法和途径上存在着重大差别,但都是把寻找普遍的、确定性的、客观的或绝对的知识作为认识的根本目的。课程就是从人类总体的知识中选择出最有价值的知识,以合适的组织形式呈现给学习者。在这种课程理念下,泰勒的目标模式无疑是最有效的。它围绕四个问题展开:(1)学校应达到哪些目标(目标);(2)提供哪些经验才能实现这些目标(内容);(3)怎样才能有效组织这些教育经验(方法);(4)怎样判明这些目标是否达到(评价)。

目标模式必然导致教学中单一的线性传承,它直接排斥学生的个体经验和个人生活史。忽视了学生个体的差异性、多元性。在这种单一的模式下,培养了一批失去了理性批判能力的单向度的人。那些无条件顺从接受教育所传授的知识的学生往往成为当前教育体制下的优秀者。正如弗莱雷所说:讲解把学生变成了"容器",变成了可任由老师"灌输"的"存储器"[①]。老师越往容器里装的彻底,就越是好老师;学生越是温顺地让自己被灌输,就越是好学生。而那些虽具有广博知识,但不符合此模式的人却遭到压抑性贬黜,

---

① 〔巴西〕保罗·弗莱雷:《被压迫者教育学》,华东师范大学出版社 2001 年版,第 24~25 页。

最后成了弱势群体。

目标模式、线性传承在高效传递特定化知识的同时却忽视了：1. 知识不仅作为一种客观存在且有其体验的主观性和解释的多样性。它是在一定的环境中主客体相互作用生成的，它随个体经验的改变而改变。知识只有类型之分，而无等级之别。目标模式忽略了知识的多样性和个体的经验。2. 目标模式中目标是"精心选择"的。它先验地存在于个体之外，往往被提升而超越或外在于教育过程本身。不可能很好发挥其导向、监督、调控的功能。3. 人是丰富的、独特的存在者。丰富性表现在人是一个多元性的存在。独特性表现在人是一个差异性的存在。后现代主义者德勒兹这样告诉我们"没有差别的世界是一个孤寂的世界，没有差别的人只是一尊尊丧失个性的木偶。"① 难道教育是制造木偶的工厂吗?! 课程只是一个载体，它应超越知识，加强对学习者的关注。

后现代主义者多尔提出了"模体"② 概念以区别封闭的模式。作为一种模体，它没有起点和终点，但它有界限，有交叉和焦点，所以，建构在模体基础上的课程是非线性的、非序列的，但它由各种交叉点予以界定，充满相关的意义网络，课程越丰富，交叉点越多，构建的联系越多，随之意义也越加深化。在模体观念基础上，多尔提出丰富性、循环性、关联性、严肃性的新4R理论。这无疑对我们很有启发。

因此，课程设置应该借鉴不同观点，并加以分析整合，由封闭的目标模式走向与开放的过程模体结合的范式。

三、教育管理：规范的管理模式

为了实现一元目标，保证灌输的效率，对学生必须实行规范控制，这是现代大工业生产下的必然产物。它一开始就内含着对秩序、纪律、惩罚、控制的自觉追求和明显的偏好。夸美纽斯认为："真正维系我们这个世界的结构以至它的细微末节的原则不是别的，只是秩序而已，就是，按照地点、时

---

① 王治河："当代西方哲学中的'非哲学'"，载《社会科学战线》1993年第2期。
② 陆有铨：《躁动的百年——20世纪的教育历程》，山东教育出版社1997年版，第169~170页。

间、数目、大小和重量把先来的和后来的，高级的和低级的，大的和小的，相同的和相异的种种事物加以合适的区分，使每件事物都能好好的实践它的功用。所以，秩序就叫做事物的灵魂。"① 因此，教学的艺术所需要的也不是别的，只不过是把时间、科目和方法巧妙地加以安排而已。而对学校的组织，也应该"使他们在这些方面能像一座用最巨大的技巧做成的、用最精细的工具巧妙地雕镂着的钟一样"。在当前教育中集中表现为僵化的管理模式，即日常行为和课堂规范的管理程序化、标准化。在这种情况下，培养的是遵守规范、顺从接受的乖孩子。学生越乖越被认为是好学生。而那些具有创新性、主动性的学生却成为"越轨者"，屡屡受到规范的惩罚。

实际上，体系化、规范化学校生活表象的背后隐藏着的是学校文化生态场。它由物质层面、制度层面、价值层面各系统组成的相互关联的具有层次性、整体性、结构性的网状文化生态系统。发挥着整体周流、互动共生、有机关联的文化生态功能。整体周流存在着学校与社会、学校与教师、师生、生生、师生与课堂之间相生相克的动态制衡或环向往复关系。它反映了学校运行的内在规律，长期运作逐渐成为一种结构。互动共生揭示了学校中师生生命发展的内在机制，并同步提升着师生的生存价值和生存质量。它首先表现为尊重差异性。没有个性和差异性，就不存在共生，会造成同质封闭性。共生中的差异是统一中的多样，一元中的多元，在共生的关系中，师生、生生、师生与文本之间存在着多元对话和互动，从而使对话、理解成为现实。其次，强调生成性。课堂教学中，师生、生生之间相互启发，在对话中不断挖掘文本的内涵，也挖掘各自的潜能，在这样良好的课堂文化生态中，教学相长，并不断形成新质，从而达到知识的扩展、人格提升、心灵愉悦。在整体同流的宏观运作和互动共生的微观建构过程中，彼此都是相互关联、密不可分的。学校正是在生态系统运作中，使人文化化。因此，人在参与运作中重构自身，人的成长离不开学校的文化生态系统。

规范的管理模式完全忽视了学校系统运作的动态性、生成性、多元性，从而造成了封闭、一元、静态的场所。因此，教育管理应该从单一规范的管

---

① 〔捷〕夸美纽斯，傅任敢译：《大教学论》，教育科学出版社1999年版，第60~63页。

理模式走向与互动的文化生态相结合的道路。

四、学生评价：一元的评价体系

评价①就是评定价值的简称，从其本质上来说，评价是一种价值判断的活动，是对客体满足主体需要程度的判断。教育评价②就是指按照一定的价值标准，对受教育者的发展变化及构成其变化的诸种因素所进行的价值判断。从定义中可看出它是以教育目标为依据的"价值判断"，主要是检验教育目标是否正确实施，诊断教育目标的价值，显然，这是目标模式在评价中的具体运用。

长期以来，在目标模式和规范管理下，评价体系必然具有一元化特征。具体表现为：（1）评价标准一元：它以知识接受的多少、程度为唯一评价标准，在学校中表现为单纯的分数。评价体系的静态取向，决定了它重视的是评价的判断、鉴定功能，并进一步异化到片面强调评价的甄别与选拔作用。在教师的眼中，学生只是一个个被赋值（分数）的"符号"。不管学生的兴趣、爱好、特长、个性特征，单纯根据分数把学生分成三六九等。而且这种认识逐渐被固定化，成为一种标签。（2）评价模式一元：教师是教育中的评价者，学生是被评价者。虽然现在倡导多元评价（教师、家长、同伴对学生的评价），但每一次评价都摆脱不了主客二元对立的思维方式，即评价者完全以一种权威的方式出现，他们往往控制着整个评价过程。这在某种程度上忽略了评价对象的主体性，是在一种不平等的情境中进行的。由于受评价者主观情感、思维定式的影响，评价本身会失去合理性。

人是一个复杂的生命有机体，又是一个生活在一定环境中的人。人的态度、价值观等不可用单纯的分数来衡量，即使是知识也不可以简单化为分数。同时，教育评价不仅仅是判断，更多是了解事实信息，改进教育教学活动、促进教育发展和为决策提供信息，注重的是研究和促进发展的功能。同时，教育评价本身就是"评价者对教育活动或行为主客体的价值关系、价值实现过程、结果及其意义的一种认识活动过程"，"一种思想建构活动"，一个研

---

① 陈玉琨：《教育评价学》，人民教育出版社1999年版，第7~8页。
② 刘本固：《教育评价的理论与实践》，浙江教育出版社2000年版，第55~56页。

究的、动态的过程。① 对学生的评价也应该是一种双方作为活生生的人的双向交流。评价者和被评价者之间应建立一种平等、信任的对话世界，评价双方互相沟通、理解。这样才能保证评价的真实性和公平性。同时，平等的对话世界是对人的自由创造性的强调，能为人的自由创造敞开宽松、和谐的空间。

因此，学生评价应由主导的评价体系与多元的评价机制相结合。在评价目的、内容、方式、主体等方面不断改进。

总之，制度化教育在某种程度上存在的完人主义教育目的取向，线性的目标模式、规范的管理模式、一元的评价体系制约了人的成长和发展。虽然随着当前课程改革的深入，这些方面有了不同程度的改变。但是，我们不是就课程论课程，而是从根源上进行反思，真正以课改为切入点进行整个教育的变革，在对现状深入了解基础上进行建构。

第二节　教育人本位价值取向

教育目标、内容、过程、评价在内的整个教育制度的发展受制于教育的价值取向。教育活动是一种价值活动，又是在一定的时代背景下展开的活动。当前，我国正处于现代化转型时期，传统、现代的价值观以历史浓缩的方式展现在我们面前，教育现代化作为一个过程，是一种价值追求的过程，或是在某种价值追求牵引下产生变革与发展的过程。当前封闭保守、急功近利的价值取向已充斥整个教育，也在某种程度上造成了教育制度的单向度。那么，我们应该遵循怎样的价值取向？对此问题的探讨，我们既要从教育的本质特性出发，又要考虑到时代对教育价值的追问与呼唤。

一、工具性教育价值取向——当前教育的现状

教育价值②即作为客体的教育现象的属性与作为社会实践主体的需要之

---

① 王景英：《教育评价理论与实践》，东北师范大学出版社2002年版，第29~39页。
② 王坤庆：《现代哲学导论》，华中师大出版社2000年版。

间的一种特定的关系。这里的主体,既包括一定社会历史阶段中的社会团体与个人,也包含一定教育情境中的教育者与受教育者。由于客体的多样性和不同主体需要的层次性,决定了教育价值的多样性,任何主体的价值观若能得到认同,盖由于单个个体实际上已成为社会的代言人。① 所以,不同的时代背景有不同的价值取向。

当前,中国全方位向现代化迈进的过程中,教育的经济功能增强,科技理性被倡导,人力资源开发越演越烈。与此同时,传统的价值取向以社会性遗传的方式根植于国民心中。教育的本真价值被歪曲、践踏,工具性价值席卷整个教育领域。具体表现在以下几点。

(一) 功利主义:教育外在目的对内在目的的僭越

当代世界所遵循的教育目的的表述为:"每一项教育目的都是指向某个目的的一个过程的一部分,这些目的是普遍的和最终的目的所制约的,而这些普遍的和最终的目的的基本上又是由社会确定下来的","某种形势的客观的现实必然制约着每一个国家根据某特殊背景所制定的当前教育目的,同社会的一般目的一样,也是那些参加教育活动的个人意志行动与主观选择的结果。"② 从定义中看出,教育除了国家的成文规定,还有教育活动当事人不成文的教育目的。教育目的是一种关于教育过程预期结果的价值取向③,在教育过程之外提出的教育目的,被称为外在目的。它是抽象的、一般的,着眼于将来,从社会需要出发;而内在目的是具体的、特殊的,着眼于现实,从儿童的本能、兴趣及需要出发。外在目的是"应然"的,它只有转化为内在目的(即教育当事人的目的),才能成为"实然"。

当前在现代化进程中,教育一开始就陷入功利主义外在目的的泥沼之中,并和传统"唯功名"的教育观念达到了内在的一致。从上到下的功利主义的取向,把整个教育置于一种外力的惯性旋涡之中,内在目的从教育中剥离,学生的需要被忽视。国家关注教育的政治、经济功能,即教育如何维护社会

---

① 陈桂生:《教育原理》,华东师范大学出版社1991年版,第190页。
② 联合国教科文组织国际教育委员会:"学会生存",见陈桂生:《教育原理》,华东师范大学出版社1991年版,第204页。
③ 同上,第205页。

统治，如何促进生产力的发展。学校关注学生的社会价值，为了提高升学率，一切唯分数是瞻，为了满足社会需求，批量化生产，最终把学生培养成社会这台大机器得以运转的不同零件。基础教育本应为整个人生奠基，但整个教育都围绕分数转，在教师的眼中，学生只是一个个被赋值（分数）的"符号"，哪里管什么身心发展！更不要说培养完善人格、全面发展的人了！家庭和个人不是把学校作为充实心智、完善自身的场所，而是把进入高一级学校、取得高学历作为步步高升的手段。在学习中，学生只讲竞争，不讲合作，认为在学习上帮助别人，是增加竞争对手。在这种极端功利主义价值观影响下，教育实际上已失去了它的本真目的——培养人，而变成了社会、家庭乃至个人的工具。

（二）理性主义：科学理性对人文关怀的凌驾

自笛卡尔"我思故我在"创主客两分法以来，人类一直追寻理性，尤其科技发展带来了日新月异的变化，人类更加相信理性的力量，教育不仅成为培植、延续"理性"的"母机"，而且自身也理性化了。

一方面，体系化是它的一大特征。整个教育无论从内容到形式都作为社会体系的一个从属体系而发生和发展，表现出明显的目的性、结构性和有序性。就内容而言，它传授的是抽象的概念体系，这些知识体系和价值体系是社会体系的一部分，是社会体系和进化的需要，而不直接体现个人成长的基本要求。为了完成体系化的运作，教学中有明确的、固定的教育目标，只要学生单纯朝此目标努力，就可以取得一个好的分数。即考什么学什么，考试是一个指挥棒，决定着教育的一切。这样就忽略了许多有价值的东西，如开阔的视野、完整的知识结构、完善的人格及全面的素质。就形式而言，教育也表现出组织化和体系化的特质。教育中有固定的教育模式，明确的教育环节，划一的教学计划等，不管学生自身需要、兴趣、先天资质和社会背景如何，要求在同样的年龄、以同样的步骤、同样的形式进行学习。进而它往往还像其他社会体系一样，运用纪律进行"规训"和"惩罚"，以维持这一体系的运行。在这种教育下，教师和学生被限定在一个框架里，教师通过按部就班的程序，有条不紊地进行教学，学生也只能言听计从、唯书、唯师、唯标准答案。教育面对的好像是一个个抽象的个体，而非有生命个性的人。教师成了传授知识的工具,学生无疑是"规训"(福柯语)的对象。

另一方面,技术化是它的又一特征。不仅科技知识是其核心内容,而且知识的内在组织结构和编排顺序也无不折射出技术理性的内在逻辑。同时,学校教育活动的组织形式、方法、手段也明显遵循技术理性思想。技术化导致教学机械化,人的发展片面化。近年来,虽然学校教育表现出人性化的追求,如注重师生互动,启发诱导。实际上,师生之间机械互动充斥课堂。学生也非互动的主体,只是教学的对象。虽然现代教育也倡导个性发展,实际上,"知性"代替"理性"。个性发展被置于知识能力教学之内,变成了发展人的专长,如:学校开办的英语学习小组,计算机辅导班之类,都没有超出知识教学的范畴。在这种教育下,谈何因材施教、人文关怀!

这种教育实质是在科学理性价值观的引导下,片面追求教育效率,无视学生质量的结果,是社会本位观念下,"目中无人"的必然。它割裂了科技理性和人文关怀的内在统一,忽略了人不同于机器的生命个性。它本质上抹杀了人的本真内涵,更不用说培养人的主体性、创造性!

(三)人力主义:人力资源开发对"成人"教育的代替

现在的教育重"才"不重"人",重智力开发,轻素质培养,把人看作一个可以带来价值的隐性资本。现代性的"可算度性""可规划性"与"望子成龙""望女成凤"的传统观念的耦合,让家长为孩子的"增值"绞尽脑汁。当孩子还处于懵懵懂懂时,家长就开始实施智力开发计划,背唐诗、学英语、练钢琴……以期把孩子培养成天才,从未考虑过孩子的兴趣、爱好和身心发展特点。人的发展是一个整体,只强调知识技能的一面,未成人,欲成才,可能会导致孩子的畸形发展。正如"木桶理论"所揭示的:如果构成木桶的其中一根木板过短,其他的木板再长也不会储存太多的水。教育如果牺牲全面发展,企图开发某一专长,不利于人的终身发展。精深建立在广博基础上,对人智力早期过度开发,实质是对身心资源的掠夺。学校教育更是如此,为了培养"人才",基础教育中德育作为"软任务"被搁置一边,单纯进行针对考试科目的"训练";高等教育中专业设置都带有"投资开发"倾向,教育跟在经济发展的后面亦步亦趋,把人纯粹当成经济发展的人力资本来开发。教育失去了它的独立性和自主性,又谈何教育的超越性本质?!

人力资源的不当开发造成了人的异化。首先，人失去了自由。教育应先提供给人一个自由发展的空间，这是"成人"教育的前提。但现实中，家长期望代替孩子兴趣，学校规划代替孩子发展，为了能够增值，孩子迫不得已割舍自己的兴趣、爱好、特长，禁闭所有不利于"成才"的日常生活活动，身心处于被奴役状态。其次，人被肢解。教育应关注完整的人。可是，人力资源开发的结果，使教育只重知识培养、技能训练，忽视全面素质提高，造成了分裂的人。最后，人丧失了主体性。主体性是人的根本属性，教育的旨趣应是人作为主体的生成。现实中，人被当作可开发、加工、利用的客体对待，被动地接受社会、家庭所赋予的使命，既无主动选择的可能性，亦无现实性。只能在外力驱动下，在种种限制的夹缝中"成长"。教育不是培养人，而是人力，它已成为一个工具，又谈何培养全面发展的人！

总之，工具性价值取向无孔不入地渗透到教育的方方面面。教育重知识，重效率，无可厚非，但若忽视人本身的价值，那么它只是没有灵魂的机器。只能复制一批又一批的"克隆人"，这是教育本真功能的丧失。

二、"人本位"的价值取向——当前教育的追求

当前我国正处于以"物的依赖关系"[①]为基础的现代化的进程中，工具性取向的行为是我们不可跨越的卡丁夫峡谷。既然现代化在教育中的种种弊端已在西方暴露无遗，作为"后发型"的我国应借鉴西方经验，走一条整合的路，即确立"人本位"的价值取向——促进人的发展为目的。人本位不同于个人本位，个人本位是个人主体性极度张扬，割裂人和社会关系，单纯追求个人目的的极端表现。人本位是在实践基础上，把个人价值和社会价值统一起来，关注人的生命世界的一种价值取向，它建立在马克思主义哲学基础上，是教育本质和时代特性对教育的追求。

从教育本质看，目前我国关于教育本质大致可概括为三种观点：教育是

---

① 《马克思恩格斯全集（第26卷上）》，人民教育出版社1980年版，第104页。马克思把人类形态分为三个阶段："以人的依附关系"为基础的群体本位阶段，以"物的依附关系"为基础的个人本位阶段和"建立在人的全面发展"基础上的类本位阶段。

上篇
第二章 原因分析：制度价值使然

培养人的实践活动；教育是人之自我建构的实践活动；教育是价值引导与自我建构的活动。不管哪一种观点，其最终目的都是指向人的完善和发展。马克思认为①"人不仅像在意识中那样在精神上使自己二重化，而且，能动地、现实地使自己二重化，从而在他所创造的世界中直观自己。"即人的本质是在社会实践过程中不断自我建构、发展起来的。教育要培养人需要正确把握人。首先，人是生活在现实世界中的真实而非抽象的人。人生活在社会中，人的价值的实现，教育活动的开展，无一不与社会相联系，教育不能脱离丰富的日常生活世界而去追求理性世界的"符号化""单向度"的人，否则，人将被异化。其次，人是社会发展的最终目的，而非单纯手段。人作为手段，在实践中推动了社会的发展，同时，社会发展又更好地塑造了人，完成了它的终极目的。手段和目的是统一的，同时，手段又指向目的，为目的服务，教育中不能抛弃培养人的本真目的，而单纯去追求作为手段的政治人、经济人。否则，无异于无源之水、无本之木。最后，人具有主观能动性，并非受动客体。这是人与动物的根本区别。教育应尊重人的主体性，任何无视、压抑人主体性的行为，都是对人性的践踏。所以，从教育的本质看，关注人本身是教育义不容辞的义务。同时，人的特性也决定了教育关注的是整体的、生成性的、创造性的人。

从时代特性来看，古代社会，人处于自然和社会的双重奴役下，无任何主体性可言，教育是维护社会统治的工具。现代社会，人处于物化状态中，教育是整个社会运作流水线上的一个加工厂。教育倡导人的主体性、创造性，目的是完成对社会资源的最大化占有、运用。但占有性主体无时无刻不被束缚在科技理性这张无形的网中。这里的人不是根植于生活世界，追求意义世界的人，而是无根、无魂的工具人。随着社会的发展，人们不断反思：在面对全球一体化，知识经济到来之际，在向现代化迈进的时代大潮中，在领略到西方教育价值缺失，人被异化的过程中，我国教育何为？为何？一方面，教育要追求人的现代化。教育的现代化不只是设备、手段的现代化，而且是人的现代化。教育应关注人的成长、发展，培养具有主体性、创造性的人。

---

① 《人学与现代化——全国第二届人学研讨会论文集》，广西人民出版社1999年版，第74页。

通过培养现代化的人，推动现代化的进程，以实现教育的超越性本质。另一方面，教育要避免现代性所带来的人的异化弊端。人不仅成长于科学世界中，而且存在于日常生活世界中①。在培养人掌握科技知识，寻求真理的过程中，切不可忽视孕育科技的土壤——日常生活知识的陶冶。尤其当今社会国际交往日益频繁，它要求人要善于沟通、懂得合作。所以，教育只有培养完善的人，才能适应社会的发展，时代呼唤教育要"以人为本"。

总之，当前时代需要建立"人本位"的价值取向，把个人本位和社会本位结合起来，科学与人文知识整合起来，成才与成人并举，智力与人格共育。实现教育的育人性和超越性的本质。

第三节　后现代思潮全景审思

后现代主义是20世纪后半叶西方社会最流行、最具影响力的一种哲学、文化思潮。作为对"现代性"的批判和反思，它是复杂、多元的，且没有一个完整的体系。但有其反思现代性、多元思维等共存的思维特征。运用后现代的反思视角来审视思考教育无疑会有启发意义。

一、后现代思潮的理论倾向

其理论倾向可概括为以下几个方面②：强调反思与批判现代性；反对中心主义，提升非理性主义；倡导多视角、多元化的方法论；推崇对话，强调不确定性和差异性。

---

① 项贤明：《泛教育论》，山西教育出版社2000年版。他把人的生存世界分为生活世界和科学世界两部分，其中生活世界包括日常生活世界和教育的生活世界。

② 此观点来源于多本著作，主要有：〔加〕大卫·杰弗里·史密斯（David Geoffrey Smith）：《全球化与后现代教育学》，教育科学出版社2000年版；〔美〕大卫·雷·格里芬：《后现代精神》，中央编译出版社1998年版；〔美〕波林·罗斯诺（Pauline Marie Rosenau）：《后现代主义与社会科学》，上海译文出版社1998年版；〔英〕齐格蒙·鲍曼：《后现代性及其缺憾》，学林出版社2002年版。

第二章 原因分析：制度价值使然

（一）强调反思与批判现代性

反思和批判现代性（modernity）可以说是后现代主义的精髓和核心。他们批判现代主义的基础论、工具理性、科学主义、中心主义等。利奥塔在其《后现代状况》中说："我所谓的现代，指的是用元话语来使自身合法化的科学"，而"我将后现代定义为针对元叙事的怀疑态度"①。后现代主义不再假定有一个绝对支点可以用来使真理和秩序合法化，它把矛头直接指向现代性，对其进行反思和批判，认为它们依赖元叙事来证明自身的合法性，而事实上，那些支配社会制约关系机制的合法性本身也需要合法化来证明。后现代主义对一切合法性、真理性的东西进行批判和质疑，主张摧毁人们对元话语的信任感。

同时，后现代主义反思现代科学技术这把"双刃剑"在为人类带来物质富裕的同时，为人类的实践、人类的生存空间以及人本身带来了巨大的威胁，针对现代主义对理性的过分张扬、对权威的过分迷恋，过分依赖自然科学的确定性进行批判。可以说，后现代主义正是在对现代主义批判和质疑的基础上形成的，是对传统思维模式的挑战和扬弃。

（二）反对中心主义，提升非理性主义

主体性问题一直在西方哲学认识论中占据中心地位。工业文明以来，主张人类中心，过分张扬人的主体性，造成了世界的各种危机。后现代主义对人类中心进行批判，打破中心权威，他们认为把人与自然彼此分开是人类实践一切错误的根源，要超越现代，就必须消解主客二分，消解主体性。他们反对认识论程式上的主客对立，提出人不是独立于世界万物的实体，人是世界的成分。因此，他们反对"人类中心主义"，主张重建人与自然的和谐与平衡。后现代主义反对"自我中心论"，批判现代世界观是个人主义，主张摒弃个人主义，消解人我之间的对立，重建人与人之间的关系。

同时，解构主义的研究工作动摇了西方哲学理性中心主义的合法性，摧毁了现代主义对基础和理论框架的信念，从根本上消除了终极价值的可能性，

---

① 〔法〕让·弗朗索瓦·利奥塔（Jean-Francois Lyotard）：《后现代状况：关于知识的报告》，湖南美术出版社1996年版。

粉碎了人们对统一性、整体性、中心性和绝对真理的信仰。后现代主义在批判理性主义的同时，提升非理性主义，强调非理性的重要性。他们认为"理性殒落""非理性应该提升"。非理性主义强调一种直觉，一种自由，一种个体的选择，它从根本上摒弃理性、排除权威，认为人的存在是开放的，主张建构非理性的主体。如阿兰·图雷纳主张主体是一个存在性、情感、政治和心灵上有积极表现的主体。而理性主义框住了思想本身，将自然和科学的方法搬到哲学中来，视为唯一正确的方法。斯宾诺莎说："我将考察人类的行为和欲望，如同我考察面积和体积一样"。[①] 非理性主义批判理性所推崇的实证主义，认为理性逻辑的框架只适用于僵死的无生命物质，强调人应该由存在的冷静观察者、分析者变为存在的参与者、关心者。

（三）倡导多视角、多元化的方法论

后现代主义拒斥现代理论所预设的社会一致性观念，强调世界自身的多样性、多元性，对世界的认识应该是多视角、多向度的。所谓视角，就是受主体立场和理论观点所影响的特定的视点，是观察、分析研究客观世界的现象、过程及其关系的特定的切入点。一个视角就是一种观察、分析社会现象的特定立足点，一种看问题的角度，一种分析特定现象的有利位置。每个人的观点和看问题的角度不可能完全如实地反映社会现实，总是有所取舍，不可避免地受观察者本人的立场、观点、态度和兴趣等的影响。同时，没有哪个人的视角能够充分说明任何一个社会现象的丰富性和复杂性。正如韦伯等人所说的：一切关于现实的知识都来源于某个特定观察点，一切事实都是由人们建构起来的解释，一切单一视角都是有限的，不完全的。[②] 后现代主义强调文本的多义性和解释的无限性，克服从单一理念出发观照世界的做法，从而建立一个开放的、多元的方法群落。

（四）推崇对话，强调不确定性和差异性

后现代主义采纳、吸收了分析哲学、当代释义学以及法国后结构主义的

---

① 〔荷〕斯宾诺莎：《伦理学》，商务印书馆1981年版；张广利："后现代主义与社会学研究方法"，载《社会科学研究》2001年第4期。

② 张广利："后现代主义与社会学研究方法"，载《社会科学研究》2001年第4期。

第二章 原因分析：制度价值使然

研究方法，以语言范式取代了以往的意识范式，从认识主体和意识内容的研究转向语言学的讨论，讨论主体群之间的活动及关系，赋予不同的话语以平等的权力。后现代主义强调一种语境体验，认为人更多的是作为一种文化和生物交融形式的语言主体，主张一种开放的、公平的对话。

他们认为对话是解释者与解释者人际关系发生的过程，目的是推翻居于中心地位的认识主体，倡导不同认识者之间的平等交往关系。对话中的对立面不是次要的，他们的个性和境况对于任何一个肯定的结论来说都是必不可少的。后现代主义强调，若要让对话中的真理真正显露出来，对话就不应该受主谈者的主观臆断所影响。向真理开放需要的是一种无知的态度——博学的无知，它要求对话者在向真理开放的过程中时时省察自己，保持一个开阔的心胸。后现代主义认为，好的对话者应该是一个不断推动我们去反思我们在真正说着和想着的是什么东西的人，一个不断提醒我们转过来探究反思种种情况和条件的人，应当不断推进对话的深入。

后现代主义反对总体性、同一性和确定性，高扬事物变化以及事物本身的多元性、多样性、差异性、特殊性等，主张用知识形式的多样性、差异性去超越和反对统一现代理论。后现代主义主张文化多元化，尊重非己文化，赋予不同义化以平等的地位，相信每一民族都有选择和拥有自己文化的权利。他们认为社会中实际存在多种合理性的价值系统，一切价值都全然平等，"价值不是一成不变的"，它只是"一种意义建构"①。对后现代者来说，"如果现实只是一种语言性的约定俗成，那么意义和知识都只能是相对的。"

总之，后现代思维方式具有优点和启示，后现代思维方式主要具有非中心性、多元性、异质性、开放性、宽容性、无限性等特征，这是直接针对于现代思维方式的中心性、本质性、整体性、同一性等特征提出的。它的价值主要体现在两个方面：一是它提供了一种新视角，开启了一个新的思考方向。二是它为人与人、人与自然及人与社会之间关系的重建提供了极为有效的思维方式。

---

① 王景英："教师教学质量评价三题"，载《东北师范大学学报（哲学社会科学版）》1998年第6期。

但是，局限也很明显。过分强调多样、差异、不确定，在思想方法上会陷入形而上学。实质上，多样性和统一性、不确定和确定性、差异和同一是事物的两个方面，是事物内在的两个环节；由于遵从"均一性逻辑"，它在客观上否定了进步观念；忽视建设性，会在某种程度上陷入否定、虚无、无政府主义；把否定扩大化，推向极端就远离真理了；具有悲观主义的色彩。

二、后现代主义视角下方法论反思

（一）研究范式变化

对现行教育研究方法的颠覆"后现代主义，通过揭露教育中形而上学、认识论方面原先预设观点的脆弱性，揭露教育中存在的偏见，从根本上威胁现代教育的可能性，这在西方历史上还是第一次"。后现代主义对教育研究方法的颠覆还表现在研究范式的转变。在这方面，它吸收、采纳了分析哲学、当代释义学以及法国后结构主义的研究方法，以语言范式取代了以往的意识范式（the paradigm of conciousness），这种范式的转变标志着，研究焦点不再集中于认识主体和意识内容，而转向语言学的讨论，讨论主体群之间的活动及关系。利奥塔、德里达、福柯、拉康（Lacan. D）等人的著作无不表现了这种倾向，这种倾向消解了以往的逻各斯中心主义观念，凸显了以往教育研究中差异性受压抑的问题，从深层次上直接介入语言—权力—知识之间关系的讨论。

（二）对教育本身反思

到了近代工业文明产生以后，科学教育对人的束缚开始显现出来。在我国，科学主义教育理念对教育的影响首先表现为工具理性主义，其次表现为教育过程中的技术主义盛行，这在一定程度上养成了人们对科学的盲从心理，窒息了学生的怀疑精神。最终使教育陷入"非人性化"的境地。即在教育目标上追求统一；在人才培养的要求上，在工业化、技术化的过程中，机械成为了社会的中心，人和社会自身都机械化，人在社会机械化的过程中，成为了一个可以替换的零件，人的创造性、创新性被官僚主义扼杀了；教育价值的主导趋向以实用主义教育价值为主。在现代社会，人与人之间的关系中，利益的追求超过了理解的寻求。学校教育成了生产商品的加工厂。

长期以来，教育被视为一种传授知识的活动，教师是课堂中主宰一切、控制一切进展和处理全部事件的权威者。因此，在这种课堂中，时时刻刻充满着教师为唯一的中心的单极表演和知识授受。教师把课堂当成了他自己的舞台，他是发号施令者，学生只有一味地被动静听，完全变成了教师所代表的成人主流文化知识的接受者和容纳器。而这种知识始终被视为绝对客观的，它与知识接受者的主观参与和体验无关。学生以读死书、死读书为荣，从而使应试教育成为现行教育的主要模式，学生高分低能和缺乏独创个性成为阻碍教育发展的顽症。

建设性后现代主义则要提供一个世界观。否定是要通过彻底摧毁原概念、原基础而扭转教育、哲学、文化的一个方向。在教育领域，既是反对教师权威，在反对教师中心的同时，也反对儿童中心，主张师生平等交往和交流；反对教材的统一模式，主张知识来源的多样化，摒弃课本中心论；反对构建统一和画地为牢的科学体系，强调研究方法的多元，提倡意见的差异性存在。

（三）教育目的反思

后现代主义者对以"理性"教育为基础的教育目的进行了激烈的抨击。他们认为，现代主义对理性与集体、制度和秩序的强调，其目的是将个人塑造成现代工程的零部件，这种理性的教育目的的结果是忽视了人的个性，导致人的异化，人与人之间关系的疏远，个人生活意义的丧失。

后现代主义崇尚差异性、偶然性以及文化多元主义，所以其教育目的观也是各种各样的。但基本上有一个共同的基础，都是在对"现代性"下的教育目的进行反思的基础上提出的。批判能力提倡者吉鲁的教育目的观认为：教育目的要从由优势文化决定的解释中解放出来，而肯定个人经验及其代表的特殊文化。学生在批判能力的成长过程中，逐渐深入了解自己与他人之间的关系，认同自己也认同不同文化背景下具有不同价值观的他人。生态意识提倡者包尔斯（Bowers，C. A）主张建立一个以生态为本的教育理论，其教育目的在于强调建立一种文化与社会环境和睦相处的社会文化背景，培养学生的生态意识。

后现代主义主张对学校教育的目的采取较为宽泛的态度，不要仅局限于单一的教育目标，如政府的决策或某一种教育观，"而是通过全校教师的热情参与和考虑到众多的具体因素来决定的,其中,偶然因素也起着重要作用。教育仍可注重学生的各方面发展,但并不强求每个受教育者都得到'全面发展'。教育目标也可以培养'片面发展'的人,即符合学生自己的特质和他生活中的特殊性的人"。

三、后现代主义视角下的课程反思

(一) 后现代课程观

多尔认为,泰勒的课程观是现代主义下的封闭的线性的因果关系的课程观,因而课程目标与学习经验脱节①。泰勒把目标放在首位,然后选择和组织学习经验,再评价学习结果以决定是否达到目标。这样评价仅仅涉及课程成功与否,而不涉及目标的适应性问题。因此泰勒原理在课程目标与学习经验的联系上存在脱节的现象,有不可避免的缺陷。多尔提出了后现代课程标准——"4R"。

(1) 丰富性(Rich)。这个术语是指课程的深度、意义的层次、多重可能性或多重解释。对课程来说,怎样才能达到既激发创造性同时又不失去形式或形态的适量,却是无法事先确定的,它需要不断地在学生、教师和文本之间予以协调。但课程需要干扰这一点是不必协调的,这些因素丰富了课程的干扰性、疑问性和可能性。学校中传授的主要学术性学科都有它们自身的历史背景、基本概念和最终词汇,因此每门学科应以自己的方式解释丰富性,应具有他们自身处理方式上的特点。这种丰富性能促使各个领域进行开放式的、合作性的和对话性的探索。

(2) 回归性(Recursive)。它是指通过与环境、与他人、与文化的反思相互作用形成自我感的途径或过程。在多尔看来,回归性课程没有固定的起点和终点:每个终点就是新的起点,每个起点来自前一个终点。从而课程是开放的而不是封闭的,是具有两面性、弹性、解释性的课程。但回归不是重复,重复是现代主义观念下封闭的框架,旨在通过某种自动的、不变的程序提高固定僵化的成绩。多尔认为,回归的绝对必要条件是对话:没有由对话

---

① 〔美〕小威廉姆·E. 多尔:《后现代课程观》,教育科学出版社 2000 年版。

引起反思就会变得肤浅而没有转变性，那不是反思的回归，而是重复。

（3）关联性（Relational）。有两方面的重要意义：其一是教育方面，称之为教育联系，是指在构建课程网络或母体时要考虑一系列的关系，在课程结构上也要强调其中的关系，从而随时间的推移和演化引起课程形成丰富的模体网络。其二是文化方面，称之为文化联系，是指与课程之外的文化或宇宙观联系。文化联系强调描述和对话是解释的主要工具，描述通过提出历史和地点的概念。联系性对话将三者联系起来，为我们提供一种源于地方但又联系全球的文化感。

（4）严密性（Rigorous）。严密性是多尔"4R"标准中最重要的。此处的严密性是概念的重新界定，与不确定性和诠释联系起来。严密性真正含义是有目的地寻求不同的选择方案、关系和联系；自觉地寻找我们和他人所持的这些假设，以及这些假设的相同通道，促使对话成为有意义的和转变性的对话，即严密性是不确定性和诠释的整合。

总而言之，多尔认为课程目标不应预先确定，课程内容不应是绝对客观和稳定的知识体系，课程不应该注重灌输和阐释，所有课程参与者都是课程的开发者和创造者，课程是师生共同探索新知识的发展过程，世界的知识不是固定在那里等待被发现的，而是通过我们的反思行为得以不断地扩展和生成。多尔的课程理论具有建构性特征，比较系统，他的这些主张无疑为课程的研究开辟了新的思考空间。

（二）后现代课程观的启示

（1）课程理念。以往的课程理念强调知识的选择和组织，认为课程就是从人类总体的知识中选择出最有价值的知识，以合适的组织形式呈现给学习者。而多尔的课程观则认为课程理念应该强调课程知识的多样性、非系统性、文化性、开放性、动态性和过程性。课程本身不是学习的内容，只是学习得以发生的条件和更多汇聚的平台。

促进课程的民主化与适应性，过去我们实行的是国家课程，教材统一，地方学校没有自己的课程，2001年课改后我们实行三级课程体系，重新明确三级课程管理机构的职责，改变课程管理过于集中的状况，建立国家、地方、学校三级课程管理制度，增强课程对地方、学校及学生的适应性，随着改革的深入，学校课程自主权进一步增强。

（2）课程目标。重新审视课程的目标。知识性的课程目标应该被批判性地检讨，以显示出知识性目标的社会效果。掌握知识的要求是进行社会控制的一个重要方式。课程的目标应该超越知识而达到对学习者的存在的关注，存在关注最基本的一点是要培养学习者对所学知识内容的批判性态度，包括对课程知识本身的不完整性的批判和对课程知识的社会历史效果的批判。批判的目的不是简单地否定或抛弃课程，而是在批判之中使课程目标变得透明，并为更多的知识关联的出现提供条件。

新课程强调课程要促进每个学生身心健康发展，培养良好品德，培养终身学习的愿望和能力，处理好知识与技能、过程与方法、情感态度价值观的关系，克服过分注重知识传承的倾向；体现课程的现代化与适应性，精选对学生终身学习必备的基础知识和技能，处理好现代社会科技进步与学生发展的关系，改革课程内容陈旧的现状。

（3）课程结构。现代的课程结构如同现代的知识结构一样是分等级的。自然科学与技术的课程在整个课程体系中占据了核心位置，被给予大量的课时和丰富的财政援助。而社会和人文课程则被放置在课程体系中边缘的位置。未来的基础教育应该增加和开发人文和社会方面的课程，旨在帮助人们更好地理解自己和社会，摆脱由现代性带来的意识和精神危机。处理好分科与综合、持续与均衡、选修与必修的关系，改革目前课程结构过分强调学科独立、纵向持续、门类过多和缺乏整和的现状，体现课程结构的综合性、均衡性和选择性，当前这一趋势还在延续。

（4）课程内容。长期以来我国的课程内容整齐划一，统一成一个标准，忽视现实情况的复杂性、丰富性和差异性。课程的内容应该具有动态性，让动态性在时间与空间中体现出来。时间性是指课程内容应具有鲜明的时代特征与时代气息，课程内容应站在时代的高度反映时代，以利于孩子们理解时代、把握未来。空间性是指课程内容要考虑地域、民族、文化与心理素质的差异。如农村地区的课程内容应有意识地加强现代科技基础知识的内容，而城市地区则应体现孩子们与自然接触的内心需要。

我国的课程内容还有个问题就是专业化和分科造成知识概念的支离破碎，

知识系统不能反映人们认识的真实情况，我们具体所采纳的课程内容要具有丰富的多样性、不确定性和启发性，并且有利于达成一种促进探索的课堂气氛。这样的课程内容有利于实施课程的主体—教师和学生—探讨与对话，有利于教师用隐喻而非逻辑的对话激发学生参与对话和发挥他们丰富的甚至是离奇的想象力，有利于学生去疑问、去以不确定的方式阐释文本，建构他们自己的认识体系。

四、后现代主义视角下的教学反思

（一）课程与教学的关系

重新解读与建构课程与教学观，实现两者有机地整合。实际上，课程与教学极为密切。课程目标在一般意义上讲总是模糊的、不确定的，它需要在教学的过程中去寻求；教学一方面进行着课程的实践，另一方面也在解读和建构着什么是课程。我们要关注两者的相互作用，真正实现两者之间你中有我、我中有你的有机整合。

同时，优化教学过程。现代教学过程是直接排斥学生个体知识和生活史的过程。课堂里的儿童是一个纯粹的学习者，其任务就是掌握教师所呈现的系统知识。长期的个体知识压抑最终使得学习者丧失学习的天性和兴趣，成为一个知识的容器，一个"自动化的"知识容器。分门别类的知识教学进一步地束缚了学习者的头脑，使他们变得狭隘而又僵化。因此，应该努力实现公共知识与个体知识、不同门类知识的富于个性的整合。倡导建构性学习，注重学生的经验与学习兴趣，强调学生主动参与、探究发现、交流合作的学习方式。

（二）师生及其关系反思

教师观

教师不但是教材的讲读者，而且必须成为教学的组织者与促进者；教师不仅是课程的执行者，还应是课程的研究者与实施者，实施时要创造性地开发教学过程，使教学成为一个动态的、多方交流的、发现和发展知识与文化的过程；教师是学生学习的合作者和伙伴，也是课程的开发者和研究者。

总之，我们要加强教师在课程的编排、课程的实施、课程的评估、课程的变革和课程的研究中的作用，使教师成为课程的研究者（curriculum researcher）、课程的计划者（curriculum planner）、课程反省的实践者（reflective practitioner）。教师要根据学生学习的需要，选择和开发教学资源，设计展开多种教学活动，开放学习空间，加强书本知识的学习与社会实际的联系，从而在师生之间构建一种平等对话的关系，使师生在共同的反思互相理解。

学生观

现代思维方式是以"同一性""中心性"为特征的，它关注学生的发展是否朝着这种"同一"前进，是否能达到这种"同一"。教师总是认为学生应该发展成他们所期望、所预定的样式，因此，他们总是"辛苦"地把学生塞入一种预设好的框架，然后又以他们所认同的样式为标准来衡量学生的优秀与否。正是这种"追求同一、关注同一"的学生观造成了教育培养出来的人缺乏个性、缺乏独特性，更造成了许多学生在教育中遭受到不平等的对待（如没有达到这种"同一"的学生会被忽略、被责罚等）。

后现代思维方式是"关注差异性、重视独特性"的学生观。后现代主义者德勒兹告诉我们，"没有差别的世界是一个孤寂的世界，没有差别的人只是一尊尊丧失个性的木偶。"教育当然不是制造木偶的工厂！教育绝不可以培养整齐划一的学生，教师的学生观不应是"追求同一，关注同一"的，他们应该遵循世界的丰富与多元，应该尊重学生的差异与个性。教育应该帮助人成为他可以成为、可能成为的样子，而不是制约人成为教师所预先设定的样子。只有具备了"尊重差异，尊重个性"的学生观，教育才能真正实现其"帮助人成长"的任务，教育内部也才能真正实现平等民主。

但"尊重差异、尊重个性"并不意味着"只重差异，只重个性"。"人"是一个个体概念，但又是一种类概念，作为个体的学生，教育要充分挖掘他们的潜能、彰显他们的个性；但学生又是具有共同性的，他们将一起担负起未来生活的责任。因此，他们又不能弃时代的要求于不顾。在个性与共性之间如何自处，这个平衡点应该由教育引导他们去寻找。我们只有在学生能够正常发展、能够担负责任的同时"尊重个性、尊重差异",才可能不会走入另一种形态的"同一性"。

师生关系

破除教师绝对权威神话,建构新型平等对话的师生关系。在我国的传统教学活动中,教师拥有"言语霸权",教师在知识传授中居于主体和权威的地位,教学活动是单向的、独白式的、由教师到学生的简单线性过程。这样,教师仅充当着文化传递者的角色,而学生或儿童则扮演着被"老人智慧"驯服的角色。

多尔将教师界定为"平等中的首席"(first among equals),作为平等中的首席,教师的作用没有被抛弃,而是得以重新建构,从外在于学生情境转向与学生共存;权威也转入情境中,教师是内在情境的领导者,而不是外在的专制者。

(三)教学组织形式

改革教学组织的形式。现代的教学组织形式也是现代知识的产物,是现代知识的空间权力的实现。高高在上的讲台和一排排的学生座位一方面传达着知识权力的关系,同时也从空间上限制了学生之间以及学生与教师之间平等和深度交流的可能性,从而也就限制了对权威知识进行重新阐释或集体反叛的可能性。要建立一种开放式的教室,鼓励学习者大胆质疑的教室,师生可以进行真实交往的教室。

五、后现代主义视角下的评价反思

20 世纪 80 年代引进泰勒的目标导向评价模式和西方的标准化测验以后,定量评价代替了定性评价,实证化方法垄断了整个教育评价领域,一切用数据说话。量化方法具有准确、高效、说服力强、易操作等优点,但教育是人—人系统,是内、外部多种因素的交互作用,它存在可以量化的客观现象,同时也大量存在不可量化的主观现象。后现代主义提倡非理性所提出的定性研究,是一个开放的、动态的和发展的系统,更多强调对教育过程和参与者体验的研究与评价。

教育评价研究要倡导多视角、多元化的方法论。长期以来,教育评价研究的方法论是一个单一的、封闭的体系，在实证和人文之间徘徊，要么强调实证，要么强调人文，非此即彼。然而教育现象是复杂的，多样的，必须从多角度看问题，强调方法论的多元化。另外，教育评价中忽视个体性、差异性，用一把尺子衡量所有的现象和人，对所有的现象和人都从一个视点去观察、评价。这种无个性的评价造成无特色的学校，无个性、无头脑，甚至没有气质和情感的教师比比皆是，无个性、无创造性的学生一代又一代。因此，教育评价要多视角看问题，倡导方法的多元化。体现出评价的个性、差异性和异质性。

教育评价要强调评价者与被评价者之间的对话。以往的教育评价基本是自上而下的，这样的评价缺乏真实性和可信度，并不能真正发挥评价的激励、改进、指导实践、促进发展等功能。因此，在评价者和被评价者之间应建立一种平等、信任的对话世界，评价双方互相沟通、理解，让评价成为一种双方作为活生生的"人"的交流，这样才能保证评价的真实性和公平性。例如教学评价，教师是教学活动的发起者，在评价的整个过程，可以说教师是最有发言权的，评价者应尽量给予教师最大的主动权与最多的发言机会，让他们首先对自己的教学行为和效果做出预测和判断，进行"自我评价"。评价者给予教师的不应只是对其技能与能力水平的认知，他们应该引导教师进行自我认识，与教师探讨真正有价值和有利于学生发展的教学方式，同时成为教师发扬个性教学风格的积极拥护者。人文化的评价方式重视所有参与评价人的看法在评价中的作用，并以协商、对话的方式来消除分歧，得出结论。同时，评价者亲自进入评价现场，参加到评价对象之中，取得评价对象的信任，并与他们建立良好的关系，利用参与观察、行动研究的方法收集信息资料。以这种资料得出的结论由于其真实具体，切合被评价者的需要而易于被评价者接受。

教育评价要淡化鉴定、分等功能，强调评价的研究和促进的功能。事实上，教育评价不仅是判断，更多是了解事实信息，改进教育教学活动、促进教育发展和为决策提供信息，注重的是研究和促进发展的功能。教育评价本身就是"评价者对教育活动或行为主客体的价值关系、价值实现过程、结果及其意义的一种认识活动过程","一种思想建构活动",① 一个研究的、动态的过程。教育评价可以通过对各种信息和资料的收集,来研究各种教育现象和问题,根据不同的客体对症下药。

综上所述,通过对教育各方面的后现代反思,我们发现了教育问题深层原因和改进方向。我们应该明确教育所处的发展阶段基础上,基于现实进行建构。

---

① 王景英:"教师教学质量评价三题",载《东北师范大学学报(哲学社会科学版)》1998年第6期。

第三章　追根溯源：不同视角审视

教育是由社会发展特征和人的发展特性决定的，这需我们进一步追根溯源。当我们将人的发展放在整个人类社会发展的历史脉络中，会有不同的阶段特征，那么，培养人的教育也会相应有不同发展阶段及特征。同时，我们从不同角度来考察社会发展、人的发展、教育的发展阶段，会发现虽角度不同，殊途同归。

第一节　类本位下的主体间性

马克思说："任何人类历史的第一个前提无疑是具有生命的个体的存在"，他又讲到，"人是一个类的存在物"。① 据此，他曾把人类的发展划分为三种形态：第一，以人的依赖关系为基础的群体本位形态；第二，以物的依赖关系为基础的人的独立性的个人本位形态；第三，建立在全面发展基础上的人的自由个性的类本位形态。这一过程是人性即人的主体性不断提升的过程。那么，教育作为培养人的实践活动，同样也要经历这三种形态。用历史与逻辑辩证统一的方法分析主体性与教育之间的关系，探明主体间教育的内在本质，有利于提高教育实效。

一、教育的历史反思

（一）对工具性教育的反思

考察历史发展的轨迹，我们不难发现教育屡屡表现出工具性。这有其深

---

① 《马克思恩格斯全集》（第26卷上），人民出版社1980年版，第104页。

刻的历史背景：原始社会，生产力极其低下，人类还没有摆脱对自然的依附，他们依"血缘"关系形成群体，在与外界自然和其他"群体"斗争过程中，个体作为其中的一分子而存在，一切活动围绕群体利益展开。"我不属于我自己，我属于大自然和部落"是当时社会的反映。

到了奴隶社会直至封建社会，以自然经济为基础形成了人对人的依附关系。在中国，是以血缘为纽带的特权阶层对广大劳动人民实施的"家天下"的政治统治。经济、文化等只有依附于政治权力，才能充分地发展。当时教育完全被统治阶级控制，形成"学在官府，学术官守，政教合一，官师合一"的局面；教育完全为统治阶级服务，"建国君民，教学为先"是其明证。教育不仅自身成为社会的附庸——社会维持和发展的工具，而且培养的是社会的奴仆——对社会绝对服从的人。当时的教育主要进行德育（即教化），以培养顺民。它通过灌输统治阶级的思想观念、价值取向，进行精神统治，完全扼杀了人的思想和创造力。"是一种有组织的专制性、奴役性、狭隘封闭性的教育；是一种私有者、剥削者、统治者、劳心者的具有阶级性、等级性的教育。"① 这种教育的基点不是来自个体内在的需要，而是外在于个体的群体利益的需要，它实际是"人的依赖关系"的训练，是教育政治化在当时的反映，根本谈不上人的主体性。

与此同时，西方古希腊、古罗马时期虽有以人为本的传统，但这里的"人"是以人的依附为前提的。教育培养的是忠于城邦、忠于专制政权的武士、平民。"我不属于我自己，我属于城邦"是他们无奈的表白。中世纪，是一个用神性压制人性的黑暗时期，个体必须绝对服从上帝，教育培养的是对宗教对神绝对虔诚和信仰的人。"我不属于我自己，我属于上帝，要为上帝而生，要为上帝而死"。在这种精神控制下，人成为群体的忠实奴仆，"灵魂成了肉体的监狱"②。

历史的车轮把我们带入了新的世纪，但工具性教育仍在当今社会蔓延，严重阻碍了人的发展、个性的张扬。"教育把统治者的价值观和意识形态灌

---

① 胡厚德：《德育学原理》，北京师范大学出版社1997年版，第90页。
② 〔法〕米歇尔·福柯：《规范与惩罚：监狱的诞生》，生活·读书·新知三联书店1999年版，第32页，转引自孙彩平："教育伦理品质的谱系"，载《第一届教育伦理年会交流材料》。

输给学生,它否定教育主体,不顾内化规律,用规范宣讲代替心性修养,用外烁代替内发,用它律代替自律。"① 教育不是主体对善的向往和追求,而是教育对象(受教育者)不断接受、内化社会一整套规范的过程。我们承认教育有维护社会的功能。但随着时代的发展,教育不仅要适应社会,还要超越社会、引导社会。教育只有培养具有主体性的人,才能焕发出生命力。

(二) 个人主体性教育的反思

对个人主体性教育的思考导源于文艺复兴时期。教育提倡人性,反对神性。18世纪,以卢梭为代表人物的西方启蒙运动,揭开了"血缘"决定论的面纱,倡导人生来是自由、平等的。在这一理念指导下,教育主张把人当作一个自然的实体来发展,顺应人的自然发展顺序,遵循自然发展规律,发挥儿童的潜能。卢梭企图把爱弥儿培养成具有自爱(只管自己,不管他人)、自主(顺从己性,不受规范)、自立(独立自主,免受依赖)、自制(自我管理,规限自然)人格特征的人。这种思想实质是自由资本主义阶段人们对封建社会束缚人的教育的一种挑战。在西方近代思想史上,开辟了个人本位说的先河,具有革命性的意义。但"人的本质是一切社会关系的总和"②,脱离社会所培养的人,只是一个"生物人""自然人",这种教育也必会受自然和社会的双重奴役。

而后,随着工业文明的发展而建立的资本主义制度,需要大量的自由劳动力,雇佣劳动制度确立了"自由人"的地位,人们开始摆脱血缘、地缘以及种种人身依附的生活方式。③ 人的个性得到张扬。科技带来了日新月异的变化,使人类更相信理性的力量。笛卡尔的"我思故我在"把主体人的理性思维强调到了极致。培根的"知识就是力量",为人类征服自然找到了有效的途径。在这种思想指导下,教育把培养人的理性作为终极目标。人的理性又通过知识尤其是科学知识体现。以此类推,教学内容具体窄化为:负载理性的一切知识—科学知识—学科中的科学知识—学科中可认知的科学知识。

---

① 冯建军:《当代主体教育论》,江苏教育出版社2000年版,第55、75、91页。
② 杨兆山、姚俊:《马克思主义经典作家教育文论选讲》,辽宁教育出版社1999年版。
③ 鲁洁:"关系中的人:当代道德教育的一种人学探寻",载《教育研究》2002年第1期。

科学中具有鲜活价值的一面被忽视，具有人文关怀的教育纯粹变成了教育知识的传授。在这种教育中，学生具有主体性，却是一种外在的主体性，是建立在一定分裂基础上的。所以，教育重视知识，尤其是科学知识，忽视了道德、情感的东西；师生关系处于对立位置；学生把自身以外的东西作为认识、利用的对象来看待……这是现代性下，人对物的依赖关系的反映。这种教育培养出来的是单子式的、孤立的人；无精神内涵、道德缺失的人；被物化、异化了的人。

20世纪后半叶，唯物质主义、科技至上达到了登峰造极的地步，理性主体越来越暴露了它的消极方面：个人中心主义、利己主义蔓延；人与人之间情感冷漠，弱势群体被忽视。人们开始反思并提出价值主体教育，它突出了人的绝对价值。如：存在主义认为"存在就是个人的存在，真理就是主观性。"这就把个人作为了最高的存在，主观情感成了道德行为选择的依据。[①]如果按照这一理论进行教育，允许学生作出不同选择，只要学生对自己负责就可以，则造成教育工作乏力，对学生产生消极影响。

二、教育的主体间建构

教育经历了工具性、道德缺失阶段后，正在走向新阶段。人不仅以个体的形式而且还以类的形式存在于社会中，从群体本位到个体本位再到类本位是一个否定之否定的过程。类本位视野下的教育，是主体间教育，即作为主体的诸个体在积极互动中，自我建构的过程。这种过程培养的再也不是顺民和单子式的人，而是交互主体的人。

（一）主体间教育目标：培养主体间性的人

以往的教育，要么培养唯唯诺诺的顺民，要么培养自私自利的单子式的人。随着主体意识的觉醒、人性的高扬，人类深刻地意识到，人以其主体性独立于社会中，若失去了主体性则犹如行尸走肉，又何谈创新性！长此以往，人类会囿于保守，社会将停滞不前。"环境正是由人来改变的"[②]，人不仅是社会规范的遵从者，而且是社会规范的缔造者、建构者，教育培养的人既要

[①] 袁桂林：《当代西方道德教育理论》，福建教育出版社1994年版，第40页。
[②] 杨兆山、姚俊：《马克思主义经典作家教育文论选讲》，辽宁教育出版社1999年版。

遵守社会规范，又要与时俱进、不断创新。教育只有培养具有主体性、创新性的人，才能符合人性的发展。同时，随着全球一体化的到来、网络社会的出现，国际间的交往使得人与人之间出现了新的关系结构，超越时间地域制约的交流日益频繁。由于中西方的文化传统、意识形态、价值观念等存在差异，人与人的个性、习惯、生活方式等存在差别，要求我们在国际交流、与人交往中相互理解、彼此尊重。教育只有培养懂得交流、合作的人，才能适应社会的发展。

类本位视野下的主体间性[1]体现了人性的呼唤、时代的要求。它作为主体间关系的规定，是指主体与主体之间的相关性、统一性。它和个体性有本质区别，个体性是主客发生关系时表现出来的以"自我"为中心的能动性、占有性等个性特征；它与群体性也有本质区别，群体性以片面强调整体，无视个人利益为特征。而主体间性则是主体与主体在交往活动中所表现出来的以"共主体（交互条件）"为中心的和谐一致的集体特征。如果失去了理解和宽容，则变成了个人主义；丧失了个人的主体性，也就失去了自我。所以，教育就是要培养以创新为核心的主体性与以理解为核心的合作性相融合的主体间性的人。

（二）主体间教育过程：特殊的交往过程

以往的教育基本以灌输知识，培养行为规范为主要内容。调查表明：一节课中，生生之间基本没有交流，师生之间的交流也局限于教师与学生群体的交流。整个教学过程满足于教师问、学生答的"单向交往"[2]。笔者认为教育是培养人的实践活动，除了认知因素外，还有情、意、信、行等诸因素。上述调查反映的简化的教学过程，显然是失之偏颇的。教育不仅是传授知识的过程，而且是人与人交往的过程，生命与生命交往的过程。

交往是主体间的相互作用、相互交流、相互理解的过程。教育是心与心的沟通，生命与生命的和谐相处，需要理解与宽容。交往有多种形式，对话是其中之一。师生、生生之间应建立平等对话的关系，在对话中探讨、争论、

---

[1] 冯建军：《当代主体教育论》，江苏教育出版社2000年版，第55、75、91页。
[2] 吴康宁：《教育社会学》，人民教育出版社1998年版，第353页。

明辨是非,在对话中,尊重每一个人的价值取向。当然,尊重并不意味着接受,否则,教育会走向相对主义,最终导致虚无主义。教育是一种特殊的交往活动。一方面,教育的最终目的是促进学生这一交往主体的发展,教师要服务于这一目的。另一方面,教学中交往的师生双方是平等的,且都是主体,但他们的知识背景、社会阅历、承担的责任不同,因此,"教师有义务以人的生命世界为大背景,将科学世界的东西融入人的生命活动之中,以生命活动实现科学世界对生命质量的提升"①,在这一过程中,师生、生生之间是相互促进的。

(三) 主体间教育评价:主体参与的全面考察

在以人的依附关系为基础的社会中,教育评价的标准是符合所在群体或社会的伦理规范、纲常德目。即使是个人合理的要求,只要不符合规范,均不被接纳,在这种评价标准下,教育培养出了一批批不敢越雷池一步的"谦谦君子"。

在以物的依附关系为基础的社会中,教育的评价标准引入了量化体系,在量化标准下,只重结果,不重过程;只重行为,不重动机。这种评价体系不但没有起到激励先进的作用,反而助长了"急功近利"的不良风气。

类主体下的教育评价克服了以上不足。在内容上,既重视社会规范,又考虑个人合理要求。在操作上,结果和过程兼顾,行为和动机共察。一方面,教育重视横向评价,更重视纵向评价。人的素质本身具有复杂的结构,涉及个性的、能力的甚至先天的因素,个体有独特性和差异性,不能用同一标准去衡量所有的人。所以,纵向评价更容易激发人的进取性。另一方面,教育不仅包括他评(如教师、家长、学生群体的评价),也包括自评(自我评价),遵循自评—他评—自评的步骤。第二次自评,是个体对自己的再认识,也是思想提升的关键。这种评价既保证了客观、公正,又体现了主体性;既促进了个体发展,也带动了学生整体提高。充分体现了具有主体性的个体和集体的和谐发展、相互促进。

综上所述,不同的时期,教育担负着不同的历史使命。21 世纪对教育提

---

① 周海银:"面向新课程改革的教学论思考",载《山东教育科研》2002 年第 7 期。

出了更高要求。"鉴往知今，昭示明天"，教育是在历史中不断建构、不断完善的。类本位视野下的教育，是主体间教育，无论从目标、过程还是评价，都体现了教育的本质，即个体和集体的和谐统一。对于提高当前教育实效无疑具有重要启发意义。

第二节　教育人学的真谛意蕴

教育归根到底是指向完整人的实践活动，对人本质认识的深化，修正着教育思想，影响着教育行为。萌芽于古希腊、古罗马时期的人文主义教育思想虽然核心是"承认人的价值及尊严，承认人的自由意志与自我导向能力，视人为万物的尺度等"，但历经时代变迁，对人的理解不尽相同，其教育思想也有不同的时代内涵，因此，追寻西方人文主义教育思想的脉络，探寻教育人学意蕴，利于我们真正把握教育的本质及当前教育的价值定位。

一、古希腊时期：混沌全面的人与人文科学教育

古希腊的人文精神是一种注重人的文化教养的精神，即按当时社会标准塑造教养有素、多才多艺的人。当时，提倡理性和智慧的作用，重视个体对事物的认识和体验，如：柏拉图强调理性和感性的二元对立论，认为人具有理性能力，可以认识真理和美德，统治者应是有理性、珍视真理和美德的哲学家。智者派认为"人是一切存在和不存在的事物的尺度"，强调个体对事物的不同认识，亦即主观的方面。当时的人是灵肉一致，理性和美德兼具的全面的人，教育即培养全面发展的人，古希腊，从公元前5世纪中叶起，就开始为培养自由的成年公民而实行全面的文科教育，到古罗马哲学家西塞罗创立系统的 humanitas 学说，humanitas 有"人性"的意蕴，又与"教化"一词通用，故西塞罗用 humanitas 来指一种培养人成其为人，即自由公民的教育大纲，它构成了"通艺"和"学艺"的研究领域，包括哲学、语言文学、历史和数学等学科，主要是文史哲等人文学科。可见，humanism 的原始意义是指人文学科的教育，使人的身心得到全面发展和训练，在此意义上，古希腊

古罗马时，对人的认识处于原始混沌状态，学科未分化，人文主义教育是通过人文学科的训练来培养"全面的人"。

二、文艺复兴时期：普遍性的人与人文主义教育

文艺复兴时期的人文主义是与中世纪神学和宗教异化相抗衡的。它复活了古希腊、古罗马的 humanitas 内在精神，并赋予了新的时代内涵，被称为"人的重新发现"。它将中世纪给予神的尊严还给了人自身，反对中世纪禁欲主义转而尊重人的感性生活，反对中世纪教会的思想禁锢而肯定每一个人都有自由的运用其理性的权利。肯定每一个人都有自由地怀疑、探索和思考的权利，肯定人人生而平等，人人都必须互相承认并尊重他人的自由权利。此时，humanism 主要指以人为中心，通过文学、艺术等形式体现人性和人文精神，可称为人文主义。

人文思想的勃兴推动了教育领域的改革，人们开始探索新的办学模式，更新教育内容和方法，主要代表人物和改革主张有：（1）意大利人文主义者彼得拉克。他研究古罗马古典文化，以"人学"和神学相对抗，反对经院哲学，提出以"观察"、"理性"为治学和修学准绳，为近代教育改革提供思想基础。（2）意大利人文主义者维多里诺。他提倡自由教育，以柏拉图"自由人不能用强迫或苛酷方法施教"为座右铭，建立欧洲最好的宫廷学校，成为人文教育的典范。他倡导博雅教育，期望学生身心和谐发展，注重能力发展，以古典语文为中心，扩充古代"七艺"的范围，使之与文学、历史、测量、地理、力学、数学等相关联，并以宗教、道德、体育、智育并重的方式进行顺应自然的教育，反对体罚。（3）荷兰的伊拉斯谟。他相信研究古代希腊-罗马著作有助于提高人类道德水平，强调教育的"首要任务是在青年人头脑里播下虔诚的种子"[①]，他要求教师关心学生身心发展，尊重他们的个性，反对强迫灌输、死记硬背。

在意大利和北欧人文主义者的倡导下，英国、德国、法国等要求对人文主义思想进行改造，如：牛津、剑桥等大学开设人文学科，德国莱比锡大学按人文主义的要求开设讲座，法国的拉伯雷、蒙田对经院教育展开批判。

---

① 宋宁娜："西方人文主义教育思潮评述"，载《苏州大学学报（哲学社会科学版）》2001年第1期。

随后的宗教改革，矛头直指教会的腐败和专制，提倡个人责任和国民教育，使资产阶级人本主义教育进一步深入发展。马丁·路德提出新教普及教育的主张。新教还开办了一批人文主义学校。如：斯图谟创建古典文科中学；加尔文在对斯图谟文科中学考察后，制定《日内瓦法律学校条例》，改革日内瓦大学，按学生能力组成循序渐进的班级，并以人文学科、宗教学科、自然学科相结合的课程培养教士和教师。为新教学校增设人文主义课程打下了思想基础。

在这些人本主义教育思想中，我们可以看出：文艺复兴时期倡导人的个性解放，尊重人的价值，它对于蔑视人性的中世纪来说是巨大的进步，但我们也应看到，他们眼中的"人"，是相对于神的"人"，是观念中的"人"，普遍性的"人"，而非活生生的具有个性特征的"人"，它在倡导人性，解放抽象的"人"的同时，实质上禁锢了个体的"人"。

三、近代启蒙时期：理性的人和人道主义教育

近代启蒙时期的人文主义伴随着自然科学的重大发展，强调科学理性的作用，从理论高度论证人的主体性和自由天性。首先，论证人的主体性。从笛卡尔的"我思故我在"，到康德在理论理性领域的"哥白尼式革命"、实践理性领域的人的自由意志，到费希特提出的"自在的人"的最终目标是实现自由地按照自己固有规律驾驭一切非理性的东西，都是强调人的主体性的意义。其次，更为重要的是他们从人的"自然本性"或"天赋人权"，论证人的自由、平等、博爱的天然本性。正如卢梭所指出的：维护自由、平等权利，就是维护自己做人的资格，维护人的道德价值。基于以上论述可看出，humanism 译为"人道主义"比较准确。在此指，以人自身为中心，提出有关人的最终本性的问题，并试图在自身的范围内解决这些问题，就此而言，"人道主义思想意味着人的修养、人的自我教育、自我发展丰富的人性"。[①]

教育在遵循人的自然发展的前提下，培养理性的人。经过洛克"绅士教育"的启发，法国启蒙思想教育的洗礼，裴斯泰洛齐教育心理学化的科学灌

---

① 杨寿堪："人文主义：传统与现代"，载《北京师范大学学报（人文社会科学版）》2001年第5期。

输,至赫尔巴特,理性人道主义教育思想渐趋成熟,形成了一套完备的教育理论体系。这套体系建立在伦理学和心理学基础上,体现着教育的科学化追求,这种思想方法本身即带有鲜明的理性倾向。赫尔巴特认为:教育就是通过感觉经验的作用,使学生不断掌握新知识和不断发展认识能力,形成系统的观念体系,在此基础上,他提出了几乎囊括当时自然和社会各种学科的课程体系。赫尔巴特的努力意在用人类的全部知识发展学生的理性认识能力。在教学方法上,提出了影响深广的"形式阶段"理论,从而将本无定法的教学,严格形式化为一定的过程,这显然也体现着一种对理性的严密性、精确化的追求,为了强化教学的目的性,赫尔巴特第一次在教育史上提出"教育性教学"的命题,并进一步把学校的全部工作都归为"教育性教学",把自己的全部系统概括为"教育不能离开教学"。正如人们评价的"赫尔巴特的心理学是主知主义的心理学,把'知'放在首位,把通过统觉作用形成的观念视为人的心理生活的来源,在赫尔巴特看来一切心理现象,包括情感和意志等都以'知'为基础,由观念的相互作用而产生"。[1]

以理性为定向的人文主义用至高无上的永恒不变的"理性"将人抽象化和普遍化,它所讲的"人"只具有逻辑学、符号学的意义,只有到了19世纪,人才作为一个具体的感性的历史存在物。同时,在认识论上,传统的理性定向的人文主义假定,理性本身是自足完善的,是没有缺陷的,以为只要借助于正确的认识方法,理性就能摆脱偏见的束缚达到对真理的认识。实质上并非如此,康德曾说过:"人类理性能力有它的限度和范围,超出这个限度和范围就必然会恢复谬误。"[2]

四、19世纪后半叶:非理性的人与人本主义教育

19世纪后半叶以来的人文主义思潮是相对于科学主义而提出的。它更注重个体及其独特价值,强调个体价值选择的出人意料的独特性和个人在情感意志方面的自由发展。这种转折从费尔巴哈时就开始了。他反对传统的主客

---

[1] 李雁冰:"西方人文主义教育理论发展的三种形态——兼谈人本主义教育与科学主义教育的融合",载《宁波大学学报(教科版)》1998年版。

[2] 夏正江:"现代西方人文主义教育理论之类型学分析",载《华东师范大学学报(教科版)》1996年版。

二元论，认为人的本质不是抽象的理性，而是现实的、感性的，具体为人的情感、意志、欲望。19世纪后半叶以来的人文主义者认为：科学旨在得出普遍规律，人文更注重活动和选择的自由意志；科学注重单纯性和一致性，人文则更注重复杂性和创造性；科学强调价值理性、功利主义，导致把人看作是体现历史必然性的某种绝对精神的承载者或工具，人文则更强调价值理性、终极关怀，一切为了人，人本身就是目的。他们试图用"生命意志"（如叔本华、尼采）、"生命冲动"（如狄尔泰、齐美尔、柏格森）、主观性（如存在主义者）、潜意识（如弗洛伊德、弗洛姆）来说明人的真实存在。以非理性为定向的人文主义教育（humanimas）可译为人本主义，和anthropology可混用。

人本主义教育理论在哲学上最突出地体现在存在主义教育理论中。他们认为传统哲学最大的问题是忽视了人的存在，没有看到人存在的真实性，如：爱、激情、狂喜、决断、痛苦、疾病、死亡等，只是一种虚浮的思辩活动，主张人的存在具有第一性的意义，存在先于本质，人的本质是个人主观选择的结果。在教育上重视人的存在价值和存在的真实性，鼓励发展个人意识和自我意识，强调个人选择自由以及对自己选择的负责，认为教育的基本任务是帮助个人体验他的存在，决定他的存在，养成一种学会对自己负责的生活态度。在认识论上，它强调人依靠内心的体验和直觉把握认识对象，强调认识的主观价值，追求主观真理，正因为如此，它认为确定课程的依据不是客观的知识体系本身，而是学生的主观性，学科的价值不在它本身，在于学生对它的感受性和选择。

同时，20世纪以来，我们注意到人文主义在宗教领域也有它的反映。新托马斯主义者马里坦，提出建立以神为中心来取代以人为中心的人文主义，他的教育主张有两个基点，一是关注知识和智慧，二是关注爱和道德。他认为整个近代生活的混乱，是由于人们对灵魂以及道德和宗教的无知造成的，要通过宗教信仰的复兴、道德上的再教育来加以特殊的医治，教育的首要目的是培养和发展与神性相结合的人性。与他同时代的宗教哲学家马丁·布贝尔的教育观几乎均围绕"对话"这个核心概念展开。教育的根本目的就是引导学生进入"我—你"关系世界，在于让学生学会如何与"你"相遇，使精神充盈人生，过一种对话的人生，并在此过程中发现上帝和永恒的真理和价值。

在心理学领域，精神分析心理学的最大特点是认为人的行为受无意识心理决定，用性本能解释人的动机。以马斯洛为代表的心理学家关注潜能开发和自我实现。他们的教育主张主要有以下表征：认为教育目的在于促进个人的成长与自我实现，或者说促进一个人内在潜能的开发；就教育手段、方式而言，相信人类有机体是积极主动的，自我指导的，所有的学习是自我学习，主张教育过程应以学生为中心，充分发挥学生的自主、自治与自觉精神；重视人非理性的情感因素的作用，大力倡导进行理智和情感的"整合教育""情感教育"等。

人本主义的教育理论打破了长期以来的主客对立的二元论，以及追求本质的先验论；强调人的多样性、个体性、特殊性；把人从抽象概念编织起来的苍白、单调的世界，引向了活生生的有血有肉的情感世界。但它的哲学基础是存在主义，认识论基础是现象学，所以在研究方法上带有明显的主观性、含糊性、随意性；在认识论上，过分强调"个体"的重要性，强调个人主义价值观，把个人的"自我"及"自我实现"凌驾于团体法则之上，凌驾于人类社会之上，忽视社会环境和系统的教育对个体后天发展的重要作用。所以，走向了另一个极端，导致极端的多元化倾向，绝对个人自由主义和绝对自我中心主义。

五、未来走向：合理化的人与科学人文主义教育

通过以上的分析，我们可看出：教育中蕴含着深厚的人学思想，对人的理解先后经历了混沌全面的人—普遍性的人—理性的人—非理性的人的嬗变，与此相应，人文主义教育也出现了人文科学—人文主义教育的复兴—人道主义教育—人本主义教育的内涵更迭，两者相互交织、相互渗透，这一过程实质是教育人学的探寻过程。人文主义也并非只重人文，作为认识活动中精神内容的两个侧面，科学理性和人文价值是朴素地统一的，在古希腊思想家那里，理性和价值，知性和审美是统一的。到了中世纪，两者在启蒙精神中再一次得到了统一，只是到了近代，科学和人文才逐渐被割裂，人的理性因素和情感因素被分离。出现过分强调人的理性，或过分强调人的非理性的局面。之所以出现这种极端现象，根本原因是没有正确把握人的本质。

马克思在唯物主义实践论基础上提出的"个人是社会存在物"、"是一切社会关系的总和"也揭示了人的现实的、具体的生存状态和需求。总之，人作为"宇宙的精华，万物的灵长"，是在创造文化和历史的实践活动中不断对象化自身和重塑自身的现实存在，人与客观世界的对象化关系的现实存在与人性的现实存在之间具有内在的统一性。① 从完整的、统一的、合理化的人性角度来说，作为培养人的教育，也应该是完善的，即科学和人文精神的融合——科学人文主义教育。

科学人文主义教育不是科学学科和人文学科的简单融合，而是内在的统一。有学者认为："科学人文主义是一种以科学主义为基础和手段，以人文主义为方向和目的的人的发展观和社会发展观，它的最高目的是要在科学和人道的相互协调和补充中促进人和社会在物质和精神方面的均衡发展，并在此基础上实现人自身的解放。"②教育离不开科学，它作为人类的一种社会现象，培养人对自然和社会的正确认识，培养人们去变革自然物质，推动社会发展，任何人也不可否认科学技术在转化为第一生产力、满足人们的物质和精神生活的需要、推动社会历史大踏步向前等方面的巨大作用。当然，科学本身蕴含的科学精神并不以牺牲人的价值为代价，真正的科学精神内蕴着非理性因素，理性和非理性共同缔造了人的认知模式。

总之，科学人文主义教育培养的既不是理性的占有性主体，也不是非理性的自由主体，而是在关注个体的生命世界中，培养感性和理性相融合、道德和认知相促进的，自己与他人、社会、自然相协调的交互主体的人。

第三节　交往理论的教育启示

哈贝马斯是德国当代最负盛名的社会学家、哲学家，是法兰克福学派第二代最重要的代表人物。哈贝马斯的影响遍及社会学、哲学、历史学等各个

---

① 许苏民：《人文精神论纲》，载《学习与探索》1995年第5期。
② 扈中平、刘朝晖：《挑战与应答——20世纪的教育目的观》，山东教育出版社1995年版。

领域。在西方社会理论界,他是继帕森斯之后唯一致力于庞大的理论建构、对诸多领域作深入思考的理论家。他提出的"交往行动理论"产生了巨大的影响。是在吸取了米德、迪尔凯姆和帕森斯等人的社会学理论以及语言哲学的新成果基础上,转向交往实践理性问题,建立了自己的交往行为理论体系。这对于当前交往阻隔、感情缺乏的教育现状,具有启发意义。

一、交往行为理论的主要观点

(一) 三个领域的划分——交往行为理论的根基

为了使其理论具有可靠的基础,哈贝马斯提出了"三个世界"理论,哈贝马斯认为,"世界"可区分为三部分:(1)"客观世界",亦称为"外部世界"或"客体世界",系指真实存在的"客体"世界;(2)"社会世界",是合法化的个人关系的"总体",实际指规范、价值及其他被认识到的社会期望;(3)"主观世界",即人们"自发的经历"总汇成的世界。

根据行为者与三个世界所发生的不同关系,可将社会行为区分为四种类型:第一,目的论行为。它以行为者与客观世界的关系为前提,指权衡各种手段后,选择一种对实现明确目标最适当的手段的行为。第二,规范控制的行为。与社会世界相联系,是行为者以群体的共同价值、规范作为行为取向的行为。第三,戏剧式的行为。是行为者在公众或观众面前有意识地控制自己表现的活动,它以"自我表现"为"中心概念",与行为者的"主观世界"有关。第四,交往行为(也译作沟通行为)。是一种主体之间通过符号协调的互助,并以语言为主要媒介,通过对话沟通,达到人与人之间的相互理解和一致。在交往行为中行为者才同时涉及客观、社会及主观世界三个领域。因此,交往行为比其他几种行为在本质上更具合理性,因为它考虑所有这三种世界。

(二) 生活世界的殖民化——交往缺失的原因

在哈贝马斯看来,生活世界是交往行为者始终置身其中的境域。生活世界的知识是隐含的、整体性的,并且是直接可靠的,是文化语言的解释模式的储藏库。解释模式有三种类型:关于文化或符号系统的,有关社会或社会制度的,以及涉及个性或自我方面的。即(1)行动者内在地具有的相关文化传统、价值、信仰、语言和可能在互动中运用的知识库。(2) 有关社会关系及协调互动的方式是否恰当的知识库。(3) 个体层面上有关何为正常的行动的知识库。

这三种解释模式，在生活世界的再生产中是对应于下述功能需要的：一是通过交往行为达到理解，以实现传播、维护和更新文化知识的目的；二是协调互动的交往行为，以满足社会整合和群体团结的需要；三是起社会化作用的交往行为，以满足形成个人认同的需要。因而，生活世界的三个组成部分——文化、社会、个性，通过交往行为的三个方面，即寻求理解、协调互动和社会化来满足社会文化再生产、社会整合和个性成长的需要。"系统"在哈贝马斯看来，是与"生活世界"相对应的概念，是物质性的、目的合理性的，如社会的政治、经济系统等。哈贝马斯认为，社会一方面是"生活世界"，在其中，人们在共同的背景下通过交往行为进行互动；另一方面，社会也是系统，由经济、政治等担负不同功能的子系统组成。因为社会整合向来是朝着两个方向进行的，其一是社会性整合，这种整合着眼于行为者取向，它是从交往行为出发，并将社会建构为生活世界；其二是系统整合，这种整合着眼于行为结果，它根据一个自我控制、调节的系统模式来表象社会。

以"生活世界"和"系统"的双层社会结构模式为基础，以交往合理性为中心范畴，哈贝马斯对现代西方社会的弊端进行了批判。哈贝马斯认为，现代西方社会的基本特征就是"系统"和"生活世界"的严重脱节。从进化论的角度看，社会处于不断的分化过程中，正常的情况本应是政治、经济、家庭等系统依赖于并且再生产出生活世界的三个方面：文化、社会和个性。然而，现代社会的发展导致生活世界分离为相应于文化、社会与个性的知识库；对系统过程来说，则分化为经济、国家、家庭和法律等相互分离的部门。这种分化导致"生活世界"和"系统"过程内在的紧张。在现代社会中，技术、科学以及中性媒介（如金钱、权力）使物质生产进一步发展，而这些中性媒介不依赖于交往行为的有效要求，当它们渗入政治、经济、法律和家庭关系中时，生活世界的再生产所必不可少的交往行为受到侵入和强占，这就抵消了"生活世界"对于社会整合应起的作用。哈贝马斯把这称为生活世界的殖民地化。他说："自主的子系统的要求从外渗入生活世界，就好像殖民主义者侵入一个部落社会，并且强迫其同化"。①

（三）诉诸理解、对话、讨论——交往世界合理化的方案

科学技术理性的独断把人和外在世界的关系变成了一种纯粹工具式的关系，人与物的关系是物为人所用，是为了改善人的物质生活。人与人的关系也呈现着一样的道理。哈贝马斯同意以上看法，但他也指出，现代社会批判者同韦伯一样，采取的是一种单向的理解模式去理解现代社会的症候。哈贝马斯认为，由这一角度或模式研究或检视西方理性化的过程，是看不到人类其实有另一条可能的出路，看不到人类的存在并非是以一个独立的个人做基础，而是以"双向理解"的沟通作起点。因此，现代社会虽然产生了科学技术理性的独断，但同时也显示出人类解放之可能性。

在《交往行动理论》（1981年）中，哈贝马斯认为，要化解科学技术统治而造成的现代社会危机，就必须要重返"公共领域"，弘扬"交往理性"，还主张使交往行为及其所遵循的原则扩展到系统世界的领域中去，使人们重新发现生活的意义和价值，实现交往理性的合理化。生活世界的交往行为是以语言为媒介的，其主要内容是语言交往、语言理解，其意义在于带来意见的一致。哈贝马斯认为，19世纪以来，对意识哲学的批判开始了向语言学的转向，由此建立的命题语义学本质上是一种对命题形式的分析，它撇开了言语环境，也撇开了言语者的需求、愿望、态度。语义学的这种抽象实际上是牺牲了主体。哈贝马斯认为他所创建的"普遍语用学"不失为一条走出困境的途径。普遍语用学是分析说话行为，研究语言的交往职能，探讨说话者与行动者之间的关系，阐述他们如何通过语言达成相互理解和一致的学说，它不是去表现说话者完成语法句子的能力，而是表现说话者所具有的交往能力。

同时，哈贝马斯认为交往行为"是定向于主体际地遵循与相互期望相联系的有效规范"②，在交往互动中人们的语言互动遵守着三项有效性要求：（1）在涉及客观世界时，互动者的陈述必须是真实的，使听者能分享说话者的知识。（2）在涉及社会世界时，互动者的陈述必须是正确的，也即其陈述

---

① 艾四林：《哈贝马斯》，湖南教育出版社1999年版。
② 艾四林：《哈贝马斯》，湖南教育出版社1999年版。

须符合一定情境和背景。（3）在涉及主观世界时，互动者表达自身意向必须是真诚的，能使听者对说话者予以信任。在交往行为中达成三项有效需求可以借助于讨论而无需求助于强力和权威。同时，借助于有效性需求，人们在交谈中可以使用现有的情境定义或创造新的定义，通过协商达成对情境定义的共识，同时成为提出、接受、反驳有效性要求标准。

因此，"理解过程的合理结构特征"应包括：（1）三种世界的关系及概念；（2）命题真实、规范正确和真诚可靠的有效性要求；（3）在接受有效性需求上达成一致；（4）达到对情境定义的共同理解。从而人们在交往行为中通过理性的论辩创造对情境的共同定义，这种定义即属于一个社会的生活世界的一部分，因为它们是通过具有优越性的交往行为产生出来的。在哈贝马斯看来它们就构成一个合理的、无压制的社会的基础。哈贝马斯认为普通语用学使语言学重新赢得了已失去的个别性和创造性。

二、交往行为理论的主要评价

哈贝马斯的交往行为理论由于过分强调精神因素的重要性，因而具有明显的错误。其具体表现：

（1）强调价值规范的超阶级性、普遍性。哈贝马斯的"生活世界"概念是以承认人们之间存在共同的信念、价值规范为前提，这实际上是认为存在着超阶级社会的、普遍的价值规范。而按照马克思主义的观点，在阶级社会里，普遍的、超阶级的价值规范是没有的，价值规范总有着鲜明的阶级性。价值规范的形成、发展及其在实践中的贯彻，总是同现实社会的阶级关系和阶级斗争有着密切的联系。哈贝马斯宣扬要建立普遍的、超阶级的价值规范，只能表明他在这一问题上的虚伪性。其实，他是站在资产阶级的立场上，为维护资本主义社会而建立价值规范。

（2）夸大"生活世界"的作用。按照马克思主义观点，社会意识具有相对独立性，并对社会存在具有反作用。"生活世界"作为社会意识的一部分，能够对社会存在产生影响和作用，它对于人们的交往行为也具有重要作用。正因为如此，哈贝马斯提醒人们注意"生活世界"的价值以及其在现代资本主义社会受到的侵占，是无可非议的。问题在于，哈贝马斯把这种价值夸大到了无以复加的程度，似乎认为"生活世界"具有决定社会前途、命运的作用，这实际上是一种"精神万能论"。在马克思列宁主义理论看来，社会存在才是最基本的决定因素，生产力是社会发展的决定力量。这种"精神万能论"是站不住脚的。

(3) 把语言视为实现"交往行为"的合理化、推动社会进化的决定因素。语言是人类思维的工具，是人类交往的最重要的手段。哈贝马斯花很大精力来建立一种语言交流的理想化的规范，显示出其对语言的重视。但是，这种对语言的重视实际已经走到过分夸大语言作用的地步。似乎不仅交往行为的合理化，而且整个社会的进化都倚仗于一种可能的、有效的、理想化的语言使用规范的建立。实际上，语言的作用无论对于社会的进化，还是对于"交往行为"的合理化都只具有相对的、有限的作用。

(4) 使其理论建立在唯心主义基础上，创造出一种新的"乌托邦"式的理论。哈贝马斯的理论在宏观领域强调生活世界的重要性，在微观领域强调语言的重要性，进一步发展了法兰克福学派的唯心主义倾向。又由于其往往是一种规范性研究，因而在许多问题上陷入空想，只是论证了应该达到的一种理想的状态，缺少对具体物质条件的分析。因而其提出的"方案"只能流于空想，成为一种"乌托邦"色彩很浓的理论。

但是，这种理论也有其可取的地方，主要有：

(1) 哈贝马斯顺应现代哲学的潮流，完成了社会批判理论内部由意识的批判到语言的批判的"语言学转向"，在许多方面具有独创性。例如三种有效性要求的提出对于揭示交往行为的运行过程具有重要意义。

(2) 在实践上哈贝马斯对于"语言交往""生活世界"的研究，虽然有些夸大其词，但也提醒人们注意在这些领域中存在的问题。

(3) 交往理性的缺失——科学技术批判。我们在谈到科学技术对社会的负面影响时，无论是学者还是大众，大都坚持马克思主义的观点，简单地把它归咎于对科学技术的资本主义的社会利用，而不是去深入分析科学技术理性本身，没有看到"工具理性"本身的二律背反。因为科学技术在提高社会生产率的同时，其数字化、程序化、抽象性和机械性又会渗透于社会结构的其他领域，不仅使实用、功利和效率等成为压倒其他社会要求（如伦理与美学要求）的标准；而且，这些工具主义特征也会塑造社会生活方式和人们的观念，成为人的异化的祸根。因此，研究分析哈贝马斯的科学技术批判，对我们克服这种意识形态式的简单论不无帮助。

三、教育启示：交往教育的重建

当前，由于科技理性侵袭，意识形态的禁锢，我国的教育体系化、技术化、教条化、机械化色彩浓重，长此以往，教育交往阻隔，感情缺失，教育不仅没有培养完善人格的人，反而由于自身的缺陷，导致人的异化。因此，教育中借鉴哈贝马斯的交往行为理论，对于改革教育弊端有重要意义。

（一）教育的平台：对生活世界的回归与提升

教育产生于日常生产生活中，它经历了非形式化—形式化等一系列演变过程，到近代由于科技的发展，遂产生了制度化的教育。教育在走向成熟的过程中，也走向了极端，它逐渐脱离日常生活世界，日益抽象化、符号化。教育归根到底是指向人的成长和发展的，而人生活、成长于现实生活中。教育恰恰割裂了生活世界和科学世界，从而走向了二律背反，它越强化对人的培养，实质却是对人性的摧残。教育只有回归生活世界才能培养真正的人。随着课改的推进，从教材修订、课程设计、时空拓展等方面来实现与学生的生活实践相联系。

当然，回归生活不意味着对生活的简单复制或翻版，因为教育着眼于未来，为未来世界培养人，所以，教育要根植并超越于生活世界，才能体现它的意义和价值。

（二）教育的主体：主体际关系的异质主体

教育是在特殊的交往过程中，主体自我建构的过程。以往教育中曾流传教师主体，学生客体；学生主体，教师客体（杜威）；师生双主体；教师主导，学生主体等不同的说法。这些观点都是在主客两分的认识论角度下，对教育主客体的一种理解，也是在近代社会所形成的占有性主体观念下的一种解读。实际上，教育过程中的关系复杂，不仅有师生关系、还有生生关系、师生与教学文本的关系等。哈贝马斯认为人与人是可相互理解的交互主体。它对我们摒弃占有性主体具有重要意义，但它的沟通的任意性带有乌托邦的性质。

教育作为特殊的实践活动，其内部关系具有特殊性。它具体表现为：师生之间作为异质性程度较大的主体，其异质性具有层次差距，两者是垂直性的交往关系。生生之间作为异质性程度较小的主体，其异质性具有水平差距，两者是水平性的交往关系。马克思认为人具有两重交往活动，即人与物之间的对象化关系和人与人之间主体间交往关系。在此意义上，教学中的文本是师生共同认识的对象，教育活动中师生之间是异质主体的主体间关系。

（三）教育的载体：客体主体化的超文本

教育需借助一定的载体进行，文本是最主要的载体之一。长期以来，为了获得知识，"两耳不闻窗外事，一心只读圣贤书"者比比皆是。"圣贤书"作为知识的载体，被视为千古不变的教条，师生以其为认识的对象。在近代社会，知识尤其是科学知识确实是推动社会发展的重要力量，但是，随着社会的发展，人们逐渐认识到对知识的占有实质也是一种占有性主体的认识模式，它忽视了文本所具有的丰富内涵。因为文本本身虽作为客体存在，但不同的人对它有不同的理解，它是一种意义的链接，具有无限的广延性、意义生成性。此时文本被主体化了，变成了超文本。学生与文本的关系，不只是主客关系，同时也是"你—我"的对话关系。如：新修订的《品德与社会》《品德与生活》教材，即体现了这一思想，不仅教材内容贴近儿童生活，而且是以第一人称的口吻设计，文本本身正像一个可思、可想、具有能动性的对话者。在某种程度上可以说，学生与教材之间的关系具有了交往的性质，摒弃了以往教材的冷冰冰的教条性、规范的说教性、令人生畏的权威性。

此外，教育的载体不仅是课程、教材，还有更广阔的自然、社会，只要将文本与广阔社会联系起来，文本就变成了超链接，成为另一种意义的超文本。

总之，教育是特殊的交往活动，在借鉴哈贝马斯交往理论的同时，我们要切记教育具有目的性（教育中的交往指向个体的社会化、个体化、文本化）；教育性（教育要通过各种形式的交往，增进学生对知识及其意义的理解）；发展性（教育要适应并适当超越于现实生活，达到对意义的提升）的本质。所以，教育中不可交往泛化，否则，就失去了教育的特殊性和本真内涵。

综上所述，哈贝马斯提出的生活世界、交往合理化理论为我们正确认识并解决现代社会危机开启了一扇门，对我国教育回归现实生活，重视交往的主体间关系及对超文本的理解等方面具有启发意义，但由于其自身的局限性，我们重新审视教育时，要注意教育的特殊性。

第四章 改革实践：课程领域切入

从教育内部、外部分析反思后，我们从哪里开始解决问题呢？近年来，全球范围内最主要的是以课程为切入点的整体改革。比如美国、芬兰等西方国家给我们提供了很多借鉴，但一些先进的理念和做法总是需要考虑其背后的东西方文化差异、社会经济政治背景的差异。那么，在具有相似文化背景的亚洲国家是怎样的？了解处于不同发展水平的国家，有利于我们更清楚地认识和定位。因此，下文打算对新加坡和泰国课程改革作一介绍。

第一节 多元灵活的课程典范

新加坡在 PISA 测试中各项指标一直排名比较靠前，教育体系充分尊重每个学生的能力、兴趣和资质差异。它的目标、课程、管理具有一些典型特点[①]，主要体现在以下方面。

一、注重不同素养的理念变迁

（一）教育核心理念演变

自建国开始，新加坡教育核心理念、培养目标进行了三次大的变革。

第一阶段（1959～1978年），"以生存为主导"。采取的主要改革举措包括重视基础教育、推行"免费教育"、扩大中小学学校规模、开展双语教

[①] 本考察报告中的信息主要来源于新加坡教育部资料、实地考察资料等。

育等。

第二阶段（1979~1996年），"以效益为主导"。采取的主要改革举措包括实施按能力分流制度、扩大大专教育、调整卓越教育（如自主学校和自治学校）等。

第三阶段（1997年至今），"以能力为主导"。采取的主要改革举措包括使教育更多元化、创造以学习者为中心的学校环境、提供具有前瞻性与均衡的课程、追求高素质的教育团队、追求卓越行政、发展高素质的高等教育、推动新加坡发展成为教育中心等。

（二）学生核心素养确立

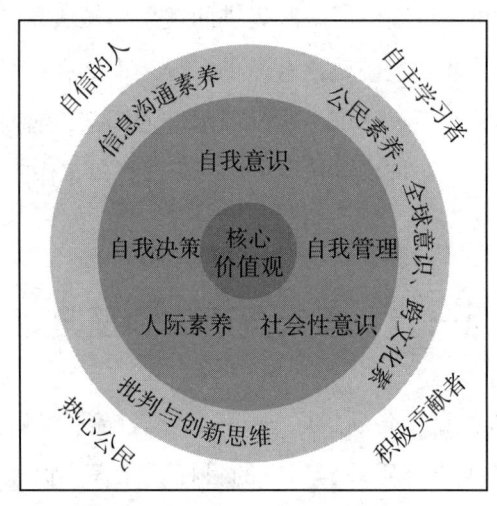

图4-1-1：新加坡核心素养结构图

图4-1-1中的核心素养结构包括三个层面，核心是价值观素养（包括尊重、责任、正义、关怀、适应力、和谐等）；中间层是社交与情绪素养（包括自我意识、自我管理、自我决策、社会性意识、人际关系）；外层是21世纪的特殊素养（包括公民能力、全球意识、跨文化素养、批判与创新思维、信息沟通），最终培养学生成为自信的人、自主学习者、积极贡献者、热心公民。

二、体现核心素养的课程结构

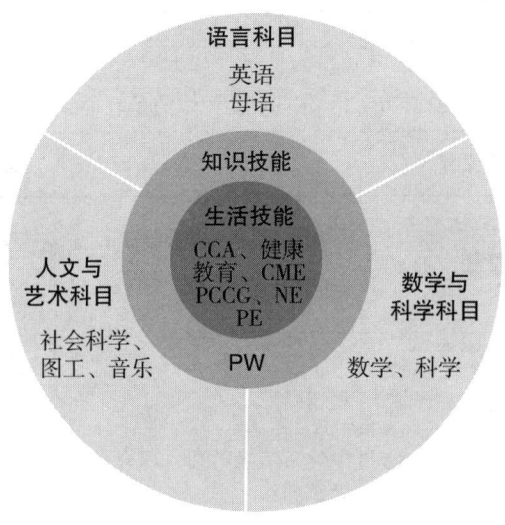

图4-1-2：课程结构（基础教育都一致）

新加坡整个基础教育的（从小学、中学、大学先修教育）课程结构是一致的。由语言科目、人文与艺术科目、数学与科学科目三类科目，同时还有知识技能和生活技能两类技能构成。（见图4-1-2）

（一）不同学段知识技能和生活技能趋于一致

两类技能中，小学到初中基本相同，大学先修班教育（高级中学或初级学院）有所增加。其中知识技能主要通过PW（专题作业）来落实；生活技能主要有CCA（课程辅助活动）、NE（国民教育）、PCCG（心理与职业辅导）、PE（体育）、CME（公民与道德教育）。此外，初中教育在生活技能方面增加了一项CIP（社区服务计划）。但是大学先修班教育在知识技能方面与小学、初中不同，在专题作业的基础上增加PW（理解与写作）、KI（知识与探索）。

（二）三类科目内容依学生特点多元立体设计

小学阶段（6年）：语言科目有英语语言、母语；人文与艺术科目有社会科学、音乐、图工；数学与科学科目有数学、科学（小学三年级开始）。

中学阶段教育（4年或5年）：根据小学离校考试成绩，符合相关条件的学生可以分别就读中学特别课程/快捷课程、普通（学术）课程或普通（工艺）课程，不同课程的教学重点是根据不同的学习能力和兴趣设定。其中普通（学术）课程偏重学术，普通（工艺）课程偏重实践。

表 4-1-1：不同类型中学的学习科目

	特别/快捷课程	普通（学术）课程	普通（工艺）课程
语言科目	英语语言和母语/第三语言（可选法语、德语、日语、马来文、华文中一门）	英语语言和母语/第三语言（可选马来文、华文中一门）	英语和基础母语
人文与艺术科目	中学低年级科目：地理、历史、英国文学、视觉艺术、音乐	中学低年级科目：与快捷课程相同	中学低年级科目：社会学、视觉艺术、音乐
	中学高年级科目：综合人文科目	中学高年级科目：综合人文科目	中学高年级科目：无
	中学高年级选修：地理、历史、英国文学、华文文学、马来文文学、谈米尔文学（以上科目选修一门）、美术设计、音乐、高级艺术、高级音乐	中学高年级选修（选修一门）：地理、历史、英国文学、华文文学、马来文文学、美术设计、音乐（仅中四、五选）、办公室行政基本原理（仅中三、中四选）	中学高年级选修：美术设计、办公室行政基本原理
数学与科学科目	中学低年级科目：数学、科学、工艺设计和家政	中学低年级科目：与快捷课程相同	中学低年级科目：数学、科学、电脑应用、工艺学、家政
	中学高年级科目：数学、一门理科科目（有物理、化学、生物和综合科学选修）	中学高年级科目：与快捷课程相同	中学高年级科目：必修数学、电脑应用
	中学高年级选修：高级数学、生物、化学、物理、综合科学选修（以上科目选修一门）、工艺设计、食物与营养学、会计原理	中学高年级选修：高级数学、综合科学选修、工艺设计、食物与营养学、电脑应用、会计原理（除此之外，还可以尝试选修单元课程，如数码动画技术、基础电子学、零售学等）	中学高年级选修：科学、工艺学、食物与营养学（除此之外，还可以尝试选修单元课程，如数码动画技术、基础电子学、零售学等）

中学后教育（2年或3年）：语言科目有母语语言和第三语言；人文与艺术科目有美术、经济学、英国文学、地理、历史、音乐与戏剧、戏剧研究；数学与科学科目有生物、化学、物理、数学、电脑。

三、基于因材施教的管理体制

（一）根据学生能力进行分流

最典型的分流有两次：一次是小学四年级；一次是小学毕业考试进入不同类型的中学教育。

学生在小学经过4年的基础阶段教育和2年定向阶段教育后，参加小学离校考试（PSLE），完成小学教育。在基础阶段（1～4年级），学生接受普通课程教育，在英语语言、母语和数学方面打下坚实基础。学校可以自己组织小四年级的考试，以确定学生如何分流和安排。小学四年级以后，所有学生进入定向阶段教育，继续接受英语语言、母语和数学教育，难易程度分别视学生能力而定。而且，在考试操作方面赋予学校灵活处理的权力。

小学离校考试（PSLE），测定他们的能力，根据不同的学习进度和能力倾向，为他们安排中学阶段的课程学习。符合相关条件的学生分别分配到特别课程、快捷课程、普通课程学习。可见，离校考试不是鉴别、分等，而是作为学生进入不同类型初中的工具，是根据学生的兴趣和能力倾向进入不同类型的中学学习。此时考试是在为不同类型学生发展服务，是为因材施教服务。

（二）不同类型学生可选择不同课程类型、科目

从上面的课程结构中我们看出，不同能力倾向的学生分别进入特别课程/快捷课程、普通（学术）课程或普通（工艺）课程，不同的课程类型有不同的课程取向，开设不同的科目满足不同类型学生的特点。同时，即使同一类课程也有必修和选修内容，学生可以根据自己的兴趣、爱好选择其中的课程来学习。

此外，为了适应不同天分和才能学生的需要，中学和大学先修班学生可以有不同的发展途径，也有相应的课程和体系。例如，综合课程（跨越中学和大学先修班，迎合要进入大学的学生，提供更宽松的环境）、专科自主学校（专为特定领域具有特殊才能的学生设置）、私立中学、直接收生计划（自制标准招收部分优秀学生）等。在某项特定领域有特殊才能的学生，还

可以进入各种特别课程中学习，比如：美术特选课程、音乐特选课程、语文特选课程和双文化课程。

（三）根据学习需要随时转化的通道

大多数学生会进入特别或快捷课程学习，而其余则进入普通课程学习，根据他们的表现，也可以转换课程。在中学阶段，普通（学术）课程和普通（工艺）课程的学生可以选修几门程度较高或学习步伐较快的科目，或转入其他课程就读。根据学生的学业成绩、校长和教师的评价，学校可以安排学生从一个课程转入另一个课程，随时发现和挖掘学生的天赋和特长并加以培养。多次评价为学生个性的展示和发展提供了机会，让更多有特长和天赋的学生能够充分发展。

四、启示与借鉴

通过考察我们发现，新加坡教育改革在很多方面都取得了很好的成效，而这些改革措施对我们进行课程改革也有一定的借鉴意义。

（一）适合并引领社会发展的教育理念

从阶段看，符合社会发展不同阶段的特点。新加坡分为了不同的教育发展阶段，有不同的理念和培养目标。这一方面是社会发展阶段对教育提出了不同的要求；另一方面，从目标中我们可以看出，教育并不是简单地迎合社会，更主要的是在适应基础上引领社会发展。比如，开设具有前瞻性的课程，这明显体现了培养未来社会人的教育理念。

从当前看，提出的学生核心素养对我们有启发。未来社会需要怎样的人？怎样的素质结构是科学合理的？新加坡将其分为了不同的层面，尤其是社会和情绪素养（自我管理、人际交往等）、21世纪特殊素养中（诸如跨文化素养、批判与创造思考、信息沟通等）具体内容，反映了信息化、国际化对人的要求，反映了未来社会更加关注人自身、人与人的关系。这些和上一章我们谈到的主体间人、科学人文主义等具有一致性，说明这是历史发展对人发展的必然要求。需要我们在厘清人的素质结构、培养人目标中借鉴。

（二）满足个性发展的分类课程

社会发展对人提出了共同的要求，但同时，人天生具有个体差异，具有水平差异也有类别差异。因此如何在培养未来共性基础上兼顾这些差异？新加坡的不同课程类型做到了兼顾差异。对于大多数学生在初中开设了三类课程外，还有专门针对天才的、特殊偏才的等。尤其是初中就能根据学生的能力、兴趣来分类说明从开始就关注学生的个体差异。

我们一直强调学生的个体差异，但是更多的是根据分数将学生分层，殊不知，更重要的是尊重个体差异，这才是关注学生的不同兴趣爱好基础上的分类。并且，它是在更宏观的制度层面来实践，而不仅局限在一个班级的探索，更加值得我们思考和借鉴。

（三）尊重差异、灵活的分流转化制度

学生是具有个性差异的、成长中的、具有发展潜力的人，这些我们一直停留在理念中的说法，新加坡作了很好的尝试。

尊重差异基础上的分流，满足不同发展水平和差异学生的需求，诸如对课程内容、难度、方式的需求。灵活的转化是根据学生发展动态的调整，尊重了每个孩子发展的不平衡性、阶段性、可塑性的特征，这激发了每个学生的成长动力。

第二节　因地制宜中追随改革

一、泰国教育管理体制变革[①]

（一）教育体制

泰国教育分为正规教育、非正规教育和非形式教育。正规教育是有统一的教学计划、课时安排、教学内容的国家教育；非正规教育主要是私立学校

---

① 笔者随考察团参观了新加坡和泰国的教育。在泰国考察了清迈育英小学 Anubaan chiang mai school（富人区学校）和一所郊区小学（Ban Tung seiw（Nawarat）），访问了泰国国家教育部教育政策规划司（office of education council，OEC）和基础教育司。两所小学校长分别介绍了学校的办学理念、学校组织结构、课程教学等方面内容；在教育部政策规划司（OEC），相关领导在简单介绍机构设置的基础上，重点介绍了如何开展针对教师教育与管理的行动研究；在基础教育司，相关负责人介绍了课程设置和教材开发情况。除此之外，考察人员还获得了很多相关资料，有助于深入了解泰国教育。

教育、职业技术培训等；非形式教育主要是利用图书馆、社区资源等进行的自学。

泰国基础教育是六三三学制。学校以前一般将基础教育放在一起实现十二年一贯制，现在主要是将中小学在一起的九年一贯制，这样的学校大概有900所。高中教育实施分流，分为普通教育和职业教育。

1999年提出国家负担的十二年基础教育，其中九年为义务教育。但从实施情况看由于受社会、经济等因素的影响，泰国的义务教育仍然需要家庭、社会支持，不能真正地做到全部免费。

（二）管理体制变化——合并、精简教育行政机构，开拓学校资源

中央层面：泰国中央政府为改变条块分割的现象，将原有的大学部、基础教育部和国家教育委员会三个教育行政机关合并为一个教育部，把原来分散在三个部级单位的14个司级主要单位合并为五个，即综合司、负责立法与政策的一个司（OEC）、基础教育司、职业教育司、高等教育司。

区域层面：泰国有77个省，省之下设立了295个学区，管理基础教育。改革后，撤销了省一级的教育行政机关，把原来的295个学区合并、改组为175个教育行政服务区。每个学区都不跨省，所管辖的中小学校在80～200所之间。学区教育委员会直接向教育部基础教育办公室负责而不是向省政府负责。

学校层面：中小学各设立一个学校教育委员会，由学校校长、教师代表、家长代表、当地著名人士（如宗教人士）等组成，是决策机构，学校教育委员会向学区教育委员会负责。

这样，就形成了"教育部—学区—学校"三级管理、逐级向上负责的网络。

从中看出，这种组织结构不是以行政区域划分来实施对教育的管理，而是根据学校分布特点、教育需求为出发点整合机构、开拓资源。这种组织结构的变化是为了更好的体现服务至上的理念，是以业务为导向的变化。

二、泰国教育改革的核心内容

泰国教育变革的基本原则为：促进每个人终身发展；进行全民教育；注

重知识体系和学习过程的持续发展。在这样的原则指导下,实施了一系列以学生发展为中心的课程教材、课堂教学、质量评价等改革实践。下面重点就三个方面做一介绍。

(一) 课程设置及教材开发

1. 课程理念与目标的变化

课程变化的视角基于四个方面,即确保教育质量,满足地区需求,转变学习过程和评价,促进人的全面发展。①

课程目标:在2001年的课程框架中提出总体目标②强调学生在智慧、精神发展、身体发展和社会发展四个方面的平衡与和谐发展;发展学生达到国际标准。2002年的《国家教育法案(修订本)》教育目标中也明确提出③教育要促进泰国人民在身心、智慧、知识、品德、正直及向往的生活方式等全面发展,以能够与他人和谐的生活。

课程理念:1990年修改了1978年以来的课程,课程内容与当前政治、经济、技术变革紧密联系。同时,鼓励学生根据个人兴趣、爱好和当地的条件选择科目。2001年,在基础教育委员会规定的核心课程的基础上,学校可以开设直接与当地需求、背景直接相关的特色课程。④

由此可见,泰国的课程理念和目标更加注重国际视野、社会发展要求、学生学习过程需求等多种因素的整合。

2. 课程设置——在8门核心课程基础上开设特色课程

课程结构:要学生获得以下五类知识⑤。

(1) 个人、个人与社会关系的知识;

(2) 科技知识和技能;

---

① Thailand basic education curriculum 2001. 来源于泰国教育部基础教育司交流汇报材料。
② 同上。
③ National Education Act B. E. 2542 (1999) and Amendments [Second National Education Act B. E. 2545 (2002)], office of the Education Council Ministry of Education Kingdom of Thailand, p. 4.
④ Education In Thailand 2005/2006. office of the Education Council Ministry of Education Kingdom of Thailand, p. 43.
⑤ National Education Act B. E. 2542 (1999) and Amendments [Second National Education Act B. E. 2545 (2002)] office of the Education Council Ministry of Education Kingdom of Thailand, p. 10.

（3）宗教、艺术、文化、体育及泰国智慧的知识；

（4）数学、语文知识和技能；

（5）追求个人职业和关注美好生活的能力。

为此，泰国教育部课程与教学发展厅对旧的课程作了修订，重点放在强调学生思维过程和实际技能的训练，减少必修课程的比例，增加选修课程的分量，让学生有更多的机会广泛地选择普通课程和职业课程，有更多的时间进行独立学习，以便他们从中发现自己的特长、兴趣，从而发展自己的能力。

基础教育标准和国家课程框架由教育部官员和专家确定。学校一方面要落实国家课程，同时具有很大的自主权，一般由学校管理者、教师、学生家长、社区成员组成的小组讨论形成具有学校特色的学校课程。

国家课程：泰语、数学、科学、社会研究、外语、健康和体育教育、艺术、职业技术教育8门课程被纳入了核心课程。

国家课程与地方课程的比例为7：3。如，育英学校开设计算机和中文的课程；郊区学校种植、养殖动物为主题的校本课程。

这样的设置也正体现了1999年行动法案中所提出"向地方放权；每个人有平等权利接受国家提供的12年基础教育；教育部有责任为基础教育提供课程标准和核心课程"的理念。

3. 课程的载体——突出学生认知结构和教学过程的教材开发

教材质量评价的六个标准：

（1）内容：对历史事件无误；内容新；以问题为中心提出；对学生有意义。

（2）呈现形式：呈现形式清晰，一目了然。

（3）活动设计：调动学生的学习动机；清晰；活动目标；独立完成活动的策略。

（4）学习材料（范例）：有课程资源包，教材资源足够，不需要其他时间寻找资源。

（5）插图、表。

在中国教材质量的评价有五个维度，即知识维度（指导思想等）；思想品德或文化内涵维度；内容选取及呈现方式维度；编写和出版制作水平的维度；适用程度的维度。中泰对比可以看出，在评价标准的理念方面有很大的一致性，都由原来以学科系统知识的逻辑顺序为中心转变为关注学生的认知规律，以问题为中心组织内容，关注学生的学习动机和教师的教学策略等。此外，泰国在活动设计上的思路可供我们借鉴。

（二）课程实施——以学生为中心的教学发展及以教学过程为核心的学校发展

为促进学习过程，教育机构关注以下方面内容：

（1）提供与学习者兴趣、禀赋、个性差异相关的物质和系列活动。

（2）训练思维过程、培养面对复杂环境和应用知识解决问题的能力。

（3）组织活动让学习者从真实的经验中获取知识，培养学习者批判性思维、阅读习惯和对知识的求知欲。

（4）在所有科目中渗透正直等价值观。

（5）教师利用多媒体创设情境，并将其作为教学过程的一部分。

（6）满足个体在任何时间和地点学习，建立家庭、社区间的联系。

为此开展几个项目促进教学过程与学校发展：

项目一：以学习者为中心学习过程变革的研究

教育行政、大学及中小学校合作开展关于学习过程变革的行动研究。"学习者有能力学习和自我发展是泰国教育最重要的原则，教学过程的目的是在学生现有水平上最大潜能发展。"[①] 因此，此项研究是在学生需求调研基础上设计开展的。

研究在以下方面取得了一定的成就：

（1）形成了促进学习过程的 9 项教学技能。研究表明要促进学生有效学习，教师的角色要从知识的传递者和训练者转变为学生学习的促进者和指导者。为此，专家研究了促进学生思维和提高科学思维过程的 9 项教学技能，即质疑、问题解决、基于问题的指导、知识网络的建构、激发建设性思维、基于项目的学习、真实经验的利用、多个智力模块整合、学习资源

---

① National Education Act B. E. 2542（1999）and Amendments［Second National Education Act B. E. 2545（2002）］office of the Education Council Ministry of Education Kingdom of Thailand.

的利用。

（2）形成了新的思维方式和研究方式。从专家角度来讲，要融入学校的教学过程中；与教师相互讨论，相互合作；专家要改变抽象的讲座，采用简单实用的语言。从教师角度来讲，要从项目的执行者变为参与者、自己教学行为的反思者。真正形成专家、教师间的深度合作的研究方式。

2005～2006年，这些技能在90所学校中实验。超过9 500名教师和大批学生参与项目体验到了与国际接轨的教学技能。目前还在推广中。

项目二：提升小学校（small－sized schools）教学质量的项目

由于出生率降低及农村孩子向城区的转移，大概有1/3的学校为不足120个学生的小学校。为了解决大批小学校普遍存在的学科师资短缺、学习资源缺乏等问题，基础教育委员会增加了"提升小学校（small－sized schools）教学质量的项目"。指导原则是形成学校联合体或撤并学校两种方式。

在提高学校教育质量方面，主要采取了四种策略。

提供必须的措施和设施。按照基础教育标准提供经费、设备、人员；通过整合科目及当地专家、学校管理者、教师间的流动来解决师资短缺问题。

提高学校管理效能。服务区借助地理信息系统，撤并小学校；通过提供师资、预算和其他的设备发挥学区的服务职能，并发展教育网络系统，学区内分享资源。

提升教学质量。修订课程以符合小学校要求；培训师资以适合胜任整合的科目教学及采用信息技术有效教学。

整合各种社会资源。整合私人机构、宗教团体、专业机构、企业等各种社会力量参与支持学校发展。

2003年9月～2004年12月，政府大约提供了53.7亿泰铢的教育经费。这个项目不仅促进了教育公平，而且提升了教育质量。

项目三：在实验学校开展教学质量提升的项目

2003年10月，实施"一区一所实验学校"项目。即在每一区域内选择至少一所好学校，以发展教学技能方法、学生分析的思维技能、学习计算机技能和学校管理等方面。通过发挥其资源共享和网络辐射作用，带动周边学校发展。

项目的经费支持：2004~2006年，政府为每个学校提供500万泰铢的经费，发展学校的图书馆、实验室、计算机和教学资料。此外，私人组织、团体等捐献超过50亿泰铢的设备支持项目开展。

项目阶段：项目覆盖921所实验学校，经历了三个阶段。2004年，区委会选择253所学校开展质量提升活动，为周边的10 800所小学校提供学术指导（academic assistance）。第二、三阶段，活动扩展到全国范围内的郊区学校，到2005~2006年，已经扩展到668所实验学校。

项目核心任务：支持学校自主且富有弹性的管理（如育英学校的组织机构根据活动划分为包括课程发展部、人事部、教学部在内的13个；学校有固定的学科班并实施走班制）；在大学支持下发展师资；扩展课程资源（通过网络学习系统、电子图书和教科书等），培养阅读习惯、智力和终身学习的能力；在学习活动中运用多媒体技术提高效率；通过内外质量评价确保教学质量。

项目四：在特定科目提升教与学的项目

为了提高实验学校和小学校的教学质量，教育部聚焦数学、科学、语言（尤其是泰语、英语、中文）这些特定学科的开展研究。

在数学和科学学科1992年国家教育计划（National Education Act）补充条款中，政府提供各种措施促进科学和数学的教学，支持特殊能力的学生。如年轻学生可以参加当地、国家和国际竞赛；被选出的好学生代表国家参加国际奥林匹克竞赛；在中等和高等教育阶段，国家资助在数学、化学、生物、物理和计算机方面的天才学生在国内外深造。

在语言科目，教育部门也制定相应计划，开展活动推动项目开展。

（三）质量保障及评价——教学质量评价

教学质量的评价一方面是表现性评价，另一方面为入学考试（测试）。表现性评价的标准基于课标、真实性（authentic）评价和过程性评价，评价的方式主要是通过观察学生发展、个人作业、学习行为、参与活动及与教学有关的测试结果①。

入学考试方面，为了确保入学的透明、负责、公平、质量，有相应的入学标准。2001 年 3、6、9 年级需要参加基础教育委员会的统一考试，三年级还有一次统一的学业水平测试。2005 年升入高等学校的 12 年级要参加国家教育考试院（National Institute of Educational Testing Service）的考试。其中，12 年级的考试分为基础题和提高题，提高题重在思维和分析技能。考试科目如下：

表 4–2–1：考试科目一览②

年级	考试科目					组织者
	数学	泰语	科学	英语	社会科学	
3	*	*				基教委会
6	*	*	*	*		基教委会
9	*	*	*	*	*	基教委会
12	*	*	*	*	*	国家考试院

由此可见，泰国在教学质量评价方面学业水平测试和表现性评价并存，将过程与结果评价统一起来。

三、对改革定位与关键的启示

（一）课程改革的价值取向思考——定位与立足点的思考

社会的发展、人的身心发展和学科的发展是影响课程改革的三个主要因素。随着社会飞速发展，尤其是在西方由现代化向后工业时代发展的大背景下，教育也开始批判泰勒的目标模式，借鉴后现代课程观。在面临相同的国际课程改革的大背景下，教育本质有其共通之处，各个国家学习西方、改革课程是很有必要的。

---

① National Education Act B. E. 2542（1999）and Amendments［Second National Education Act B. E. 2545（2002）］, office of the Education Council Ministry of Education Kingdom of Thailand, p. 12.

② Education In Thailand 2005/2006, office of the Education Council Ministry of Education Kingdom of Thailand, p. 51.

另外，在借鉴西方的同时要考虑国家的发展阶段特点和文化传统，明确本国的定位。泰国不管在课程设置、课堂教学，还是在考核评价方面，都很注意保留本国特点。从国家的发展阶段特点看，中国正处于前现代、现代、后现代并存的转型时期，这决定了我们在学校发展方面既要均衡更要特色、既要精英教育也需要普及教育；在课程方面既要借鉴模体概念，也不能抛弃目标模式，在目标的导向下重视过程生成。从文化传统看，教育改革不仅是技术层面的问题，更是制度、文化的因素的问题。中西的文化基础不同，思维方式不同，教育要适应中国的文化，同时变革不合理的观念，也不能简单借鉴西方技术层面的方式方法。总之，我们需要在经历了多年课改后从理论和实践中深入反思。

（二）关于学校发展和学生学习过程变革的思考

在促学校发展方面：

泰国以项目研究的方式促使发展水平不同学校的变革，即一头抓住了具有示范辐射意义的好学校作为实验学校，一头抓住了薄弱的小学校。变革的内容方面主要涉及设备、管理、师资、课程资源、教学质量等方面。对于学校的选择，一校一品的特色发展无疑对我们具有启发意义。

学生学习过程变革方面：

学校发展变革的核心是课堂教学，而课堂教学的核心是学习过程。当前我们教师缺乏的不是专业知识，而是策略性知识，即将课教到什么程度？对于这些孩子如何教？都需要以了解学生学习过程为基础。泰国抓住了这一核心问题，重点研究，并提出了相应的9条策略，这对于我们具有很好的借鉴价值和启发意义。

（三）评价——考试内涵变化，过程与结果并重

课改以来，打破了单纯考试的方式，尤其是小升初采取了诸如电脑排位、就近入学等多种政策，在考与不考间众说纷纭。泰国的教育，在不同的阶段都有严格的考试，考试的内容也不断变化，尤其是12年级的考试更加注重能力的测验。这应该是保障学生质量的重要标准之一。

同时，泰国在学业水平测试和表现性评价并存，真正将过程与结果评价

统一起来，值得我们反思借鉴。

第三节　京沪课改政策的比较

一、课改方案形成：时间不同，过程比较一致

北京：

北京市从1992年开始酝酿，1994年启动课程改革工作。课改分为两个阶段，2001~2004年采用北京方案，之后并入国家课改。

"北京方案"主要经历了这样的过程：在文献梳理和调查研究基础上多次讨论，1997年8月，形成《北京市21世纪基础教育课程改革方案》（讨论稿）；在征求意见基础上于1998年3月形成了《北京市21世纪基础教育课程改革方案》（暂定稿）；1998年12月底，修改、完善各学科课程标准的研制工作；之后编写教材，在2001年选取11个区县的起始年级进行试验；2004年并入国家课程改革，根据国家课改要求制定适合北京的课时安排，2015年又重新修订课时。

上海：

1988年上海市开始了中小学课程改革，都是围绕如何提高学生素质这个目标开展的。由于解决的问题不同，又把课程改革分为两个阶段，第一阶段是1988年到1997年称为第一期工程，第二阶段是1998年到现在称为第二期工程。本书探讨二期课改。

上海市主要经历了这样的过程：1988~1989年对全国19个大城市进行调查研究，制订培养目标、课程计划；1989~1990年制订课程标准；1990年开始编写教材；1991年开始从各个学段的起始年级进行试验；1992年开始从小学一年级推广，1995年开始从高中一年级推广；1997年9月1日起全市各年级全面使用新课程教材。这套课程教材到2008年秋全部被二期课改的新课程新教材所代替。

1998年，在一期小学进行一轮课改之际，开始进行总结反思的二轮课改的研制工作。截至2004年秋季，上海共编制完成了《上海市普通中小学课程方案（试行稿）》和各学科课程标准（试行稿和征求意见稿）共计28个文本，出版了20门学科300余个品种600余册教材，并在全市151所中小学进行了试验。2004年秋季，全市小学起始年级已经全面推广新的课程教材。按照计划，2005年秋季在全市初中起始年级全面推广新教材，2006年秋季在全市高中起始年级全面推广新教材。

可见，从形成过程来看，基本都经历了理论研究、国际国内比较研究、本地实际调查研究；都经过了先试验再推广的过程，制定过程科学合理。因为北京方案和上海方案开始时正赶上2001年国家方案的实施，因此有相互影响。

不同的是上海方案还有中间层面的指导纲要，这成为各科改革行动纲领。搭建了课改目标和学科课程标准之间的桥梁，操作可行。

二、课改背景和整体框架：大同小异，目标稍有差异

（一）课改背景：时代背景相同，地域情况不同

两者都处于20世纪90年代背景下。但是北京方案始于90年代初期，上海方案始于90年代末，社会背景稍有不同，最主要是两个城市定位不同，面临的具体问题不同，思考的出发点存在一些差异。

北京方案：

（1）北京的定位：北京作为首善之区，要在2008年率先实现现代化，教育要实现国内领先、国际一流的发展目标。（2）当时的情况：1993年，北京市断然取消了毕业升学统一考试，引发对义务教育性质的思考。认为应该研制全面体现义务教育特点、能面向不同儿童少年发展需要、能为未来社会所需人才全面奠基的义务教育课程。

上海方案：

（1）上海的城市定位：国际化大都市。（2）当时的情况：基于一期课改

10年的实践与认识,一期课改主要是开始开展素质教育,二期课改是在一期基础上深化素质教育。

(二)整体框架和课改目标

整体框架有差别,上海方案思路比较系统。

框架有差别:"北京方案"包括指导思想、基本原则及课程设置三个部分,以及配套的有关开展实验工作的文件。而"上海方案"包括课程发展的理念、课程目标、课程结构、课程管理、课程标准、课程实施、课程评价、保障条件八个部分。

上海方案有比较系统的思路,北京方案是在1997年形成讨论稿,当时没有现成的经验可以借鉴,都是在摸索中开展。而上海方案是在国家课改方案形成之后制定,两者的框架内容基本一致,都比较完备。说明当时对课改已经有一个比较系统的思路,因此值得今后北京方案修改借鉴。

课改目标:终极目标相同,目标定位和重点不同。

北京方案:在整个研究过程中,遵循"社会→人→教育→课程"和"教育→课程→教学→评价"两个思路展开。北京方案没有明确的课改目标,提出了制定课程改革方案的指导思想为:(1)重新审视基础教育的基础性,立足于具备可持续发展意识与能力的人的培养。(2)开放是新时期学校教育的基本特征,学校教育、家庭教育和社会教育将更为紧密地结合在一起。(3)重新构建学生的主体地位,为学生的全面、主动发展提供较为宽松的时间和空间。

上海方案:提出课程方案旨在依托上海建设国际化大都市和数字化城市的教育环境,构建以德育为核心、以培养学生的创新精神和实践能力为重点、以完善学习方式为特征、以应用现代信息技术为标志,关注学生学习经历和促进每一位学生发展的课程体系。

从课改目标来看,两者都提出了构建促进每位学生、学生主体、全面主动的课程体系,都抓住了课改的核心目的。尤其是北京方案是比较早提出"以人为本"的理念,以促进学生的全面、主动、持续发展作为核心。

不同的是北京方案遵循的思路非常清晰和科学,试图以课程改革撬动整体改革，考虑得更加宏观；上海方案（和国家方案比较一致）课改目标比较聚焦，"重点、核心、特征、标志"这些词可看出其内部有一定的逻辑关系，比较明确具体。

建议：北京方案继续保持宏观视野和清晰的思路，同时，使阶段目标更加具体明确，突出重点，找准突破口。

三、课程目标：都体现时代要求，但目标体系不同

（一）北京方案：强调四种能力

培养目标——为首都的社会主义现代化建设和可持续发展，培养德、智、体等全面发展的建设者和接班人，并着重强调要使新一代的北京人在责任感、自主的学习与生活能力、科学精神、创新意识与创造能力等方面，有更为卓越的表现。[①]

这四个方面是作为"21世纪北京人不可或缺的。责任感……是一个人必备的基本素质；自主的学习与生活能力，是……未来社会生存与发展的基本条件；科学精神是指导人们认识世界的精神武器；创新意识和创造能力是信息社会、后工业社会人才最可宝贵的特点，也是中国实现跨越式发展模式对公民素质的重要要求"。

（二）上海方案：提出三层次学力观

上海方案也明确提出了培养目标[②]，这体现了对学生的素质要求。有学者认为实质是建立总学力观。总学力由"基础性学力""发展性学力"和"创造性学力"三个层次的学力所组合。

课程目标具体化为方案层面的目标—标准层面的目标—教学层面的目标

[①] 商发明："把握基础教育课程改革特色，推进课程教材实验工作——北京市21世纪基础教育课程改革的基本思路"，载《课程教材教法》2001年第11期。

[②] 上海中小课程教材改革委员会办公室、上海市教育委员会教学研究室：《面向21世纪中小学新课程方案和各学科教育改革行动纲领》，上海教育出版社1999年版。（上海市普通中小学课程旨在培养学生：初步形成正确的人生观、价值观和世界观，具有民族精神和国际视野、民主与法制意识和社会责任感；具有适应终身学习的基础知识、基本技能和学习策略；具有初步的创新精神、实践能力和可持续发展能力；具有基本的人文素养和科学素养；具有健康的个性和良好的身心素质，养成健康的审美情趣和生活方式，成为有理想、有道德、有文化、有纪委的公民。)

的系统化体系化。（见图4-3-1）

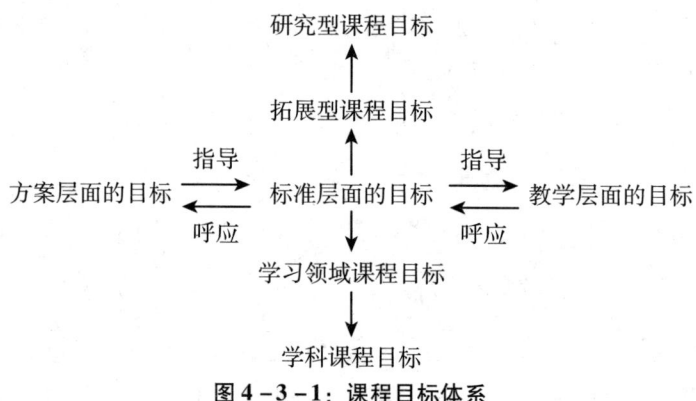

图4-3-1：课程目标体系

共同特点：其一是突出了新世纪对人发展的要求。两个方案都摒弃了原来只重视基本知识和基本技能的观点，都重视学生的自主学习能力、创新意识和能力、科学精神，这体现了新世纪对人发展的要求。其二是从多个维度说明对学生全面的素质要求。从上面可看出，虽然不同方案表述不同，但都是从多个维度说明学生的全面素质要求。例如，国家方案提出的三维目标，上海方案提出的总学力观，北京方案的四个方面及对基础内涵[①]的扩展（认为知识、能力、素养都是基础的内容，基础具有发展性、多样性的特点）。

（三）思考：构建的目标体系不同，需要进一步厘清人的素质结构

国家方案明确提出了三维目标：知识与技能、过程与方法、情感态度价值观。上海方案提出了"基础性学力""发展性学力"和"创造性学力"，每个学力都包含知识、能力、情感态度，并通过基础课程、拓展课程和研究型课程来实现。北京方案的课程目标通过学科课程和活动课程来实现。

可见，对学生的发展维度的不同认识直接决定着课程目标的确定，并相应决定着课程结构的安排。但是，当前还没有一个统一的切实可行的标准，因此需要进一步厘清人的发展的素质要求。随着学生核心素养的研究，目标

---

① 文喆："课程改革'北京方案'的回顾与思考"，载《基础教育课程》2009年第1期。（对基础进行了新的诠释和扩充。《北京方案》主张"基本的读、写、算能力，基本的操作能力（如木工、钳工、泥工），基本的直觉与逻辑推理能力，科学知识与科学精神以及基本的道德素养、公民意识和进取精神等等，都是'基础'的内容"，并且强调了"基础"的发展性、多样性等特点。）

会更清晰。

四、课程结构：都体现综合、选择、多样性趋势，但分类标准不同

课程结构是指在学校课程的设计与开发过程中将所有课程类型或具体科目组织在一起所形成的课程体系的结构形态。

"北京方案"的课程结构为：第一层次是将课程分为学科课程和活动课程（班团队活动、科技文体活动、综合活动）；第二层次是将学科课程分为必修课程和选修课程；第三层次是具体科目。

"上海方案"也分为三个层次，第一层次将课程分为基础型课程、拓展型课程和研究型课程；第二层次是学习领域，表现为八大学习领域，主要以综合课程来呈现；第三层次是具体的科目。

（一）共同点

从课程结构来看，都体现了综合性、选择性和多样性的特点。虽然两者的分类标准不同，但是都改变了原来的单一的学科课程的局面，实施学科课程和体验课程的结合；改变了原来的单一的分科课程的组织形式，实施分科课程和综合课程的结合；改变了单一必修课的课程要求，实施必修课和选修课的结合。这充分体现了当前课程改革朝向综合化、选择性、多样化的趋势，体现了人的多元化发展的要求和在一定程度上提供学生自主选择、自主发展空间的课程体系。此外，都按九年一贯安排课程。

同时，上海的基础性课程和北京方案的必修课程的科目基本一致，上海方案的限定拓展型课程（拓展型课程分为限定和自主拓展课程两种）与北京方案的活动课程基本一致。

（二）不同点

（1）从课程结构看，上海方案有专门的研究型课程。"研究型课程是学生运用研究性学习方式，发现和提出问题、探究和解决问题，培养学生自主与创新精神、研究与实践能力、合作与发展意识的课程，是全体学生限定选择修习的课程。其内容可以从学生的兴趣与生活经验出发，也可以从学科出发，实施时可以采用主题探究活动、课题研究、项目设计等方式。研究型课

程在九年义务教育阶段称为探究型课程。"①

（2）北京方案中选修部分是以学科课程的方式呈现，这是上海方案中没有的。因为这部分不是国家统一规定的必修学科，因此有些内容可能会和上海方案中的自主拓展型课程一致。

（3）学习领域、模块、主题的设计。上海方案和当前国家方案中高中课改有一致的地方，将课程分为八大学习领域，同时在学科内有模块、主题的设计。这利于以结构化方式来掌握知识。

（三）思考

（1）上海方案的课程结构值得思考。由于两者对课程的本体理解不同，课程分类不同。上海方案是以课程的功能为基础分化成的基础型、拓展型、研究型；而北京方案是以课程的属性分为学科课程和活动课程。这两种分类标准虽然都没有得到公认。但是，上海课程的分类标准似乎更容易让学校了解不同课程的定位和功能，北京方案可能会造成在实施过程中盲目强调改变的部分（如活动课程、选修性课程），而某种程度上冲击基础的重要性（即北京方案中的必修课程或上海方案中的基础型课程）。

（2）进一步厘清课程划分的维度。上海方案面临理论界的质疑，北京方案也没有从根本上进行划分。因此应在理论的逻辑关系和实践的关系结合中找到合适的设置体系，将学生的综合素质进行合理分解。

国家课标解读中对课程的本体论进行了不同的维度阐释或许有启示：以课程内容所固有的属性为逻辑范畴，将课程分为学科课程和经验型课程；以课程内容的组织形式为逻辑范畴，将课程分为分科课程和综合课程；以课程实施的要求为逻辑范畴，将课程分为必修课程和选修课程；以课程实施方式为逻辑范畴，将课程分为传授性课程和研究性课程；以课程的表现形态为逻辑范畴，将课程分为显性课程和隐性课程；以课程设计、开发和管理的主体为逻辑范畴，将课程分为国家课程、地方课程和校本课程。

---

① 上海中小课程教材改革委员会办公室、上海市教育委员会教学研究室：《面向21世纪中小学新课程方案和各学科教育改革行动纲领》，上海教育出版社1999年版。

五、学科课时：都体现了课程理念，但学生素质分配比例不同

（一）总课时数减少，体现给学生自主的空间

表4－3－1：周课时总量比较（节）

	一	二	三	四	五	六	七	八	九	总计
国家原方案	30	31	32	33	33	33	36	37	36	10162
国家新方案（2001）	26	26	30	30	30	30	34	34	34	9522
北京方案	28	28	30	30	30	30	30	30	30	9516
上海方案	32	32	33	34	34	34	34	34	34	9563

从表4－3－1中看出，国家新方案、北京方案、上海方案和原来的课程计划相比周课时都有了很大程度的减少，总量基本持平。这一变化也正是北京方案提出的"尽量减少对学生时空的占领"，也是符合课改精神的。

不同的是，每节课的时间不同。上海方案1~5年级每节课35分钟，6~9年级每节课40分钟。这一点变化值得思考，近来北京有学校进行长短课时的设计，也在某种程度上说明要考虑学生不同的年龄特点的注意力时间。

（二）学科课时的不同：体现对学生素质的分配比例有差异

表4－3－2：每门课程的总课时数比较（节）（注：（ ）内为学科综合课程的课时数）

	国家原方案	国家新方案	北京方案	上海方案	北京方案（2015年）
语文	2302	1904~2095	1970	1554	1775~1948（140）
数学	1486	1238~1428	1324	1114	1285~1390（105）
思想品德（含小学社会、常识）	608	666~857	754	536	591~694（70）
外语	400	571~762	786	874	902~972（70）
历史与社会（历史、地理）	404	286~381	284~320	272	311或278~31（35）
科学（小科、理、化、生）	702	667~857	570~604	1001	725或688~72（33）

续表

	国家原方案	国家新方案	北京方案	上海方案	北京方案（2015年）
体育（体育与健康）	844	952~1047	788	612	1009
艺术（音乐、美术）	1084	857~1047	1004	758	976
综合实践（含劳动、劳动技术）	336	571~762	1000	170	630~1083
地方、校本课程（含信息技术）	1996	952~1143	1036	2651	795~1005

从表4-3-2看出：

相同点：对于基础学科（语文、数学、历史与社会、科学），不管是国家新方案、北京方案还是上海方案课时总数都大大减少（上海方案科学除外）。综合性、实践性的课时数大大增加。这样的课程设置充分体现了基础教育课程改革的基本思想，特别是突出对学生的实践能力和动手能力的培养。

但需要说明的是在实践调查中，数学从四节增加到五节，北京方案实施中很多教师仍反映数学周课时不够，这就提醒在突出实践活动的同时，也要保证夯实学生的基础。

不同点：

（1）外语学科都增加，其中上海增加最多，英语也是从一年级就开设，北京方案从三年级开设，有条件的可以提前。这体现了上海建设国际化大都市目标对教育的要求，北京近日也提出建立世界城市的目标，2015年北京课程设置（修订版）中，英语增加到902~972节（其中70节用于学科综合课程）。

（2）值得一提的是科学，上海增加了科学的课时，远远高于其他方案。尤其是在强调创新精神和科学精神下，为何课改中国家方案和北京方案都减少了科学的课时，这是需要北京方案重新思考的问题。

（3）在艺术方面，北京必修课的课时远远高于国家方案和上海方案，这一方面说明北京作为文化艺术中心，对艺术的重视；另一方面是否也说明对学生综合素质的理解更偏重于艺术特长呢？这需要进一步关注。

（4）综合实践活动数量北京方案明显高于其他方案，校本课程数量上海方面明显高于其他方案。从中看出北京、上海方案给综合课程的空间更大。但不同的是北京方案更重视劳动技术课程，以培养学生的动手能力，上海方案更重视信息技术。2015 年北京课程设置（修订版）中，除了原有的综合实践活动外，增加了学科综合实践，不低于学科课时的 10%，增大了综合实践课程的课时比例，近一步增大了学校课程设计自主权。

六、课程实施：依据教学规律和学习特点，体现想、做、讲结合

在这方面，几个方案都力图依据教学规律和学习特点，其中上海方案更具操作性。

上海方案：

精心组织教学内容。教师要通过对教学内容的"问题化""操作化""结构化"组织帮助学生更好地形成自己的认知结构。

学习方式。自主合作探究的学习方式——想做讲结合；接受式和其他方式结合。

信息技术与课程整合。在课程目标、实施、评价、管理等方面都有明确具体要求，拓展了原来信息技术与学科整合的范围和深度。

教学评价。对过程与方法、情感态度价值观目标，提倡用评语进行质性描述（质化评价）。

此外，上海方案还强调建立新的训练体系、新的活动体系、新的实验体系。

（1）建立新的训练体系。

● 制定《关于改进各学科学习训练的指导意见》，通过改进各学科的学习训练方式，逐步建立有利于促进学生综合发展的训练体系。

● 充分关注学习训练对学生创新精神和实践能力培养的促进作用；充分体现学习训练的基础性、层次性、实践性、综合性和开放性；加强信息技术在学习训练中的支撑作用，逐步建立与基础教育现代化相适应的学习训练支持平台。

（2）建立新的活动体系。现有的课程教材改革是在以知识体系为主的课程框架中进行的，教材是教学的主要载体，是实现教育目标的一种途径。智慧不能言传，只能通过解决问题的实践去感悟，因此必须有新的有效的活动学习系统作为重要载体来实现新的课程目标与要求。

- 构建以项目活动为载体的活动学习系统，通过学生感兴趣的问题，联系与生活、社会和科技发展紧密相关的内容，形成递进的目标，学生以合作的方式积极参与，开展持久的探究，富有成效地培养学生的创新精神和实践能力。
- 拓展社会实践活动、校园文化活动（尤其是学生社团活动）领域，形成教育的系列，让学生在生动活泼的自主活动中，获得积极的情感体验，培养正确的人生观和价值观，增强社会责任感，提高实践能力和学习能力。

（3）建立新的实验体系。包括挖掘实验教学的功能、加强实验设计研究、改革实验教学等方面。

- 挖掘实验教学的功能：充分挖掘实验教学对培养学生团队合作和创新精神、提高学生观察操作能力、促进学生主动探究、发展学生思维等方面的功能。
- 加强实验设计研究：重视生活中的小实验，注重实验设计与学生生活的联系，引导学生关注生活，培养学生从生活中发现问题，用身边的材料做实验去探究问题的习惯；优化传统实验设计，在以往验证式实验设计的基础上，增加有利于学生主动探究的实验设计和有利于学生合作交流的团队实验设计；全力开发以传感器、数据采集器和计算机为核心技术的数字化实验系统（DIS），让学生亲身感受数字化的学习环境，为学生自主探究和合作交流提供技术的支持。
- 改革实验教学：倡导"做、想、讲"三者合一的实验教学。通过"做"来启发"想"，促进"想"；通过"讲"来梳理"想"、交流"想"；通过"想"来指导"做"和"讲"。将实验教学融入知识生成和应用的全过程，作为知识生成的手段，知识应用的载体，以及学习训练和学习评价的一个重要组成部分。

从上述分析可以看出：

课程实施是课改落实的关键，教学中根据学生认知规律组织教学内容，通过信息技术手段、教学评价的引导、教学方式的转变等多种策略引导学生学习方式的转变。尤其是提出多种教学方式的综合运用，发挥不同的作用。

一方面，理论与实践的结合，突出实践能力和创新能力。二期课改专门制定《关于改进各学科学习训练的指导意见》，突出训练的实效性；对活动、实验教学也有专门的设计，并以此为载体，突出实践能力。尤其是对训练的重视，在某种程度上说明在实践基础上巩固知识，理论与实践结合的作用。

另一方面，注重学生认知规律和学科知识结构的统一。以模块或主题的形式组织内容，整合学科、学习经验等，形成相对完整的单元，避免拘泥于系统知识，重结构而忽视知识点，可见，重知识结构与认知结构的统一、学科知识和学生经验的统一的重要性。

除了以上几点之外，在课程的管理与评价方面，北京方案通过监控与评价项目、课改样本校建设两个项目，实现了对课改从宏观到微观、从区县到学校、学科等全面的监控，对课改的调整修正具有很重要的价值。

七、启示与建议

（一）厘清学生素质结构和比例，是课改的基础

课改的终极目的是促进学生全面而个性的发展。因此学生的素质结构直接影响着课程目标的定位和课程结构分类比例。因此是整个课程改革最基础的工作。新加坡的学生素养为我们提供了借鉴，还有很多研究，相信随着我国学生核心素养的培养，无疑会形成上位的指导。

（二）课改目标实现宏观视野下的明确定位

课改一般是一轮或稍长会有一个总结来反思修正前一阶段的问题，会提出新的目标。目标定位有长远目标和阶段目标。北京方案在修正时应该将阶段目标明确一些，突出要解决的重点问题，找到突破点。例如，经过了十余年的课程教学改革，学校在教学方面进行了诸多探索，因此下一阶段在总结深化的基础上，应该将突破点落实管理体制机制的创新促进教学改革方面。

国家课改提出三维目标后，先后经历了三维目标认识的纷争，围绕要不

要三维、三维之间的逻辑关系是否合理、三维目标是课程还是教学目标等问题看法不一；随后有些区县和学校在实践操作中积极实验，力图将三维目标可操作化，但主要限于知识目标。因此，上海二期课改对过程与方法、情感态度价值观目标的研究对今后的改革提供了很好的经验。

（三）课程结构应在分析学生素质结构和实践基础上找到合适的分类标准

课程结构的设置，一方面要考虑学生素质结构，据此来确定课程的类型和比例关系。同时，要结合实践的现状进行调整，将逻辑关系和现实关系有机结合。

北京不断纵深发展，不断地变革创新，主线未变，但思路更加清晰。2015年的课时修订说明更加注重学生的综合素养、创新能力等。

（四）打基础、重训练的教学内容

课程改革注重培养学生能力、素质，是不是就放松基础、不重训练了呢？这个问题在课改初期是存在的，很多地方是没有课堂训练的热闹课程，是在某种程度上忽略基础知识和基本技能的花样繁多的能力培养。因此，如何处理基础与提高；知识与能力；动脑与动手；理论与实践的关系上，上海二期课改给了我们很多启示。

（五）不同功能整合的教学方式

学习方式的转变是课程改革的重要内容。上海二期课改注重接受与探究、"想做讲"的结合；而国家课改高中课程方案解读中也明确提到自主、合作、探究不是统一维度的三种学习方式，反映了三种不同的取向，可以结合使用。并提出了一个普遍的顺序：先鼓励学生对学习内容自主学习，如果自主学习过程中产生疑问，就鼓励个体开展探究性学习，如果个体研究不足以解决问题，就开展小组或集体合作的探究学习，直至把问题解决。①

可见，如果充分了解不同学习方式的功能，在课堂中不会出现言必合作、探究的局面，而是根据教学内容和学生学习特点灵活运用。

---

① 《普通高中新课程方案导读》，华东师范大学出版社2003年版，第125页。

（六）多层面有效利用信息技术

2001年国家课改提出信息技术应在教学过程中运用，因此计算机硬件建设得到了前所未有的重视（北京已经普及），教师也在教学中充分运用。但是，更多的还是限于课堂中和课程资源的开发。而信息技术强大的功能并没有很好地开发和利用，二期课改在课程的设计、电子化教材、课程实施、课程管理、课程评价等各个方面都有很好的运用。因此，如何多层面有效开发软件资源，提高使用的效率，仍然是今后我们要面临的主要问题。

附：

表4-3-3　上海方案：小学阶段（一至五年级）课程设置及课时分配表

课程		总课时 年级	一	二	三	四	五
基础型课程	语言文字	语文	306	306	204	204	204
		外语	102	102	136	170	170
	数学	数学	102	102	136	170	170
	社会科学	品德与社会	68	68	68	102	102
	自然科学	自然	340				
	技术	劳动技术				68	
		信息科技	68				
	体育与健身	体育与健身	102	102	102	102	102
	艺术	唱游/音乐	136			204	
		美术	272				
拓展型课程	各学习领域	兴趣活动	136~102	136~102	136~102	136~102	136~102
		专题教育 班团队活动	34~68	34~68	34~68	34~68	34~68
		社区服务 社会实践	每学年1~2周			每学年2周	
探究型课程			34	34	34	34	34

表 4-3-4：北京方案（2001）：课程设置

课程设置			略							
学科课程	必修课程	语文								
		数学								
		外语								
		品德与社会								
		社会								
		科学								
		音乐								
		体育与健身								
		美术								
		劳动技术								
	选修课程	书法								
		舞蹈与健美								
		心理健康教育								
		信息科技								
活动课程		班团队活动								
		科技文体活动								
		综合活动								
周课时总量										

中 篇

教学设计思考

　　全球范围内课程改革是在对人、社会、教育的前瞻性思考的基础上进行的。那么教学系统是如何落实课改理念？落实得如何？针对问题又应该如何系统构建呢？

　　本篇立足现状、把握问题、借鉴理论，在对教学要素重新思考和定位的基础上构建教学设计系统。教学设计是在任务分析基础上的教学目标设计、教学结构设计、教学策略设计、预设与生成五个相互独立、相互制约的部分。本篇在整体构建基础上对系统中的要素分章进行详细剖析。

第五章　课堂教学：立足现实建构

课改背景下课堂教学是怎样的？存在哪些典型问题，我们以什么为切入点和载体重新思考及构建呢？这或许是我们反思后应直面的基本问题。

第一节　课堂教学现状的进展

此次改革涉及课程目标、课程结构、课程内容、课程实施、课程评价、课程管理等诸多方面，随着改革的深入，学校积极内化课改理念，并在转化为课堂教学实践方面进行了诸多创造性探索。那么，课改以来学校有哪些探索？探索到了什么程度？探索中有哪些成功的经验等。为此我们针对课堂教学目标、内容、方式、生成、师生关系、反馈等七个内容进行了多种方法调研[1]，进展如下。

一、教学目标的设计与实施

课程改革目标提出"改变课程过于注重知识传授的倾向，强调形成积极主动的学习态度，使获得基础知识与基本技能的过程同时成为学会学习和形成正确价值观的过程"。这实质是针对单纯注重知识目标而提出。在经历了几年课改的探索后，三维目标的认识与实践取得了很大进展。

一方面，认识到教学目标具有三维。传统的教学将知识作为唯一的目标，

---

[1] 问卷法：对41所样本校随机抽样，回收140份，5份无效，有效率96.4%。此外，还有访谈法、课堂观察法、文本分析法。

认为教学就是将书本知识传递给学生，没有考虑学生的学习过程以及学生的情感。现在所有的教师都意识到三维目标问题。调查中，关于"三维目标在每一节课中都可以同时落实"的说法，25%的教师表示"可以，应该也必须同时落实"；72%的教师认为"理论上可以，实践中很难贯彻"。97%的教师认为理论上三维目标可以落实，这说明他们在认识上接受了新理念所提出的三维目标。

另一方面，过程与方法维度是关注的焦点。课改初期，教师不理解过程与方法的真正内涵，以为搞几个活动让学生参与就是过程。现在多数教师认识到是让学生经历学习的过程，体验学习的方法，从中更好地掌握知识与技能，两者是有机结合的。一项关于"在课堂实践中，你感到哪一个维度落实起来难度最大？"的调查显示，62.2%的教师认为落实过程与方法难度最大；24.4%的教师认为落实情感、态度、价值观难度大；11.1%的教师认为落实知识与能力难度大（科任教师）；2.2%的教师认为三个维度整体落实难度大。在三维目标中，选择过程与方法的教师达到了62.2%。这充分说明在认识层面教师将过程与方法作为非常重要的维度，是教学探索的重点、焦点和难点。

二、教学内容的设计与实施

（一）以教材为载体进行创造性运用

教材是教学的载体，是教学内容的主要而非唯一来源。新课改倡导"要用教材教，而不是教教材"，即要对教材进行创造性运用。调查表明，将教材内容转化为教学内容时，7.9%的教师对教材调整了50%，54%的教师调整了20%，33.6%的教师调整了5%，仅有一人选择"没有作任何调整"。

54%的教师调整了20%，33.6%的教师调整了5%，说明两点：教师基本能以教材为主要依据，没有忽视文本为本。同时，试图在尊重文本基础上根据学生需要进行创造性运用，以达到文本与人本的统一。

7.9%的教师对教材调整了50%，说明教师对教材的调整幅度很大。这存在两种后果，如果根据具体情况进行科学的创造性运用，将利于促进学生的发展。如果教师素质没有达到一定水平，而是盲目地对教材进行调整，则会对学生的发展造成不良影响。仅有一人没有作任何调整,说明还存在个别教师按部就班地教教材的现象。

(二) 不同教师对教材的创造性运用存在差异

在调查"目前学校在教学设计中的关注点"中,仅有19%的教师选择"如何对学科教材内容进行创造性分析"。对教材的分析和创造性运用应该是进行有效教学设计最基本也是最重要的前提。经过课改初的教材培训,教师应该对教材有了一定的把握。仅有19%的教师关注,和上面绝大多数教师对教材进行了创造性运用,形成一个对照,表面看来,在某种程度上说明教师对教材的创造已经习以为常不在教材创造方面。

但是,我们通过和不同地域、不同学校的教师进行座谈,了解到很多教师不知把课讲到什么程度、把握不好知识点的程度和范围等。通过课堂观察也发现,有些教师没有很好地把握新教材所渗透的思维方法、教学方法等。

我们知道,和原来的教材相比较,新教材不仅是一个知识的载体,同时蕴含着方法(例如,情境设计改变原来的单纯传授法,通过教师教法引导学生的学法的改变)以及价值观等。而且,在知识的呈现方式上,和原来的教材比更加内隐,需要教师深入、科学地挖掘教材内容。

因此,笔者认为,在这种情况下,对不同的教师来说,创造性的分析效果可能会有很大差异。对于有些老师来说,其能科学、合理地把握教材,并能根据学生的现有水平进行创造性运用。因此,教材的分析显然早已过关,不再是自己要关注的焦点。但是,有些教师还不能科学地把握教材,他们也根据提倡的理念对教材进行了创造,也采用了各种各样的教学方式,活跃课堂气氛。最重要的是他们以为这种做法符合课改理念,因此对教材的分析也不是很关注。这可能就造成了仅有19%的教师选择此项。殊不知,在没有科学把握教材内涵基础上创造是没有根据的发挥。这应该引起我们足够的重视,不能为表面的现象所迷惑。

三、教学模式、方法设计与实施

新课标提出"改变课程实施过于强调接受学习、死记硬背、机械训练的现状,倡导学生主动参与、乐于探究、勤于动手,培养学生搜集和处理信息的能力、获取新知识的能力、分析和解决问题的能力以及交流与合作的能力。"这表明要改变传统教的方式，由原来重教师的教转为重学生的学。调查结果表明，在教学结构、教学方式上，教师有了很大改善和提高。

（一）教学结构微调，单纯讲授减少

原有的复习旧课－教授新课－巩固新知（课堂练习）的凯洛夫传统教学模式仍然在今天的课堂教学中起作用，但已经在慢慢发生变化。从调查数据看，在一节课中有复习旧课环节的为95%、有教授新课环节的为100%、有课堂训练环节的为100%。也就是说课堂结构没有发生根本变化，并不像有些人所担忧的都变成了热热闹闹的活动。

但是，在大框架没有发生根本改变的情况下，各环节内部发生了变化。例如，关于"一节45分钟的课，您讲授部分大概占多长时间？"选择20分钟的人数最多，占57.9%，选择10分钟的人数排在第二位，占总人数的33.6%。选择30分钟的人数排在第三位，仅占总人数的5%。说明课堂中教师讲授的时间大大减少。

（二）由知识传授转变为在情境中运用多种方式

教师的教学方式由原来的单纯的知识传授式转变为在情境中运用多种方式。创设问题情境，可以激发学生的求知欲。创设生活情境，让学生在参与中获得真实体验。创设合作情境，让学生在与同伴的互动中，在多样化理解的基础上达到普遍共识。通过创设情境，让学生或体验、或探究、或合作。在笔者所听的几十节课中，每节课中教师均创设了不同的教学情境。

创设活动情境是教师创设情境的总称。从不同的角度可以分为很多种。从参与者来说，有些是教师操作，有些是学生群体合作，有些是师生共同参与。从情境的手段来说，有的用多媒体创设，有的用实物创设等。从目的来说，有些是让学生体验，有些是让学生探究等。

案例：小学一年级。讲到元、角、分的练习。

师：我这里有一个4元的橡皮，谁买？

生1：我有5元，我买。

师：可是，我没钱找，怎么办？

生2对生1：我有零钱，我可以和你换。

师：哦，看来，钱是可以换的。那小组内成员之间相互换一换。

小组成员通过买东西情境，进行着钱的交换。

师：谁说一下你和小组其他成员是怎样交换的？

生：我买了她的一个铅笔盒，我给了她5元，她找给我5角。

……

这是一个由师生共同创造的情境。它摒弃了原来数学课枯燥的思维训练，将学生带入一个情境中，自然而然地体会数学的思维过程。这个情境的创设简单实用，不需要花费多少精力去准备，却可以达到一定的教学效果。

总之，教师的教为了学生的学，教师教学方式的转变为了促进学生的学习方式的转变。从上面的案例中，我们也可以看出，在教师创设的情境中，学生主动地参与、体验、探索，甚至讨论、质疑。学生学的方式中，从接受式到多种方式并存。

（三）纷纷探索不同的教学模式

学校在深入探索基础上，有些已经形成了教学模式。例如，中关村二小的"情感教学"模式；育鸿学校的"自主探究"的教学模式：创设情境、激发兴趣—自学质疑、潜心思考—科学分组、合作探究—全班交流、学会评价—总结提升、综合运用；前进二小的"自研—示研—导研—固研"的四环节教学模式；良乡三小的"探究式教学"模式；河南寨小学提出"自主—合作—引领—拓展相结合"的教学模式；杨镇中心小学提出"自主、开放"的教学模式；宣师二附小提出"自主—合作—探究"的学习方式，等等。

四、教学预设生成的互动

新课改背景下，由以静态教案为本位的备课观转向以动态方案为本位的教学设计观。但强调以动态方案为本位的设计观并非要全盘否定静态教案，而是要以一定的"静态教案"为基础，根据课堂上学生学习实际的反馈情况再做出动态的、实时的调整。即预设与生成是密不可分的，预设是基于学生为本的设计，生成是根据课堂现状，为促进学生发展而进行的调整。两者都是为了学生发展。同时，预设为了更好地生成，生成又为下一步预设提供了资源。但是，课堂生成是一个复杂的过程，教师要根据课堂情境、学生资源作出及时判断并调整预设，在互动中生成新的知识。在当前的教学中，教师的课堂是互动生成的，还是按部就班的？预设与生成是如何处理的呢？处理得是否恰当？

（一）课堂教学是对设计不断调整的动态生成的过程

问卷调查表明，7.9%的教师教学实施过程中对教学设计调整了50%，48.6%的教师调整幅度达20%，37.9%的教师调整5%，没有调整的仅2人。说明仅有个别教师按照教学设计进行教学，没有进行任何调整。

从数字看出，对教学设计的调整不仅进行微调，48.6%的教师调整幅度达20%。这有两种可能，一种是教师的教学设计本身太死板，没有留出生成的空间；或者对学生情况不了解，因此预设和真实的课堂有很大差异，不得不调整。另一种是教师虽然做了很好的预设，但是在课堂中更加关注学生的发展，关注课堂的真实进展，及时根据现实情况进行增删、深化、升华。

教师对教学设计的调整说明了教师的课程教学观发生了很大改进，即课堂教学不是割裂的，而是一体的；课程教学是动态的过程，而不是静态的。

（二）生成性课堂的主要探索

在当前教师素质水平的前提下，对教材、教学设计的调整体现了教师的新理念、教学智慧和教学艺术。设计中教师考虑可能发生的情况和应对策略，将不确定因素和弹性因素引入过程设计，使教学设计为师生课堂教学的实践留出主动参与、积极互动、创造生成的空间。在调查中发现，教师在教学中的互动生成是复杂多样的。下面选取两种情况说明生成的探索。

其一，运用学生生成的资源推动课堂进程。

案例：

小学三年级，北师大版教材分数一课。教师在没有讲分数意义之前，先让学生自己做课后的练习题，感知分数。根据图形中阴影部分，写下代表的分数。做完后，让学生来到讲台前讲解。

师：下面我请几位小教师来上来讲解一下自己的做法。

生1：这个图形被分成了四份，选择其中的三份，所以是3/4。

师：谁再来说一下？

生2：将图形平均分成四份，阴影部分占其中的三份，所以是3/4。

师：好，刚才大家注意到没有，他说了一个关键的词——"平均"……

（接着教师根据学生已有认知，调整了预先设计的很多活动，开始讲分数的意义。）

在这个教学片断中，在真正讲到抽象的分数概念之前，教师设计活动，让学生感知一下分数，其中根据图形写分数就是活动之一。并不要求学生表述得如何严谨。但是，在真实的课堂教学中，学生说出了"平均"这一关键词。

如果是以往的课堂，教师会无视学生的答案，依然会按自己的教案让很多同学依次说出，并继续进行预先设计的有关活动。但是在互动生成的课堂中，教师及时抓住了课堂的闪光点——学生自己想出的知识。然后，顺着学生现有认知水平及时调整了教学，并将此作为课堂中生成的知识，推动了课堂的进程。

其二，运用学生的错误作为资源。

案例：小学四年级一节数学课。让学生认识立体图形。教师让学生用小正方体摆出不同的模型，并用数学语言描述一下。

生（描述他的模型）：我摆放的模型有两层，第一、二层有四个方块，第三层两个方块。

师：如果让这位同学再重复一遍，你是否能画出这个模型？

学生群体：不能。

师（转向这位同学）：你描述的时候，大家不能画出，你觉得描述有需要改进的地方吗？

生（想了一会儿）：不应该从一个角度描述，否则重叠的部分不知道。

师：你再描述一次好吗？

生：我摆放的模型有两层，从正面看……；从上面看……；从左面看……；从右面看……

师：好，应用我们刚才的术语，其他同学是否可以再描述一下？

这节课是通过动手操作的形式，让学生认识图形，并用准确的数学用语描述图形。学生还没有立体的概念，所以他看图形时，也只是从一个面来看。

如果是传统的课堂教学，教师可能直接告诉学生立体图形的知识。而在这节课中，教师首先设计了一些活动，让学生在活动过程中，感知立体图形。这个课堂预设是成功的。他试图让学生在参与过程中学会知识。

在活动中，问题出现了。学生并不清楚立体图形。在描述过程中，依然用平面思维方式。面对这样的课堂意外，教师如何处理？在传统的课堂中，教师或者可能会否定学生，然后，告诉学生正确答案。或者让其坐下，然后，叫学习好的同学回答。而在这节课中，教师并没有这样做。她根据错误答案了解到学生对立体图形的认知现状。并将直观图形转化为抽象思维（让学生画出），在这个过程中，该学生意识到了自己错误的根源。在教师的引导下，认识有了很多提高。

正是教师给了学生空间，及时运用学生的错误资源，在课堂互动中，自然地完成了从平面到立体、从具体到抽象的思维转化。不仅完成了教学的知识任务，让学生体验了过程，而且在平等和谐的师生、生生互动中，让学生有了积极的情感体验，达到了教学实效。

五、师生关系

课改背景下的课堂教学是师生互动的过程，它改变了原来教师绝对权威、师讲生听的局面。具体表现如下。

（一）师生人格平等

教师和学生首先是人，有独立的人格和尊严。因此，在课堂中师生之间相互尊重，平等互动。有些学校还探索了师生关系模式，如，顺义区石园小学在实践中，建构了师生关系模式："导师—朋友式""导游—游客式"。有些学校要求教师把微笑和期待带进课堂，允许学生质疑、宣泄、张扬。这些充分体现了教学中，教师充分尊重学生个性特点、心理需要。

（二）教师鼓励学生主体性发挥

在教学过程中，课堂出现了学生自己提问、自己回答、总结的情况。问卷调查"在与学生的课堂对话中，学生主动提问的次数大约占多少？"其中，

"基本没有"的只有两个人，所占比例不足5%。充分说明教师积极鼓励学生参与，发挥主动性。从案例中我们可以更深刻感受这一点。

案例1：

小学四年级语文，《吃虫的植物》一课。

师：让学生读课文。

师：读课文过程中，你想到了什么？

生1：这些植物是怎样吸引虫子的？

生2：积水是什么？

生3：这些虫子长什么样？

生4：吃虫的植物还有哪些？

师：好，下面大家就带着这些问题读课文，并回答这些问题。

生：……

案例2：

小学四年级数学。

师：这节课你学到了什么？

生：学会了垂直、平行的数学知识。

生：学会了几个词，垂直、垂足、垂线。

生：……

案例1是让学生自己提出问题，并自己解决问题，在解决问题过程中学习。这个过程，学生充分发挥了主体作用。案例2是一节课结束时，让学生自己总结学到了什么，而不是教师总结这节课都教了什么。这也说明课堂由原来以教为主转变为以学为主。

（三）学生主体性是在教师指导下的主体

当然，在一般情况下，学生基本是在教师指导下学习。在笔者所观察的几十节课，上百个教学互动中，基本都是教师设计活动，处于教的主体地位。师生共同设计、或者学生自己设计的教学活动基本没有，学生仅仅处于教师指导下的参与状态。

在问卷调查"在与学生的课堂对话中，学生主动提问的次数大约占多少？"其中，"小部分由学生主动提问"的占71.4%，"大部分由学生主动提问"的只占12.9%。在这种意义上，学生暂时处于主体地位，但这种情况很少。因此，当前的课堂教学，学生有了很多的自主权，但这种主体性是在教师指导下的主体，是在教的设计内进行的学。由此可见，当前教学抛弃了传统的教师绝对权威，开始注重学生的主体性，但是这种主体性仍然是在教师指导下的主体。

六、课堂教学管理

课改以来，课堂教学管理发生了很大变化。以往整齐划一的僵化管理基本不存在。课堂教学管理中出现了以下现象。

（一）教师引导下学生自定规则

传统的课堂，教师是课堂权威，他根据需要制定一系列行为规范要学生遵守。而在新课改下，教师让学生自己感觉秩序的重要，并主动提出遵守的规范。

案例：一节语文课，在教师组织讨论之前。

师：说的时候应该注意什么？

生1：大声说话。

生2：清楚明白。

生3：声音宏亮。

师：听的同学怎样呢？

生1：安静。

生2：动脑筋。

生3：认真听。

这则案例中，在教师的引导下，学生自己提出说和听的规则，这样避免了在课堂中学生主动发言所导致的秩序混乱局面。

（二）由僵化纪律到课堂秩序

传统的课堂教学中，教师制定严格的课堂规范约束学生，以保障教师高效的传授知识。如插嘴、交头接耳等均被列为违规行为。但是，新课改背景下，课堂教学是师生、生生互动的过程，对话是最主要的行为。学生的创新性的插话可能是一个很好的教学资源。因此，传统僵化的纪律被打破了。

新课程下的课堂鼓励学生发表自己的观点,努力营造宽松的教学氛围,努力做到活而不乱的课堂秩序,最终达到管理为教学服务的目的。

七、课堂教学反馈

课改以来,北京市开展课堂教学评价的研究,注重克服传统教学评价的弊端,体现激励和发展的特点。教师的课堂教学评价发生了很大变化,并指导着他们的日常教学。主要体现在以下五个方面。

(一)课堂教学评价由重结果转变为重过程

以前课堂教学评价注重最终的学习结果,其主要衡量标准是学生的学业成绩,现在注重整个教学的过程。如在"你认为一节好课是怎样的?"的开放式调查中,教师的答案分别涉及教学目标、学习条件准备情况、学生参与情况、课堂互动情况、课堂气氛、教学效果。其中,学生的参与情况、课堂互动情况基本是每位教师都关注的。

对教学过程的描述,教师更加注重师生、生生互动的有效性,注重教学过程的动态生成性。

以前教学更加关注教师是否完成了教学任务。现在,不仅关注教学任务的完成度,同时,关注在教学过程中师生的情感体验。如教师所言"让学生听了不想下课,听不到下课铃声;让听课教师感觉不到自己是教师,而是像学生一样融入课堂中"。

(二)课堂教学评价由重教师的"教"转为重学生的"学"

以前课堂教学评价关注教师教的如何(如教学目标是否达到,教学任务是否完成等),现在在关注教的同时,更加关注学生的学。例如,有教师提出"考虑学生的情况,设计每一个学生能回答的问题,让学生都参与到教学中,调动学生积极性","注重学生实际水平的准确搜集与应对方案"。

而且,在调查问卷中,几乎所有的教师都涉及了学生活动一项。提到最多的是学生积极主动参与。

在教学效果一项中,除了完成教学任务外,教师还提到学生理解、掌握所学内容;学生有愉悦、轻松的体验;每个学生都有各自的收获和体会;最好能提出有价值的问题。

(三) 课堂教学评价由重知识传递到学习环境的创设

传统的课堂教学是知识传承的过程，因此课堂教学评价关注知识的传递。而新课改背景下，更加关注学习条件的准备和课堂气氛的营造。

例如，教师在学习条件的准备中，提到关注教学设计合理；正确教学理念指导、灵活丰富的教学形式的准备；开放、层次分明的资源储备等。

在课堂气氛中，认为一节好课最重要的标准是课堂气氛活跃；民主和谐的师生关系。另外，谈到学生配合默契；教师教态自然，有亲和力。

(四) 课堂教学评价由重固化的环节到重互动过程

现状调查表明，教师认为好的教学过程应该是互动生成的。如"使学生在活动中学，做中学；动态生成的课堂，师生能碰撞出火花，师生、生生之间有效互动"。这些话语本身说明教师对好课的认识标准已经发生了很大变化。认识到课堂是动态的、生成的、充满思想和活力的。

当然，有些教师提出"好课是重双基的实在课""环节清晰""教师有自身特色教师基本功扎实"。

(五) 课堂教学评价由封闭转为开放

真正好的课堂教学不仅在课堂中给学生创生的空间，而且在课下留有思考的空间。在调查中发现，个别教师开始意识到课堂教学在课外的无限开放和延伸，意识到课堂教学对学生终生发展的价值所在。

如教师所言一节好课要"教会学生方法，注重终生成长"；"引人入胜的开始，高潮迭起的过程，耐人寻味的结尾。一节课下来还想再上一会儿，或因课上问题还在兴奋的探讨"；"学生学完会带着问题走出课堂，课后能给学生留下思考的空间"。

从中我们发现，好的课堂教学在当前教师心目中正在发生实质的改变，这种改变和新理念是很切合的。虽然存在一些困惑，但教师正在用他们认为好课的标准进行着课堂反思和重建。

总之，通过上面的调查结果与分析发现，教师经过了几年探索，将课改理念落实到课堂教学实践中取得了很多经验：充分认识到教学目标的三维；创造性运用教材；采用多种教学方式教学；根据课堂需要调整教学过程；师生相互尊重、平等互动；课堂氛围宽松，教学管理力图为教学服务；教师的课堂教学评价标准发生了本质变化。

第二节　教学中典型问题解读

一、典型问题解读

（一）教学目标：三维目标间的关系

教学的最终目的是促进学生的发展。教学目标的制定与实施是课程目标的具体化和细化，它是教师根据课标、学科与社会需求、学生的个性特点等深入研究基础上制定。新课程倡导三维目标的整合，"改变课程过于注重知识传授的倾向，强调形成积极主动的学习态度，使获得基础知识与基本技能的过程同时成为学会学习和形成正确价值观的过程"。[①] 即知识技能、过程与方法、情感态度价值观的整合。那么，新课改背景下实施三维目标存在哪些问题，又应如何正确认识呢？

1. 知识目标在"浮华"中迷失

新课程的课堂教学中，教师采用多种教学方式，给学生留有主动发展的空间，学生动起来了，课堂"活"起来了，"情境活动"多起来了。如果运用恰当是以学生发展为本的外显。但是深入课堂观察却发现，有些课堂教学的"活"没有更好地实现教学目标，课堂上"活动"一个接着一个，为活动而活动的现象屡见不鲜。尤其是单纯重视活动中学生的参与次数，却忽视了参与的质量。甚至最基本的知识目标都没有达到。

案例：

一节数学课《估算》，教师设计了 5 个情境活动，并分别让学生小组讨论。其中一个情境是这样的：

教师：（通过多媒体展示世界上鸟类约有 9000 多种）你们知道中国的鸟

---

① "基础教育课程改革纲要（试行）"，见《为了中华民族的复兴为了每位学生的发展》，华东师范大学出版社 2001 年版，第 4~5 页。

类有多少吗?估一估。

生1：约有2500种。

生2：约有1000种。

师：到底谁估的对呢?我们看一下。（多媒体展示2500种）

生群：生1估的对。

师：我们给他鼓掌。

短短的45分钟，共设计了5个活动，4次小组讨论。整个一堂课表面上看来，师生互动、生生互动充分。而实际上由于活动过多，学生间的讨论浮于表面。其中一次讨论时间不足1分钟，仅时间的限制就使讨论没有深入的可能。我们可想而知活动的效果。

上面的案例中，教师用多媒体展示，组织学生活动，颇费了一番心思。但是教师却丢掉了最基本的知识目标，没有把握住"估算"的真正内涵。与其说让学生在估算，不如说是让学生猜测。教师自己对知识掌握得不够是最根本的原因，这样的活动将学生对估算的学习带入了误区。

知识目标是教学追求的最基本的目标，课堂教学应把握知识目标，让学生在参与、体验的过程中掌握。但教师在教学中却"舍本求末"。说明教师在把握课改新理念只是看到了形式，没有真正理解其内涵。

2."过程与方法"维度理解不到位

新课程本身注重过程。过程性目标在三维目标中居于重要地位。在教学中，教师采用多种教学方式，创设情境、通过系列活动来实现。但调查发现教师对达成过程性目标仍存在一定误区。

一方面，没有突出学生的主体地位，过程性目标没有真正达成。在情境中，教师始终处于教的主体地位，情境的创设、师生互动都是教师处于支配地位，学生只是被动应付。表面看来教师采用了多种教学方式，创设了教学情境，达到了过程与方法的目标。实质上，并没有将教学目标转化为学生的学习目标，学生在学习中处于被动地位。课堂教学中教师忽略了学生通过自己的方式在过程中获得知识。过程性目标达成的主体是学生，没有学生的积极主动参与的过程是肤浅的。

另一方面，情境的开展缺乏思考深度。在情境创设、活动开展中，学生应该处于主动探究、体验的状态,但是在具体实施过程中却存在偏重于操作性,缺乏思考深度的现象。导致过程性目标失去深层内涵。

案例:

一节数学课《变与不变》。教师让学生用一个大烧杯、三个60毫升的小烧杯、大小一样的糖球等物品做实验,要求调出同样甜的水,问哪些变了,哪些没变。

师:如何调的?

生1:每杯60毫升水,每杯放三个糖块。

生2:60毫升水的杯子放3个糖块,40毫升水的放2个,20毫升水的放1个糖块。

师:什么变了?

生:水量变了,糖球变了,水的甜度没变。

这个案例虽然也让学生探究,学生也发挥主动性亲自去实验。但是整个过程只是讨论变与不变,并没有引发学生的深入思考,而且实验本身并没有引向深入。所以这个学生经历的过程只是一种目标不明确,没有思考深度的操作而已。

3. 三维目标整体认识和落实欠缺

对三维目标的认识上,有些教师没有意识到知识与技能、过程与方法、情感、态度、价值观是三维一体的,因此在教学中出现单纯注重知识传授,忽视学生的学习过程和兴趣;或者单纯注重过程,忽视过程是为了更好地实现知识目标,出现知识目标没有达到等不良倾向。有些教师对某一维目标的落实存在误解。例如,有些教师将过程与方法理解为让学生活动;有些教师将情感态度价值观理解为进行德育,将所有的教学内容都贴上道德、爱国主义等思想政治教育的标签。这大大窄化了它的内涵。

三维目标的整体落实依然是教师的难点:关于"三维目标在每一节课中都可以同时落实"的说法,72%的教师认为"理论上可以,实践中很难贯彻"。这充分说明,绝大多数教师表面上接受了新理念所提出的三维目标,但是并没有真正理解三维目标之间的关系。因此,在每节课教案中教师所罗列的三维目标有些形同虚设,并没有真正涉及三维目标的落实。

调查中"在课堂实践中，你感到哪一个维度落实起来难度最大？"其中62.2%的教师认为落实过程与方法难度最大，仅2.2%的教师认为三个维度整体落实难度大。三维目标的整体落实比单纯过程与方法一维目标的落实要难得多，但是仅有2.2%的教师认为三个维度整体落实难度大。这表明，仅有少数教师认识到三维目标的三维一体特性。多数教师目前仅是从关注知识到将知识与技能、过程与方法结合起来。

另外一项调查，"目前学校在教学设计中的关注点"，61%选择"在教学设计中采取怎样的措施保证三维目标落实"。同样也说明多数教师对三维目标的设计与实施存在很大困惑。

4. 将教学目标转化为学习目标不足

新课改理念下，课堂教学设计突出学生发展，应将教学目标转化为学生的学习目标。在主题为"教学目标设计中，您最关注的是什么"的调查中，45%的教师选择"如何使每节课教学目标具体化，便于操作"；36%的教师选择"如何将教师教的目标转化为学生学的目标"。说明教师更加关注教学目标而不是将教学目标转化为学生的学习目标。

实质上，在教学目标的设计上，教师要"目中有人"。分析本学科对学生的独特的发展价值，而不仅分析本节课的重点和难点；教师要有"全人"概念，在教学设计中注重三维目标的整合；要注重个性发展，把学生的差异作为资源来开发，在目标的设计上要有一定的"弹性区间"。

由此可见，以上误区没有把握三维目标的内涵及其相互关系。实质上，知识与技能，过程与方法，情感、态度、价值观是三位一体的关系。知识与技能是最基本的目标，这一目标的达成不是靠教师的灌输，而是学生采用一定的学习方法通过积极主动的参与过程获得的，并伴随良好的情感体验，形成正确的价值观。三者密不可分，相互结合从而达到促进学生发展的最终目标。

(二) 教学内容：课标、教材、教学内容的关系

课改以来，改变了一纲一本的局面，实施一纲多本。一纲即教学大纲，现在的课程标准。多本即多个版本的教材。不同版本的教材各有特色，如人教版重经典，北师大版重创新，苏教版重底蕴。那么，课改背景下的教师作

为课程资源、教学内容的开发者、实施者,在真实的课堂教学中存在哪些误区?课标、教材、教学内容三者的关系应如何正确处理呢?

1. 唯教材内容,忽视课标

课改以来,教师逐渐改变了单纯教教材的片面取向,试图与学生的生活世界联系,或者开发教学资源对教材进行创造性运用。但是调查发现,教师对教材的理解仍存在片面性。例如,联系学生生活世界时,也只是对教材内容本身进行一种解释,并没有以教材为载体,跳出教材对课标进行诠释。这种联系是机械的。

此外,城市教师抱怨教材中类似"秸秆"等内容脱离学生的实际,而郊区教师抱怨课本"地铁""肯德基"等内容学生不理解。体育教师谈教材内容太少,而且有些内容不适宜;语文教师谈……;等等。实质上,我们的教材可能存在这样或那样的问题,但是从教师的言谈中也可看出教师依然拘泥于教材,没有看到它所体现的课标精神。总而言之是缺乏课标意识。

如果教师真正理解了课标,那么就能对以此为基础的教材作合理化的增删、创新。

2. 偏离教材,对文本误读

教师开发各种课程教学资源对教材进行创造性运用,以满足学生对教学内容的多样化需求。但在调查中发现,教师对教材的创新缺乏科学性,导致对文本的误读。

案例:二年级语文《瀑布》教学片断

师:瀑布如烟、如雾、如尘……

师:瀑布看起来还像什么?

生1:如云

生2:如雨

生3:如仙境

师:好,我们一起读一下,如烟、如雾、如仙境

师生(读):如烟、如雾、如仙境

师:虽然我们可以这样改,但我们还是要尊重叶圣陶老爷爷。

这则案例中,教师给学生主动学习的空间,允许学生有不同想法,并及

时捕捉了学生的生成性资源，并将其作为教学内容推进课堂进程。表面看来可谓尊重学生、创新教材。但仔细推敲，我们不难发现，仙境与烟、雾不是一个层次的词汇。烟、雾恰当地比喻了瀑布当时的特性，而仙境却没有这样形象。

从教学新理念上讲，教师对学生的回答没有进行分析就直接认可。这导致了学生没有对书中的比喻进行很好的理解和解读，没有体会比喻所带来的意境。接下来，教师直接将学生的观点作为一种生成性知识来学习，在提高学生自豪感的同时，也将学生带入了误区。这是对文本肤浅的、非科学的解读。

总之，课标、教材、教学内容密不可分。课标是教材与教学内容的依据或标准，它们之间是根与枝叶的关系。教材是教学内容的载体之一，而不是"圣经"。教学内容要依据课标，在对课标进行科学、合理的解读基础上创造性利用教材。

（三）教学过程：师、生、文本间的互动关系

新课程下的教学过程摆脱了传统教学中按部就班传授书本知识的弊端，是师生、生生、师生与文本互动生成的过程。互动生成的实效性直接影响教学的质量。调查发现问题如下。

1. 教学互动过程存在假互动、低效互动

案例：二年级语文《黄山奇石》片断

师：书中介绍了什么石头，把它画下来。

（学生开始读课文。）

师：你找到了哪些石头？

生1：仙桃石。

生2：猴子观海。

生3：仙人指路。

师：你读得很仔细。具体还有哪些石头，你知道吗？

生：金鸡叫天都。

师：这些石头的名字怎样啊？

生：有趣。

师：我们看猴子观海的图片（幻灯）。它们蹲在那儿干什么呢？

生：望远方。

生：它在等妈妈。

生：它在观海。

师：我们看课文中是怎样说的。

学生开始读课文。

……

这则教学片断反映了师生、生生、师生与文本互动的过程。表面看来师生互动有序，学生积极参与。实质却存在一些问题：

其一，互动是师问生答的机械互动。"你找到了哪些""具体还有哪些""这些石头的名字怎样""课文中怎样说"等，从这些问话中可看出，教师问的基本是事实性问题，很少能激发学生的兴趣。这种互动成了一种师问生答的机械互动，失去了互动的真正目的。此外，课堂中的师生互动，尤其是语文课，是师生对文章的共同欣赏、评析，伴随有师生间的情感交流。而案例中只是冷冰冰的一问一答的对话。

其二，学生主体受限的假互动。教师在互动中一直处于支配地位，学生只是被动、机械地回答问题。在教学过程中，教师是教的主体，学生是学的主体。教师的教最终目的是为了学生积极主动地学习。上则案例中，学生只是被动地应付教师的教。因此，教学互动是没有体现以学生为主体的假互动。

其三，未挖掘文本深层内涵的低效互动。师生互动是以文本为中介和载体的。同时，互动的目的是为了更好地解读文本。那么对文本本身解读程度的不同，在此过程中的收获也不同。从上面的案例中，教师只是引导学生认识黄山奇石，至于文章的主旨并未挖掘。例如，在互动中教师应引领学生分析为何为奇石，课文中是如何描写"奇"的，让学生以文本为基础深刻体会"奇"等。本案例教师的正确、科学引导不够，在挖掘课文的深度上存在欠缺。因此，这种师生基于文本的互动是低效甚至无效的互动。

此外，师生互动中也存在极端倾向。一方面，将对学生的一视同仁视为一刀切。学生的知识水平存在层次差异，学生具有个性差异，要根据学生的发展规律，因材施教。切不可为了体现师生平等、生生平等而采用一刀切的办法。另一方面,教师的指导不当。例如,教师用一元取向裁减学生的多样知识;或者对多种理解不置可否,出现师生茫然的现象;或者对个体经验没有进一步提升或出现非科学化的引导的现象。

总之,师生、生生、师生与文本的互动应该是以激发学生学习兴趣、尊重学生主体为目的,以共同挖掘文本内涵为中心任务的师生互动过程。在互动中,师生之间获得的不仅是知识的增长,而且是情感共融、身心愉悦。尤其注意的是教育互动具有特殊性,是教师正确、科学地引领走向深入的互动。

2. 关注学习方式上存在误区

其一,教学方式的依据更多依据外在要求(如课标要求、上级检查的要求),而不是基于学生学习的需要,不是根据学生特点和课堂的需要而调整教学方式。

其二,关注显性的方式,忽视其目的是促进隐性的思维活动。显性的学习方式,如体验、探究、小组合作等,非常关注学生的参与,用自己的学习方式进行学习。这无可厚非。但是,显性的外表下反映两种截然不同的本质。这些方式可以是表面上的活动,对学生深层思维并没有触动;也可以是真正起到了应有的作用,促进了学生深层思考,促进了学生主动学习。因此,我们不能只看到表面的参与,而应该看到其对学生起到的真正作用。

3. 预设生成中忽视学生

其一,设计存在关注生成,忽视学生为出发点的现象。学生是课堂重要的参与者,生成的主体。但有些情境的设计是为了情境而情境,没有考虑创设情境的出发点是学生。例如"关于目前学校在教学设计中的关注点"中69%的教师选择"如何处理设计中预设和生成的关系",仅有6%的教师选择"如何对学生进行具体分析"。这一对比说明很多教师注意到了课堂教学过程的动态生成性,但是却忽视了生成的目的是基于学生的发展。

其二,根据学生需要设计教学存在误区。教师认同以学生为本的新理念,但在教学中不知如何操作才能体现学生的需要。尤其是不知如何体现不同个性差异、不同知识水平学生的需要。课改以来,有些班级出现了一种极端做法,即在课堂中关注几个特殊孩子(如学习成绩差),以为这样就是关注每一个孩子的发展。结果却忽视了大多数学生的需求,这和过去单纯关注少数优秀学生有什么区别？这种做法没有把握"根据学生需要教学"的真正、广泛的内涵。

其三，对生成性资源的利用存在诸多误区。教师认识到课堂教学过程是一个动态生成的过程，教师应该创造条件，留出空间，发挥学生的主动性、创造性。但是一旦出现课堂意外，却不能及时捕捉，或者捕捉了，却不知如何调控、引导。因此，出现教师用自己的一元价值取向裁减学生多样的知识，或者对学生的个体经验没有进一步提升，学生说了，主动性也发挥了，却没有实质提高。甚至由于教师素质水平的限制，出现非科学化的引导等。这些都在课堂教学中不同程度地存在。

（四）课堂教学管理：有序与无序的关系

合理的课堂教学管理有利于形成一种良好的教学氛围，激发学生的学习潜能，提高教学效率。在传统的课堂教学中教师为了高效的传递知识，对学生进行制度化的纪律约束，进行各种言语与非言语的控制。在整个教学过程中，教师限制着学生的行为，控制着学生的思路。新课程的实施打破了原来的课堂规则，出现了师生互动的愉悦、和谐的氛围，但是也出现了一些误区。

1. 规则缺失，秩序混乱，教学效率低

课堂教学中，教师为了尊重学生主体，给学生自由发表意见的空间，课堂中可能不断出现节外生枝现象。教师应该对课堂进行组织管理、正确引导运用。但是一些课堂出现教师被学生观念带跑，丢失自己教学方向，出现教学混乱的局面，导致基本的教学任务无法完成。

此外，学生具有不同的生活经历、个人体验、个性特征。因此对文本的解读也是多元的，教师为了尊重每一个学生，鼓励学生积极参与，这是对的。但是如果引导不够，则会在课堂上出现没有根据的辩驳，结果却出现不了了之的局面，导致教学质量低。

2. 新旧规则冲突，走回头路

当前课改背景下，旧有的僵化纪律被打破，新的教学规范还没有形成。学生缺少规范意识，当问题出现，教师不得不重现权威角色，采用纪律进行约束。因此在师生互动中出现与之不和谐的强制约束。

教学管理不应该是整齐划一、僵化的规范管理，也不应该是缺失规则的放任自流。这需要从原来的严格纪律走向教学秩序，由原来的教师制定规则，转向学生自己感受规则的重要并自定规则、自觉遵守。

此外，管理是为教学服务的。教学过程是师生互动的过程，围绕教学的活动，若能做到活而不乱，则表面无序，实质是遵从教学规律的有序。因此，有序、无序不是绝对对立的，应该在有序与无序中寻找平衡点，而平衡的根据是是否促进教学的开展。

除以上四点外，在教学反馈评价本质认识基础上还存在一定操作困难：其一，评价与教学分开。评价与教学应该是融为一体的过程，在教学过程中就伴随着对学生、对教学本身的评价。教师需要随时调整教学，但是很难做到。其二，对一些质性评价教师存在疑惑。如三维目标中所提到的情感、态度、价值观；教学过程中的互动生成；学习环境、氛围的情况；教学的开放、延伸等都令教师在具体实施中不知所措。

综上所述，新课改背景下的课堂教学存在一些新问题。对这些新问题、新困惑的认识需要我们以系统观的角度审视，在关系中探讨，这样才能更全面、更科学，才能避免从一个极端走向另外一个极端，更好地促进课程改革的进程。

二、课堂教学改进建议

（一）背后原因思考

在这些若干个具体问题的背后是深层的因素影响着教师的理念和行为。从教师自身角度看，主要是以下四个方面。

1. 有些教师没有深刻理解课改的本质和精髓

调查中问题出现的原因很大程度上是教师只理解了课改理念的表层意思，并没有深刻理解本质和内涵。这造成了很多课堂教学的实践流于形式。例如，学生参与的各种教学方式的活动中，表面活跃，实质并不能触动学生的心灵；生成的主体是学生，但课堂中调整生成的东西很多，但对学生关注却很少，这本身就是一对矛盾。这也是教师没有深刻理解课堂教学理念和行为转变原因的必然结果。

再如调查中，关于学校目前在教学设计中的关注点，17%的教师选择"如何对教学设计进行评价"；6%的教师选择"教学设计的指导思想是什么"。说明教师在进行教学设计时对指导思想和评价很少关注。教学设计是课改理念转化为实践的一个桥梁和中介，如果对设计思想（包括理念）不清晰，那教学设计本身是盲目的，怎么能保证科学有效落实呢？这也就造成了调查中所了解到的"内容设计中有些教师没有课标意识，仅有教材意识"；"教学方式设计中还浮于学生参与的表面化、浅层次"等系列问题。

2. 有些教师没有抓住课堂教学核心研究实践

调查出现的问题有些是真问题有些是假问题。出现这种现象的原因最主要是有些教师没有抓住核心和关键问题研究和实践。主要体现在：

研究探索面面俱到，但彼此处于割裂状态。课堂教学本质是一个系统、是一个整体，若抓住关键核心问题会牵一发而动全身，引起整个课堂教学的变革。但是有些学校、教师仅从某一方面出发，其他方面没有变化，说明没有触及本质。或者从多个方面切入探索，每天疲惫不堪却无实效，只能处于浅层次探索。

课改的中心是促进学生发展，但对学生本身关注少，而单纯关注教学方式、教材等方面的东西多。没有建立在对学生准确分析基础上的任何创造性的运用教材、多样化的教学方式，都不能起到本质的推动作用。

3. 有些教师存在某种程度的二元对立的思维方式

任何事物都是对立统一的，对立的两端之间还有多种多样的形态，有些教师在实践中往往只是看到了对立的一面。例如，在教师引导与学生自主间、在预设与生成间、在传统观念和课改新理念间等，不要从一个极端走向另一个极端，应把握好度，在关系中探索。这样就可以避免上面所提到的诸如"教师一元取向裁减学生多样知识"；"对学生多种个体经验没有进一步提升，被学生带跑的现象"；"只关注几个特殊孩子，忽视多数学生需求"等方面的问题。

4. 理念和实践的结合方面存在一定误区

理论与实践的结合是一个复杂的过程，同时需要多次反复、不断聚焦，是一个螺旋上升的过程。因此需要教师不断地学习理念，在实践中落实理念、不断反思、再学习、再实践。理念和实践又是相互影响的，如当一个理念在实践中遇到挫折时，教师会置疑理念本身；当对理念本身理解不正确时，则会将实践引入歧途等。因此，理论与实践结合的复杂性，也成为上面有些问题的存在，如三维目标的认识与实践不一致问题。

（二）教学改进建议

1. 开展深层次、针对性的培训和研讨

与教师发展有关的各种部门（包括教师培训部门、教研、科研部门）从自身优势出发深化培训与研讨的内容：

其一，开展理念解读方面的培训。课改以来，相关部门一直在开展课标、教材方面的培训。但是随着课改深入，教师在实践中暴露出来的问题反映了他们对课标背后的思想、理念的强烈需求。因此，不仅要对教师进行理念本身的培训，还要能从社会发展、学科发展以及学生的身心发展规律等方面进行理念背后原因分析的培训。让教师不仅能深刻理解理念本身，同时要知其所以然。

其二，针对教师课堂教学中的核心、关键的真问题开展培训和深层研讨。课改过程中，学校教师的问题很多，应针对课堂教学中出现的核心问题、教师感到困惑的地方展开深层研讨。市、区有关部门和学校应该组织教师让教师与专家、同行一起对真问题进行各种形式的讨论，逐渐明确自己认识。如专门针对三维目标的设计、对学生的分析等问题开展讲授、案例剖析、研修式等各种方式的培训、研讨，以解决教师在某一问题的理念与实践转化问题。

其三，进行课堂教学科研方法的培训。让教师提高研究意识、掌握研究方法，针对自己的课堂教学实际进行研究。这样才能真正解决自己的问题，而不是单纯依靠所谓的专家处方。

2. 校本研究抓住关键因素，增强实效

建立科学的校本研究互动机制。其中教学领导是关键，他是校本教研的设计者、组织者和沟通协调者。如何形成基于本校实际的自上而下与自下而上相结合的校本研究机制；如何对教师实践中的诸多问题进行梳理，抓住核心问题开展研讨；如何调动教师的研究热情，根据不同教师的特点开展日常研究；如何让学生参与进来，倾听他们的意见，以学生发展为中心这一核心理念开展活动等，应该是教学领导要关注的问题。

中 篇

第五章　课堂教学：立足现实建构

从学校层面找准校本研究的内容。课堂教学是学校发展、提高质量的关键。校本研究应围绕课堂教学中的核心问题开展研究，这样才保证持续和深入，真正提高实效。而如何找准本质问题确实需要研究主体深入课堂现场、深入学生内心，抓住第一手资料，真尝试、真反思、真研究、真总结。在此基础上互动研讨。

教师根据学生需求和收获进行研究反思。真正将教学理念内化为自己的教学理论，并将之落实到课堂教学中，需要进行实践性研究反思。实践与反思的核心应仅仅围绕学生来开展。无论作为课程教学的设计者、教学活动的组织者、师生互动的参与者、课程实施的调控者，还是作为实践的反思者都应该将学生的知识水平、学习方法、思维方式、学习兴趣等作为标准和参照。

3. 重课堂教学细节和研究探索过程

其一，注重课堂教学设计细节的研究

课堂教学虽然是一个微观领域，但却是一个复杂的系统。教师一个细小环节的安排、一个问题情境的设计、对学生的一次反馈，小组合作学习的分组设计、小组讨论中学生的互动设计，多媒体呈现时机的设计等这些问题看似细小，却涉及分析学生的需求、了解学生的知识现状、准确把握教学内容、明晰学生之间的关系等。

一节课就是由很多细小的设计构成，对细节问题研究的透彻，增强了实效，就会带动整个课堂教学的开展。

其二，反思研究探索的过程

以前我们往往注重研究的结果，却忽视了我们整个探索的过程。这些过程包括我们最初的理念、做法；是什么引起了我们对原有理念的质疑、我们怎样思考的、在这样的思考下我们又是怎样做的；在反复反思实践中我们是否真正的提高了课堂教学的实效，为什么提高了；在整个过程中，对我们的教学有什么启发，对我们的成长有什么启发，对他人有什么启发；我们是否在整个过程中注意搜集了过程资料，等等。

结果重要，过程更重要。对一个教学细节设计的完整研究以及对研究过程本身的研究，将起到举一反三、触类旁通的迁移作用。它的作用远远大于设计了一个好的教学片断、一节好课。

4. 充分利用教学共享资源库

要对教学资源进行整理、搜集、创造，尤其对专题培训的内容、研讨的问题以及教师的个人思考成果作为一种资源进行再利用。同时，市区级发挥对教学的管理与指导职能，进行资源的整合、加工和传播。学校要采取措施鼓励教师进行资源的创造，并进行整理。加强地区之间、学校之间、学科之间、教师之间的学习、交流。

5. 改进整体评价体系

课堂教学体系受制于整体的评价体系。因此，要进行整体的评价体系的改革。首先，改革以分数为唯一标准的升学考试制度，在考试内容与形式上进行改革。其次，改革教师的考评制度。不能以反映升学率、学生分数的"柱状图"为唯一标准考核，而应该建立促进教师成长的机制（如根据教师成长记录袋的情况评价教师）。最后，改革课堂教学评价体系。基于教师和学生的发展，而不是单纯的成绩等。

第三节　教学设计梳理与建构

提高课堂教学质量，促进学生发展是学校的中心任务，也是本次基础教育课程改革的终极指向。那么如何将课改的先进理念落实为课堂教学行为，成为人们思考的一个现实问题。课堂教学设计作为理论联系实践的桥梁和纽带，成为理论研究者和实践工作者探索和关注的焦点。从理论角度来看，教学设计活动自古有之，但作为独立的研究领域是从 19 世纪 50 年代美国开始，随之不断发展演变。从实践角度来看，一线的教师不断进行教学设计的探索，但是却很少有有关教学设计的理论指导，因此存在低水平重复的现象。如何让课堂教学设计真正成为理念转化为课堂教学实践的有力中介，需要我们借鉴国内外现有的理论与实践的研究成果，在此基础上建构适合教师个人的课堂教学设计。

中篇
第五章 课堂教学：立足现实建构

一、教学设计的元研究——哲学反思

（一）教学设计的方法论：关注生命

杨开城（北京师范大学信息科学学院）撰文[①]提出对于教学设计理论研究来说，目前被公认的研究范式是"对目标的描述＋对方法性要素的描述＋对目标与方法性要素之间的关系描述"。在这个研究范式下，存在着两种不同的研究取向：基于策略、模式的研究取向和基于学习活动的研究取向。作者认为基于策略、模式的研究取向是在教学论框架下展开的，因而比较容易被人接受。基于学习活动的研究取向提出了新的视角和理念，是一种新生的研究取向，蕴含着一定的优势。作者更倾向于第二种研究取向。

李芒（北京师范大学教育技术学系）强调研究应从系统论转为关系论。[②]他认为从现代教学设计理论发展的角度，可以将教学设计理论的发展分为两大范畴，通过对两种不同理论的比较，本文重点讨论现代教学设计理论的新发展。现代教学设计理论已经不拘泥于系统论的理论基础，不强调对教学活动的绝对控制，放弃了呆板的设计模式，而是逐渐开始重视教学的"生命性"，强调教学设计的关系性、灵活性、创造性和实时性，从而更加有利于培养学生的创新精神和各种能力。

刘毓敏（华南师范大学电化教育系）对教育设计的理论基础进行了方法论反思。[③]认为长期以来电化教育中现代教育教学理论与实践"两张皮"的现象普遍存在，教学设计的"桥梁"作用未得到充分体现，根源就在于教学设计与现代教育教学理论之间在方法论上的不和谐甚至冲突。目前主流教学设计模式的方法论基础是经典的系统工程方法论，其特征是系统化和实证主义的科学化。这种"科学化"使得教学设计只求"事理"，而失落了"人理""人情"，这与当代教育教学尊重学生的主观能动性、弘扬主体性和主体间性的价值观和方法论取向是不协调的，并指出探索教学设计新模式不应仅

---

① 杨开城："教学设计研究的一种范式、两种取向"，载《中国电化教育》2004年第3期。
② 李芒："从系统论到关系论——论信息社会教学设计理论的新发展"，载《电化教育研究》2001年第2期。
③ 刘毓敏："教学设计的方法论反思"，载《电化教育研究》2002年第2期。

局限于教育教学理论的革新，而应同时进行方法论基础的变革。一个科学合理的教学设计模式是其方法论基础、所面向的教育教学理论与当前的教育教学价值取向三个方面的高度和谐一致。

（二）教学设计的理论基础：综合运用

孙立仁（北京教育学院）从我国基础教育课程改革的实践出发，对现有教学设计的理论与方法进行了认真的思考，提出综合运用教学理论，同时实践是教学设计的源泉和归宿。① 他认为过分强调系统方法和外部的行为分析与控制，将使教学设计成为一个很烦琐的工作。系统教学设计应淡化系统方法和外部行为分析的操作，发展依据心理学原理的科学操作方法。因为这些心理学原理可以为教师们提供如何发展学习能力的思路，激发他们创造性地开发出符合改革要求的新型教学。而建构主义教学设计的心理学基础是皮亚杰的认知结构建构理论和维果斯基体现社会性交流的"最近发展区"理论，其认识论基础是后现代主义和非决定论教育哲学。这使得建构主义教学设计是开放的、非线性的、没有固定结构的混沌系统，并认为高阶的能力（如创新、决策、批判性思维、信息素养、团队协作等）只有在这种学习系统中才能形成。但实践也表明，开放的、处于自然状态下的学习系统只能使少数学生获益，而大多数学生既没有学到知识也没有发展高阶的能力，因为他们几乎不能参与到这种认识活动中来。这说明，提供有"援助"的学习环境便成为这种学习系统有效性的关键。但建构主义教学设计只在宏观抽象的认识论层面提出了一些原则性要求，这就为在学校中有效地开展研究性学习带来了较大的困难。在此基础上他提出了改进教学设计理论与方法的一些设想。即提出综合运用教学理论，同时实践是教学设计的源泉和归宿。

裴新宁（华东师大）认为教学设计观和人类是如何学习的直接影响教学设计的理论、模型建构和实践方向。② 具体分析了两种教学设计观，即理性教学设计观和创造性教学设计观。在此基础上认为应该是理性和创造性、科学与艺术相结合。

---

① 孙立仁："教学实践是教学设计研究的源泉与归宿"，载《中国电化教育》2006年第2期。
② 裴新宁："透视教学设计观"，载《中国电化教育》2003年第7期。

（三）教学设计的研究走向：多方借鉴

张华（华东师大）认为国外教学设计沿着行为主义—认知主义—建构主义教学设计的发展脉络。未来发展趋势为：从理念层面，建构主义认识论正在取代客观主义认识论成为教学领域的基本理念；在技术层面，信息技术的迅猛发展正影响着教学领域变革；从基础层面，教学论不再是教育心理学的应用学科，其研究应置于多学科基础上。[①]

李芒、周玉芬、李子运提出教学设计学研究的十个方向。[②] 即关系论教学设计的基本思想初见端倪；基于混沌理论的教学设计；活动设计理论；对网络化教学设计的研究；教学系统设计自动化；教学系统设计与企业培训相结合；教学设计理论向具体学科深入；"主导—主体"教学系统设计模式；宏观设计论；信息化教学设计。

从上面的资料来看，涉及教学设计研究的研究范式、设计观、理论基础、方法论、发展趋势等方面。它们都渗透着取消二元对立思维方式，每一种理论都有其适用范围，走整合的路这样的观点。

二、教学设计理论研究——历史脉络

（一）历史考察与代际划分

梅瑞尔的两代说[③]（从认知观点来谈）见表5-3-1。

表5-3-1：梅瑞尔的两代说

	第一代	第二代
时代背景	20世纪70年代提出，以工业时代为背景	信息时代
理论基础	间接：实验心理学（格式塔、概念学习、操作条件）认知心理学（信息加工理论） 直接：加涅的学习条件理论	间接：认知心理学、建构主义理论、多媒体与信息技术理论 直接：教学交易理论、精细加工理论

[①] 张华："教学设计研究：百年回顾与前瞻"，载《教育科学》2000年第4期。
[②] 李芒、周玉芬、李子运："论教学设计学研究的十个方向"，载《中国电化教育》2004年第11期。
[③] 高瑞利："美国教学设计理论从ID1到ID2的发展"，载《比较教育研究》2003年第2期。

续表

	第一代	第二代
前提假设	一系列的有组织的学习事件是建立在先前的习得行为，有不同的学习结果也有不同的学习条件，教学的目的就是为了合理安排可靠的外部条件，以支持、激发和促进学习的内部条件，这就需要对教学进行整体设计	学生的认知结构是由具有整合性的心理模型构成。心理模型是指一套整合的知识和技能在人脑中的内部表征，其组成成分是一些多重图式，主要被用于组织知识、促进回忆和加深学习。学习又导致了对心理模型的建构和加工
主要观点	1. 设计对象：重教学内部系统的要素。各个阶段分散进行，知识呈零散状态且不易整合 2. 中心：以"如何教"为中心，关心知识传授的策略和方式以及教学组织的设计，学习者只是教学中的一个要素，往往处于客体地位	1. 设计对象：是整个教学系统而不是内部分散的要素。围绕着学习经验水平设计，各种设计都考虑学习者如何学，学是怎么进行的 2. "知识"为中心，以"教什么"为焦点，强调内容组织策略的设计
主要观点	3. 教学系统设计是系统方法在教学上的应用，其典型的模式以分析、设计、开发、评价、实施五个循序渐进的阶段为特征 4. 设计内容：学习内容进行了细化分析，从知识单元进行设计	3. 宏观社会教育系统设计。由四种系统水平组成：学习经验水平、教学水平、学校管理水平、政府管理水平。教学系统只是其中之一 4. 设计内容：注重知识的整体设计和各种技能的整合，强调学习过程中"问题"和"环境"的设计
代表人物	加涅	梅瑞儿

何克抗的三代说[1]（依据学习理论来划分）：第一代教学设计的代表模式：肯普模式，以学习理论行为主义为基础。第二代教学设计的代表模式，即史密斯－雷根模式，以认知主义（奥苏贝尔的理论）为基础。第三代教学设计即努力建构以"学"为中心，能和建构主义相融合的教学设计模式。

---

[1] 刘志华、郝秀文："教学设计'分代'的观点及启示"，载《雁北师范学院学报》2003年第6期。

第五章 课堂教学：立足现实建构

钟志贤的四阶段说①（从教育技术角度谈）：将教学设计分为四个时期，见表5-3-2。

表5-3-2：教育技术角度的四个时期

时间	媒体教学发展	理论发展、社会历史背景
自在孕育期 20世纪30年代前	教学电影、教学广播、视听教学运动等	杜威提出建立"连接学科"（教学设计）的构想、桑代克的学习理论、视觉化课程等
诞生兴起期 20世纪40~60年代	媒体在战时培训中的应用、程序教学、教学电视等	战时培训、传播理论、程序教学运动、行为目标编写、学习条件理论、早期教学设计模式
正式发展期 20世纪60~80年代	电视教学、卫星电视教学、计算机辅助教学等	系统方法理论、认知心理理论（发现学习、有意义接受学习）、教学设计模式结构
转型发展期 20世纪80年代后	多媒体教学、网络教学、虚拟现实等	建构主义学习理论、后现代主义、知识管理、混沌理论、阐释学、非线性教学设计、情境学习理论、认知学徒、抛锚式教学、学习环境设计等

不可以简单划分②（从方法论角度看）：认为系统方法和学习理论是教学设计模式的主要理论基础。方法论的不同，影响教学设计模式理论框架，而学习理论的差异，主要影响它的内容。在同一方法论框架下，教学设计模式可以对学习理论的流派兼收并蓄。倘若要从本质上对教学设计模式分类的话，应该以方法论为依据。将以"教"为主和以"学"为主的教学设计模式分类，在分类的特征和对每一类的评价方面都是值得商榷。只有当方法论变革

---

① 钟志贤：《面向知识时代的教学设计框架——促进学习者发展》，中国社会科学出版社2006年版。
② 刘志华、郝秀文："教学设计_分代_的观点及启示"，载《雁北师范学院学报》2003年第6期；张军征，刘志华："对我国当前教学设计模式分类观点的思考"，载《中国电化教育》2004年第3期。

的时候，才会出现代际划分，否则不能从根本上划分。

高文对教学系统设计的阶段划分①：20世纪50年代教学设计的起源及早期发展主要是斯金纳等开发程序教学。主要特点是清晰地规定行为的目标，以小步骤呈现教材，允许学习者自定学习节律，鼓励学习者对密集问题做出积极反应并对学习者反应的正确性提供及时反馈；20世纪60年代教学设计的形成阶段为行为主义目标的普及，加涅对学习结果分类，将教学事件与智慧、技能的层级分析；20世纪70年代运用系统方法构建教学设计模式与认知心理学的影响阶段为开始重视关注学习者个别差异的需要并进行评估和分析，以及有关认知策略、动机激励和信息呈现策略的研究，有关任务的分析也从关注行为目标转向了对不同的知识和技能领域中，不同时期学习者所具备的行为能力的理解。与此同时，在欧洲也出现了以内容定向的任务分析的新取向。20世纪80年代范式的形成与教学设计研究的转向最终基本上形成并完善了集系统工程学、传播学、学习心理学与技术为一体的教学系统设计理论，几乎所有的模型都包括分析、设计、开发、执行和评估这几个基本要素或步骤。

笔者认为，教学设计的理论框架是由方法论、工具和基础理论三个支架建构起来的。从上面的分类看出，有些学者是从工具维度（主要是信息技术）切入来划分；有些学者是从基础理论维度（主要是学习理论）切入来划分；还有的学者认为应从方法论维度划分，但由于目前主要是系统方法论，还没有真正实现方法论转型，所以还不能清晰划分代际。他们从不同的角度为我们呈现了一个大致的教学设计发展脉络。

笔者认为，不能将代际彼此认为是绝对的批判和对立，不能用僵化的观点看待这些理论本身。任何事物的发展都是一个连续的过程。例如，加涅的教学设计前期倾向于以行为主义为理论基础，而在发展过程中渗透很多认知心理学的因素。同时，方法、理论本身也是不断地发展变化的，我们不能用僵化的观点看待这些理论。例如，系统方法，早期主要采用的系统工程方法，

---

① 高文："教学系统设计研究的历史回顾——教学设计研究的昨天、今天与明天之一"，载《中国电化教育》2005年第1期。

封闭僵化，后来不断发展，将生态系统方法纳入其中。再如，行为主义本身也是不断发展变化的，早期的行为主义是刺激—反应之间的连接，而后来也不是这样的简单和僵化。

此外，教学设计的理论框架由方法论、工具和基础理论三个支架建构起来，但是三者的发展不是同步的，所以也就出现了不同的代际划分。因此，我们在综合考虑三者基础上，要找出制约教学设计本质发展的关键因素，以此为维度来进行划分可能更合理一些。

（二）几种不同教学设计理论及模型

教学设计的理论及模式众多，本文依据方法论将其分为两大类：系统教学设计和建构主义教学设计。在系统教学设计中，根据不同的学习理论，又可以分为行为主义和认知主义教学设计。因此，本书简要介绍以下两类教学设计理论。

第一类：系统教学设计及两种教学设计理论模式

教学设计定义："教学设计作为一个系统计划的过程，是应用系统方法研究、探索教学系统中各个要素之间的关系，并通过一套具体的操作程序来协调配置，使各要素有机结合以完成教学系统的功能"。（乌美娜教授）这是典型的系统论教学设计的定义。

众多系统论教学设计模式都包含基本要素：分析—设计—开发—实施—评价。

分析：评定学习者需求，确定学习环境中的问题，分析学习任务，确定教学目标。

设计：写出教学目标的操作性定义，将学习分成不同的类型，确定具体的学习活动以及具体的媒体等。

开发：准备学生及教师的各种形式的教材、开发教学策略，为学习者能达到预期表现做出安排。

实施：在不同的场景中传递教学方案。

评价：包括形成性评价、总结性评价以及反思与修正设计方案，评价贯穿上述每一环节。

系统教学设计的观点和模式众多，在指导思想上却是一致的，就是系统观和方法论；其目的也是一致的，就是力图把教学中那些充满盲目性和不可琢磨的东西转变成具体的、可控制的、可测量和评价的东西，把那种随意性较强的教学过程转变成程序化的、模式化过程，为提高教学的效率创造条件。

系统教学设计的特点：

（1）对教学要素间关系的系统把握。就是从系统观的角度出发，对教育者、学习者、教育内容、教育目标、教学策略、教育媒体、教学结果等要素作全面的分析，分析这些要素相互间的关系。在此基础上着力形成最佳的教学方案，组成最佳的教学策略，以取得最佳的教学效果等。

（2）程序化实施。系统教学设计要求其工作步骤有较高的逻辑联系，形成环环相扣的、程序化的工作步骤或设计模式。

（3）具体化操作。系统教学设计的每个步骤、每个工作环节都是具体的、可操作的。它就是要把教学目标具体化、明确化，把教学任务具体化，把教学中相关因素数据化，把教学策略模式化等。

第一种教学设计：行为主义教学设计。它的方法论基础为系统论，基础理论为行为主义学习理论，工具基础是传播学的刺激—反应为主的信息技术。

行为主义的学习理论认为，学习是通过强化建立刺激与反应之间的联结。教育者的目标在于传递客观世界知识，学习者的目标是在传递过程中达到教育者所确定的目标。（忽视了学习者在传递过程中的理解和心理过程）在此理论指导下的教学设计，如图5-3-1所示。

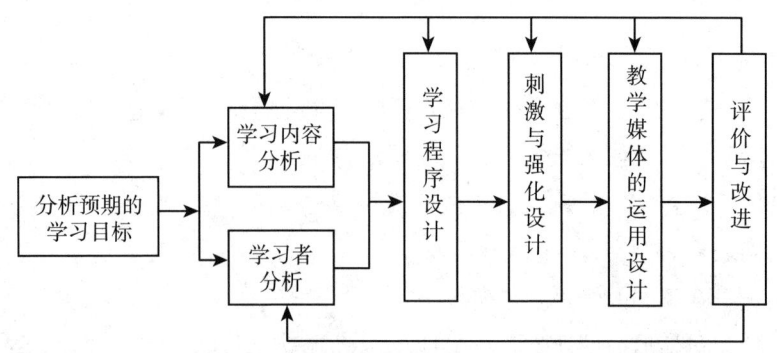

图5-3-1：行为主义教学设计模型

第二种教学设计：认知主义教学设计。它的方法论基础为系统论，基础理论为认知主义学习理论。

认知学习观认为学习不是刺激与反应之间的联结，而是学生内部的理解与心理加工的过程。他们更加关注如何使客观的知识通过个体与之交互作用而内化为认知结构。其教学设计如图 5-3-2 所示。

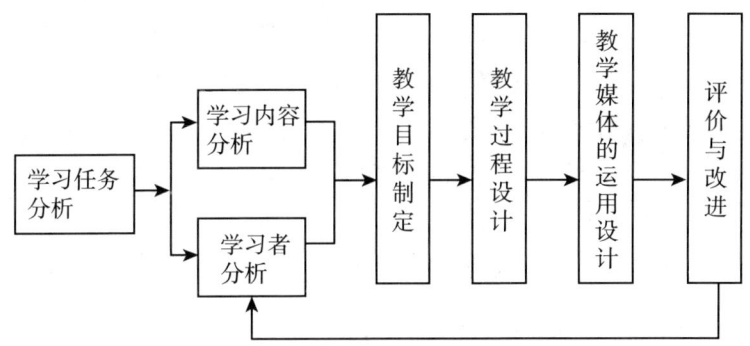

图 5-3-2：认知主义教学设计模型

第二类：建构主义教学设计

建构主义学习理论强调学习者的个人经验在学习中的作用，同时注意学习者之间的合作学习，以及学习的情境对学习的意义。在学习和设计上，强调在真实的学习基础上，以问题或任务为核心展开学习，而不是以学科知识的逻辑结构来展开学习。为了支持这种学习，他们主张要以设计学习环境为中心来设计教学，在这种学习环境中，涵盖了要探究的问题与所要解决的任务，包含有丰富而复杂的学习资源。这种理论指导下的一般教学设计模式如图 5-3-3 所示。

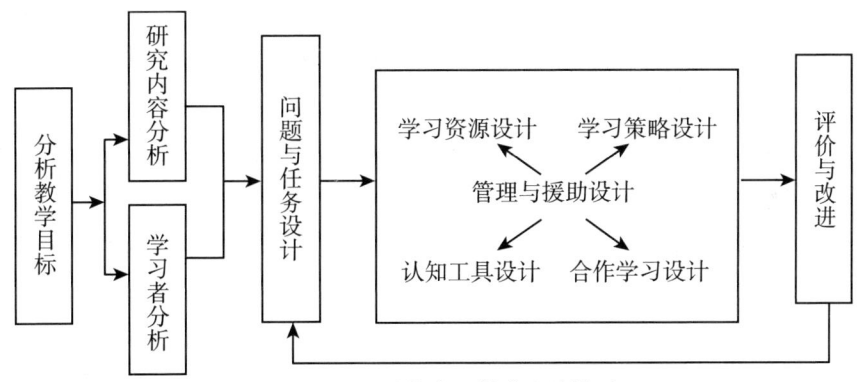

图 5-3-3：建构主义教学设计模型

（三）对不同理论取向教学设计的分析

1. 系统教学设计

系统教学设计为教学设计的发展做出了突出贡献。但是占主流的是刚性的"物理"系统的观点。它的缺点是：第一，较注重外在的、具体的行为变化，容易忽视内在心理品质和教养方面目标的实现；关注显性的外在的学习结果，容易忽视隐性的内在的心理变化。第二，系统教学设计方案在给教师带来具体的、可操作和程序化的同时，也容易造成机械的、僵化的、流水线式的教学流程。呆板的教学流程将会抑制教学的灵活性、创造性等。随着时间的推移，系统论本身也在不断发展，将教育作为一个"生命系统"来研究，成为教育研究的突出趋势。教育作为生命现象的系统，呼唤基于生命发展的教学设计。

学习理论中，行为主义和认知主义是两种相互对立的观点。两种理论下的教学设计从不同角度提供了很多有意义经验，如对学习目标、学习任务、学习者的分析等。但是，行为主义教学设计忽略了传递过程中学生的理解及心理过程，而早期的认知主义忽略了教育中的社会性。

2. 建构主义教学设计

建构主义的学习理论在某种程度上既揭示了学习个体的个人经验在学习中的作用，同时也十分注意学习者之间的合作学习，以及学习情境的意义。建构主义教学设计其特点是：

（1）在教学目的上，注重学习者内在的心理变化，意在发掘学习者内在潜力。

（2）在教学策略上，注重调动学习者的积极性，把教学策略的主动权交给学生，使他们真正成为学习的主人。

（3）在教学过程上，提倡灵活的、富有弹性的教学过程，追求教学中的创新和灵感。

（4）在教学评价上，强调对学习者的学习过程进行评价，评价不能游离于教学活动之外。

但是它也存在缺陷和不足：

（1）没有具体的可操作因素，充满了不可把握和不可知的因素。

（2）把人类共同的知识与个人获得的知识混为一谈，没有把握好两者之间的关系，并以个人获得的知识来取代人类共同的知识。由此对知识的客观性、可信性和可分类等属性采取否定的态度，从而导致放弃对教学目标和教学策略的确定和划分，走上茫然不可知的另一个极端。

（3）在评价的方法上，建构主义者虽然也涉及有关内容，但更多地关注教学过程而不是对个人学习结果的评价。

从上面的分析中，我们可以看出，每一理论本身也在不断发展完善，我们不能用僵化的观点看待它。而且不同理论下的教学设计各有优缺点。那种以某一种教学设计思想和方法来处理任何教学情境的做法，显然已不合时宜了。

三、课堂教学设计模式——不同角度

新课改背景下，教育理论研究者与实践工作者纷纷用新理念进行教学设计探索的尝试，通过查阅资料发现目前这些探索还不够成熟。而且教师的实践探索更多的表现在一节课的课堂教学设计与实施过程中，很难对它们进行归类分析。因此，本书将目前看到的课堂教学设计模式作简单介绍。

模式1：情境认知理论下的教学设计

它除了在对教学任务、学生分析、教学目标设计的基础上，突出的特点是重视学习环境的设计。认为学习环境设计要由实践场走向实践共同体，即由一个为学习者提供能达到目标的背景或支持环境，转变为一个具有共享的明确实践信念和对共同利益的理解为同一目标所形成的集合。它具有三个要素。

（1）学生角色的设计。设计应将学生放在教学过程的中心位置，强调学生自主、探究的活动；应体现学生之间的合作，所以设计的问题应该有深度、多元的理解；应当促进学生对学习过程的自我反思，所以不能用线性的方式来组织学习内容，设计的情境应像现实情境一样包含多个因素；应让学生有机会表达。让学生在群体中通过讨论、争论、汇报、协商等方式表达自己的认识，使隐性知识成为显性知识。

（2）互动性学习材料的设计。主要包括真实的情境或活动、专家的表

现、多重视角。

（3）实施过程的设计。教练与支架：教师在适当的时候提供支架。这种支架应该维持在一种适当的且具有挑战的水平上，它包括示范性的材料和基本的思考过程。整合的评估：情境化教学设计中，评估是教学过程中的一部分，是对学习过程的动态的、持续的、即时的评估。主要有研讨评定、观察反馈等方法。

模式2：个别化自主式学习模式（如图5-3-4）

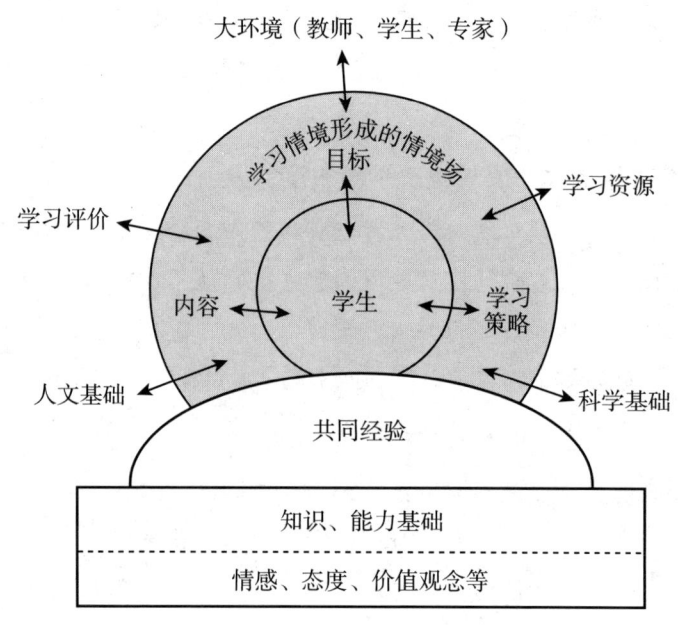

图5-3-4：个别化自主式学习模式

模式的基本特征：

（1）学生——教学设计的中心。一切设计活动都要以学生的学习为出发点，这是这种模式的第一大特征。社会科学、自然科学、人文环境、学生基本特征，构成了学习过程的基础。学生的基本特征知识、能力基础、价值观念、共同经验等是学习顺利发生的基础。

（2）学习情境——创设的学习情境构成了学习发生的情境场。学习情境的创设要与学习内容、目标相统一、相协调。随着学习内容、目标的不断变

148

化，情境也在不断变化，不断变化的学习情境就形成了学习顺利进行的理想场所——情境场。

（3）教师——学习的指导者、帮助者。教师仍然对学习过程和学习活动产生一定的影响和作用，这些影响和作用主要是通过学习媒体、学习指导等形式来发生的。

（4）学习策略——学习能否顺利进行的关键。

（5）学习评价——检验学习成果的手段。学习评价在整个教学过程中随时进行着，根据评价的结果来调控学习过程、学习策略。

（6）交互性——这种模式的第二特征。学生的学习活动始终处于较活跃的交互之中，它要与情境、内容、目标等进行交互。

（7）开放性——主要是指相对于学生所处的学习环境而言，学习活动是开放的。它要不断地与外界进行交互、交流，以确保系统的活力，打开创新的空间。

模式3：小组式的协商学习模式（如图5-3-5）

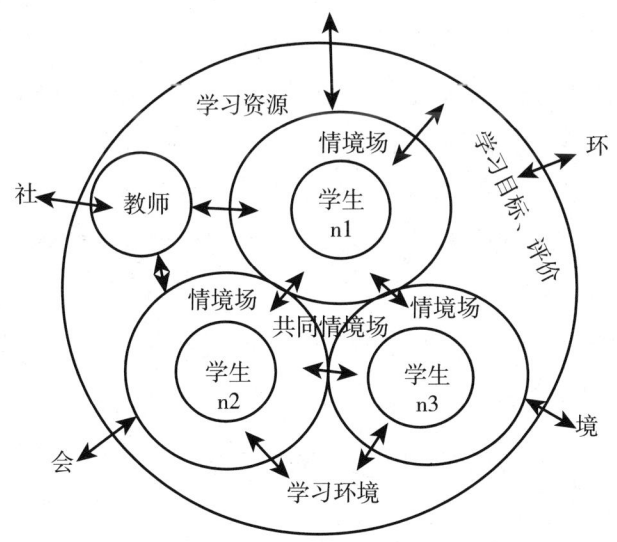

图5-3-5：小组式的协商学习模式

这种模式主要包括学生、教师、共同情境场、学习资源、学习内容、学习目标、评价等要素。该模式的基本特征：

（1）交互与协商——是这种模式的重要特征，交互主要有学生间的交互，学生与学习媒体、学习资源、教师、大环境的交互；协商主要发生在学生之间，有时也发生在学生与教师之间、学生与专家之间。

（2）以学生和学习活动为中心——在这种学习模式中，学生和学习活动仍然是设计的中心。

（3）共同情境场——主要是学习情境，除此之外，还有协商对象间的交互行为所形成的具有人性的、具有情感的学习情境，两者交织在一起，形成一个更有活力、创造性的共同学习空间，我们称其为共同情境场。

（4）开放性——该模式中的学习过程，不仅涉及共同情境场中的资源，而且还要向教师、学习资源、学习环境和社会环境开放、求助。

模式4：以活动为核心的基于创新能力培养的教学设计理论框架[①]

包括：其一，学习活动设计。内容为分析行为活动对象及目标，分析行为活动主体——学习者特征，设计元认知活动，分析学习团体及其构成规则、劳动分工，分析学生的构成，分析学生学习的工具——认知工具、交流工具、问题解决与决策工具、效能工具，选择和设计预期的学习活动。其二，学习环境的设计。分析学习环境的任务是指根据学习行为的需要确定提供哪些学习资源，维护和提供哪种人际关系。其三，知识传递和接受的设计。知识传递和接受的设计的主要任务是确定学习材料的媒体形式和呈现顺序。

模式5：基于多元智能理论的信息化教学设计模式的构建[②]

分为七个要素，每个要素都体现了多元智能的原理。如"学习者分析"。除从年龄心理、学生起点、知识基础和技能分析外，要对学生进行模

[①] 李文光、何志龙、何克抗："基于创新能力培养的教学设计理论与试验探索"，载《中国电化教育》2002年第10期。

[②] 杨海茹、刁永锋："基于多元智能理论的信息化教学设计模式构建"，载《中小学电教》2005年第7期。

型分析（根据学生学习风格的差异，更重要的是要根据多元智能调查表，粗略分析学生的优势智能和劣势智能，做出每个学生的智能记录，教师根据概率可构造不同的学习模型，针对不同模型采用不同的学习对策）。模式如图5-3-6。

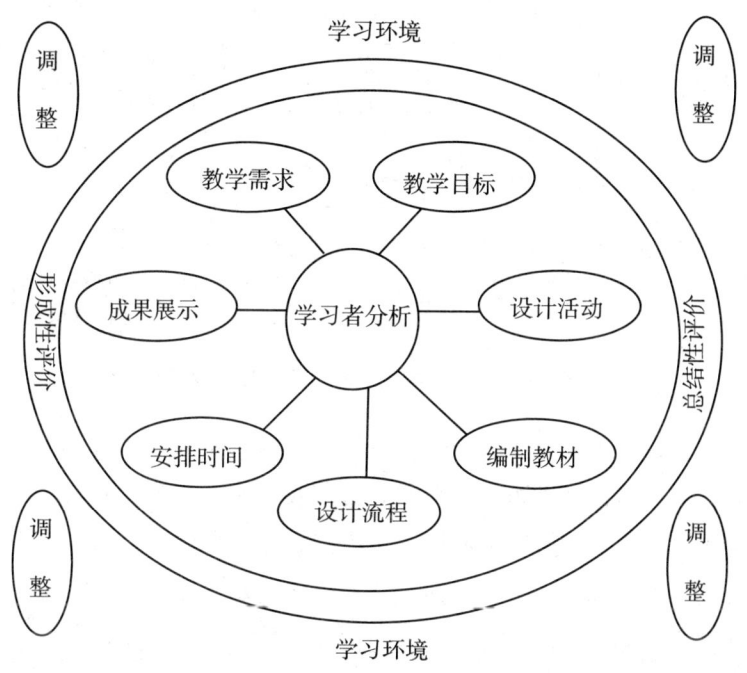

图5-3-6：基于多元智能理论的信息化教学设计模式

模式6：问题解决的教学设计①

问题解决能力是区别于概念、规则的学习结果。它由四个环节构成：陈述教学目标、分析学生任务、选用教学策略与多媒体运用、评价学习结果。问题解决学习任务包括：确定学生的原有学习基础，分析问题解决成分与过程，分析知识的组织结构和问题图式。教学策略与多媒体运用应根据问题解决成分技能教学、知识整合教学和问题图式教学的需要进行。

---

① 梁平："问题解决教学设计"，载《华东师范大学学报（教育科学版）》2000年第6期。

模式7：以学生为本的课堂教学设计①

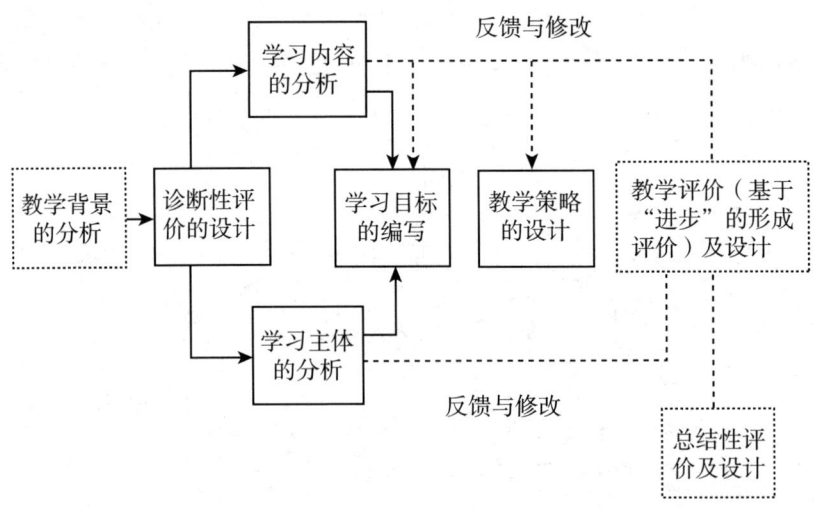

图5-3-7：以学生为本的课堂教学设计

这种课堂教学设计是运用系统科学理论（系统论、信息论和控制论）的核心内容——三对范畴即系统与要素、过程与状态、结构与功能和三大原理即整体原理、有序原理、反馈原理，初步勾画出"以学生为本"的现代课堂教学设计的一般（过程）模式，如图5-3-7所示。

现代课堂教学设计的特征主要表现在：

（1）教学起点的确定取决于对教学内容的任务分析和学习主体的起点分析。对学习主体起点才能的分析。它应包括两个方面：第一，了解学生是否具备了进行新的学习所必须掌握的有关知识、技能及态度等。第二，了解学生是否已经掌握或部分掌握了"教学目标"中要求学会的有关知识、技能及态度等。

（2）编写学习目标而不是照搬教学目标。从实质上来看，（课堂）教学目标是指教师在具体的课堂教学活动中要努力达到的预期结果标准。它是教学的总目标在课堂教学中的具体化、明确化。它具有一般性却缺乏针对性。

---

① 沈建民、谢利民："以学生为本：现代课堂教学设计的基本理念"，载《教育理论与实践》2000年第8期。

而（课堂）学习目标是指学生在具体的课堂学习中能够达到的预期结果标准，它虽缺乏普遍性却具有针对性。所以需要我们从学生学习的实际现状和学生的发展潜能出发，编写有针对性的、适合于学生学习和有利于学生发展的学习目标。

（3）形成性评价是基于"进步"的评价课堂教学所追求的真正价值，并不是才能本身而是才能的变化（进步）。所以，评价的基准是学生能够达到具有针对性的学习目标，而不是教师要努力达到的具有一般性的教学目标。这是基于进步评价的基础。第二，评价的内容是受教育者的发展变化及构成其变化的要素，这是基于进步评价的核心。

总之，新课改背景下的教学设计从关注学生需要学习什么、为什么学、怎样学出发，来考虑教师教什么、为什么教、怎样去教等。这些设计理念和模式充分体现了新课改理念。

四、课堂教学设计框架——尝试构建

不同教学设计模式侧重点不同，但具有共同特征，都体现了课改理念。

（一）教学设计具体要素具有新内涵

教学设计在任务分析基础上的教学目标设计、结构设计、教学策略设计、预设与生成是五个相互独立、相互制约的部分。任务分析要根据学习需求，目标设计要注重三维一体，结构设计要顺应认知规律，策略设计要抓住关键节点，预设生成要把握学生资源。新教学设计是建立在对教学要素的重新思考和定位基础上的，主要表现在以下四个方面：

第一，教学目标设计理念从知识本位到注重发展。新课改对学生的全面发展作了重新定位，每门课都提出要对知识与技能、过程与方法、情感态度与价值观等三维目标进行有机整合。在教学设计中具体体现在：

（1）教师要"目中有人"。首先分析本学科对学生的独特的发展价值，而不是先分析本节课的重点和难点。

（2）教师要有"全人"概念。在教学中落实三维目标的整合。

（3）要注重个性发展。把学生的差异作为资源来开发，在目标的设计上要有一定的"弹性区间"。

第二，教学过程设计从以教为本到主体参与，顺应主体认知规律。在课堂教学设计中具体表现在：

（1）研究学生起点，确定教学起点。

（2）要让全体学生参与教学，从不同类型学生的学习基础出发设计教学过程。

（3）让学生参与课堂教学的全过程。应从教学目标的制定、教学内容的选择、学习过程的设计到学习方法的选择，都让学生参与。

（4）引导学生全身心参与，不仅是智力因素，而且让非智力因素也参与；不仅是思维参与，其他感官也参与。使课堂教学焕发生命的活力。

第三，教学策略设计抓住关键节点，从单一灌输到情境建构。情境建构是多方面的，如创设问题情境，激发学生的求知欲。创设生活情境，让学生在参与中获得真实体验。创设合作情境，让学生通过生生互动，在多样化理解的基础上达到普遍共识，进行广泛而深入地学习。

第四，设计观由静态预设到动态生成。从本质讲，教学设计是"一个分析教学问题、设计解决方法、对解决方法进行试行、评价试行结果，并在评价的基础上修改方法的过程。"因此在教学设计时，教师应考虑可能发生的情况和应对策略，将不确定因素和弹性因素引入教学设计，使教学设计为师生课堂教学的实践留出主动参与、积极互动、创造生成的空间，具体表现在教学目标、教学内容、教学过程等方面设计的灵活。

（二）与传统教学设计观念不同

课改背景下的教学设计观是建立在对教学、教学价值重新思考基础上的。它有以下内涵：

第一，要由以教师的教为本位的教学观转向以学生的学为本位的教学观。但它不否认教师的主导作用和主体地位，而是要教师明确现代课堂教学设计首先是为学生的有效学习服务的，即"为学习设计教学"。

第二，要由以书本知识为本位的价值观转向以学生发展为本位的价值观。但它不是否定传授书本知识，而是要把传授书本知识服从、服务于促进学生的发展，学生的有个性的、可持续的、全面和谐的发展。

第三，要由以静态教案为本位的备课观转向以动态方案为本位的设计观。

但强调以动态方案为本位的设计观并非要全盘否定静态教案,而是要以"静态教案"为基础,根据课堂上学生学习的实际的反馈情况再作出动态的、适时地调整。

总之,以上我们探讨了课堂设计的理论与实践探索,这些只是给教师一个理论背景知识与课堂教学设计的框架,真正落实到每一节课的教学设计中,还需要教师将具体的教学实践与教学设计理论不断磨合,更好地调整预设与生成的关系。在课堂教学的师生、生生、师生与文本的互动中,达成学习目标,促进教师和学生的共同成长。

第六章　任务分析：基于学生需求

教学设计前期需要对教学内容和学生进行分析，从而找到教学起点，即任务分析。本书仅就最为关注的学生从教师观念、教学行为中予以审视，并提出分析学生的内容与方法，以期有启示。

第一节　教师学生观观念审视

学生观影响和制约着教师的教育行为。传统学生观建立在主客二元的认识论基础上，在科学知识观视野下，具有对象化、一元化、模式化的特点。它在以考试成绩为唯一评价标准的教育制度下直接和间接建构了后进生群体。后现代学生观是一种全新的视角，它消解教师绝对权威，尊重个体差异，重视学生生活世界，这无疑对我们重新审视教师学生观，关注后进生生存状态有重要的启发意义。

一、理论层面：传统学生观及其根源探析

学生观是对学生的地位、作用、特点的总的看法和根本观点，是教育观念的一种[①]。传统学生观在长期的历史积淀中形成了鲜明的特征。

首先，具有对象化特征，即把学生看成教育的客体，教师塑造的对象。这是主客二元认识论在教育中的集中体现，并一直影响着人们的思维方式，作为教育活动参与者的教师和学生始终处于主客对立的位置。不管是赫尔巴

---

① 姜文闵、韩宗礼：《简明教育词典》，陕西人民出版社1988年版，第300页。

第六章 任务分析：基于学生需求

特的"教师中心论"，还是杜威的"儿童中心论"始终在两极间跳跃。在我国，尊师重道的传统观念根深蒂固，教师一直被置于教育领域"神坛"之上。教师是教育的权威，教育活动的主体，他们操纵、控制教育活动的开展；学生是教育的对象、教育活动的客体，他们服从、接受教师的命令。在特定的教育价值取向下（主要是片面追求升学率），学生被教师有目的地安排、策划，或成为重点培养的对象，或沦为被漠视的边缘群体。

其次，具有一元化的特征，即以书本知识为唯一的价值取向来要求学生。这是科学知识观使然。科学知识观①（针对原始神话知识、古代神圣知识提出）认为科学知识是唯一真理性的知识，具有确定性、绝对性、可操作性。科学知识观支配下，知识被赋予至高无上的地位，它不仅作为一种客观存在，而且被窄化和意识形态化。所谓窄化是人们把它单纯局限于自然科学知识和技术。意识形态化是指人们已经赋予其合理性、价值性以及不可置疑的地位，丧失了理性批判意识，自觉地接受有关科学词语的控制。② 教师作为知识的传播者，在制度化学校教育中被强化，无疑成为真理的化身、法定知识的代言人。他们以学生掌握书本知识的多少、程度（在现实教育中就是根据分数）为唯一的评价标准，把平等的个体分成了三六九等。

最后，具有模式化特征，即把学生现有表现定型化。这是传统僵化思维方式运作的结果。学生之间有水平差别，他们在教育制度运作下，在以分数为唯一的评价标准下，出现了层次的差异。暂时位于上层的学生被认为是聪明的、可教的，成为教师关注的焦点，而那些暂时处于下层的学生，被认为是愚笨的、不可塑的，成为教师漠视的对象。在皮格马列翁效应下，等级"预期"出现了，好学生成绩越来越好，后进生越来越差。标签效应、期待效应强化了教师的认知，"后进生"成了真正的后进生。观念运作的结果进一步强化了教师先前的认知模式。

总之，对象化、一元化、模式化为特征的传统学生观在观念中构建了后进生群体，与此同时，现实的教育制度使之进一步合法化、合理化。

---

① 石中英：《知识转型与教育改革》，科学教育出版社2001年版。
② 石中英、尚志远："后现代知识状况与基础教育课程改革"，载《教育探索》1999年第6期。

二、实践层面：传统学生观在学校中的运作

传统学生观使教师形成对后进生先入为主的刻板印象（学习差、不可塑造、拖后腿等），并直接和间接影响其教育行为，具体表现在以下几个方面。

（一）知识传递中：对其知识经验的裁剪

人的成长根置于自身的生活世界并与个体经验密切联系。教育只有把书本知识与个体经验连接起来，才能真正内化为学生的知识体系，使其知识不断丰富，素质不断提高。但在精英主义教育体制下，教师认为学校知识与非学校知识、通俗知识间有明显的界限，所有这些知识被按等级排列。在对待书本知识上，教师针对不同的学生传授不同的知识，因材施教的表面下掩盖了对后进生的不公平。对待个体经验上，学生的生活是丰富多彩的，个体经验是多元并存的，但在教学中，教师总是用一套"绝对真理""标准答案"纠正、裁剪他们零散的个体经验，或者用"好学生"的经验排斥、压制"后进生"的知识体验（这尤其体现在文科教学中），希望彻底改造后进生。一旦"揠苗助长"无效时，他们对后进生真正失去了信心，"弱智""脑子有问题"随之成了后进生的标签。当后进生想通过自己的努力摆脱时，招来的是教师、同伴的鄙夷、不屑、讥讽，他们在强势群体的压制、贬斥下，几无立身之地。

（二）课堂互动中：对其话语权的剥夺

课堂是师生、生生、师生与文本交流的活生生的世界。在教学活动中，学生有自身的反思活动，与文本的无声地对话（理解活动）。同时，更多的是针对文本与教师的言语活动，即在师生互动中，学生作为一个主体真正参与到师生共同对文本的解读中，这是真正心灵的参与、深层的体验，也是课堂教学关键与优势所在。但在当前班级授课制下，教师不可能和每个学生都面对面交流。在教师权威的理念下，他们作为课堂教学的主宰者、控制者，有权利根据不同的问题选择不同的学生，有权利对学生的回答作出评价，在这样看似人人机会均等的交流中，实际上隐含着对后进生话语权力的剥夺。首先，后进生被认为是知识的极度贫乏者，为了减少时间的浪费，教师很少让他们回答问题。其次，即使让他们回答问题，主要是极其简单的，不用动

脑筋的题目，久而久之，间接抑制他们的积极性和思维活跃性。最后，当后进生回答过程中，若令人不满意，立即让其坐下，谈不上启发诱导，或者训斥几句"这么简单的题目还不会"等①。在这样的情景下，后进生很少有人主动发言。教师创设的课堂氛围客观上使他们成为"沉默的羔羊"。

（三）教育评价中：对其行为表现的偏见

人的发展是全方位的，有认知、非认知（情感、态度、兴趣、爱好等）；有知识获得、能力提高（人际交往、动手能力等）等。人的发展又是不平衡的。后进生只是暂时知识上的不足，并不代表其他方面都差，他们的生活世界是丰富多彩的，他们的知识结构是多元并存的，他们的个性是独特丰富的。但在当前教育体制下，偏见却不可避免，主要表现在：一方面，以分数为唯一有效的评价标准下，其他方面的能力被忽视。另一方面，评价中刻板印象、先入为主的偏见，处处表现对他们的不认同。抢先回答问题，认为是插话、好表现（带贬义）；认真做作业，认为是抄袭；和同学出现矛盾，认为不团结同学；被欺负反抗时，认为不守纪律……总之，学习差便被全面否定，后进生整天生活在一个负面的评价中，或抗争或沉默……

三、反思层面：后现代学生观及其启示

后现代学生观是建立在对传统、现代学生观的批判与反思基础上的，是对其有利的补充。一方面，后现代学生观建立在对知识的多样性和复杂性的重新审视基础上。境域化知识观认为，不存在普遍有效和纯粹客观的知识，所有的知识……只是人们理解事物及其与自身关系的一种策略。② 知识不具有等级性，而是有其类型性，不同类型知识具有同等的价值。这种知识观实质是承认个体知识，教师不能完全忽视学生的个体知识，单纯用客观知识去剪裁、纠正学生尤其是后进生个体知识的独特性。在承认知识多样性、复杂性的基础上，后现代学生观主张尊重差异，关注后进生。后现代主义学者吉鲁提出了教育目的要从"优势文化决定"的解释中解放出来，肯定个人经验

---

① 吴康宁：《课堂教学社会学》，南京师范大学出版社2000年版。
② 石中英、尚志远："后现代知识状况与基础教育课程改革"，载《教育探索》1999年第6期。

及其代表的特定文化,① 主张尊重多元文化的差异性。另一方面,后现代学生观建立在对二元认识论的批判基础上,主张去中心和边界松散②。认为师生、生生是一种平等对话的关系。在教师和后进生关系上,打破教师对他们的绝对权威及对其进行改造的做法。在生生关系上,打破原来"优秀学生"处于教育活动的中心,后进生处于边缘地位的局面。人生来具有遗传的个性特征和个别差异性,教育不是改变、塑造他们,而是在承认差异基础上根据自身的个性、爱好、特长积极引导,因材施教。

在我国目前仍存在后进生的教育观念,借鉴后现代教育思想,无疑对我们有启发意义:首先,正确客观对待。当前后进生作为长期教育互动的结果是客观存在的,形成原因是多方面的,教师应承认他们现在的生存状态,同时挖掘其形成的历史、现实原因,达到对他们的全面了解,由了解而理解,由理解而宽容,当教师带着一颗宽容的心去关注他们时,或许会发现他们是有丰富个性的活生生的人。

其次,倡导平等对话。只有民主、平等对话的师生、生生关系才真正符合人性,从"知"的角度看,师生只是知识的先知与后知的关系,生生也只是知识的知多与知少的关系,不存在尊卑关系,不应对后进生存有偏见或歧视;从情的角度看,每一个学生都有着自己丰富的内心世界和独特的情感表达方式,都需要理解和尊重。在知情平等的基础上对话,这里的对话不仅仅指课程教学中师生、生生的言语交流,而且指各自向对方的精神敞开和彼此接纳,是一种真正意义上的精神平等与沟通。这种沟通围绕着双方知的发展与情意的培养来进行,通过这种沟通,师生、生生都获得自己对于世界与人生的理解,在人格上都走向一个新的成熟阶段,双方都获得发展。当教师、"优秀学生"带着一颗平常心去理解他们时,或许会发现他们是一个内涵丰富的独特的个体。

再次,积极引导鼓励。在理解尊重他们个性、平等对话的过程中,作为先知的教师要积极引导。后进生有繁重的学习任务,教师要鼓励他们努力学

---

① 〔美〕小威廉姆·E.多尔:《后现代课程观》,王红宇译,教育科学出版社2000年版;崔景贵:"后现代德育教育观述评",载《山东教育科研》2001年第11期。

② 崔景贵:"后现代德育教育观述评",载《山东教育科研》2001年第11期。

习，迎头赶上，引导他们朝正确、积极的方向发展。同时，要针对他们的个性特点，及时鼓励积极的方面，适时引导消极的方面。当教师带着一颗爱心去关心他们时，或许会发现他们是一个充满潜能的可塑造的个体。

最后，灵活多样评价。对待后进生，最关键的一点是对他们适时、适度、全面地评价。所谓适时，是关注评价的过程性。当发现他们的一点进步，都要及时鼓励，进步的标准参照个体以往行为，而非外界的高标准。适度，是注重评价方法的恰当性。淡化评价的鉴定分等功能，力求评价的激发功能，注重教师和他们的平等对话。只有学生真正平等地参与评价，才能在内心深处起到积极的效果。全面性，即评价标准要多元。设身处地的从多角度考虑问题，把学生放到具体的情境中去考察。当教师用理智之心去评价学生时，你会发现他们是一个不断成长的多元个体。

总之，传统学生观中对后进生的不正确看法，使"后进生"概念进一步合理化，同时，又重构了后进生。因此，用后现代的观点，重新审视教师学生观，主张对后进生要正确客观对待；倡导平等对话；积极引导鼓励；灵活多样评价。

第二节 影响动机的教学因素

教师教学行为中对学生的关注存在哪些困惑和问题，尤其是学生成长动力方面，下文以学生写作文为例分析影响动机的教学因素。

一、学生写作中最突出的问题及原因分析

（一）实践的困惑：作文最深层的问题是学生愿不愿写的问题

通过对十几位老师的调研，当问到作文教学最主要解决什么问题时，几乎所有老师都回答"解决'写什么'的问题"，认为"写什么"比"如何写"更是习作教学的难点。因此想尽各种策略方法，如大量阅读、组织活动等增加学生的体验，确实在某种程度上解决了学生写作无从下手的难题。

作为一个旁观者我们也不禁要问，学生的生活应该是丰富多彩的，为什

么没有写作素材反而是最突出的问题呢?通过和教师的深层沟通,教师开始疑惑:写什么、如何写的问题都在教学中重点强调了,为什么学生写的作文还是流水账,并没有按照老师讲解的写作方法去写具体生动?为什么还有很多学生只是简单地完成作业,并没有表现出对作文的热情呢?因此,我们意识到学生愿不愿写或许是问题所在。

(二)理论的分析:不愿写的根本原因是习作教学未触动孩子的心灵

带着实践的问题,我们作一理性分析。

1. 作文教学的实质

首先要弄清楚作文是什么,是对自然、人、社会等的表达,写作文是表达的需要。

作文教学包括三个重要方面:有写作动机、有东西可写、能够写出来[1],即愿不愿写—写什么—如何写,和三维目标相对应。课改前,作文教学更多关注如何写,即写作方法的指导,课改后针对问题进行了调整。实质上,这三个方面是相互联系的,不想写就不会积极搜集资料,不会有东西写,也就不会写出来。因此,愿不愿写是关键。

2. 愿不愿写的实质内涵

愿不愿写即写作动机。那么,动机是什么?学生为什么没有写作的动机?学习动机中成就动机是最核心的,由内在动机(如解决了问题)和外在动机(如得到老师的称赞)两种,内在动机最持久,小孩对外在动机最强烈。

动机的激发需要一定内、外在条件,最主要的内在条件是学习需要,外在条件有学习任务的价值、特征、难度,学习结果的反馈,以及学习结果的评价等。

从上面的分析可以看出,只有当外在条件和内在的学习需要吻合时才能真正激发学生的学习动机,促进学生积极主动的学习。由此可见,不愿写的根本原因是习作教学这个外在因素未真正满足孩子的表达需求,一句话,习作教学未触动孩子的心灵。

---

[1] 《语文课程标准解读》,北京师范大学出版社2002年版,第7页。

二、未触及心灵在教学中的表现及实践分析

未触动孩子心灵的表现归根到底有两方面：一方面是从写什么的角度，没有在习作内容与触及孩子心灵的丰富多彩生活间找到切入点；另一方面是从如何写的角度，没有让孩子从内心意识到习作方法是自我表达的需要。具体体现在教学各方面，本书试举几例。

（一）教学目标的设计：没有在教学要求和学生需求间找到切入点

1. 整体目标把握不准，重知识轻情感

表6-2-1 教师访谈分析表

	三年级	四年级	五年级	六年级
知识与技能	师1：篇章段落，用一句话将段落写具体	师2：第一学期重内容选择，符合题目。第二学期重语言通顺的表达 师4：规范严格，在谋篇布局上写短篇	师2：整体结构 师3：布局谋篇	师3：细节描写重点讲 师4：不拘泥于形式
过程与方法			师4：教学生如何选材，画思维导图	师3：如何写得精彩
情感态度价值观		师2：鼓励学生愿意写	师2：文章的立意	

从表6-2-1可以看出：

其一，整体目标不清，教师基本还是只关注知识目标。整个小学作文的教学整体及阶段目标不清楚，划分的标准有的根据长短界定的不同分为句—段—篇；也有的根据内容要求分为写具体—内容选择—通顺表达—谋篇布局等。语文课标表明，从原来过于关注知识目标到淡化知识关注写作实践，主张多写多改，在实践中提高写作能力。在实践中提出了一定的要求，例如，第一学段"写出自己对周围事物的认识和感想"，第三学段"能写简单的纪实作文和想象作文，内容具体，感情真实"。

其二，对于非常强调的情感、态度、价值观目标突出不足。本次课改非常注重写作的兴趣和自信心。如低年级段是"对写话有兴趣"，中年级段是"乐于书面表达，增强习作的自信心"，高年级段才提到写作的意识，即"懂得写作是为了自我表达和与人交流"。教师的访谈中仅有一个教师提到鼓励学生愿意写。可见，对这一目标突出不足。

其三，不同阶段要求的标准和原来也有所不同。原来主张知识方面的写作技能、规范不断增加难度，现在更关注想写敢写，放开写后再来谈语法、段落、谋篇的写作技能。这种要求下低年级孩子也可能写出自己有感触的很长的段落。因此从上述教师对阶段目标划分标准可以看出，教师还是关注字数从少到多，从部分到整体。

2. 课时教学目标不具体不明确，没有针对本班学生的具体问题

课时教学目标是一节课的教学目标，应该针对这节课学生面临的问题及教学的要求间的最近发展区确立。但是在听课中发现存在问题。例如，五年级一次作文评改课的教学目标为：题目准确，求新颖；内容具体，要生动；结构完整，讲详略。

给学生提出了作文要达到的目标是有必要的，但存在两个问题：其一，大而空，不是要解决这节课学生作文中存在的具体问题，基本涵盖了小学阶段作文目标要求，不能在一节课中完成。其二，课改淡化了这些抽象要求，更侧重从学生生活视野和感性经验中取题立意、引发真情实感，以求得写作的个性化和独特性。①

（二）教学过程的设计：做了很多改进，但仍然存在不符合认知规律的地方

1. 教学思路不应该是教师讲学生照着做，而是学生互评后教师有针对性地引导

案例：一次作文课，分为自写课和评改课。在评改课中，教学分为教师学生互说优点—以某篇作文为例说明如何改—学生分小组互评—教师指导这几个过程。

---

① 《语文课程标准解读》，北京师范大学出版社2002年版，第76页。

本节课前两个环节分别用了 15 分钟，最后只有 5 分钟教师指导。这个时间分配不够合理。教师先讲，学生不知自己的问题，只是在听别人的例子，印象不深。最后教师的讲解时间很有限，又没有充分的时间解决学生的深层问题。因此整个教学实效性不高。

笔者认为应该是学生互评—教师讲评这样的过程。如果是学生之间先互相评，或者教师先将第一节课后学生自评的进行分析，找出学生的评改中存在的问题，有针对性的进行整体分析说明，让学生明确好的作文应该是怎样的，然后学生也才有资格去评改其他人的作文。

同时，学生的提高一方面是通过分析自己的作文，另一方面是分析别人的作文，因此，在学生已经自评的基础上教师应该针对这个讲评，然后让学生互评，在互评中发现的问题，再以某篇为例，详细讲解。这样学生就会带着问题听教师讲，效果会更好。

2. 互改作文环节泛泛无效

学生之间的互改作文。笔者发现 15 分钟内，学生看到的都是个别的错字，很少能针对这节课的目标具体进行评改。因此，这一环节教师在之前应该说明目标，针对什么，互改改什么，不然会泛泛无效。在如此短的时间内，如果帮别人提出改的内容，还要改好，这需要小组充分讨论，因此小组间如何互动是很重要的事情。但是从课堂实录看效果不是很好，四个人一组，彼此之间无责任分配。

3. 并未真正深入了解孩子，不能挖掘作文问题背后的深层原因

作文写作中有这样一个案例，一个孩子总是说得好但写不好。面对这样的问题，教师先让其说，再和写的作文对比，从而发现问题，并提出在哪里改，如果写具体。这个过程应该是有方法，针对问题，实效性应该很好。但是教师说这个学生的问题一直就这样。这应该引起我们的思考：这么好的教学方法为什么没有达到效果？

笔者认为可能教师并没有找到学生写不好的真正原因。其一，外在激励不足。孩子总写不好，虽然老师告诉了方法，但并没有给予过积极的反馈评价，孩子可能内心认为自己就是作文不好，因此总没有动力和信心写好。如果这个学生有了一点进步教师就鼓励，不断鼓励，那么这个学生可能会越来

越好。其二，将语言符号转换为文字符号需要一定的转换机制，这需要不断地尝试。其三，孩子思路没有理清，因此形成的文字不清。这个孩子在讲的过程中很热闹生动，实质上思路还没真正理清，问题的根本是将事情想明白。因此教师应该引导孩子有条理地想、具体地想。这些都是我们的假设，实际上到底是怎样的还有待进一步追踪研究。

（三）教学内容设计：应创造环境让孩子真实体验和感受

素材是写作的源泉，可以解决写什么。课改后教师采取多种措施让孩子有内容可写，如介绍更多的素材。但是在这一过程中也出现了一些偏差，如对于农村孩子的城市素材问题，为了解决农村孩子知识视野狭窄，找到许多城市素材的介绍，但孩子没有亲身感受，虽然也写了，但效果不是很好。

实质上这种做法有两种偏差。其一，对孩子的认识用成人化、城市化眼光看待。素材源于生活，每个孩子都有自己的生活世界、有不同的生活方式，因此作文强调真实。其二，对作文本质认识偏差。教师费力解决了一部分，但没有从根本上解决。

作文是表达的需要，是孩子在观察、了解、感受周围的大自然、社会、人之后的体会，是心灵的流淌。素材只是载体，不同的素材可以有不同的表达，体现世界的多样性，同时，不同的素材可以传达体现相同的内涵，体现多样性背后的哲理同一性。不能触动孩子心灵的外来世界的素材只能引起一时的兴奋。因此我们没必要舍近求远，就地取材同样能创造出精彩。所以教学内容设计应从直接给素材，引导到搜集素材。

课改后重点强调过程和方法，这不仅指写作的方法，更主要指搜集写作素材的方法，这才是写什么的关键。掌握了方法，每个人都可以随时随地感受写作的素材，不是刻意的创设，而是学生自主的选择。教师由直接提供者转变为引导者，学生会变得更加主动、有动力，课堂会更加开放，学生自己选题取材真正促进写作水平的发展。总之，既要重视间接经验的学习，更应重视直接经验的积累和表达，重视不同孩子的心灵感受。

第六章 任务分析：基于学生需求

第三节 学生分析内容与方法

　　新课改背景下的教学设计包括课前设计、课中设计和课后设计。课前设计主要根据对教材内容和学生分析的基础上预设，课中设计是根据学生的课堂反应进行的调整设计，课后设计是教学结束后反思教学设计的效果。其中分析学生，以学调教是新课改背景下教学设计最关注的问题。官园小学[1]通过课前复备，目的是了解学生的前在状态，更恰当的预设；梨园中心小学[2]课中分析学生真实状态，目的是为了教师更好的进行反馈设计。以北京通州区官园小学和梨园中心小学为例谈一点自己的想法，供参考。

一、准确判断学生的知识现状

　　学生的知识现状主要包括学生的经验性知识和通过学习掌握的知识。课前对学生的分析更多的是凭借教学经验的预测、课前调查的反馈。课中的分析主要是根据学生的真实反应。

　　（一）判断知识程度，把握学生的真实水平

　　同一知识点可以分为不同的层次水平，学生不可能处于同一水平。尤其是对同一问题的解答，即使结果都是错误，但可能因对问题的掌握程度不同。因此，我们分析学生的知识状态不能只看最终结果的对错，而应准确判断对知识点掌握到了什么程度，这样才能真正有的放矢。

　　案例：这是一节二年级数学课，内容是两步应用题。

　　教师情境创设：周六老师到家乐福超市遛弯，了解到许多商品的价格（列举出6种商品的价格：计数器每个32元，足球每个54元……）老师带了100元，准备买一个计数器和一个足球，还剩多少元钱？

　　师引领读题分析后，问：你们能分步列式吗？

---

　　[1] 课程改革促进北京中小学校发展案例研究项目组主编：《新课程与学校发展案例研究》，中国科学技术出版社2007年版，第284~288页。
　　[2] 同上。

生：

（1） 32 + 54 = 86（元）

（2） 100 − 86 = 14（元）

师：第一步为什么用加法？

生：因为乘除不开。

师：（一愣）接着问别的同学了。

问：你们会列综合算式吗？

一生口头列式，100 − 32 + 54

这个案例中对两步应用题的解答，两个学生的答案不同：

生1：因为除不开，所以采用了加减法来运算。

生2：列式为100 − 32 + 54，没有加括号。

虽然两个学生的答案都错了，但是错误反映出他们对知识点的掌握到了什么程度，是哪类错误等。教师应该针对学生的真实水平调整设计。

（二）明晰知识结构，准确建立新旧知识切入点

了解学生的知识结构，尤其是思维结构，分析原有知识、经验与新知识能否建立联系。只有明确两者之间的逻辑关系，才能准确把握学习者的知识水平起点，也才能在教学设计中找准切入点，进行恰当的设计、准确的反馈调节。

二、科学关注学习过程与方法

"过程与方法"中的过程，是指学生学习的经过；方法是指学习所采用的手段和策略。过程与方法是进一步掌握知识技能的主要手段，只有掌握了过程与方法，才能掌握学习的主动权，从而形成正确的情感、态度、价值观。

分析学生关键要关注他们获得知识的过程与方法。以前我们过于强调教法，忽视学法；强调获得知识的结果，忽视其过程。实际上，无论哪种教学方式（讲授式或是探究式等），我们都需要关注学生经历的思维过程、学习方式等。

（一）关注学生获得知识的方法

课堂中，我们往往根据预设的教学方式充分发挥学生的主动性，不同的

学生具有不同的个性特征，会出现不同的学习风格。有些学生适合视觉学习，有的学生适合听觉学习（如听教师讲），有些学生适合独立思考，有些善于合作学习等。此时，我们要关注学生的方式，捕捉学生的个性特征和学习风格。

例如，在小组讨论中，我们不仅关注小组讨论的结果，同时关注小组成员是如何互动合作的，分别扮演了什么角色，采用了怎样的学习方式等。这样，即使小组讨论的结果很好，但是方法不恰当（有的学生不经过思考，过于依赖其他成员等），教师也应该进行针对性反馈，调整教学。

（二）关注思维的过程

关注学生的学习方式，目的是让学生经历思考的过程，经历由不知到知，由知之不多到知之较多的过程，这是由具体到抽象的系列过程。没有思维过程的探究只是简单的操作而已，没有思维过程获得的结果是教师强加给学生的固定答案。因此，在关注学生学习方式时，要关注最本质的变化——思维的变化过程。

上面案例中，面对学生出现"100－32＋54"的错误答案时，教师注意了错误，却没有让学生经历一个由错到对的思维过程，仅肯定了另外同学的准确答案。

案例：老师设计了这样一道练习题："一个正方体棱长6分米，它的表面积和体积相等。"结果有的学生认为正确，有的认为不对。老师马上反馈到："它的表面积和体积都是216，但大家注意这是两个不同的概念，无法进行比较，所以这道题是错的。"同学们听了老师的解释，不再争论了。

这则案例中，"边长为6的正方形的表面积和体积都是216"是否正确时，学生中出现了分歧，教师同样没有引导学生经历思维的矛盾冲突、获得正确答案的过程。

三、了解学生真实的心理需求

学生的心理需求很复杂，本书仅从三维目标中的情感、态度、价值观角度谈一谈。情感、态度、价值观是人的一种重要的心理品质。对学生来说，情感是对待学习的一种心理体验，态度是对学习的看法和采取的行为，价值观是对学习价值的评价和对事物的正确判断。情感、态度、价值观是知识技能发展、过程方法形成的心理保障机制。

情感、态度、价值观分析主要是对学生的学习动机的分析。如果将学习动机作为教学活动的完整过程来分析，主要分为态度—需要；刺激—情感；能力—强化方面。

态度—需要是在学习开始阶段作用最大的动机。在进行动机分析时要注意将授课开始阶段的内容与学生的学习需求和态度结合起来，充分引发学生的动机。

刺激—情感在教学过程中对于维持学生的注意力和鼓励学生参与教学活动有巨大作用，在进行动机分析时要结合教学内容和学生经历，分析什么样的刺激更新颖，什么样的活动情感更强。

能力和强化是学习结束时的主要动机因素。要注意强化因素能否增强学生的自信，产生成就感，进而引发学生新的态度和需要，产生持续动机。

四、关注学生个体和学生群体

课改强调关注每一个学生的发展，尤其是班级中的弱势群体。但是任何事情都不可以走极端，不仅关注学生个体，而且关注学生群体的发展，以达到个体与群体的互动、互促，个体在群体中的最大发展，群体水平得到整体提升。

（一）不仅关注学生间的知识互动，而且关注课堂生活互动

课堂教学是知识的传递，它建立在班级组织文化基础上。因此，课堂中学生的互动就不仅是知识方面的互动，还包括丰富多彩的课堂生活互动内容。例如，面对回答错误的同学，其他学生是鼓励、讥笑还是讽刺？对学习水平不同的学生，同伴的反应有什么区别吗？同伴的不同反应对学生的成长有什么作用等，这些问题教师同样应该关注。

（二）将师生间的单向互动转化为师生、生生的多向互动

我们关注学生个体的知识、方法并进行反馈是非常必要的，但由于课堂时间的限制，大班授课制下不可能只对单个学生进行针对性教学，面对这样的问题怎么办？梨园中心小学"将师生之间单向互动及时转化为师生间、生

生间的多向互动",这样的探索值得我们借鉴。

总之,教学设计的目的是为了促进学生的发展。新课改背景下学生的发展是全体学生的发展,是学生的全面发展和个性差异的发展。因此分析学生涉及三个与之相关的问题,即分析哪些学生,分析学生的哪些方面,如何分析学生。

分析哪些学生?笔者认为包括学生群体(即班级风格、合作精神、团队意识等)和个体学生(不同知识水平的学生、不同学习风格、不同个性差异的学生等)。

分析学生的哪些方面?在教学中具体为知识与技能、过程与方法、情感态度价值观三维目标的整合。因此要从这三个维度来分析学生。

如何分析学生?从时间来看,有课前(上课之前的所有时间,包括刚接班时、一学期开始、一节课开始等)、课中(上课过程中,通过师生互动了解)、课后(课后反思学生)。从方法看,有观察、访谈、问卷调查等。

第七章　目标设计：确立三维一体

明确了教学任务后接下来应该是准确确立教学目标。基础教育课程改革的具体目标中提出的六个转变，涉及课程目标、课程结构、课程内容、课程实施、课程评价和课程管理。其中，课程目标提出"改变课程过于注重知识传授的倾向，强调形成积极主动的学习态度，使获得基础知识与基本技能的过程同时成为学会学习和形成正确价值观的过程"。

课改以来，大家对课程教学目标在理论和实践中一直观点不一，做法不同。为了进一步厘清其本质内涵，有必要将其放入历史和现实、理论与实践基础上展开思考。

第一节　目标维度及表述演变

社会发展和人的身心发展规律的深化探索对学生的素质结构提出了新的要求，课程教学目标在不同时期有不同的内涵。因此，为了进一步明晰课程教学目标本质内涵，有必要对课程教学目标的研究成果进行理论梳理，了解不同阶段教学目标的历史沿革。

一、教学目标分类理论分析

（一）传统的教育目标分类理论[①]

在西方的课程组织和设计中，传统上占支配地位的主张是把目标分为事

---

① 黄甫全：《现代课程与教学论学程（下）》，人民教育出版社2006年版，第434页；黄政杰：《课程设计》，台湾东华书局1991年版，第193页。

中 篇
第七章 目标设计:确立三维一体

实、技能和态度三个领域,详细内容见表7-1-1。

表7-1-1 传统的教育目标分类

目标类别	水平要求
事实	是已经被正确认识到的客观事物、现象、关系、属性及规律性的总称,表现在资料、意见、概念里
技能	个体运用已有的知识经验,通过练习而形成的智慧动作方式和肢体动作方式的复杂系统,指称的是那些能够表现和实行的方面,如阅读、写作、书写、表演、语言沟通、批判性思考等
态度	是个体对某一对象所持的评价和行为倾向,指称的是个体对各种刺激来源的倾向和感受,如喜好、兴趣、需要等

(二)布卢姆的教育目标分类理论

美国教育心理学家布卢姆于1956出版《教育目标分类学(第一分册:认知领域)》,随后的几年间相继出版了《教育目标分类学(第二分册:情感领域)》《教育目标分类学(第三分册:动作技能领域)》。这样一个完整的教育目标分类体系形成。具体内容见表7-1-2、表7-1-3、表7-1-4所示。

表7-1-2 认知领域的目标分类及水平分析

分类水平	具体行为及分析
知识	记住并说出学习过的具体知识。水平从低到高分为具体知识、处理具体事物方式方法的知识、一般原理及抽象概念知识
领会	了解所学习过的知识或概念的意义。包括转化、解释、推断三个水平。是低水平的理解
运用	能够在某种特定、具体情境中使用抽象的概念解决一些问题。是较高层次的理解。和领会不同的是:领会是对知识本身条件、结论的理解
分析	能够将复杂的整体材料分解为组成部分并理解各部分之间的联系。包括部分的鉴别、分析部分之间的关系和认识其中的组织原理

续表

分类水平	具体行为及分析
综合	将各种因素及其组成部分综合成一个整体。培养学生将所学习的片断概念、知识、原理、规则、事实等的关系统合成新的整体,以及产生新的结构的能力
评价	为了特定目的,运用评估的标准,对资料和方法作出价值判断。包括按照内在的证据和外部准则作出的价值判断。主要培养学生对资料和方法在质和量上作出的正确判断的能力

表7-1-3　情感领域的目标分类及水平分析

分类水平	具体行为及分析
接受	愿意注意某一事物或活动的倾向。包括意识、愿意接受和有控制的注意三个层次。主要培养学生对提供的信息作出愿意接受的态度
反应	对于给定的信息表示一种感兴趣的愿望,并作出"愿意加入"的反应。包括对信息默许、愿意反应和在反应中得到满足三个层次。主要培养学生从中获得满足的情感
价值评价	开始对某种事物(如刻苦学习)作出道德评价。包括对某种价值的默许、偏爱和信奉三个层次。主要培养学生对价值的信仰
组织	将各种价值,按照它们之间的关系组成阶梯式的价值体系,并接受自己认为重要的价值观
个性化	情感的最高境界。将自身价值体系中的各种信念、品质和全部情感内化为自己的价值观、人生观、世界观,形成其性格的核心

表7-1-4　动作技能领域的目标分类及水平分析

分类水平	具体行为及分析
知觉	运用感官得到指导动作的知识、性质、功能等
准备	为特定的动作技能或经验而做的准备状态。包括心理、生理和情绪三个方面的准备

续表

分类水平	具体行为及分析
指导下的反应	在教师指导下,形成动作技能时的反应。主要通过模仿、尝试与试误,最终形成正确的动作
自动化	经过一定的训练,动作技能已经达到熟练的、习惯的程度
复杂的外显反应	从事较复杂技能时,能够迅速、流畅、精确、熟练地完成动作,即达到高度协调水平
适应	学习者的动作技能具有应变能力,可以根据问题情境的需要改变运动模式
创新	根据在动作技能领域形成的理解力,能够在新的情境或特殊问题中创造新的运动模式

（三）加涅的教育目标分类理论[①]

1985年加涅在对《学习的条件（1965年版）》进行修订时,形成五类学习结果,我们看出是五类学习目标,即言语信息、智慧技能、认知策略、动作技能、态度。（见表7-1-5）

表7-1-5 加涅的五类学习目标

分类水平	具体行为及分析
言语信息	它是陈述性知识,包括名称或符号、单一命题或事实、在意义基础上加以组织的大量命题
智慧技能	与回答"怎么办"有关,是学生通过学习获得了使用符号与环境相互作用的能力。包括辨别、概念、规则、高级规则（问题解决）
认知策略	是一种内部控制过程,是学生赖以选择和调整他们的注意、学习、记忆和思维等的内部过程。包括复述策略、精细加工策略、组织策略、理解监控策略、情感策略
动作技能	指完成规定动作,而且指这些动作组织起来构成流畅、合规则和准确的整体行为
态度	学习者获得的影响个体行为选择的心理状态

[①] 郭成:《课堂教学设计》,人民教育出版社2002年版,第122页。

（四）布洛克的教育目标分类理论①

布洛克以教师活动为依据，建立了一个三维坐标目标系统。其中 X 轴表示教的水平，Y 轴表示学的水平，Z 轴表示教学内容的水平。教的水平分为三个层次：学科内迁移和联系的水平上教；在学科间迁移和联系的水平上教；在创造性知识迁移条件下学生学习和实践活动相互作用的水平上教。学的水平分为知识、领会、运用、概括四个层次。教学内容水平分为事实、概念、对应、结构、方法、关系六个层次。

同时，我国的顾泠沅等借鉴三维教学目标分类提出由教与学的水平、学习行为、学习内容构成的三维目标体系。

（五）2001 年我国新一轮国家课程标准的要求②

2001 年我国新一轮基础教育课程改革借鉴布卢姆的教育目标理论，并进行了简化，提出知识与技能、过程与方法、情感、态度和价值观三维目标。（详见表 7－1－6、表 7－1－7、表 7－1－8）

表 7－1－6 知识目标及水平要求（包括参考的动词）

学习水平	水平要求	参考选择的动词
了解水平	对学习过的知识再认知和回忆；识别、辨认事实或证据；举出例子；描述对象的基本特征	说出、背诵、辨认、回忆、选出、为……下定义、复述、举例说明、描述、识别、标明……
理解水平	把握内在逻辑关系；与已知知识建立联系；进行解释、推断、区分、扩展；提供证据；收集、整理信息等	解释、举例说明、阐明、比较、分类、归纳、概述、概括、判断、区别、提供、转换、猜测、预测、鉴别、选择、估计、推断、改写、收集、整理……
应用水平	在新的情境中使用抽象的概念、原则；进行总结、推广；建立不同情境下的合理联系等	运用、应用、使用、质疑、辩护、设计、解决、撰写、拟定、检验、计划、总结、推广、制定、解答、证明、综合、鉴别、评价、评定……

---

① 郭成：《课堂教学设计》，人民教育出版社 2002 年版，第 126 页。
② 钟启泉、崔允漷、张华主编：《基础教育课程改革纲要（试行）解读》，华东师范大学出版社 2001 年版，第 179～180 页。

表7-1-7 技能领域教学目标及水平要求（包括参考的动词）

学习水平	水平要求	参考选择的动词
模仿	在教师的示范和具体指导下完成基本操作；对所提供的对象进行模拟、修改等	模拟、模仿、尝试、重复、再现、例证、临摹、扩展、缩写……
独立操作	独立完成操作；进行调整与改进；尝试与已有技能建立联系	完成、表现、尝试、解决、安装、绘制、试验、运用、使用、制定、拟定、操作、调节……
迁移	能够将已有的技能运用于新的情境中；并根据情境的需要改变动作模式	制定、拟定、调节、联系、转换、灵活运用、举一反三、触类旁通……

表7-1-8 情感、态度、价值观领域教学目标及水平要求（包括参考的动词）

学习水平	水平要求	参考选择的动词
经历（感受）	从事或合作参加相关活动，建立感性认识	注意、参加、参与、查寻、参观、访问、考察、接触、经历、体验、感受、接受、交流、尝试、合作、分享……
反应（认同）	在经历基础上表达感受、态度和价值判断，并做出相应反应	关注、关心、认可、认同、承认、接受、同意、愿意、支持、采纳、采用、遵守、欣赏、称赞、喜欢、重视、尊重、爱护、珍惜、拥护、帮助、怀疑、摒弃、克服、讨厌、蔑视、拒绝、抵制、反对……
领悟（内化）	具有稳定的态度；表现出持续的行为；并具有个性化价值观	形成、养成、具有、热爱、树立、建立、坚持、保持、确立、追求……

（六）新时期目标更加明确可操作，并探寻核心素养

《国家中长期教育改革与发展规划纲要（2010-2020）》中提出育人为本（以学生发展为本）；培养目标特别强调培养学生具有社会责任感、创新精神和实践能力。

学科课标（2011版）①的出台，对三维目标的认识更加深入，更加注重学生素养和学习的思维过程。如数学课标由原来的双基转变为四基，（2001年版的"双基"：基础知识、基本技能。2011年版的"四基"：基础知识、基本技能、基本思想、基本活动经验）并把"四基"与数学素养的培养进行整合：掌握数学基础知识，训练数学基本技能，领悟数学基本思想，积累数学基本活动经验。在学科中也更加可操作。如数学中有更加具体的行为动词。

此外，在探索新时期核心素养的内涵。教育部2014年4月25日正式印发《关于全面深化课程改革 落实立德树人根本任务的意见》（以下简称《意见》），针对课改的关键领域、主要环节和制约课程改革的体制机制障碍，《意见》提出了十项措施："研究制定学生发展核心素养体系和学业质量标准；修订课程方案和课程标准⋯⋯"这十项改革措施可以概括为四个方面。一是打好专业基础，从构建核心素养体系、细化育人目标入手，研制学业质量标准，进一步完善课标教材；二是理顺教育教学环节，全面发挥课程标准的统领作用，改进教学方式方法，改革考试评价制度，确保教育教学环节协调一致；三是提高保障水平，重点抓好教师能力培养、研究基地建设、教学资源开发；四是加强监督检查，要求建立健全课程实施的监测评估制度。"十项措施力求有效衔接、环环相扣，确保改革系统推进。"

在改进和完善已有措施的基础上，此次改革重点提出了三项新的措施：一是研究制定学生发展核心素养体系，主要是明确学生应具备的适应终身发展和社会发展需要的必备品格和关键能力。二是研究制定学业质量标准，明确质量要求，完善现行课程标准，增强对教学和考试评价的指导性。三是加强相关学科课标、教材纵向衔接和横向配合，推动跨学段整体育人、跨学科综合育人。

从中看出，构建新时期学生的核心素养，细化目标仍然是当前和今后的

---

① 义务教育数学课程标准修订组："《义务教育数学课程标准修订稿（征求意见稿）》"，2011年。

重要任务。

二、课堂教学目标科学表述

（一）传统目标表述与行为目标

早期教学目标概括比较抽象，一般用描述心理的抽象词语来描述。这样的描述含糊、不精确，也无法观察到。

为了克服目标表述的含糊性，1934年泰勒提出行为目标概念，但没有论及怎样表述行为目标。此后，布卢姆等用描述心理活动动词来表述，目标表述采用"主语－谓语－宾语"。

（二）行为目标表述模式

1962年，马杰出版的《准备教学目标》一书系统阐明了陈述行为目标的理论与方法。认为行为目标包含行为、条件和标准三要素。

表述行为的基本方法是使用动宾结构的短语，行为动词说明学习的类型，宾语说明学习的内容。条件主要包括环境因素、人的因素、设备因素、信息因素和问题明确性因素。标准表达是衡量学习结果行为的最低要求，要具有可测性。例如，把培养学生的分析能力教学目标表述为：提供报纸上一篇文章，学生能将文章中陈述事实与发表议论的句子进行分类，至少85%的句子分得正确。

后来有人完善了此模式，提出ABCD表述模式：行为主体（audience）、行为（behavior）、行为条件（condition）和表现程度（degree）。这一模式被新课改所借鉴。下面单独阐述。

（三）内部与外显行为相结合的表述模式

格朗伦模式。1978年提出一般目标——具体行为的方法。即先用描述内部过程的术语陈述概括教学目标，然后用可观察的行为作为例子使这个目标具体化。如"领会心理学术语表象的含义"，这是教学目标的概括陈述。但"领会"是内部过程，需要用实例进一步说明，如"用自己的话转述表象定义""能列举2—3种表象实例""能区别表象和想象的异同"。这不仅避免了内在心理术语的抽象和模糊性，也防止了行为目标的机械性和局限性。

加涅模式。1974年，加涅提出书写目标五成分法，即情景、性能动词、对象、行为动词、工具、限制和特殊条件。如当口头提问时（情景），要求学生不看参考资料（限制），用口头或书面语言形式（行动），陈述（性能动词）鸦片战争爆发的主要原因（对象）。这种方法为教师用什么方法，或设计什么条件来实现教学目标。

（四）表现性目标

针对情感、态度、价值观目标很难短时间实现，往往需要在师生对话、探究和意义建构中发展，艾思纳（E. W. Eisner）提出表现性目标。它要求明确规定学生应参加的活动，但不精确规定学生应从这些活动中习得什么。例如，爱国主义教育方面的一个表现性目标可以这样陈述："学生能认真观看学校组织的反映爱国主义教育的影片，并在小组会上谈自己的观后感。"表现性目标只是一种补充，必须慎用。

（五）课改教学目标的表述诠释

在课堂教学目标的表述方面，采用行为目标陈述法。基本要素[①]有四个：行为主体、行为动词、行为条件和表现程度。

行为主体是不同层次的学生，而不是教师。

行为动词要具体明确、可操作、可评估（见表7-1-6、表7-1-7、表7-1-8）。

行为条件是指影响学生产生学习结果的特定的限制或范围。对条件的表述有四种类型：一是关于使用手册或辅助手段，如"允许查字典"；二是提供信息或提示，如"在中国行政区划中，能……"；三是时间的限制，如"在10分钟内，能……"；四是完成行为的情景，如"在课堂讨论时，能叙

[①] 钟启泉、崔允漷、张华主编：《〈基础教育课程改革纲要（试行）〉解读》，华东师范大学出版社2001年版，第177~178页。

述……要点"。

表现程度是学生通过一段时间的学习后所产生的行为变化的最低表现水准或学习水平，用以评价学习表现或学习结果所达到的程度。假设一道题有5种解题方案，但作为面向全体学生，可以这样表述，"至少写出三种解题方案""80%的学生都能答出五种解题方案"。

并不是所有目标呈现方式都包含四个要素，有时为了简便，可省略行为主体或行为条件。

三、课程教学目标本质认识

一方面，课程教学目标反映了循序渐进培养学生三维的素质结构。

无论是传统的、布卢姆还是加涅，观点虽然思考角度不同，但都体现了知识与技能、过程与方法、情感态度价值观三个方面。加涅提出的言语、智慧、认知分别属于不同性质的知识，即陈述性知识、程序性知识和策略性知识，后两者和课改提出的过程与方法目标具有一致性。布卢姆提出的知识目标中将知识分为了不同的程度和层次，也包含着过程与方法。例如，认知领域中第一个层次知识，就包括处理具体事物方式方法的知识；分析、综合等层次都蕴含着过程与方法。新课改中提出的目标，是将布卢姆的目标进行了整合和简化。如在知识目标中将布卢姆的六个水平整合为了解—理解—应用三个水平。当前提出核心素养，已经通过课程不断落实。如2011版数学课标中由原来重视分析解决问题到现在的四能，即发现—提出—分析—解决问题的能力，实质也是核心素养在新时期的体现，是三维目标具体体现。

但是，本次课改单独将过程与方法目标抽取出来，说明对掌握学习方法的重视。并未对过程与方法的内涵进行深入的诠释，没有对它背后的理论基础进行论证，因此容易造成理论说法不一，实践无所适从。

另一方面，教学目标落实如何需从系统性、科学性和表述恰当性三个方面来分析。首先，具有系统性，即教学目标是一个分层分类的系统，反映了学生的整体素质结构和循序渐进的水平要求；其次，科学性，确立的目标需科学反映学生的身心发展规律和学科规律,否则没有意义;最后,表述恰当性,即在落实到具体的教学行为中需要教学目标内涵外显化,可操作、可测量。

第二节 目标落实现状及原因

基础教育课程改革目标中涉及课程目标、课程结构、课程内容、课程实施、课程评价和课程管理六个方面。其中课程目标要回答培养什么人的问题,是课改的基点,本次提出的三维目标也是学校实践中最关注、最困惑的问题。本书采用文本分析法对课改以来数学优秀课例进行研究,以课程目标(理想课程)为标准,以目标系统性、科学性、表述恰当性三方面为分析维度,看课程教学目标(实施的课程)落实的程度(没有落实还是基本落实抑或创生性落实);并以此为案例对课改推进现状做一判断;最后反思现状背后的深层原因,以期对课改的深入推进有所启示。

一、课程目标实施现状的总体描述

(一)从教学目标系统性来看:三维关系逐渐明确,目标分层有待明晰

课标要求:

课标中关于课程目标的要求为知识与技能、过程与方法、情感态度价值观三维目标。[①] 数学(2001版)课标要求[②]:知识与技能、数学思考、问题解决和情感、态度和价值观四个维度。数学学科课标(2011版)又做了进一步调整:原来的双基到四基(基础知识、基本技能、基本思想、基本活动经验)、四能(发现—提出—分析—解决问题的能力)。

落实情况:

[①] 钟启泉、崔允漷、张华主编:《基础教育课程改革纲要(试行)》解读,华东师范大学出版社2001年版。

[②] 《数学课程标准(实验稿)》,北京师范大学出版社2001年版,第6~7页。

从课标目标的描述中，可以看出三维目标是三位一体的关系，但将课程目标分解为学科教学目标—单元教学目标—课堂教学目标的实际操作过程中就有所不同，教师的实践落实中体现了以下特点。

1. 从分类来看，三维关系逐渐明确，呈现多种目标实施类型

（1）当前三维目标在操作层面出现了不同类型。

如表 7 – 2 – 1 所示，主要有以下几种类型：

类型 1——分开表述，互不交叉。表现形式为：①知识；②能力；③情感、态度和价值观。

类型 2——分开表述，过程与方法分别融入三个维度。表现形式为：①过程 + 知识；②过程 + 能力、思想；③过程 + 情感、态度和价值观。

类型 3——过程与方法分别融入三维中的某个或某两个。表现形式 1 为：①过程 + 知识；②能力；③情感、态度和价值观。表现形式 2 为：①知识；②过程 + 思想方法；③过程 + 情感、态度和价值观。

类型 4——分开表述，思想方法单独提出。表现形式为：①知识；②能力；③思想方法；④情感、态度和价值观。

由此可见，课改以来大家在积极尝试落实课标提出的三维目标，但是具体如何落实到学科教学中，尤其是每节课的课堂教学目标中，大家没有普遍的共识，因此出现了多种类型的做法。

在这些不同的做法中，反映了教师对三维目标认识尤其是三维都是哪些维度（这表明了教学目标的分类），三维是怎样的关系这两个问题存在的差异。关于第一个问题，三维是哪些内容，从上面的表格中，看出知识、情感、态度和价值观这两个维度是大家一致在课堂教学目标中表明的，而能力、过程与方法、思想等有些是课标中三维目标中的名词、有些是数学课标中的名词大家理解不一。其实，数学课标是对总课标的具体化，因此，需要进一步厘清课标中提到的三维和数学课标中提到的四类目标的关系。关于第二个问题，三维是怎样的关系。从表格看，大家看法不一，有些认为三者是并列关系；有些认为过程与方法可以和其他维度相互渗透等，从以上几种类型看，

现在没有一个统一的共识。

（2）三维经历了孤立、渗透及逐步融合的过程。

虽然对三维目标间关系没有一个共识，但是从课改几年的变化来看，是在不断探索、不断加深认识。大致可以分为四个阶段：

第一阶段：是2003年以前的尝试落实阶段。主要是互不交叉的类型，这反映了对三个维度的机械理解。

第二阶段：是2006年以前各种类型的探索阶段。此阶段出现了多种类型有互不交叉类型；过程与方法分别渗透的类型；单独出现思想方法内容的类型等。说明了人们的认识不一，都是探索尝试，出现百花齐放的局面。

第三阶段是2011年以前，基本认同将过程与方法渗透，并重视思想方法阶段。这一过程反映了大家的认识不断深化，尤其是对过程与方法的认识不断深化。当然，理念中所提到的三维一体的融合关系能否在一节课中完成或体现还需要进一步在实践中思考。

第四阶段是2011年以后，重视数学思想和数学基本活动经验阶段。在数学基本活动经验中应该尤其重视基本的思维经验，但是在实践中还需要进一步加强，很多老师还没有意识到，或者有些老师做到了，但并没有深刻理解。

表7-2-1　教学目标类型分析

年度	教学目标（举例）	目标间关系	类型
第一阶段	6的乘法口诀[①] 1. 引导学生自己编出6的乘法口诀并通过解决简单实际问题巩固记忆乘法口诀 2. 培养学生知识迁移能力和观察能力 3. 培养学生合作意识，激发学生对数学的兴趣	1. 知识 2. 能力 3. 情感、态度和价值观	分开表述，互不交叉

[①]《教学个案及评析（2002-2003）》，首都师范大学出版社2003年版。

第七章　目标设计：确立三维一体

续表

年度	教学目标（举例）	目标间关系	类型
第二阶段	设计包装箱① 1. 通过设计包装箱这一实践活动，加深学生对长正方体表面积和体积的认识；当长方体体积一定时，长宽高的数值越接近，表面积越小；应用所发现的规律解决实际问题 2. 培养学生思维的灵活性与多样性；培养学生数学的发现、概括能力及应用所学的知识解决实际问题的能力 3. 体会数学与生活的紧密联系，培养学生学数学、用数学的意识，渗透人文精神	1. 过程+知识 2. 能力 3. 情感、态度和价值观	过程与方法作为手段融入三维中的某个或某两个
	统计的初步知识② 1. 让学生经历统计的过程，使学生初步掌握收集、整理、分析数据的方法 2. 在收集、整理数据的过程中，有意识地培养学生的创新意识，培养学生具有解决问题策略多样化的能力，及具体问题具体分析的辩证思维方法 3. 通过统计机动车流量情况，迫使学生产生小组合作的欲望，从中感悟到合作学习的重要性 4. 通过对"数据"的分析，使学生体会到"统计"在日常生活中的主要作用，从而培养学生的信息观念	1. 过程+知识 2. 过程+能力、思想 3. 过程+情感、态度和价值观	分开表述，过程与方法分别融入三个维度
	体积的认识③ 1. 知道什么是体积；认识常用的体积单位；初步估算物体体积 2. 在生活中培养学生观察、操作和概括的能力 3. 渗透实践出真知的辩证唯物主义思想 4. 在研究的历程中获得知识、情感的体验	1. 知识 2. 能力 3. 思想方法 4. 情感、态度和价值观	分开表述，思想方法单独提出

---

① 《新课程下的专题课例研究（2003－2004）》，首都师范大学出版社2004年版。
② 同上。
③ 同上。

续表

年度	教学目标（举例）	目标间关系	类型
第三阶段	圆的周长① 1. 认识圆的周长，理解圆周率的意义，推导圆周长的计算公式 2. 经历实际测量的过程，体会圆的周长与直径之间的函数关系，渗透以直代曲的极限思想 3. 在数据的收集和分析过程中，发展科学的研究态度和反思意识。培养民族自豪感，感受数学的文化价值	1. 知识 2. 过程＋思想方法 3. 过程＋情感、态度和价值观	分开表述，过程与方法分别融入三个维度或其中两个维度

2. 从分层来看，知识目标分层较好，其他维度目标分层模糊

课标要求：

数学课标中使用了"了解、理解、掌握、领会运用"等刻画知识技能目标的动词，而且使用了"经历（感受）、体验（体会）、探索"等刻画数学活动水平的过程性目标动词，从而很好体现了《标准》对学生在数学思考、问题解决及情感态度等方面的要求。②

落实情况见表7－2－2：

表7－2－2　知识目标分层表

年度	知识目标	反映的层次水平
2002～2003	引导学生自己编出6的乘法口诀并通过解决简单实际问题巩固记忆乘法口诀	掌握—应用
2003～2004	通过设计包装箱这一实践活动，加深学生对长方体表面积和体积的认识；当长方体体积一定时，长宽高的数值越接近，表面积越小；应用所发现的规律解决实际问题	了解—理解—应用

---

① 《优秀课堂教学设计集锦（2007年）》，首都师范大学出版社2007年版；《教学个案及评析汇编（2006－2007）》，首都师范大学出版社2007年版。
② 《数学课程标准（实验稿）》，北京师范大学出版社2001年版，第3~4页。

续表

年度	知识目标	反映的层次水平
2003~2004	让学生经历统计的过程，使学生初步掌握收集、整理、分析数据的方法	掌握
2004~2005	1. 使学生由一般到特殊初步感悟两种数量呈正、反比例的现象。 2. 让学生在探究的学习过程中，经历知识的形成过程，感悟研究问题的基本方法	了解—理解
2006~2007	1. 认识圆的周长，理解圆周率的意义，推导圆周长的计算公式。 2. 经历实际测量的过程，体会圆的周长与直径之间的函数关系，渗透以直代曲的极限思想	了解—理解—掌握

从表中可以看出：

一方面：知识目标分层明确，但重视"形成"而忽视"运用"。

确立的科学与否我们不能简单而论，但是教师按照课标的要求将知识目标分为了解—理解—掌握—应用等不同的层次。

但是，我们也发现一个现象，在"运用"这一环节，很多课时并没有出现或者有些虚化，这可能和课改强调知识形成过程，忽视练习有关。例如，"通过设计包装箱这一实践活动，加深学生对长正分体表面积和体积的认识；当长方体体积一定时，长宽高的数值越接近，表面积越小；应用所发现的规律解决实际问题"，其中提到的应用就是一句话"应用所发现的规律解决实际问题"显然有些虚化。

这可能是课改强调知识形成的过程，因此，从具体到抽象的过程用的时间过多，而从抽象的数学知识再运用这一过程就显得分量很轻。这也是我们曾看到的一个现象，课堂中到处出现的是热闹的活动场面，或探索或观察，但是，巩固练习环节却没有。实际上练习本身也是应用，而不一定都要应用到现实生活中。

另一方面：其他维度忽视分层，而是笼统和泛化。

比如对于情感、态度和价值观目标，数学课标解读①中为：

表7-2-3　数学情感、态度和价值观目标学段要求

水平 学段				
	积极参与数学学习活动，对数学有好奇心和求知欲	在数学学习活动中获得成功体验，锻炼克服困难的意志，建立自信心	初步认识数学与人类生活的密切联系及对人类历史发展的作用，体验数学活动充满着探索与创造，感受数学的严谨性以及数学结论的确定性	实事求是态度和质疑、独立思考习惯
第一	用数学的眼光看身边的事物	帮助学生克服困难，适当鼓励学生自己解决	让学生感受到身边事物存在数学	指导其自我学习过程与结果的错误，并修改
第二	眼光更广阔，可以设置丰富多彩的活动，使学生投入	有意识设置障碍，并及时指导，反思成功的经验	感受数学在社会中的作用	指导其讨论，并提出疑义；并能寻找自己和他人的错误并修改
第三	可通过列举用数学解决现实生活问题等例子	勇于面对困难，主动寻求解决问题的途径或对问题有进一步认识	感受数学严谨性及结论的确定性	敢于发表自己的看法，并理解他人的看法，能相互交流

见表7-2-1，教师的实践中提到了"体会数学与生活的紧密联系，培养学生学数学、用数学的意识，渗透人文精神"，"渗透实践出真知的辩证唯物主义思想；在研究的历程中获得知识、情感的体验"，"在数据的收集和分析过程中，发展科学的研究态度和反思意识。培养民族自豪感，感受数学的

---

① 《数学课程标准解读》，北京师范大学出版社2002年版，第188页。

文化价值"等。可见,教师对情感、态度和价值观的理解显然和课标解读中的理解不太符合。将情感、态度和价值观目标分层的问题也确实是实践中的难题。

此外,分层不仅考虑学科内容本身的层次性,同时也要考虑不同学生间的差异。从这些目标中看,教师并没有考虑。

(二)从教学目标的表述来看:行为不断具体明确,学生主体有待增强

课标要求:

在课堂教学目标的表述方面,采用行为目标陈述法。基本要素[①]有四个:行为主体、行为动词、行为条件和表现程度。

落实情况:

教学目标的分类、分层是教学目标表述的基础之一。从实践中教学目标分类的几种表现形式可以看出教学目标的表述方式,关于教学目标表述格式理论上也有很多探讨,本书无意于细致关注,只是将表述的几个进展和面临的问题提出来,供讨论。

(1)有些目标有明确的行为动词,能体现将教学目标具体化为教学行为。

将了解、理解、掌握、应用等抽象的心理、认知的词汇,能用一定的行为表现出来,在一定程度上更加明确、具体。如"引导学生自己编出6的乘法口诀并通过解决简单实际问题巩固记忆乘法口诀"、"经历实际测量的过程,体会圆的周长与直径之间的函数关系,渗透以直代曲的极限思想"中"编出6的乘法口诀""实际测量"等有明确的动词及明确的数学活动,这样易于落实目标。

(2)行为主体表述虽不是学生,但某种程度隐含着学生主动获得目标。

课改强调学生的主体地位,学生是学习的主体,是在教师引导下学生主体。因此,虽然教学目标中的表述都是"培养学生""使学生"等词,一方面表明目标没有将教学目标转化为学生的学习目标,还主要依据课标和教材,很少依据学生的需求和学习任务;另一方面,和原来比较已经有了很多进步,

---

① 钟启泉、崔允漷、张华主编:《基础教育课程改革纲要(试行)》解读,华东师范大学出版社2001年版,第177~178页。

教学目标的确立都是学生在经历、在参与中获得的，表明了学生主动获得目标。

（三）从教学目标的科学性看：数学思想认识增强，过程方法多作为手段

科学性表现为以课标、学科特点、学生特点等为依据，同时要考虑教师的教学风格等。

课标要求：

目标内涵发生变化①。知识目标，改变了原来主要是事实性知识的状况，将个体的经验性知识纳入其中；过程与方法目标，改变了原来将其作为手段的职能，第一次将其作为目标之一纳入其中，这是课改的一个特点；情感、态度和价值观，课改前有人理解为德育渗透，课改后拓宽了其内涵。

落实情况：

（1）对数学思想的变化认识和实践不断改进。

从表7-2-1和表7-2-2中看出，开始教学目标设置中没有出现数学思想方面的内容；2003年左右开始出现"具体问题具体分析的辩证思维方法""渗透实践出真知的辩证唯物主义思想"等这样大而化之的思想。2007年左右，出现"经历实际测量的过程，体会圆的周长与直径之间的函数关系，渗透以直代曲的极限思想"这样具体的数学思想和方法。

从中可以看出，经历了没有注意—笼统的思想—具体化的数学思想的过程，并逐渐具有可操作性，说明了对数学思想的认识和实践不断增强。

（2）对过程方法的认识增强，但主要作为手段。

课标解读中提到，对过程与方法的认识经历了三个阶段，即忽视过程与方法—将过程与方法作为实现其他目标的手段—将过程与方法作为与其他目标并列的目标。从教师的教学目标设立的情况看，当前还处于第二阶段。这说明对过程与方法的认识和实践不断深化，当然还有发展的空间。

对于科学性问题要考虑的因素太多，本书只是给大家提供一个思考的角度。

---

① 《数学课程标准解读》，北京师范大学出版社2002年版，第175～176页。

二、课程目标落实程度的基本判断

（一）落实程度

教师都认识到了有三维目标，但对三维内涵理解不同。其中知识和情感、态度和价值观这两个维度是大家一致在课堂教学目标中表明的，而能力、过程与方法、思想等有些是课标中三维目标中的名词、有些是数学课标中的名词，大家理解不一。需要进一步厘清课标中提到的三维和数学课标中提到的四类目标的关系。

三维目标在操作层面，出现了不同的类型，有的认为三者是并列关系；有的认为过程与方法可以和其他维度相互渗透等，多种类型并存说明大家还没有一个统一的共识。当然，几年来三个维度也经历了一个孤立—相互渗透—融合的过程，这一过程反映了大家的认识不断深化，尤其是对过程与方法的认识不断深化。

从教学目标分层来看，教师对知识目标是分层确立，但对其他维度目标基本没有分层，而是笼统和泛化；重视知识的"形成"，但忽视"运用"；分层主要考虑学科内容本身的层次性，很少根据学生间的差异分层。

从教学目标的科学性来看，对课标中数学思想的变化认识不断加深、实践不断改进。过程与方法的认识增强，但主要作为手段，还没有从思想上认识到其是与知识目标并列的目标之一。

（二）基本判断

由此可以判断，课改以来教师在积极地将理想的课程目标层层落实到实施的课程目标（即课堂教学目标），在对过程与方法的认识方面不断深化；在三维目标间的关系方面根据学科性质对理想的课程目标进行创生；但是在对三维目标内涵的理解、可操作化方面存在困难，因此将课改的理念转化为课堂教学行为方面还有探索空间。

三、课程目标实施问题的深层原因

课改以来，对教学目标的认识和实践有了不同程度的进展，甚至有创造性运用。当然在进展中还存在一些问题,主要表现在:系统性方面,分层不够(尤其是根据学生不同水平分层)、分类有些混乱;表述方面,没有找到路径,各种表述方式并存,缺少条件和方法,可操作性不强等;科学性方面也存在把握不准确等现象。面对这种现状,反映了背后的深层原因。

(一)对课标理念及背后深层原因理解不到位

没有充分落实课程目标的最主要的原因是对课标内容理解不透彻,尤其是对课标背后的理念不能把握。这样很容易将理念歪曲或不到位。

例如,本次课程目标的依据是综合考虑学科要求、社会要求和学生身心发展特点。对课程目标的不同理解其实体现了不同的价值取向。

将"过程与方法作为手段,以知识为教学目标"体现出侧重学科本位;能力和价值观等是主要目标,知识是载体则体现了侧重人本位的观点;三位一体的教学体现了目标要考虑学科、社会、人三方面因素。

因此,如果意识不到这一价值取向的变化,很难理解三维目标及其关系。

(二)将理念转化为行为的操作策略明显缺乏

将课程目标落实为课堂教学目标,需要一定的操作策略作为中介。如果没有操作策略,课标本身笼统、模糊,尤其是过程与方法目标不明确,必然导致不知如何落实;缺乏分析学生的工具,难以了解学生,导致教学目标主要依据学科内容而忽视学生的身心发展规律和个性差异,还会导致学生的学习需求、任务和所确立的教学目标不吻合。

(三)将课程目标具体为课堂教学目标的困惑

落实与体现:三维目标是否是三位一体的关系?如果是,在课堂教学中是否也应该是一体。同时,三维目标在一节课中不可能同时落实,但是否要体现呢?尤其是情感、态度与价值观目标。

均衡与侧重:三维目标在不同的时间与不同的学科中是否应该有整体规

划，做到均衡、有侧重，一段时间后落实目标要求。

此外，课改目标到底改了什么？是增加了过程与方法、情感、态度和价值观吗？原来的知识中只包含陈述性知识不包括策略性知识和程序性知识吗？如果原来就包括，那么过程与方法原来是包含的，只是没有突出……以上诸多困惑直接影响着课程目标的落实。

（四）课标中三维目标背后的基本理论须论证

课标解读中提到三维目标借鉴了布卢姆等人的观点。但是无论是布卢姆还是加涅等，诸多观点似乎并没有对人的素质结构达成一个共识，尤其是对新时期人的核心素养也在探索中，背后的基础理论也不相同。因此三个维度之间到底是什么逻辑关系、过程与方法有何目标内涵，甚至基本的活动经验、基本的思维经验到底是什么等，对这些问题的认识不清晰应该也是造成教师不知如何操作的内在原因。

总之，诸多问题认识上的不清楚、实施中缺乏可操作性等直接影响了课改的落实。因此，我们有必要在实践中不断挖掘课标内涵，从教学本质角度考虑课标背后的原因及可能存在的误区。

第三节　三维一体实践与策略

针对北京市课改以来教学目标的现状、经验和问题，笔者与延庆县合作项目开展了尝试探索，提炼了策略，以期在理论与实践间有所思考和改进。

一、个案改进的运作过程：理论指导下的实践改进

探索背景：

2001年以来，延庆县作为北京市三个国家级课改实验区之一，积极将课改理念落实为课堂教学行为。并紧紧围绕教育质量，以课堂教学设计的变革为抓手,进行了两次改革(其中三维目标的变化是其核心内容)。

第一次是2001年,随着课改的到来,严格落实北京市统一修订的教学要求和教案格式变换。第二次是2006年,根据实践对北京市要求进行修改,形成具有本县特点的教学管理要求和教学设计格式。两次变换的表面是教案格式的变换,实际是教学设计理念的变换。

运作机制:

2006年延庆县在几年课改探索基础上,借助初中建设工程项目①与样本校建设项目②开展的契机,形成一个理论与实践,行政、教研、科研、学校,市级与区县结合的团队,形成了一定的运行机制,进行了进一步研究。运行机制为延庆县教委支持下,笔者与延庆教师研修中心主任牵头的教研、科研人员一起进行多次研讨,形成课堂教学设计方案,2007年上半年到沈家营中学进行实践验证,随后修正方案。

在此过程中建立了理论与实践团队。理论团队主要由进行基本理论研究的市区科研人员和针对学科教学理论进行研究的教研人员组成;实践团队主体为学校的一线教师。

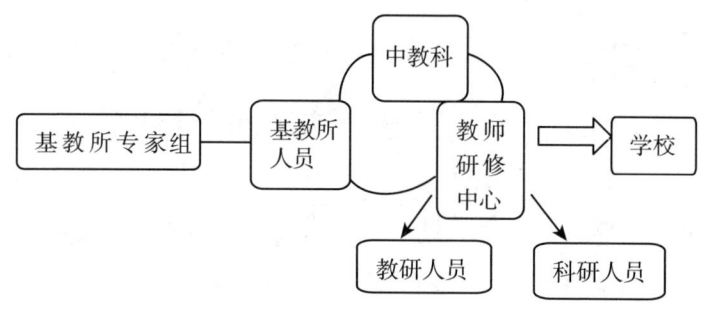

图7-3-1 人员与机制

---

① 2005年开始,项目负责人张熙研究员,现任北京教育科学研究院基础教育科学研究所所长。
② 2004年开始,项目负责人张熙研究员,现任北京教育科学研究院基础教育科学研究所所长。

第七章　目标设计：确立三维一体

实施过程：

在前期理论研究基础上，2006年年底形成具有可操作的教学设计方案及说明——2007年4月进入学校向6位语数外骨干教师进行理论说明——教师在此方案思想下选择一节课进行设计（原始教案）——教科研人员提出建议后修改教案（二次教案）——一轮上课——听课研讨——在教科研人员研讨下修改（形成三次教案）——二轮上课——研讨修订，撰写过程反思。经过系列过程后，共产生18份教学设计文本（教案）。

个案改进过程分析：

整个个案改进过程找到了理论与实践的中介机制，很好地完成了理论与实践的结合改进。具体体现为以下几个特点：

其一，区县的探索是在个案改进过程中实现了从被动改变到主动创造的过程。

课改后，北京延庆地区在资源有限的情况下，不仅积极落实课改理念，而且在此基础上不断思考课改实践适应性、教科研的前瞻性、教学实效性。

如果实践教师的需求是课改最大的源动力，那么，各级部门的主动创造性是将源动力转化为现实课堂教学实效的巨大推动力。

其二，理论研讨的双方前期都进行了深入的独立思考，增强了深刻性和针对性。

在理论研究团队中都进行了理论思考和研究。市级研究者侧重研究教学设计的理论、三维目标的理论、课改三维目标转化背后的理论基础等问题。区县研究者侧重研究学校的问题与需求、课改落实中的不适应性、实践中得出的理论等。

可见，有些理论是前人研究中推演出的自上而下的理论，有些是从实践中自下而上提升的理论。这两股力量碰撞出的火花既深刻，又有针对性。

其三，组织机制中科研、教研与教学的结合，将教学规律、学科规律和教学实践紧密结合。

单纯的科研容易流于空洞的理论，缺乏有效的实践针对性；单纯的教研容易陷入具体的学科内容或具体的方法中。教研介入到科研利于将教学理论在学科中延伸。最终实现教学规律、学科规律和教学实践紧密结合。

其四，教师作为实践团队主体，经历了理念本身变化—理论到实践的转化—实践的改进的过程。

一线教师是实践团队的主体，是实践变革的决定力量。在整个实践改进过程中，通过教学设计的修改实现了理念本身的变化；从教学设计到教学实施的变化，实现了理念到实践的转化；通过反复的上课修改，实现了实践的改进过程。但是，从理论到实践真正的改变不是一次教研活动就可以，需要长期的反复设计—实施—反思的过程。

二、个案改进的实践分析：提炼三维一体的策略

本书从三维目标的分层分类、科学性、表述恰当性来分析延庆的探索。

（一）策略一：从分层分类来看，探索了目标分解的可操作工具

从分类来看，2001年我国新一轮基础教育课程改革提出知识与技能、过程与方法、情感、态度和价值观三维一体目标，尤其突出了过程与方法目标。

从分层看，使用了"了解、理解、掌握、领会运用"等刻画知识目标，使用了"模仿、独立操作、迁移"等刻画技能领域目标；而且使用了"经历（感受）、体验（体会）、探索"等刻画数学活动水平的情感态度价值观目标。此外，具体到课时知识目标的分层，是不断从学科—学段—年度—单元—课时细化分解的过程。

延庆县将课改要求转化到具体实践中，主要有几点探索，并相应提炼出了策略：

其一，通过三维目标融通表述来体现分层分类。

探索提出目标融通表述：组织方式或学习方式、方法、工具 + 行为主体 + 行为条件、程度 + 行为动词 + 知识点、能力点。下面以初二数学《矩形的判定》为例[1]说明课改前后经历了一个不断改变的过程。

---

[1] 沈家营中学张丽的教学设计。

第七章 目标设计：确立三维一体

表7–3–1 《矩形的判定》教学目标修改

修改前	一次修改	二次修改
1. 知识目标：略 2. 过程与方法目标：略 3. 情感、态度、价值观目标：略	1. 通过"问题情境—归纳判定—分析判定—应用判定"这样的教学过程，使同学们能够比较熟练地说出矩形的判定方法及注意的问题 2. 通过练习使中上等生能应用判定方法独立解题，中下等生经过点拨后能够写出解题过程，在生生互动中加强学生团结合作的意识，激发学习的热情 3. 通过首尾呼应，使学生认识数学来源于实践，又作用于实践	1. 通过"提出问题—解决问题—归纳判定—分析判定—应用判定"这样的教学过程，运用引导发现法，学生经历矩形判定的推导过程，并能够比较熟练地说出矩形的判定方法及注意的问题 2. 通过不同题型的练习，运用学生讲题、生生互动的方法，学生体会应用判定证明一个四边形是矩形的证明方法，中上等生能应用判定方法独立证明一个四边形是矩形，中下等生经过点拨后能够证明一个四边形是矩形 3. 学生们能应用矩形的三个判定解释木工师傅检测物件是矩形的依据

从表7–3–1看出，教学目标经历了原来的分开表述—融通表述表面的认识—内涵的认识，尤其是过程与方法的认识不断深刻。体现为表7–3–2反映的三维目标分类分层系统。

表7–3–2 三维目标分类分层系统

分层＼分类	1	2	3	4
知识与技能	了解	理解	掌握	应用
过程与方法	操作方法	学科方法	教学方法	一般思维方法
情感、态度、价值观	经历（感受）	反应（认同）	领悟（内化）	

其二，对学生学习过程与方法目标进行了创造性探索。

认为过程与方法目标包含：具体的操作方法＋学科方法＋教学方法＋一般思维方法。这一思路对过程与方法目标具有了很强的可操作性。

知识目标对于不同的区域、学校、学生没有太大变化，但是，过程与方法目标却大相径庭。因为，它不仅由学科特点、教学内容决定，同时和教师的教学风格、学生的学习风格息息相关,是教师应重点琢磨的部分。

同时注意,过程与方法一定要通过教师的教引发学生经历学习的过程。否则过程与方法是虚空的、无意义的。如图7-3-2所示,有无科学的过程与方法,直接影响其他二维目标的实现。过程与方法既是手段,也是最重要的目标之一。

案例中提到增加"引导发现法"等方法,说明通过实践改进,教师在此方面感悟最多,收获最大。

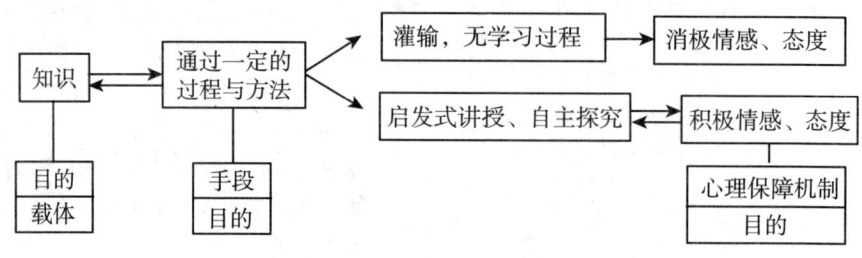

图7-3-2

其三,知识分层具体明确,不仅考虑学科内容层次性,同时也要考虑不同学生间的差异。

教师都非常重视知识目标,认为不管采用怎样的方法,最终让学生学会知识是最根本的目的。因此,教学目标的设计都是围绕教材中知识点的掌握情况展开,并且比较注重知识目标的分层次设计。

例如,《矩形的判定》一课知识目标"熟练说出矩形的判定方法及注意的问题——体会应用一个判定证明一个四边形是矩形的证明方法——应用矩形的三个判定解释木工师傅检测物件是矩形的依据"。需要注意的是数学知识目标一般分为了解、理解、掌握、应用四个由浅入深的层次,并不是每节课都要涉及四个层次;"应用"层次,不是一定要应用到生活实践中,做练习本身也是应用。"中上等生能应用判定方法独立证明一个四边形是矩形,中下等生经过点拨后能够证明一个四边形是矩形"说明能根据学生的差异进行目标分层设计。

由此可见,和那些轰轰烈烈开展活动却不能落实知识目标的情况相比,我们的教师没有盲目去跟风,而是扎扎实实地落实知识,这是应该坚持的。

第七章 目标设计：确立三维一体

其四，三维目标分层和过程中不同环节匹配。

三维目标的确立和实施（即环节的设计和每一个环节的师生活动）大致相对应。知识目标化解为小目标——问题与任务。过程与方法——对应环节的设置和每一个环节中的师生活动方式。

下面以《鱼化石》这节课的教学目标设计来说明这个系统。

第一层目标：对应初读感知环节。

通过朗读，让学生在朗读中把握诗人的构思，能够概括鱼变成鱼化石的过程；能够找出作者借鱼化石这个意象所要揭示的"离开了运动，就没有生命的道理"；

学科方法

第二层目标：对应研读课文环节。

通过自主分析，让学生采用圈点批注的方法，抓住关键词语分析重点语句的含义；

教学方法　　　　学科方法　　　　知识目标（掌握层次）

第三层目标：拓展训练环节。

通过迁移训练，让学生利用学习这首诗的方法阅读分析同类形的诗歌。

学科方法　　　　知识目标（迁移、应用层次）

图中标注说明了几个问题：目标是分层的，作者将其分为三层。每一层是分类的，包含知识与技能、过程与方法两层。过程与方法方面，运用了学科方法、教学方法以及一般的思维方法。从初读感知到研读课文，实质是从整体到部分，由浅入深的过程，符合人类一般的思维规律。需要注意的是并非每节课都包含所有的领域和层次。

此外，从中看出，目标与过程设计基本是对应的。但还有不太对应的地方。例如，环节中有两个任务在目标中并没有出现——即让学生联系作者的经历和创作的背景说出意象的深刻含义；总结归纳托物言志诗歌的方法。这说明，教学目标还有没挖掘出的目标；同时，"离开了运动，就没有生命的道理"这个应该在读中悟出来的东西。情感、态度、价值观的层次，是在一系列读的经历中体会，最后升华出来的感悟。这个目标中没有体现。

(二)策略二：从科学性来看，提炼了分析教材和学生的工具

需要厘清分析教材和学生的哪些方面及其分析的方法。分析教材和学生都需要从知识、方法、情感、价值观四方面考虑。

1. 提炼分析教材的点位与方法

分析教材的点位有三个：

其一，把握知识与技能目标。一方面，整体把握，明确定位。挖掘教材中渗透的课标要求；清楚某个知识点在不同的年龄阶段掌握到什么水平，处于哪一个层次。例如，《平移与旋转》对二年级学生要掌握到什么程度，它和四年级掌握程度有什么不同？又有什么联系？联系点在哪儿？另一方面，把握本节内容的知识点（核心概念等）、重难点。准确把握本节内容的知识点以及要达到的程度。例如，对属于"知道"层次要求的教学内容，我设计了哪些活动与练习，学生遇到了什么困难，反思自己的设计。另一方面，准确把握重难点。重点是对教材而言，难点是对学生的现有水平和要达到目标的差距而言。分析教材的知识点的同时，要准确把握重难点。例如，我是否在一定时间内落实了重点、难点，效果如何，反思自己教学重点设计。

其二，把握教材渗透的方法。教材不仅是知识的载体，同时也是方法的载体。以新课标为依据编写的教材本身就渗透着一定的学习方法，教师要善于分析教材中内涵的方法。一方面，要把握内容与方法之间的关联。另一方面，要把握原有方法与新方法之间的关联，这样才能更好地把握方法。

其三，把握教材情感、价值观渗透点。情感、态度、价值观是和知识融合在一起的，不同的内容，不同的年龄阶段，侧重的价值观等方面是不同的。一方面，教师要善于从内容中挖掘情感、价值观的渗透点。另一方面，要善于区分不同地内容、不同年龄等价值观的层次性。

分析教材主要有三种方法：层级分析法（主要针对一个知识点从低到高的内在层级联系而言）；归类分析法（主要用于不同类别知识点，把握知识点之间的联系；信息加工分析法（知识点间的关系、认知的过程不完全是直

线形的,有些是分支式的,这种方法一般用流程图来描述目标行为的基本心理过程。)三种可以任选其一,也可以结合使用。

2. 提炼分析学生的点位与方法

其一,知识水平起点的分析——解决学什么的问题。一方面,要分析学生的知识起点,即原有知识结构(包括经验性知识)。原有知识结构是学生通过课堂学习已经掌握的知识,它是进行下一阶段学习的基础和前提条件。如何了解学生的知识结构?主要通过绘制"概念图"来分析。知识结构是由各种概念所形成的各种"关系图"。另一方面,分析原有知识、经验与新知识能否建立联系。只有明确两者之间的逻辑关系,才能准确把握学习者的知识水平起点,也才能在教学设计中找准切入点。

其二,过程与方法分析——解决如何学的问题。教师的教为了学生的学,因此还要分析他们的个性特征、学习方式等,根据学生的学法确定教法。一方面,分析学生的学习风格。每个人的学习都是个性化的,即每个人有自己的学习风格。另一方面,分析学生原有学习方法向新方法过渡的切入点,分析学生的原有学习方法,并积极探索新旧方法之间的联系。

其三,情感、态度、价值观分析——解决主动快乐学的问题。情感、态度、价值观分析最主要是对学生的学习动机分析。(上一章讨论过,在此不再赘述。)

(三)策略三:从表述恰当性来看,教学目标在改进中更加具体化、可操作

形式反映内容,表述作为外显的形式,能直接反映实质问题。表述的格式前面已经提到,如表7-3-3所示。课程目标—章节目标—课时目标—课时中的小项目的目标,是从国家的课程标准—专家编制的教参—教师根据实际确立符合本班学生的目标的具体化、可操作的过程。因此,我们不能简单照搬教参中的目标。

表7-3-3　延庆教学目标格式变革

时间	教学目标一栏的要求	举例
课改前	教学目标没有什么格式和规定	照搬教参目标，主要是双基，基础知识和基本技能
2003~2007	分为四类：知识；能力；态度、情感；教学方法	《不等式》一课 知识：了解不等式的意义，能依据题意准确迅速列出相应的不等式 能力：训练学生运用所学知识解决实际问题的能力 态度、情感：激发学生积极参与意识，竞争意识的目的 教学方法：分析法、练习法
2007	融通表述： 组织方式或学习方式、方法、工具＋行为主体＋行为条件、程度＋行为动词＋知识点、能力点	略

目标表述中，实践教师普遍存在着直接搬用理解、了解等词，没有具体的行为动词，导致达成目标的过程不具可操作性；达成目标程度虚化，不具体。经过采用三维目标融通表述的改进，不管是知识目标还是过程与方法目标，在修改中，所有教师的教学目标都比以前具体化、具有可操作性，前面案例中也有体现。如知识目标方面：王春芳第二稿"知道词义，会拼写"—第三稿"能正确写出描写人物外貌的基本词汇"。过程与方法方面：李雪滨第二稿"由浅入深的方法"及第三稿"通过听、说、写的训练方法"，比以前更加具体化。

三、还需深入探索的问题

其一，过程方法目标需要改进，探索多种教学方法。

过程与方法是课改重点强调的，2004年对北京市小学做的一项调查，其中超过60%的教师认为过程与方法是最困惑的一个问题。小学课改几年来，

第七章　目标设计：确立三维一体

积极探索各种教学方式，但是知识目标却在"轰轰烈烈"中缺失了。在中学，由于中考的影响，教学处于以教师为主的阶段。

过程与方法目标应该是学生经历获得知识的过程，应采用一定的学习方法。教和学是不可分割的。为了学生的学，教师应该相应地改变原来的教学方式。

这里面可能涉及四个层面的方法，前面已经谈到。其中三个是核心的，即一般的思维方法（从哲学角度谈）＋教学的方法（从学生的身心发展规律谈）＋学科的方法（从不同学科的教学内容谈）。三个层面的方法都是围绕知识目标的落实。即"教师方法论处置的主要问题，不是找出适合于教学过程各阶段的方法，让学生'接受'现代的知识，而是激发并引导学生以自我活动去掌握教学内容的学习过程"。①

其二，不同的科目、内容，情感、态度、价值观目标体现方式不同，存在不均衡。如语文、政治要挖掘价值观因素，政治中要养成学生的某种品德本身就是它的知识目标。数学可能要挖掘思维美，学生积极学习了，情感、态度、价值观目标就达成了。

其三，三个维度在一定的时间体现的程度不同。知识目标要具体化、可操作，一般在每节课都要落实。而情感、态度、价值观是一个隐性目标，它可以不写出来，但要通过一定的方法，让学生有学习的兴趣，可能情感、态度就实现了。价值观的形成更是一个长期的过程，但是不要因为不可操作、不可能每节课都落实，就不考虑。我们还是要在每节课中体现、渗透，做到心中有数。

总之，通过理论指导下的实践改进的过程，参与人员在理论与实践的碰撞中都经历了成长，尤其是教师经历了无意识—潜意识—显意识的过程，也完成了从认识转变到实践转变的过程，促进了教师专业发展。

---

① 〔日〕佐藤正夫：《教学原理》，钟启泉译，教育科学出版社2001年版，第286页。

第八章 结构设计：顺应认知规律

目标确立好了，如何实施，这需要我们对教学过程进行整体和关键环节的设计，其中教学结构更注重体现整体设计。那么应该考虑哪些因素？如何有效实施？下面我们分别做一探讨。

第一节 教学结构及分析工具

一、为什么要研究教学结构

许多教育研究者在不同时期从不同的角度谈到研究教学结构的重要性。20世纪80年代末，王策三先生谈到："这几年我国教学实验所做的工作，集中到一点，可以说就是努力探索新的教学结构，主要成果也在于此，并且可喜的是，新的教学结构已见端倪，正在形成中。"[1]

在课改背景下，何克抗先生谈到："在教学结构变革的前提下来进行教学内容、手段与方法的整体改革，这样才有可能真正触动教育思想、观念、理论这类深层次问题，才有可能取得教学深化改革的重大效果。否则，在传统教育思想、观念、理论没有发生改变的前提下，就盲目进行教学内容、手段与方法的改革，哪怕这类改革进行得再多、再深入，也不可能达到素质教育所强调的'以培养学生的创新精神与实践能力为重点'的目标，其最终结

---

[1] 王策三：《教育论集》，人民教育出版社2006年版，转引自王策三："对近年我国教学实验的教学论思考"，载《北京师范大学学报》（社会科学版）1987年第6期。

果只能是'穿新鞋走老路'。"①

上面的观点实质点出了两个层面的问题：理论上来看，教学结构是教学过程本质和规律的核心体现；实践中来看，教学结构研究是提高课堂教学实效的关键。

教学目标如何落实？如何综合学生的需求、教材特点等对一个单元、一节课、甚至一节课的某个环节进行设计？这需要我们整体把握教师、学生、教学内容的关系和内在运作规律。教学结构是反映三者关系的模型，只有对三者关系进行优化组合，才能达到最佳效果，因此深入研究教学结构是提高课堂教学实效的关键。

此外，课堂教学设计在对教学目标研究的基础上，需要进一步对研究教学过程设计。教学结构和教学过程是教学系统的一体两面，我们以教学结构研究为切入点和载体研究教学过程的规律。

总之，教学结构的变革是教学本质改革的关键。在当前课改背景下，对教学结构的探讨无疑是必要的。

二、从系统要素及关系看内涵

对教学结构的认识当前主要有三种：宏观层面的教学结构，不依赖具体教学内容；中观层面的教学结构，与教学模式范围基本一致；其他观点。

（一）宏观层面的教学结构

何克抗研究团体认为教学结构是教学活动进程的稳定结构形式。

从内涵看，教学结构是指在一定的教育思想、教学理论和学习理论指导下，在某种环境中展开的教学活动进程的稳定结构形式，是教学系统四个组成要素（教师、学生、教材和教学媒体）相互联系、相互作用的具体体现。简单地说，教学结构将决定教师按照什么样的教育思想、教学理论与学习理论来组织教学活动进程。②

所以教学结构是教育思想、教育学理论的集中体现，教学结构的改变将会引起教学过程的根本改变，也必将导致教育思想、教学观念、教与学理论

---

① 何克抗："教学结构理论与教学深化改革（上）"，载《电化教育研究》2007年第1期。
② 同上。

的深刻变革。

从与教学模式、教学策略的关系看，教学结构大于教学模式，教学模式大于教学策略。

三者的区别主要是，教学结构、教学模式与教学策略是处于三个不同层次上的概念。教学结构处于较为宏观的层次，用于反映教育教学理论中的四个核心要素在教学中所展开的比较稳定的作用关系，它不依赖于具体的教学内容与教学对象。教学模式则是教学结构在具体的学科领域以及教学过程中展开的体现，同一教学结构在不同的教学内容、教学环境与教学对象中展开，则可衍生出多个用于指导具体教学进程展开的教学模式。教学策略是一个最下位的概念，指教学过程中所使用的技巧，在某个教学模式中，可以采用多种教学策略，同时，一个教学策略可用于多种教学模式中。[1]

总之，教学结构强调的是教学组成要素及其稳定的组成关系，教学模式强调的是教学进程展开的过程形式，教学策略是教学进展过程中所采用的方法和手段。[2]

但三者也存在一定的联系：

首先，教学模式是教学结构的体现，一种教学结构可以有很多种教学模式。任何教学结构都要通过某种教学模式才能实现，新型的教学结构则要通过全新的教学模式来实现。但能实现同一种教学结构的教学模式有很多，而且因学科和教学单元而异。[3]

其次，一种教学模式不一定归属于特定的教学结构，两者不是完全相对应的。每种教学模式因其依据的理论基础不同，而归属于不同的教学结构范畴。但在不断的发展和不同的人对其不同的理解、不同的操作的基础上，该教学模式在实施中可能是多种思想的结合，这就决定了一种教学模式在教学结构归属上的不唯一性和灵活性。

---

[1] 余胜泉、马宁："论教学结构——答邱崇光先生"，载《电化教育研究》2003年第6期。

[2] 余胜泉、陈玲："论教学结构的实践意义——再答邱崇光先生"，载《电化教育研究》2005年第2期。

[3] 同上。

第八章 结构设计：顺应认知规律

（二）中观层面的教学结构，教学模式是对教学结构的主观建构

观点一：教学模式是一种相对稳定而又简约化的教学结构。

教学模式[①]是在一定教学思想、教学理论指导下，教学活动诸要素依据一定的教学目标、教学内容及学生认知特点所形成的一种相对稳定而又简约化的教学结构。

观点二：教学结构是教学系统要素在空间中形成的静态结构形式。

利用系统科学的方法，从时空思维框架和传播学角度分析得出"教学结构"和"教学过程"是一对系统时空范畴；而教学模式本质上是利用"模式构建的方法"对教学结构和教学过程进行的建模。[②]

教学结构指教学系统中的要素在空间上的静态的排列组织形式，从而形成的稳定的静态结构形式。

教学过程指教学系统中的要素在时间上的动态展开形式，从而形成的稳定的教学活动进程。

二者的联系在于，教学结构和教学过程共同组成教学系统，形成教学功能，是教学系统的一体两面。良好的空间结构才能形成有序的动态过程，从而产生优化的整体功能，同时，教学结构向教学功能的转化必须借助于教学过程才能实现，教学功能的实现依靠教学结构的基础和教学过程的展开。

但是，教学结构和教学过程不是对等的。教学系统要素在同一空间状态可以对应不同的时间过程，因此，相同的教学结构可以对应不同的教学过程模式。相同的教学过程模式也可能体现多种不同的教学结构，这就体现了教学理论的指导作用。

最主要的是教学（系统）结构是用系统方法试图客观反映教学系统原本的结构，而教学过程模式是在教学思想与理论指导下，用模式方法主观建构系统的时空结构（见图 8-1-1）。

[①] 王策三：《教学认识论（修订本）》，北京师范大学出版社2002年版，第170页。
[②] 朱永海、张新明："也论'教学结构'与'教学模式'"，载《电化教育研究》2007年第10期。

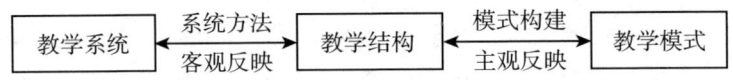

图 8-1-1 教学系统、教学结构和教学模式

(三) 其他视角：教学模式内涵大于教学结构

观点一：教学模式＝教学结构＋教学过程＋教学方法论

教学模式概念[①]：以系统科学之原理为指导，从整体论的视角尝试性地提出教学模式概念的内涵。所谓教学模式，是指在一定教育教学思想、理论或原理的指导下，教学系统内基本构成要素（主要指教学结构、教学过程与教学方法）之间彼此联系、相互作用、协调运行的，静态与动态相统一的有机整体。

教学结构：教学系统各基本构成要素根据各自在教学系统中的地位、作用而联结起来的横向空间分布形态。

教学方法丛：促成模式整体功能最大化的教学方法适配形态（注意：此处将教学方法定位于静态维度，是基于各种不同方法有机组合以形成的教学方法丛——就教学方法适配形态而言的，不是具体方法）。

教学程序：以整体教学结构为运动体在运动过程中的纵向时间序列形态。

教学模式是三种"形态"于三维空间中交会、融合、协同与共振所形成的自催化循环回路式三元运行机制（见图 8-1-2）。

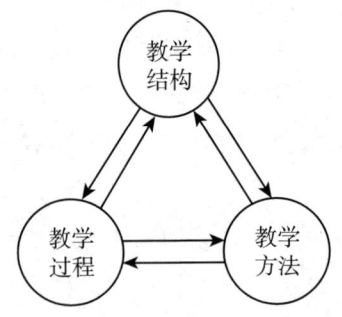

图 8-1-2 教学模式三元机理图

---

① 袁顶国、刘永凤、梁敬清："教学模式概念的系统分析——教学模式概念的三元运行机制"，载《西南师范大学学报（人文社会科学版）》2005 年 11 期。

第八章 结构设计：顺应认知规律

观点二：教学模式大于教学结构，不宜引入教学结构概念。

邱崇光认为研究中不宜引入教学结构概念，应采用"教学模式"。[①] 其认为"模式"一词通常是指事物的一种稳定的状态，有一定的特征和格局，可发展为一种标准形式。用数学中复杂的复合函数描述的对象、系统论和信息论中是包含很多子系统的、与外界进行复杂信息交换的系统都可以用它来概括。这些事物可以是具象的，也可以是抽象的，因此"模式"一词的概括能力很强，内涵十分丰富，层次要高一些。它使用十分广泛，特别是在科学研究中。

"结构"一词通常指的是事物的一种稳定的构成状态，但它指的事物一般要具象一些，组成这种稳定状态的因素也要具体一些，多与建筑、机械以及由此引伸的事物有关。因此"结构"一词的概括能力要差一些，内涵要窄一些，层次要低一些，使用面要小一些。

（四）对教学结构含义的再认识

综合考量上述观点，可以得到以下启示，但仍有些问题存在：

宏观层面的观点，为我们厘清了教学结构、教学模式、教学策略的关系，并在基本的三要素基础上，提出课改背景下信息技术作为一个要素而不是教学手段的作用，对我们思考当下信息技术与学科教学整合下的教学实效有很多启发。但是，宏观的超越具体学科和教学对象的教学结构，对当前课堂教学结构变革而言，其可操作的指导性不足。

中观层面的观点，王策三先生的结构—功能的分析视角，朱永海、张新明将教学系统从时空上分为教学结构和教学过程等，这些分析的方法给我们很多启发。而且中观层面的教学结构对课堂教学的操作层面有指导作用。

袁顶国的教学模式三元机理观点，将教学系统的要素确定为教学结构、教学过程与教学方法，观点很开阔、新颖，但是这种划分背后的逻辑标准不够清楚，有隔靴搔痒、不够深入本质之感。

借鉴以上观点，本项目的研究主要落在中观层面（并深化到微观层面），其教学结构需要体现以下要点：

（1）关注中观和微观层面。教学结构有宏观、中观、微观不同层面，我

[①] 邱崇光："'教学结构'和'教学模式'辨析"，载《电化教育研究》2002年第9期。

们主要研究中观的课堂教学结构和微观的课堂中某一活动中的教学结构（如针对重难点所开展活动的教学结构）。

（2）内涵着一定教学思想、教学理论或学习理论。不仅是教学理论，更要关注学生学习的学习理论，同时是多种理论的融合，不是单一的理论。

（3）教学系统要素及其关系的本质揭示。强调教学系统各要素的相互作用，最核心的是对教师、学生、教学内容三要素之间的整体的把握；另一方面，强调要素间的关系，在师生间、教师与教学内容、学生与教学内容等各种互动关系中考虑问题。系统中各要素的不同关系和互动形成了不同结构。

（4）教学结构包括时间和空间、静态与动态的统一。教学活动及进程，表明其动态性；一定的结构形式，表明其具有相对稳定性。

总之，教学结构是对教学系统的客观描述；教学模式是教学结构的表现形式；"优化教学过程"实质是对教学模式的选择、改造和应用，寻求教学活动诸要素的合理组合，从而有效完成教学目标。

三、教学结构的类型

（一）师生关系的角度将教学结构分为三种类型

何克抗从师生关系的角度将教学结构分为三种类型[①]：以"教"为中心的教学结构、以"学"为中心的教学结构、"主导—主体"教学结构。其认为要从以"教"为中心转变为"主导—主体"教学结构。两者主要区别如表8-1-1所示。

表8-1-1 何克抗教学结构转变观点

要素	以"教"为中心的教学结构	"主导—主体"教学结构
教师	知识的传授者，是主动的施教者，是教学的绝对主导者，监控整个教学活动的进程	教师要对学生及其学习过程中的教学内容及教学媒体进行总体的指导和把握，教师要根据学生的特点为其选择、设计特定的教学内容、教学媒体和交流方式，教师是教学过程的组织者、学生意义建构的促进者、学生良好情操的培育者，教师要善于引导学生自主、探究和协作学习

[①] 余胜泉、陈玲："论教学结构的实践意义——再答邱崇光先生"，载《电化教育研究》2005年第2期。

续表

要素	以"教"为中心的教学结构	"主导—主体"教学结构
学生	学生是知识传授的对象,是外部刺激的被动接受者	学生拥有大量的经过教师选择、设计并控制的学习资源,是学习活动的主体,是信息加工与情感体验的主体,是知识意义的主动建构者
教学	媒体辅助教师教的演示工具	教学媒体不仅是辅助教师教的演示工具,更是促进学生自主学习的认知工具与情感激励工具,是学生协作学习的工具
教材	教学内容基本由教材决定。教材是学生的唯一学习内容,是学生知识的主要来源	教材不是唯一的教学内容。通过教师指导、自主学习与协作交流,学生可以从多种学习对象(包括本门课程的教师、同学以及社会上的有关专家)和多种教学资源(如图书资料及网上资源)获取多方面的知识

教学结构变化如图 8-1-3 所示。

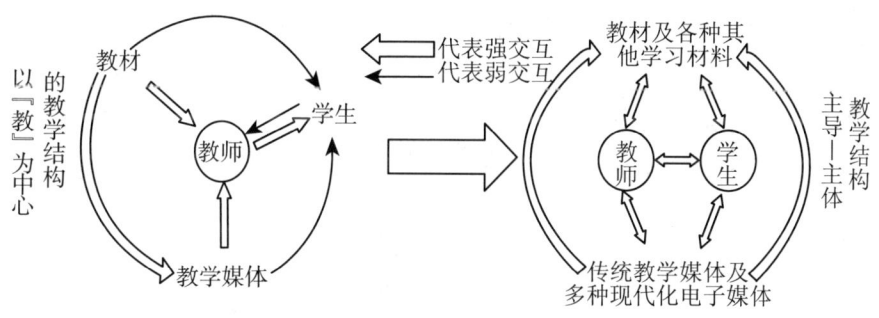

图 8-1-3 教学结构的转变

(二)从结构——功能理论的角度,分为六种教学模式

王策三先生从结构—功能理论的角度①,认为六种教学模式反映了相应的教学结构,具有不同的功能,列表如下:

---

① 王策三主编:《教学认识论》(修订本),北京师范大学出版社 2002 年版,第 171~179 页。

表 8-1-2　王策三的结构—功能理论

类别	结构及特点	具体的表现形式（环节）	功能
教师讲授为主，系统传授和学习书本知识	教学内容：是系统的知识 学生：主要是集体 师生关系：教师主导	1. 近代以前：讲—听—读—记—练 2. 近代夸美纽斯：观察—记忆—理解—练习 3. 赫尔巴特：明了—联想—系统—方法 4. 凯洛夫：感知—理解—巩固—应用—检查	知识
学习者为中心，从活动中学习	教学内容：生活、问题 学生：突出个体 师生关系：突出学生主体	1. 近代杜威：问题—假设—验证—总结评价 2. 设计教学法 3. 现在：问题解决模式、活动教学模式 学生在准备基础上提问题—对问题共同讨论—总结	解决问题的能力等
设置个人的学习情境，严格控制学习进程的自学辅导	教学内容：有步骤、目标分解的相应内容 学生：突出个体 师生关系：学生主体，教师指导	1. 近代斯金纳：刺激—反应—强化 2. 中国卢仲衡：启发—读议—评讲 3. 读—议—练—讲；自学—重点讲授—练习—自学成才等	自学能力；技能训练
提供结构化材料，引导学生从发现、探索中学习的教学模式	教学内容：结构化的知识 学生：突出个体 师生关系：学生主体，教师指导	1. 布鲁纳的发现学习：明确问题—建立假设—进行探索，提炼原理或概念—验证提高 2. 根舍因的范例教学：解释作为范例的个别事物—解释范例的"类"或"属"—掌握规律范畴—获得对自我或人类的理解 3. 20世纪80年代以来我国：师生确定要学习的概念，根据概念设计有结构的材料让学生操作—组织研讨—知识的巩固和运用	获得结构化的知识

续表

类别	结构及特点	具体的表现形式（环节）	功能
在创设的情感活动中进行潜移默化学习的教学模式	教学内容：情境化知识 学生：突出个体和集体 师生关系：师生、生生互动	活动—体验—表现为基本模式，情感为主线 1. 暗示教学 2. 李吉林的情境教学模式：创设情境—学生参加各种活动—总结转化	情感、体验等
以行为技能训练为主的示范模仿学习的教学模式	教学内容：技能	定向—参与性练习—自主练习—行为迁移	技能

（三）对教学结构分类的思考——影响要素与分析工具

1. 影响结构类型的要素

不同的学者有不同的观点，教学作为一个系统，涉及的是要素及其关系的范畴。划分结构的标准主要涉及如下方面。

（1）构成结构要素内涵的变化

①教学内容在不同的结构中内涵是不同的，有些强调系统知识（主要侧重学科知识系统性）；有些强调结构化知识（主要侧重最基本知识网络的建构）；有些则侧重学生的生活经验，从活动中获得体会等。

②学生内涵的变化。有些仅侧重强调学生集体；有些侧重强调学生个体；有些既强调学生个体，也强调生生互动。

（2）要素间关系的变化

①师生关系的变化。有些则强调教师的绝对权威；有些强调学生的主体地位；有些强调教师主导、学生主体；或者师生具有主体间性。

②教师与教学内容的关系。有些强调教师对教学内容的忠实讲授；有些强调教师根据学生认知规律对教学内容的加工、创造。

③学生与教学内容的关系。知识结构还是学生认知结构的问题。

2. 尝试建立结构类型分析的工具

近些年来，课堂教学模式和结构呈现出多样化、综合化的趋势。我们很难将丰富多彩的现实课堂划分类型，并归结为某种教学结构。但是在当前课堂旧有模式被打破，教师处于探索阶段的前提下，我们尝试建立一个分析工具，对教学结构进行类型分析，这样或许对于实践的探索有一些启示。

分析工具是以师生关系和教学内容为横纵坐标建立二维思考框架。（分析工具建立在两个层面：一是理论层面，总结前辈的探索经验。二是实践层面，我们对学校现实探索的总结提升。由于实践探索不足，因此，此框架只是初步尝试，还有待改进。）如图 8-1-4 所示。

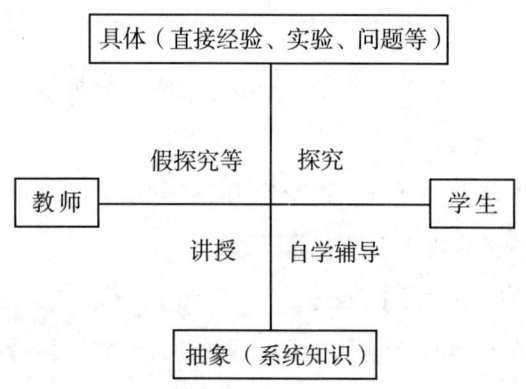

图 8-1-4 教学结构二维分析工具

横轴代表师生关系，越向左，教师的作用越大，反之学生的主体作用越大。

纵轴代表教学内容，越向上，教学内容的经验性越强，逐渐向下为个人经验—问题—结构化知识—抽象系统知识。

如果三者的关系体现在第一象限，即教学内容从直接经验或问题出发，关注学生的主体地位。那么，教学主要体现为探究、发现式等教学结构。随着其在第一象限的位置不同，有所不同。

如果三者的关系体现在第三象限，即教学内容从抽象知识出发，关注教师的主导作用。那么，教学主要体现为讲授等教学结构。随着在第三象限的位置不同，教师的主导作用强度不同，知识的抽象性有所不同。

如果三者的关系体现在第四象限，即教学内容从抽象知识出发，关注学生的主体作用。那么，教学主要体现为自学辅导等教学结构。

如果三者的关系在第二象限，则会出现教师替代的假探究、假问题等现象，这在课改初期比较普遍。

四、如何建构新的教学结构

（一）从课改的要求看影响因素——外因

20年前王策三先生提出：对新的教学结构的探索，主要是通过对以发展为中心的几种因素关系[①]的认识和处理，即师生关系、师生与教学内容的关系，来为结构的建构提供思路。当前我们也需要基于课改的要求，设想可能出现的模型或者标准，以为建构教学结构提供启示。

在课程目标上，需改变课程过于注重知识传授的倾向，强调形成积极主动的学习态度，使学生获得基础知识与基本技能的过程同时成为学会学习和形成正确价值观的过程。

因为三维目标不可能每次都在同一节课中实现，因此，根据不同的课型、不同的教学内容，实现的目标侧重点不同，采用的教学模式不同，教学结构也就不同。教学目标的变化带来的是学习方式的变化、师生互动方式的变化、认知方式的变化。一句话，原来单一的讲授式的五环节教学结构不能满足教学目标落实的需要，不能完全完成相应的教学功能。

在课程内容上，需改变课程内容"繁、难、偏、旧"和过于注重书本知识的现状，加强课程内容与学生生活以及现代社会和科技发展的联系，关注学生的学习兴趣和经验，精选终身学习必备的基础知识和技能。

课程内容的变化要求首先体现在教材内容及呈现方式变化。这一变

[①] 一是以学生的学习为主体，同时又使之在教师的主导之下进行；二是着眼于发展学生的智力和整个个性，包括全面发展和特殊发展，同时又使之牢牢地建立于"双基"（基础知识和基本技能）学习的基础上；三是引进和加强发现、探究、尝试、实践活动，同时又确保传授和学习书本知识和教师讲授的主导地位。

化直接影响着学生的认知方式。很可贵的是本次课改兼顾学科知识、社会知识和学生发展，因此教材的呈现方式考虑了学生的认知方式。在教学中将教材的知识结构和学生的认知结构结合起来应该更加容易。如本次课改数学教材编排的顺序为创设情境—问题解决—建构模型，更加侧重学生学习的认知规律。那么，教师在教学中的结构也会发生相应的变化。

在课程实施上，需改变课程实施过于强调接受学习的情况，倡导学生主动参与、乐于探究、勤于动手，培养学生搜集和处理信息的能力，获取新知识的能力，分析和解决问题的能力以及交流与合作的能力。

在教学过程中，促进学生在教师指导下主动地、富有个性地学习。教师应关注个体差异，满足不同学生的学习需要，创设能引导学生主动参与的教育环境，使每个学生都能得到充分的发展。

同时，应大力推进信息技术在教学过程中的普遍应用，逐步实现教学内容的呈现方式、学生的学习方式、教师的教学方式和师生互动方式的变革，提供丰富多彩的教育环境和有力的学习工具。

在教学结构的要素及关系问题上也存在着变革：教师是指导者、环境创始者等；学生不仅是学生全体，还有个性的差异；师生关系是教师指导下的学生主动个性学习；信息技术不仅是工具，同时可以促进教学结构的变化（呈现方式、教学方式、学习方式、师生互动方式的变革）。

从上面的分析可知不管是怎样具体的教学结构，至少有一些是课改背景下共通的：（1）教材内容更新和螺旋上升的呈现方式变化了；（2）学生内涵变化了，不仅要关注学生全体还要关注个性差异；（3）教师内涵变化了，教师是指导者、环境创设者等；（4）从师生关系看是教师指导下的学生自主（或学生自主基础上的教师指导）；（5）从教学内容和教师、学生的关系看，教师要创造性运用教材，转变教学方式，达成教材知识结构和学生认知结构的统一。

（二）影响教学结构建立的核心因素——内因

在以上共通认识的基础上，还有很多具体的内在因素影响着教学结构的形成。

1. 知识的类型影响知识结构

知识分为陈述性、程序性和策略性三种知识类型。不同的知识类型具有不同的知识结构，会表现为不同的知识呈现方式。因此，我们在分析教学内容时，首先应该看其知识类型。

2. 学生认知规律、知识结构影响认知结构

学生的认知规律、知识结构直接影响着他的认知结构。认知结构又决定着他采用怎样的学习方式、思维方式去学习。

3. 教师的知识结构、教学风格等影响教师的教学方式

教师的知识结构、教学风格影响着教师如何教学。面对相同的学生，不同教学风格的教师采用的教学模式也不同。

由此可见，以上三者相互制约，一节课的教学过程如何达到最优化，就需要考虑这三者的协调与共振。

总之，我们还需要深入不同的知识本身、教师的教学风格和学生的认知规律等深层问题上，才能将教学结构的研究深化。当前，在借鉴前人理论分析的基础上，我们最需要做的是——基于实践提升不同类型的结构模型。

第二节　课改后的结构及功能

课改以来提出了哪些要求？依据要求，实践中教学结构发生了哪些变化？变化到了什么程度？原因是什么？下文给予分析。

一、课改对教学过程提出要求

课标对教学过程作出以下要求：教师在教学过程中应与学生积极互动、共同发展，要处理好传授知识与培养能力的关系，注重培养学生的独立性和自主性，引导学生质疑、调查、探究，在实践中学习，促进学生在教师指导下主动地、富有个性地学习。教师应尊重学生的人格，关注个体差异，满足不同学生的学习需要，创设能引导学生主动参与的教育环境，激发学生的学习积极性，培养学生掌握和运用知识的态度和能力，使每个学生都能得到充分的发展。

正如何克抗撰文所言："仔细分析文件中的这一段话，不难看出，该文件对教师、学生、教学内容（即教材）以及信息技术、信息化课程资源、教育环境和学习工具（即教学媒体）的地位、作用都作了与传统教学中完全不同的表述，也就是对教学系统四个要素的地位、作用给出了新的表述——这正是对传统教学结构进行变革的具体内容和要求。这就表明，我国在基础教育领域进行的新一轮课程改革，从其具体内容和要求上看，实际上已经在强调教学结构的改革。"[1]

二、教学结构实践变革的情况

经23份调研表，5次座谈会和若干次电话访谈，初步了解了北京市16个区县教学结构的探索情况。根据起点及变化程度看，出现了不同的情况。

从调研情况看，绝大多数的学校以课改为临界点，课改前教学形式采用的是单一五环节（或者稍有变化），个别学校课改前已经对五环节进行了变革，课改后又完善或进一步变革。随着教学环节形式或模式的变化，教学结构也发生了变化。当然教学模式和教学结构不是完全匹配，有些只是教学形式变化，但教学结构并没有本质变化。因此，出现了以下各种现象。

情况一：课改前后教学形式变化，教学结构也发生变化

调研的23所学校中，绝大多数学校将课改作为临界点，转变教学观念，积极尝试打破传统的五环节教学模式，探索了各种各样的教学模式或形式。最重要的是在这些模式的背后，反映了对教师、学生、教材的重新认识，同时师生关系等也发生了本质变化，即教学结构发生了变化。具体案例会在下面详细介绍。

这些模式中有些是在学校层面，由教学领导者引领的变革，它引起了全校教师理念的转变、结构的重构。还有一些是学校内某位教师在学习理论与实践中主动积极的改变，虽不能在学校层面产生影响，但对所教班级产生了

---

[1] 何克抗："教学结构理论与教学深化改革（上）"，载《电化教育研究》2007年第7期。

第八章 结构设计：顺应认知规律

积极的效果。

情况二：形式或模式没有变化，但结构发生了变化

长期以来，学校主要采用的凯洛夫的五环节，在当时的情况下培养了大批人才。只是在用的过程中逐渐模式化，形成了教师是主体、权威，学生是被动的接受者，教师按部就班地教教材，灌输知识的格局。

课改后，教师在新理念的冲击下，重新思考，虽然依然采用"组织上课—检查复习—新授讲解—巩固练习—布置作业"原有的教学环节，但是其内涵发生了很大变化。例如，新授讲解环节，不是教师讲学生被动听，而是在学生主动积极思考基础上，教师针对问题进行有效讲解；教师不是按部就班地讲教材，而是联系学生的生活世界，根据学生的认知规律讲解。这样，师生关系就发生了变化，对教学结构各要素的认识也发生了变化。在外在的教学环节或阶段没有改变的情况下，教学结构发生了变化。

情况三：形式或模式变化，但结构并没有相应改变

尝试采用新理念进行教学这是课改后教师一直追求的。从教学设计来看，教师也进行了很多改进，采用课改所倡导的如探究式、合作式等教学方式，由此教学流程发生了变化。例如，由原来教师讲转变为问题载体、学生探究等。但是在听课过程中发现如下的问题：

问题是教问题；问题不是学生主动提出；问题没有思维含量，只是为了走形式。

探究是教探究；不是学生探究，而是教师牵着鼻子走的验证，学生主体性没有发挥，不是真正的探究，等等。

诸如上面各种各样的形式中，在热热闹闹的师生互动中，师生关系没有发生实质变化，相应的教学结构也没有变化。

情况四：还有一些学校或者学校中某些老师依然沿用原来的五环节，基本没有变化，内涵也没有变化。

课改走过了几年的历程，如果走进常态课堂，这种情况是比较普遍的现象。

219

至于每种情况所占的比例，我们无从确认。因为每个学校情况不同，有些学校都在发生着变化，或者结构本质变化，或者只是形式变化。而有些学校基本都没有变动。

四种情况可用图8－2－1表述：

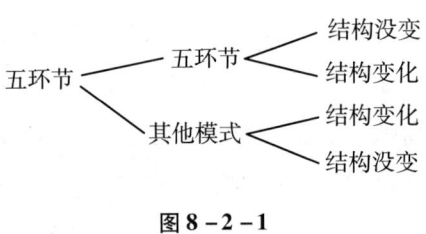

图8－2－1

三、当前几种典型的教学结构

近些年来，课堂教学模式和结构呈现了多样化、综合化的趋势。我们很难将丰富多彩的现实课堂划分类型，并归结为某种教学结构。但是在当前课堂旧有模式被打破，教师处于探索阶段的前提下，我们有必要尝试分析，这样或许对于实践的探索有一些启示。

我们的分析建立在两个层面：一是理论层面，总结前辈的探索经验，将教师、学生、教学内容及其之间的关系作为分析框架，形成了不同的类型。二是实践层面，我们对学校现实探索的总结提升。在理论与实践磨合基础上，出现了下面几种典型的教学结构（见图8－2－2）。

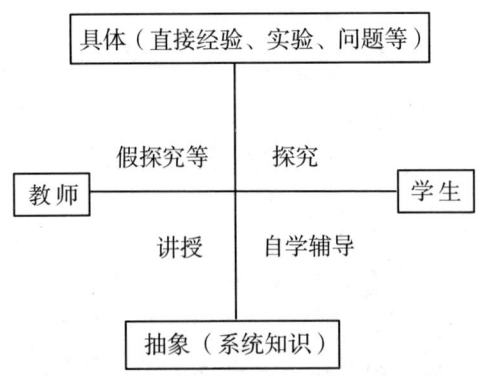

图8－2－2 教学结构二维分析工具

第一类：讲授式教学结构及其继承和改造

● 学校情况：

课改前，普遍的课堂教学结构是：组织上课—检查复习—讲授新教材—巩固新教材—布置课外作业。新课改后，这种教学模式在教师常态课中还普遍存在。只是教师逐渐摆脱模式化、僵化的师讲生听，学生被动接受的局面。在原有教学模式不变的情况下，逐渐进行了改造。

从调查数据看[①]，在一节课中有复习旧课环节的为95%、有教授新课环节的为100%、有课堂训练环节的为100%。但是，在大框架没有发生根本改变的情况下，各环节内部发生了变化。例如，关于"一节45分钟的课，您讲授部分大概占多长时间？"选择20分钟的人数最多，占57.9%；选择10分钟的人数排在第二位，占总人数的33.6%；选择30分钟的人数排在第三位，仅占总人数的5%。说明课堂中教师讲授的时间大大减少。例如，延庆永宁小学"复习旧知识—导入新课—学习新知—巩固练习—独立作业—小结"的课堂教学模式。

以怀柔张各长中学的四步课堂教学研究"预习—新知学习—运用—作业巩固"为例。

● 结构变化：

（1）构成结构要素内涵与原来基本没有变化。

①教学内容强调建立新旧知识间的联系，形成学科知识系统。

②学生侧重强调学生集体。

（2）要素间只有师生关系有变化。

①师生关系有一些变化。强调教师主导、学生主体，而不是原来的教师中心。生生互动不明显。

②教师与教学内容的关系。以间接经验为主。

③学生与教学内容的关系。教师根据教学内容的知识结构组织课堂进程。

[①] 2004年的样本校调查。

- 功能和效果：

对教师：充分发挥教师的主导作用。

对学生：在短时间内有利于学生系统有效地学习知识。

不足之处在于：不利于培养学生的实践能力、问题解决能力；对教师的要求仅限于对学科知识的掌握、传授。

第二类：探究式教学结构

- 学校情况：

23份调研表中，基本都有探究的环节。虽然在常态课中这种教学方式未必普遍，但是在各种研讨课、评优课等，探究式却普遍存在，并由此引起了教学结构的变化。可见，课改所倡导的探究已经引起了广大教师积极的探索和践行。

几种亚结构：

（1）自探—师总结。

燕山前进一小、二小的自研—示研—导研—固研的四环节的教学模式。

密云四小：创设情境—探究活动—实践应用—课堂感悟—分层作业。

玉桥小学启探讲三环节：学生发现问题—教师提出有价值问题—探究—教师讲解。

（2）自学—组探—师总结。

平谷四小：铺垫引入—预习自学—讨论探究—教师点拨—当堂训练。

良乡三小探索"运用信息技术支持学生自主、探究、合作的课堂教学模式"：创设情境—鼓励质疑—启发思维—及时点拨—引导归纳。

延庆四小的活动探究：创设活动—参与活动，探究新知—模拟活动，解决问题—活动结束总结。

（3）自探—组探—师总结。

房山城关小学建立了"以问题为纽带的研究性教学"课堂基本框架：提出问题—梳理纽带性问题—自主研究—交流总结—实际应用—课堂小结——产生新问题。

育鸿小学"自主探究"的教学模式：创设情境、激发兴趣—自学质疑、潜心思考—科学分组、合作探究—全班交流、学会评价—总结提升、综合运用。

从上面看出，探究式教学结构不再是单一的"以学生为中心"和"从经验出发止于经验"的模式：提出问题—建立假设—指导实验—验证假设——自己发现新知，而是保留了合理内涵，并加入了很多新成分（如教师精讲、分层作业、预习自学等），使其符合学生的实际。

● 结构变化：

（1）构成结构要素内涵的变化。

①教师是情境活动设计者、探究活动的组织者、引导者和总结提升者。

②学生内涵侧重强调学生个体思考和生生互动。

③教学内容强调问题解决，而不单纯是系统知识。

（2）要素间的关系的变化。

①师生关系的变化。强调教师在学生主体基础上指导。

②教师与教学内容的关系。侧重从活动、直接经验中学习间接经验。

③学生与教学内容的关系。教师根据学生的认知结构组织知识结构。

● 功能和效果：

对老师：有助于提升教师的教学设计能力、组织能力、总结提升能力、驾驭课堂能力，对本学科系统知识及各学科的综合知识都有很高要求。

对学生：有利于提高学生的自主学习能力、合作交流能力、问题解决能力、实践能力、在具体实践或活动中总结提升系统知识建构知识网络的能力。

第三类：自学辅导

● 学校情况：

密云一小：揭示课题—提出问题—自主学习—汇报交流。

丰台实验：创设情境—自学—交往合作—感悟解题——总结运用。

永顺小学：自学—讨论—检测。

窦店中心小学：复习旧知，揭示课题—明确目标，自主学习—操作讨论—应用解决—反馈评价（后来改变为：提出问题—探究解决问题—评价总结）。

河南寨小学：自主—合作—引领—拓展。

昌平南口小学在识字课中的小组合作学习探索出一种新的识字教学课堂模式设计。即课前预习—上课初测—小组识字—成果后测—组词解意—书写指导。此模式利于激发学生自主识字的兴趣，有效提高了学生自主识字能力。

六一小学提出作文指导课的教学模式设计。即明确目标—激发情感—指导练习—巩固提高。以及作文评改的教学模式：明确依据—自我评价—剖析典型—去"病"成"佳"。

- 结构变化：

（1）构成结构要素内涵的变化。

①教学内容强调知识获得。

②学生内涵侧重强调学生自主学习。

（2）要素间的关系的变化。

① 师生关系的变化。强调教师在学生主体基础上指导。

②教师与教学内容的关系。

③学生与教学内容的关系。学生按自己的方式进行学习。

- 功能和效果：

对学生：有利于提高学生的自主学习能力。

不足之处在于限制了学生的创造性和思维；对课堂中生成的问题照顾不够。

除了以上比较典型的几类教学结构外，可能还有其他教学结构。

四、变与不变的原因分析及建议

（一）变化且有成效的原因分析

（1）课改教材的改变、教材的呈现方式的变化直接导致相应的教学结构。例如，数学的教材结构是情境—问题解决—建构模型。因此教师的课堂教学虽然形式多样，但基本是这样一个思路。

（2）深入理解课改理念内涵，教育观念、教师观、学生观等发生了变化。例如，学生观的变化直接影响师生关系；基于培养学生三维目标的诉求，就必须改变原来的教学结构。

（3）学校层面积极探索。教师基于教学实践进行探索，并在学校管理推动下，充分将课改理念和学校实践相结合。

（二）没有实质变化的原因分析

（1）理念层面没有真正理解课改本质。主要是没有真正理解课改的本质，只是看到了形式的、表面的东西，显性的外表下可能反映两种截然不同的本质。

（2）在操作层面缺乏策略。没有理解内容和形式的关系，教学结构是为教学目的服务的，但是教师不知结构的适用条件，任何情况下都采用自主、合作、探究，其结果会适得其反。

虽然理解了理念，但真正转化为行为还没有具体的操作性策略，因此形式变化了，内涵却没变。

（3）受外在条件限制。受考试的制约，不敢改变；或者是受其能力的限制，打破了旧有的结构，却没有能力建立新的结构，因此又回到了老路上。

教学模式、方式更多依据外在要求（如课标要求、上级检查的要求），而不是根据学生特点和教学内容特点调整，因此可能不恰当或无效果。

（三）建议

（1）教师要深入理解课改理念。

（2）教师要基于教学的实效性进行多种形式探索。

（3）研究人员要深入实践，在实践中提炼出教师好的做法加以总结。

（4）研究人员要进行理论与实践研究，在操作性策略方面为教师提供帮助。

第三节　一所学校的三次变革

上文我们了解了课改的整体情况，下面我们以房山城关一小三次变革①为例深入剖析。看课改前后课堂教学结构到底发生了什么变化，体现了怎样的功能。

一、三次教学流程反映的教学结构变化

房山城关小学课改以来积极落实课改理念，以教学结构为切入点尝试教学改革，先后经过了以下三次教学流程的变化。

课改前：复习引入—新课讲授—课堂练习—课堂总结—布置作业；

2003年初步建模：创设情境提出问题—自主探究—交流总结—实践应用—提出新问题；

2004年完善，并加强前两个环节的实效：创设情境提出问题—梳理纽带性问题—自主探究—交流总结—实践应用—提出新问题；

2004年之后：关注课堂中新生成问题的问题链条式课堂教学结构。

教学流程是教学结构的表现形式，教学流程的变化可能引起教学结构的变化。那么，以上这些教学流程的变化是否引起了教学结构的本质变化呢？判断教学结构变化简单地说是看教学中的三个最基本要素（教师、学生、教学内容）的内涵及其关系是否发生了变化，形成了怎样的结构模型。对此，我们分别进行阐述。

● 课改前教学结构分析

1. 构成结构要素内涵

（1）教师：知识传授者、课堂规范的制定者和执行者。

（2）学生：知识的接受者。强调学生集体，不太关注学生的个性差异；生生互动较少。

---

① 王雅薇：“以问题为纽带的教学探索”。（项目内部资料）

（3）教学内容：间接经验为主，按部就班的教材内容。

2. 要素间关系

（1）师生关系：教师是绝对权威，学生处于被动接受状态。即使问题也是教师提出，引导学生一步步展开学习。

（2）教师与教学内容的关系：强调建立新旧知识间的联系，形成学科知识系统。

（3）学生与教学内容的关系：教师根据教学内容的知识结构组织课堂进程，当知识结构和学生的认知结构发生矛盾时，服从书本的知识结构。

总之，是以教师为中心的课堂教学结构，教师将教材的系统内容按部就班地教给学生。

● 2003年初步建模的教学结构分析：

和第一种相比，教学流程或环节发生了很大的变化，尤其是前两个环节，由原来的复习引入转变为创设情境，提出问题；由原来的新课讲授转变为自主探究和交流总结。最后一个环节也由原来的布置作业转变为提出新问题。

流程变化的背后是教学理念的变化，是对教学要素内涵及其关系理解的变化。当然在理念转化为教学行为中，也面临着种种现实问题。

1. 构成结构要素内涵

（1）教师

理念中：由原来单一知识传授者转变为情境的创设者，学生交流的组织者和知识提升者。

操作中：出现了为情境而设计情境的现象，忽视了情境设计背后的原因，同时设计能力不足。教师的情境创设者角色没有充分体现。

（2）学生

理念中：由原来仅强调学生集体转变为关注生生互动；不仅培养学生掌握知识，同时提高质疑、解决问题的能力等。

操作中：学生主动提出问题的积极性增强，但是提出的问题浅显，还不具备质疑的能力，更不要说解决问题的能力。

（3）教学内容

理念中：对教材创造性运用，以问题的形式呈现。

操作中：问题琐碎浅显，不能有效完成对书本知识的掌握。

2. 要素间关系

（1）师生关系

理念中：学生主体，教师主导。

操作中：学生因为缺乏质疑、解决问题的能力，主动性没有充分发挥；教师从情境的设计、对学生提出问题的提炼、学生讨论交流后的总结提升能力不足，因此，主导作用也没有充分发挥。出现了主导、主体都弱化的失范状态。

（2）教师与教学内容的关系

理念中：教师通过创设情境从具体事物中学习，从具体到抽象，让学生在经历学习的过程中，总结掌握系统的学科知识。

操作中：将书本知识与学生的实际联系创设情境，但是由于师生能力的现状，总结提升不足，学生也没有深层思维，因此出现了从具体知识到具体知识的肤浅局面。

（3）学生与教学内容的关系

理念中：将教学内容的知识结构和学生的认知结构统一起来。

操作中：由于尊重学生的认知规律，在深刻性不足的情况下，出现了部分脱离知识结构，单纯被学生肤浅认知带跑的现象。

总之，虽然理念认识比较到位，但是由于在尝试阶段，旧有的教学结构被打破，新的教学结构本身还不成熟，同时教师和学生能力不足以立即支持这种结构，所以出现了流程清晰、内在机理失范的短暂局面。

• 2004年完善后的教学结构分析：

面对这样的情况，房山城关一小没有被眼前的困难吓倒、浅尝辄止，而是在实践中积极寻找原因，不断完善。经过一段时间基于课例的研究，出现了第三种教学流程。

第三种和第二种比较教学流程变化不大，增加了一个梳理纽带性问题环节。最主要是不断加强前两个环节的实效性。第一个环节重在提高学生的质疑能力，第二个环节重在提高教师提炼学生问题，并与教学重难点紧密结合，体现了教师的主导作用。

在这种情况下，对教学系统要素及关系的认识变化不大，主要体现在教学理念不断地转化为教学实践，实效性不断增强。在要素的关系上体现为：

（1）师生关系：学生主体，教师主导。学生具有了质疑的方法，提高了质疑能力，主体意识和能力增强。教师也加强了梳理纽带性问题的能力，不仅准确把握教材，而且深刻了解学生，将两者统一起来，体现了教师有力的主导作用。

（2）教师与教学内容的关系：教师深入把握教材，并进行创造性运用。通过创设情境从具体事物中学习，从具体到抽象，让学生在经历学习过程中，总结掌握系统的学科知识。

（3）学生与教学内容的关系：将教学内容的知识结构和学生的认知结构统一起来。

总之，在这种情况下，教材的制约作用变弱，但是对教师和学生要求丝毫没有变弱，教师要深入理解教材，并进行创造性运用，教师要深入了解学生，并将两者结合起来；学生对教学内容的了解程度和自学能力要增强。因此，教师和学生的主动性和能力要求都很高。

第四种教学流程和第三种变化不大，更加关注教学过程中学生不断生成的新问题。这种变化更加体现了根据学生的需求调整教学设计，使学生更加有效地学习。其中注意不要被学生的问题带跑，走向以学生为中心的极端。

综上所述，不同教学流程内在地反映了不同的教学结构，具体见表8-3-1：

表8-3-1 三种流程的教学结构比较

结构要素	第一种	第二种	第三种
教师	知识传授者	情境创设者角色没有充分体现	情境创设者、问题提炼者、总结提升者等
学生	知识的接受者	主体意识增强，主体能力不足	主体能力增强

续表

结构要素	第一种	第二种	第三种
教学内容	间接经验为主，按部就班的教材	问题方式呈现，但琐碎	创造性运用教材，以问题的形式呈现
师生关系	教师绝对权威	主导主体都弱化	学生主体，教师主导
师与教学内容	建立新旧知识系统联系	具体知识到具体知识的肤浅局面	从具体到抽象的过程
生与教学内容	认知结构服从知识结构	部分脱离知识结构，被学生浅层认知带跑的现象	知识结构和认知结构统一

二、几次教学结构变化体现的教学功能

（一）三次教学结构的功能

结构变化了，效果如何？这个效果符合最初的目的吗？这就是要谈到的功能。不同的教学结构具有不同的教学功能，我们从学生的知识、能力、态度，教师的教学设计、实施调控能力等维度来分析其所具有的不同功能。

第一次：传统讲授式。

学生：利于在短时间内有效地学习系统知识；不利于培养学生的实践能力、问题解决能力。

教师：教师能准确分析把握教材，进行内容设计。但是，对于如何有效分析学生满足不同学生的需求、如何根据学生进行教学方式设计等能力不足。

第二次：初步建模阶段。

学生：利于调动学生的积极性，培养学习兴趣。但是知识掌握和能力培养的功能没有达到。

教师：教师将系统教材内容转化为问题形式呈现，利于教学内容设计能力提高。

但是，由于处于初步尝试阶段，课堂教学实效性不是很好。

第三次：以问题为纽带的课堂教学结构。

对学生来说，利于提高学生的学习兴趣和积极性；利于培养学生质疑能力、自主学习能力、合作交流能力、问题解决能力及在具体实践或活动中总结提升系统知识、建构知识网络的能力，可见，对三维教学目标的达成是有效果的。

对教师来说，利于提高教师教学设计能力（如三维目标的设计、教学内容设计、教学方式设计、教学反馈设计、分析学生需求等）、教学实施中的组织调控能力、总结提升能力、驾驭课堂能力。此外，这种结构不仅没有降低教材，反而提高了教师把握教材的能力、本学科系统知识及各学科的综合知识的能力。

（二）这种功能是否符合课改要求

我们的假设是课改以来为了落实课改理念，教学结构发生了变化。那么学校结构变化后引起的功能变化，是否符合课改目标？

在课程实施方面，课标对教学过程的要求如下：改变课程实施过于强调接受学习……倡导学生主动参与、乐于探究、勤于动手，培养学生搜集和处理信息的能力、获取新知识的能力、分析和解决问题的能力以及交流与合作的能力。

教师在教学过程中应与学生积极互动、共同发展，要处理好传授知识与培养能力的关系，注重培养学生的独立性和自主性，引导学生质疑、调查、探究，在实践中学习，促进学生在教师指导下主动地、富有个性地学习（知识、能力、情感态度价值观）。教师应尊重学生的人格，关注个体差异，满足不同学生的学习需要，创设能引导学生主动参与的教育环境，激发学生的学习积极性，培养学生掌握和运用知识的态度和能力，使每个学生都能得到充分的发展（师生关系、教师作用）。

对比课标要求和学校对教学结构的探索过程，我们很清晰地看出两者具有高度的一致性。

此外，教学设计是一个整体，教学目标设计、教学过程设计、教学反馈设计三者是一个系统。教学过程设计最终是为了更好地落实教学目标。从中我们也可以看出学校探索的教学结构更能够达成课改要求的三维目标。

三、还需进一步讨论的问题

（1）就学校课堂教学结构本身来说，自主探究、总结提升环节还需要深入探索。从上面的分析中可以看出，某个环节也存在微观教学结构的问题，实施的效果直接影响课堂教学结构的实效性。

（2）从案例的研究方法来说，学校还需要有教师的典型教学案例作为支撑，将教学结构的探索和分析放在真实的课堂情境中。

（3）影响教学结构因素的思考。教材内容的知识类型（陈述性、程序性、策略性的知识）；学生的认知规律、学习习惯；教师的教学风格、知识储备等因素都会影响教学结构，需要我们根据实际情况运用，而不是盲目采用。

（4）现象和本质的厘清。教学结构反映了教学要素的本质，而教学环节、流程等是现象，现象可能反映本质，但并不是本质。

总之，房山城关第一小学经过实践形成的以问题为载体的探究性教学结构只是教学结构中的一种，我们的学校中可能还有很多探索，需要我们挖掘；此外，探究性教学结构也可能有很多不同的亚结构，需要我们加以总结。

第四节 不同类型学校的比较

学校课堂教学问题和高中课改提出的新要求催生着学校探索，并形成了一些经验。这些经验是基于本校学生特点，探寻教学过程实效性的思考，比较符合教育规律和学校特点。因此，本节试图以三所学校探索为例，揭示其背后共性规律和校本特征，或许对思考不同发展阶段高中学校教学改革有所启示。

一、三所学校的共性特征：遵循教学规律，改变课堂教学结构

三所学校变化的主要特点为：

北京十一学校的"四环节"教学：即以"大知识单元"整体设计的自学自研—问难讨论—老师精讲—运用评价的四环节，表现为师生互动、共同参

与、多种学习方式综合运用的教学过程。

首都师范大学大兴附属中学（简称首师大大兴附属中学）的"学案导学"教学模式：依案自学—交流研讨—精讲点拨—当堂检测—总结归纳。

海淀温泉二中的"低小多快"的教学：采取了低起点，小步子，多活动，快反馈的教学策略来构建学校的课堂教学。

三所学校表面上看是教学的环节、方式、策略发生了变化，实质是在新理念引领下课堂教学结构、教学过程的变化。王策三先生提出：对新的教学结构的探索，主要是对以发展为中心的几种因素关系（师生关系、师生与教学内容的关系）[①]的认识和处理，对结构的建构提供了思路。即（1）以学生的学习为主体，同时又使之在教师的主导之下进行；（2）着眼于发展学生的智力和整体个性，包括全面发展和特殊发展，同时又使之牢牢地建立于"双基"（基础知识和基本技能）学习的基础上；（3）引进和加强发现、探究、尝试、实践活动，同时又确保传授和学习书本知识和教师讲授的主导地位。下面我们以教学最基本的学生、教学内容、教师三个要素为基础，分析三所不同学校在课改背景下所体现的共同特征。

（一）力求科学分析学生特征，落实学生主体

分析学生特征，了解学生需求是课改后学校转变观念，将学生作为学习主体的具体体现，并分别采取了相应的措施来落实。

一方面，分析学生的群体特征。学校充分意识到高中学生的年龄特征，主动性意识和能力增强，有独立的认知和判断等，因此更易采用自主学习、探究学习等学习方式。三所学校改变了原来学生被动学习的状态，十一学校、首师大大兴附属中学都将学生自学、自研、学生合作放在第一位，学生不能解决的问题，由教师点拨、精讲；海淀温泉二中的"多活动"，提出学生活动时间占三分之一，这改变了教师大段讲解的倾向，由学生大量参与学习活动。

另一方面，全面了解学生需求，并关注其个体差异。现在三所学校分别采用不同的策略分析学生，不仅了解知识状态，还有学习过程、心理等，改

[①] 王策三：《教育论集》，人民教育出版社2006年版，源引自王策三："对近年我国教学实验的教学论思考"，载《北京师范大学学报》（社会科学版）1987年第6期。

变了主要凭经验了解其知识状态的现状。十一学校通过自学自研后产生的疑难点及经过评价所发现的问题来了解学生的学习现状；首师大大兴附属中学以学案为载体来真实了解学生状态，学案包括学习探索过程、学法指导、学能测试、矫正反馈等内容，这是了解学生知识现状、学习方法的很好途径；海淀温泉二中的低起点，就是通过问卷、谈话、诊断性测试、口头和书面提问等方式，摸清学生的相关知识、基础、能力和心理准备。此外，三所学校重视及时反馈的作用，不仅了解学生的前在状态，而且及时了解学习后的状态，并成为再次学习的基础。

这说明学校不再盲目，而是有了一定的分析学生的工具；不仅关注群体特征还关注个体差异；不再只关注学生的知识状态，而是关注学生知识与技能、过程与方法、情感态度价值观三维目标，以培养全面发展的人才。

(二) 把握定位拓展课程，落实教材载体的教学内容

一方面，教材作为载体，要准确把握其承载的课程定位和学科特点。

课改初期，有些实践做法冒进，出现了诸如过于关注学习方式，不管怎样的知识类型、学科特点，一概采用同一种方式等做法，在某种程度上忽视了学科所具有的课程定位。

而三所学校紧紧把握学科特点，挖掘教材内涵，并根据不同的学科特点，探索出了具有学科特点的教学，如十一学校数理化学科实验"自学自研—问难讨论—精讲点拨—运用评价"四环节大单元教学；语文学科开展了"泛阅读实验"，探索出了符合学生语文学习规律的"自学六步法"；史地政等文科采用"创设情境—呈现矛盾—解决问题—反思升华"等。

另一方面，教材是载体，教学依据课标和学生实际调整内容和呈现方式。十一学校，学生在自学自研阶段可以查阅各种资料解决问题，大大拓展了教材内容。温泉二中根据学生实际情况，将教学内容按由易到难、由简到繁原则分解成合理层次，使学生层层有进展。

三所学校都将教学内容以问题的形式呈现，将知识点隐含在问题解决中，不仅让学生学到了教材中蕴含的知识，更重要的是以此为载体，获得了分析问题、解决问题的各种能力。

可见，原来的教学内容主要考虑学科系统，现在则关注学生身心发展规

律、社会实际和学科系统的统一。以上探索是对这一课程理念的落实。

（三）把握特定时机和方式，落实教师主导

师生关系有三种类型，以教师为中心、学生为中心和教师主导学生主体。三所学校的探索是学生主体基础上的教师主导，在这个关系中，教师的作用体现为设计者、组织者、参与者、精讲点拨者。

从教师发挥作用的时机来看，学生个体不能解决的疑难问题，小组合作，合作不能解决的，由教师点拨精讲。

从教师发挥作用的具体表现看，课前表现为诊断指导，对学生学习现状及教学的诊断、对自学计划、学案的指导；课中表现为参与指导，导学法、导知识结构、导总结提升；课后表现为评价反思，以测试、训练、作业等各种方式的评价反馈思教思学。

综上所述，三所学校在课改背景下对学生观、课程观、教师观进行改变，并落实到课堂教学行为中。同时，从对三要素的分析来看，它们之间不是孤立的存在，而是以学生的认知规律为基础，调整教学内容，转变教学方式，促进教师、学生、教学内容三个最基本要素协调统一，认知结构、知识结构相结合，达成教学过程优化，提高教学实效的目的。

二、三所学校各具校本特征：依据学校特点，实施不同举措

在新理念下，虽然三所学校转变了教师观、学生观、教材观，探索了适合本校的课堂教学，但是由于学校特点不同，其出发点、实施程度和保障存在差异。

（一）从出发点看，三所学校面临的问题不同，切入口不同

十一学校经过课堂诊断发现存在无效或多余环节，阻碍了学生的自主发展。学生较强的独立学习能力与教学按部就班的要求成为主要矛盾。因此，学校从大单元框架的教学内容入手，打破了时空限制，调整课时安排，给学生充分自学时间，带动整个课堂教学结构变化。

首师大大兴附属中学有些学生基础薄弱，学习习惯不好。那么，如何让学生主动学习、养成良好学习习惯成为最需要解决的问题。因此，学校从学案入手，通过课前编制的学案，让学生养成提前预习、主动学习思考的习惯，

以此带动了课堂教学的变革。

温泉二中有些学生学习基础薄弱，不想学，与课标要求存在差异。那么，改变学习方式，让学生变的想学成为学校主要思考的问题。因此，学校从教学策略入手，通过低起点、小步子、多活动、快反馈让学生获得成功体验，由不想学到在参与中主动学习。

可见，面对不同的问题，三所学校寻找的切入口和侧重点均有所不同。

（二）从具体实施看，三所学校学生自主水平的差异决定了学生学习自主程度不同

适合的是最好的，三所处于不同发展阶段的学校，进行了各具特点的探索，在自主的时空、自主的内容、自主的方式等方面存在差异。

从自主的时空来看，十一学校在大单元框架设计下，学生（尤其是实验班）甚至连续几节课时都处于自学自研状态；首师大大兴附属中学主要集中在一节课时内进行探索；温泉二中甚至是一节课分成几个片段，循环使用低小多块。可见，从学生自主的时间来看其自主的程度不同。

从自主的内容来看，十一学校学生除了自主学习重难点、自主选择学习方法外，还可以在老师指导下自定学习计划、自主搜集课程资源，自主的范围很大；首师大大兴附属中学，主要集中在教材上的重难点、学习方法；温泉二中主要是通过降低学习难度，教材内容分层，由易到难，来引起学生主动学习。

从自主的方式来看，在以问题为载体的课堂教学中，提问是自主的方式之一，其中前两所学校是学生在自学基础上，提出疑难问题；而温泉二中是教师根据学生的状态提出问题。对知识的梳理也是自主的方式之一，十一学校在自学自研阶段要求学生梳理知识结构，小组合作或教师精讲完善知识结构；首师大附属中学也重知识的梳理归纳，但是在学生自学、小组合作基础上，师生共同总结梳理知识结构；温泉二中重知识点的渗透，在多活动中让学生潜移默化地获得知识。

（三）从保障看，为促进教学变革的教学管理各不相同

教学的变革需要管理创新来保证。三所学校除了都具有加强校本教研、

中 篇

第八章 结构设计：顺应认知规律

校本培训的常规要求外，每所学校还有针对性的不同教学管理举措，下面择其一二介绍。

十一学校设计课堂诊断表，对课堂教学尤其是教学环节设置进行诊断；改变课时结构，将原来的几节课合并，以保证某一环节的落实；学校制定了项目研究工作意见（2008年9月1日试行），确定了以项目研究为重点的策略，还让学生了解项目，共同参与研究，通过项目研究，促进师生共同成长。

首师大大兴附属中学设计学案导学调查表，进行跟踪调查，力求在实践中完善；学校对教师的要求发生变化，如要求教师不仅在课前要对知识、教法、学法、教学设计和策略有总体把握，还要求教师对整个学科知识系统有全面深入的掌握，要求教师十分熟悉学生各方面情况，灵活应对课堂上的随机情况；通过教师教学反思交流会、骨干教师示范课等发挥引领示范作用，提高综合水平；学生建立"成长互助组"，以达到学生相互帮助、相互监督、自主合作探究学习，共同提高的目的。

温泉二中以校本教研为主阵地，以案例教学的模式开展研究；通过子课题《课堂的提问结构对教学目标达成的影响》来审查"低、小、多、快"的教学效果。

三、思考与建议

（一）增强课程教学领导力，有意识的理性设计

三所学校都是基于课改理念，在尝试改进现状问题的基础上，进行了系列探索，并进行了阶段性经验总结。这种探索基本处于自下而上探索基础上的学校推动。在下一步深化过程中，应该在现有基础上主动变革，通过管理自上而下地推进课堂教学变革。这一思路最主要体现在以下两方面：

其一，聚焦教学过程，增强学校的课程教学领导力。学校工作是一个系统，各子系统间相互联系，其中课程教学是学校工作的核心，教学过程是重中之重。校长应该聚焦教学过程实效，通过教学思想引领、制度建设、组织变革等管理手段增强其课程教学领导力，在教学改革和固化已有成果基础上提高质量。

其二，抓住核心问题，加强理性设计。在校长宏观教学管理支持和保障

下,要加强教学过程本身的理性设计,真正抓住关键问题、核心要素,在科学方法指导下稳步推进。

(二)采用科研方法诊断教学和学生现状

教学和学生的现状及问题诊断是落实课堂教学过程实效性的前提,三所学校都有很好的做法。但是还需要进一步提高科学性和可操作性。比如,根据本校实际设计课堂观察表,有目的地进行课堂诊断,在这个方面温泉二中采用了弗兰德斯互动分类体系对提问结构类型等进行了细致科学观察,是很好的做法,今后还应该根据学校实际对其进行改进。

对学生现状的分析,也要对分析学生的哪些方面(是知识现状、认知方式,是学生个体还是学生群体)、采用怎样可操作的科学手段真实了解学生现状(是课堂观察、学生访谈、作业诊断还是其他手段)等问题进行思考并落实。这样才能更加客观地了解学生,增强研究的针对性和实效性。

(三)加强对知识结构和学生认知规律的分析

知识结构和学生认知结构的协调统一是课堂教学过程设计的关键。一方面,要分析教学内容的知识结构,遵从其内在规律。知识从类别上有陈述性知识、程序性知识和策略性知识,不同的类型所采用的教学方式不同;知识从结构上有上位概念、下位概念等不同的内在联系。因此,不同的课时知识点要弄清楚其在知识结构中的位置、定位、关系,为更好地适应学生的认知规律做准备。

另一方面,要分析学生的认知规律,据此调整教学内容的排列组合和呈现方式。不同年龄阶段有不同的认知规律,如小学生低年级处于形象思维时期,这时要将系统化的知识调整为和学生生活实际联系紧密的类型呈现,而高中生具有独立的抽象思维能力,可以多以知识结构而不是具体零碎的知识点来呈现。此外,同一年龄阶段的学生认知风格有差异,因此要充分认识,以通过学生的认知规律和知识结构的统一来设计教学结构,达成教学实效。

(四)紧紧抓住目标,牢牢把握特定功能

教学过程的实效表现为更好地落实教学目标,达成教学结果。因此,要抓住目标,把握功能。

要紧紧抓住目标。教学不管进行怎样的变革,都要更好地落实教学目标。三所学校虽然措施不同,但只要能更好地促进学生发展,落实学生学习目标和教学目标就是有效的。因此不要盲目追求形式的变化,不要仅关注理念的超前、程度的差异,而应考虑目标是否达到了,否则是没有意义的。

牢牢把握特定功能。不同的教学结构、不同的教学方式等有不同的教学功能。例如,讲授式更有助于知识的传承;探究式更有助于能力的培养等。这些不同的结构、方式恰恰可以满足培养学生不同方面的需求。因此,不要盲目推翻一个或任意抬高一个,而应该客观看待,并牢牢把握不同做法所实现的不同功能。

总之,任何学校的探索都要遵循教学规律,提高教学过程实效。同时,尊重校本特征,探索适合学校发展的经验。

第九章　问题情境：抓住思维节点

如果说结构设计侧重教学过程整体设计，那么策略设计更侧重关键环节的把握。课改后，非常注重问题情境创设，也是实践中重要的关键环节。那么，关于情境设计有哪些理论探索，现状怎样，有哪些典型经验，又给了我们哪些启示和借鉴。

第一节　情境设计的理论梳理

一、情境理论的背景与内涵

（一）情境教育理论的缘起

在理论层面，关于情境的研究主要有两个角度。情境学习和情境认知意义基本相同。情境学习是从人类学、哲学、社会学的研究中获得的名称，主要指在情境脉络中学习知识与技能，这种脉络反映了知识在真实生活情境中的应用方式。而情境认知是从教育心理学的角度进行研究的名词。

一个是从哲学社会学延伸到教育教学中。主要是借鉴解释学及其分支符号互动论的观点，如符号互动论认为课堂教学是一种复杂的情境，在这种情境下，如果师生、生生之间能够寻求对课堂情境的共同定义，那么必将会使教学产生良好效果。① 解释学认为教育情境应是兼顾师生生活世界的，充满

---

① 刘芳：“刘芳谈课堂教学的'情境定义'——一种符号互动论的分析”，载《外国中小学教育》2002年版第3期。

信任、团结和主体间一致的。①

另一个是从心理学的学习理论延伸到教学中。20世纪80年代产生以来，情境认知理论成为学习理论领域的一股重要力量，对教育教学领域产生了巨大影响。情境认知强调情境是建立在意义与学习者经验的耦合以及促进知识、技能和体验连接关系上的重要性。罗格夫认为："情境既是问题的物理结构与概念结构，也是活动的意向与问题嵌入其中的社会环境。"②

（二）情境教学理论的脉络

有研究者③区分了三种学习理论及经历的不同阶段变革，相应分别出现了以行为结果而教学的教师中心取向—以认知建构而教学的学生中介取向—为情境性认知而教学的生态化取向。

教师取向的教学通过建立明确的、详细的学习目标和计划，有效地组织课堂教学活动等方式，以保证所有学生达到理想水平。学生中介的教学认为学生的兴趣、能力、方法和活动方式等各不相同，教师应关注、理解并识别这些差异，通过教学引导、指导，并提供实践机会等，让所有学生充分利用这些差异资源，丰富自身，改善内在心理结构。这两者都是从教育系统中的个别要素的角度考虑的，对教学系统中的各要素的协同运作、该系统与社会环境的相互作用以及学生的情感、态度、社会化等问题关注少。

生态化取向的有效教学创设有助于学生探究社会化的实践环境，并增强互动；提供包含着活动参与方式和现实问题的开放式课程；对学生的探究和参与实践活动的能力进行多元评价。强调教学的主要功能就是帮助学生有效地参与各种活动。教师是良师益友，通过营造、创设实践活动的氛围和场景，引导学生逐步成为有能力的实践者。

这三种取向从不同角度提出，在多样化的实践中都有其针对性，同时又具有互补性。不同的视角告诉我们课堂教学不仅是认知或者行为的过程，应

---

① 邓友超："论当代解释学关照下教育情境的特征"，载《华东师范大学学报（教育科学版）》2005年第3期。
② 高文："情境认知中情境与内容的作用"，载《外国教育资料》1997年第4期。
③ 姚梅林、王泽荣、吕红梅："从学习理论的变革看有效教学的发展趋势"，载《北京师范大学学报（社会科学版）》2003年第5期。

关注三个层面；即个体的特殊认知层面；个体与师生的互动层面；环境与氛围层面。

（三）情境教学的本质认识

有研究者①对情境理论背后的知识观、学习观、教学观进行了比较分析，有利于我们深入了解情境教学。

关于知识的本质。传统知识观认为，知识是由符号化的心理表征组成的，认知活动是由这些表征中的符号操作组成的。学习是为了获得这些符号，教学就是发现促进这种获得的最有效的手段。情境认知理论认为，知识存在于个体与群体的行动中，随着个体参与到新的情境中并在新的情境中进行协商，知识产生了。它"不是把知识作为心理内部的表征，而是把知识视为个体与社会或物理情境之间联系的属性以及互动的产物"。它超越了传统的知识观，强调知识的情境性、社会性、互动性。

关于学习的本质。情境认知理论认为，学习既是个体性的建构意义的心理过程，也是社会性的、工具中介的知识合作建构过程。有意义的学习是有意图的、复杂的，是处于它所发生的情境脉络中的。只有将学习镶嵌在它所进行的社会的和物理的境脉中时，有意义的学习才会发生。它表明了学习的特征是情境性和社会性。

关于有效课堂教学的本质。教学应该组织学习共同体，并促进学习共同体的成员——学生、教师、其他成员——之间的合作、交流。有效的情境化教学必须为学生的学习提供适当的模型。教师呈现自身的思考和解决问题的过程为学生提供模仿对象，教师只在适当的时候提供指导或支架，然后撤去支架，让学生自主活动。②

（四）情境教学的概念辨析

场景和情境：场景是一个客观背景，它可以是现实生产、生活材料，也可以是学科问题。情境，更多是活动主体所拥有的心理的、内在的、主体的

---

① 巩子坤、李森："论情境认知理论视野下的课堂情境"，载《课程·教材·教法》2005 年第 8 期。

② 王少非："情境认知与情境化教学设计"，载《当代教育科学》2005 年第 12 期。

体验、氛围，更注重主体内的感受。当场景切入学生的经验系统，与学生的心理发生知识层面的互动时，学生也就从场景进入了学科知识的情境。

教育情境：是非物质性的学校情境和课堂情境。

情境学习理论：强调知识与情境之间的动态相互作用的过程，学习者在情境中通过活动获得了知识，学习与认知本质上是情境性的。从20世纪初到现在，学习理论已经经历了三个阶段，即行为主义—认知理论—情境学习理论。行为主义倾向于从技能的获得来看学习；认知理论倾向于从概念的理解和一般策略的增长来看学习；情境学习理论则倾向于从更有效地参与探究和对话的实践来看学习，这些实践包含概念意义的建构和技能的使用。

情境化教学设计：包含两种含义。其一，情境化的教学设计，即教学设计不能简单遵循刻板模式，而应对设计所需要考虑的各种因素，如学生、内容、环境、资源保持敏感。这是建构主义的普遍要求。其二，情境化教学的设计。根据情境化认知的观点来设计的教学活动，强调教学的情境化，即将教学置于一定的社会情境中。这是建构主义一个分支的设计要求。

（五）情境化教学设计特点

有研究者[①]在对情境认知理论进行研究的基础上，对情境化教学设计进行了梳理。在情境认知理论看来，教师、学生、教材、教学媒体这四大要素在情境化教学中的角色、功能与传统教学模式存在明显不同。有其独特要求：其一，情境化教学要求将内容置于一定的情境中，以案例、活动、多媒体演示等来呈现内容情境。但是，情境内容不可忽视对学生的意义，目的是有助于学生在情境中将所学内容与自身的现实生活联系起来，更好地掌握知识，获得能力。其二，从教学目标包含的内容看，目标要包含三个维度，尤其要重视意义建构和问题解决的目标；有教学目标也有学习目标，有时两者不一致，所以要综合考虑；有预设性目标也有生成性目标，教学目标不能完全预设，不能将目标作为固定不变的标准，应允许在情境中生成教学和学习目标。其三，学习环境设计要由实践场走向实践共同体。创设一个能够生成现实问

---

① 王少非："情境认知与情境化教学设计"，载《当代教育科学》2005年第12期。

题的环境，具有一定的复杂性、现实性、以问题为中心的活动。让学生在情境中学习探索，让学习者有机会观察工作中有经验的实践者。（教学设计开始一章有详细论述，在此不再赘述。）

二、国内情境教学的实践

情境教学在我国是从1978年李吉林进行情境教学法实验正式开始的。[1] 新课改背景下更加强调情境在教学的作用。在实践中纷纷探索出了各种关于情境的模式、方法，同时也发现了一些存在的问题。

（一）教学情境的分类

从主体来看：有教师教的情境；有学生学的情境；有师生互动的情境。

从时空来看：有前景；有背景。

从作用来看：启发思维式，即创设出好的问题情境引导学生积极思考；主题式情境教学，即将教学目标嵌入背景中，以基于该背景的问题引领整个学习过程；"助兴"式情境教学，即主要为了活跃课堂气氛，提高学习兴趣。

从表现形式看：至少可以包括实际的活动情境、真实情境的替代品（如案例）、基于录像或多媒体之类的抛锚式情境（这种情境不是用来举例说明观点，而是用来向学生提供学习材料和学习环境的，本身就是学习的中心材料）三类。

（二）情境设计的原则

不同的研究者从不同的角度出发，谈到设计情境的要求或原则。本文简单做一列举，以期有所启示。

例1：设置数学问题情境的一般要求。

目的明确：要围绕教学任务。

反映本质：提到点上，直接反映新知识的本质特征。

简明易懂：从知识的联系和发展中提出问题，准确而不含糊。

系统连贯：按数学知识的发生、发展过程，以相应的数学思想方法为主线，组成一个循序渐进、具有内在联系的问题体系。

---

[1] 孔凡成："情境教学研究的发展趋势"，载《教育评论》2005年第1期。

例2：创设问题情境的基本要求。

主题性：围绕教学目标、重难点和学生的学习需求。

趣味性：根据学生的身心发展规律选择现实的、生活的、能激发学生兴趣的情境。

活动性：转变原来的师讲生听的方式。

教育性：明确学科的知识定位。

例3：一个好的问题情境具备的条件。

有一定的真实性和现实意义；

能引发学生的兴趣；

能适应不同水平的学生，问题具有层次性；

问题解决的方式具有多样性。

例4：教学情境设计的原则。

真实性：立足于学生的生活，将生活融入教学。

教育性：为了更好地完成教学目标而设计。

切适性：适合不同地域、层次水平的学生。

简约性：要考虑情境的可操作性及设计、运作教学情境所需的时间和精力。

（三）情境教学的问题[①]

离——创设的教学情境与教学目标、教学过程疏离。例如，情境的设计是好的，但受传统思维和方法的影响，教学仍强调对知识的讲解、演练等，抹杀了情境对教学的辅助和促进作用。

假——主要有两种表现：一种是所创设的情境本身脱离生活实际，是教师编造的。这样的情境不能引起学生的兴趣。另一种是情境中的假活动。即情境是真实的，但这种情境或者由于是教师的生活经验或者由于情境的虚拟性等原因，不能引起学生真正的兴趣和真实的心灵参与。这样的情境也不能从根本上起到应有的作用。

浅——所设计的情境没有内涵和思考深度，仅满足于形式上的丰富。例

---

① 佘玉春："新课改背景下的情境教学"，载《上海教育科研》2004 年第 7 期。

如，展示图片、做游戏、情境表演等各种方式，形式没有真正地为内容服务，没有达到深化思考，促进目标有效达成的作用。这种情境设计会流于肤浅，成为课堂的装饰。

繁——主要有两种表现。从情境内容看，所设计的情境冗长，出现了过多与教学内容无关的信息，冲淡了情境的主题和主要的教学目标；从教学情境的制作和运作过程看，教师花费了过多的时间和精力编造情境，制作教具、课件，直接增加了教师的工作量，而情境的运作挤占了过多的课堂时间，导致课堂教学效益低下，间接地增加了学生的学习负担。

三、情境教学的思考

（一）意义：提供了思考课堂本质的教学新视角

情境教学的理论给我们提供了思考课堂教学本质的新视角，符合新课改的精神。

（1）从产生来看，情境学习理论有其必然性。一方面，其建立在学习范式的变革中。学习理论在经历了行为主义取向和认知取向之后，出现了生态化（情境）取向。这种范式的变革是学习理论本身不断探索学习本质，是顺应客观规律的结果。另一方面，建立在多学科研究基础上。无论是心理学、人类学还是社会学的研究，都殊途同归地发现了学习的社会性、建构性等特征。在不同的视角下都在某种程度上揭示了学习的本质。

（2）从内涵来看，情境学习理论有其深刻性。情境学习理论不是简单的对过去的否定，也不是只对学习的认识。它的背后是对知识、对人的本质认识，因此具有深刻性。

（3）从实践来看，情境学习理论有其可行性。情境学习理论虽然是心理学、人类学、社会学的研究成果应用到教育的产物。但正是这种从人类实践中来的理论迁移到教育中，对教育实践才具有启发性和可行性。

（二）问题：注重理论的局限性和实践的操作性

（1）理论本身有其局限性。任何一个理论都有其局限性，情境学习理论也如此。虽然情境学习理论是建立在对认知和行为取向学习理论基础上，但它也不是万能的。三种学习理论都有其适用的条件，应该取长补短。同时，情境学习理论是从其他学科迁移过来，还有很多词汇、思想没有真正和教育融为一体。因此，还有待进一步的借鉴、融合。

（2）在某种程度上缺乏可操作性。实践是丰富多彩、纷繁复杂的，用情境学习理论来诠释教育实践，必然会面临一个可操作的问题。比如，情感、态度与价值观目标如何达成的问题；评价方法缺乏实践的检验，如何应用的问题等。

（三）启发：在理论与实践磨合中探索其实效性

其一，在理论与实践磨合中探索情境设计。以此理论为背景和依据之一，即学习理论，同时认识到它只是其中的一种，不可照搬照抄，并从实践出发尝试探索。因为真实的课堂是复杂的，要探索符合自身实际的情境设计。

其二，突出情境设计的实效性。影响情境设计效果的因素很多，要综合考虑地域文化、教师、学生等各种教学要素及它们之间的关系，注重情境设计的实效性。

其三，加强对教师的引导。情境设计要求教师在设计中考虑多方面因素，在课堂中转变角色。最主要的是它要以实践为基础在理论与实践的磨合中研究探索，对教师要求较高。因此，要促进专业研究者和实践研究者（主要是教师）组成研究共同体，真正将情境的理论不仅落实到课堂中，也落实到教师的专业发展中。

第二节　30 节课看问题情境

情境认知与学习理论强调知识与情境之间的动态相互作用的过程，学习者在情境中通过活动获得了知识，学习与认知本质上是情境性的。同时，新课改提出"数学课程强调从学生已有的生活经验出发，让学生亲身经历将实际问题抽象成数学模型并进行解释与应用的过程"，[1] 教师在将这一理念转化

---

[1] 《数学课程标准（实验稿）》，北京师范大学出版社 2001 年版。

为课堂教学行为中多采用情境创设的方式。那么，情境，尤其是问题情境①在小学数学课堂教学中到底处于怎样的地位、发挥着怎样的作用、实效性如何。

本书在前期文献研究基础上，主要通过课堂观察、文本分析等方法，收集30节课改以来的小学数学课，对其中的若干个情境进行细致分析，描述现状、揭示问题、提升策略，以期有所启示。

一、基本情况

本研究选择了30节小学数学课作为分析对象，充分考虑城郊、常态或活动课、年段及学习领域分布：

按区域分布来看，城区为41%，主要分布在西城、海淀；郊区为59%，主要分布在顺义、通州、密云、怀柔、延庆、燕山。

按照是否常态课（即课的活动性质）来看，常态课占81%，在这里指学校教师没有教研人员指导的课，不排除学校内部的研讨交流；市级教研员参与指导的课没有。

按课例的年段来看，1~2年级的低年级段，约为43%，其次是3~4年级的中年级段，约为33%，最后为5~6年级的高年级段，约为24%。

按学习领域分布来看，主要集中在数学课中的空间与图形（48%）和数与代数（44%），统计与概率和综合实践为4%。

课程的选择充分考虑城郊、常态或活动课、年段及学习领域分布（见图9-2-1~图9-2-4）。

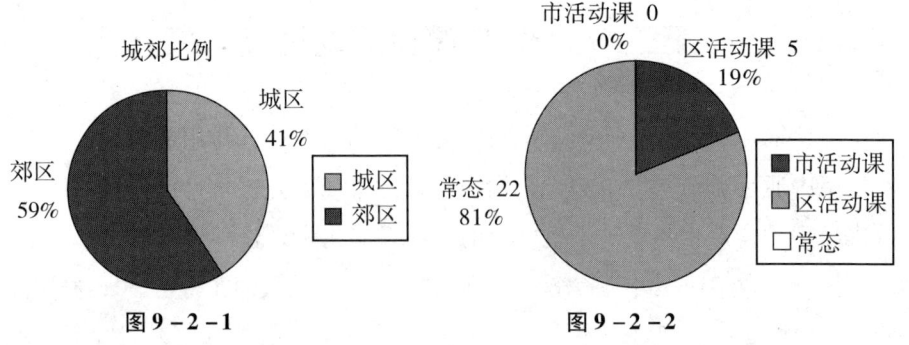

图9-2-1　　　　　　　　图9-2-2

---

① 问题情境指问题条件蕴含在情境中，它由问题和情境两部分组成。学生是在情境中提出问题，思考问题，解决问题的动态过程中获得新的知识和方法。

第九章 问题情境：抓住思维节点

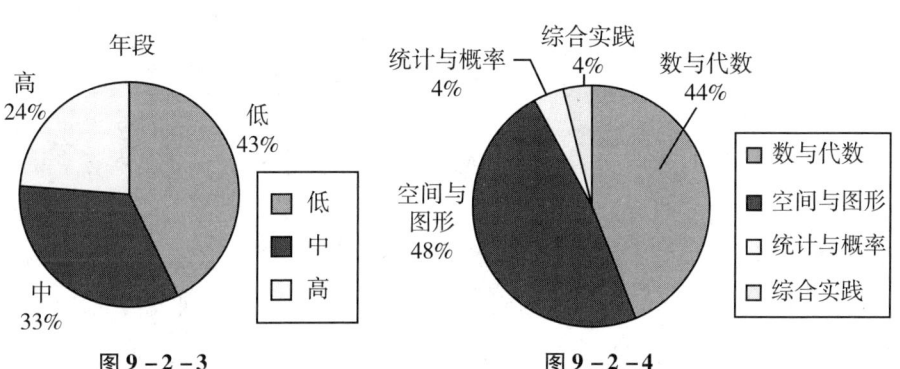

图 9 – 2 – 3　　　　　　　　　图 9 – 2 – 4

二、70个小学数学情境设计的定量分析

经过分析发现，30节课共有70个情境①，54个问题情境。下面从整体上来考察情境设计的运用程度、作用、实效性；同时分析不同地域、不同课态和不同年段对情境运用的影响。（见表9–2–1）

表 9 – 2 – 1　情境设计现状的分析表

	运用程度（频次表示）	作用（用时机表示）		实效性（用问题情境的类型表示）	
		引发动机	突破重难点	问题情境比例	思维问题比例
地域					
课态					
年度					

（一）整体上看，情境运用的程度、作用和实效的分析

为了了解教师运用情境的基本情况，本书对70个情境分别从运用情境的频次、时机、是否具有问题情境、问题情境的类型四个方面进行现状描述。通过分析"频次"来看运用的数量程度，是否存在为情境而情境的问题；通

---

① 场景和情境：场景是一个客观背景，它可以是现实生产、生活材料，也可以是学科问题。情境，更多是活动主体所拥有的心理的、内在的体验、氛围，更receive主体内的感受。当场景切入学生的经验系统，与学生的心理发生知识层面的互动时，学生也就从场景进入了学科知识的情境。参见欧阳芬：《课堂教学能力培养与提升》，华龄出版社2005年版。

过"时机"来看情境的作用（是引发动机、突破重难点、知识的应用）；通过"是否是问题情境"，看是否具有思考性；通过"问题情境的类型"，考察问题情境运用是否具有思维深刻性。通过后两者的情况来说明实效性。

经分析发现：

其一，从运用的程度来看，情境已经完全渗透进小学数学课堂教学中，但存在为情境而情境的现象。从图9-2-5可见，一节课中运用2～3次的比例最高，占68%；其次是3次以上，为28%；再次为1次，占3%。所调查的数学课，基本都有情境，可见情境已经完全渗透进小学数学课堂教学中。同时，一节课情境创设的次数不平衡，总体来说次数偏多，3次以上占28%。情境真正有效需要师生以情境为载体，在互动中生成新知，3次以上会造成一些情境不具有思考性，经对这些课例分析确实存在为了情境而情境的现象。

其二，从情境的作用来看，主要为引发动机和促进课中问题解决。调查发现，基本每节课课初都有情境设计环节，起到引入新课，引发动机的作用；但是因为课中会有几个情境，因此课中情境的比例偏高；随机生成的情境为0，说明整个课堂基本在教师的教学情境设计中展开教学。（见图9-2-6）

其三，从情境的实效性来看，具有思考深度的问题情境不足60%，说明其实效性还有待加强。问题情境占情境总数的80%，而思考性占问题情境总体约70%，则有思考性的问题情境占情境总体的不足60%。情境在促进学生思考等过程性目标中起到了一定的作用，但是情境本身还有待进一步和数学知识结合，体现其更深入的意义。（见图9-2-7、图9-2-8）

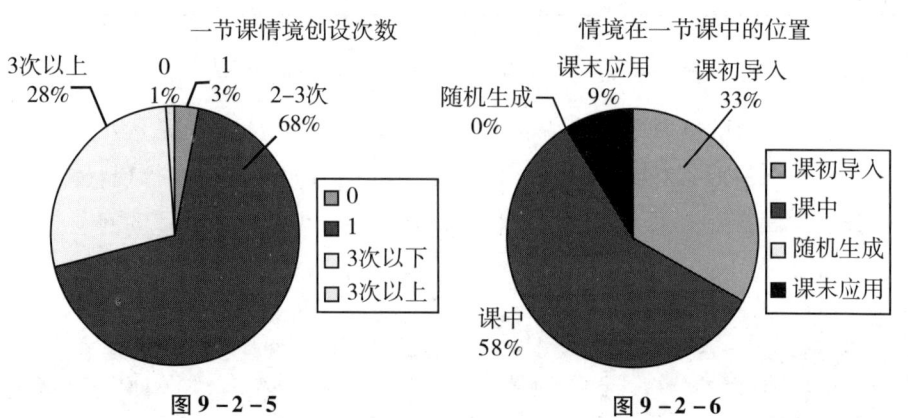

图9-2-5　　　　　　　　　图9-2-6

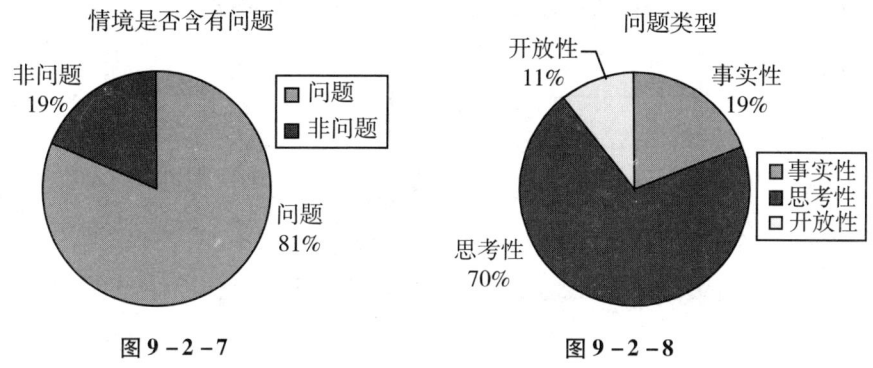

图 9－2－7　　　　　　　图 9－2－8

（二）不同地域、不同课态和不同年段对情境运用的影响不同

影响情境运用程度、作用和实效的因素有很多，假设：可能会受不同的地域（不同地域背景形成的教学文化和对情境的认识不同）；不同的课态（如活动课用的多，教师觉得符合课改，而平时用的不多）；不同的年度（如随着课改的深入，从开始一哄而上的情境，到后来不断反思基础上追求实效）等。可能还会受教师教龄、教学内容等各种因素影响，但受资料的限制，目前本书停留在面上的地域、课态和时间的分析。

1. 不同地域来看，城区更注重情境创设，同时带来的是引发深层思维的情境比例低

从城郊差异性来看，在创设的时机上没有什么差别（见图9－2－9）。但是，城市更加重视对情境的创设，郊区主要集中在一节课2～3次，为82%，城区3次以上的明显高于郊区（见图9－2－10）。另外，在渲染气氛的事实性情境也明显高于郊区（见图9－2－11）。

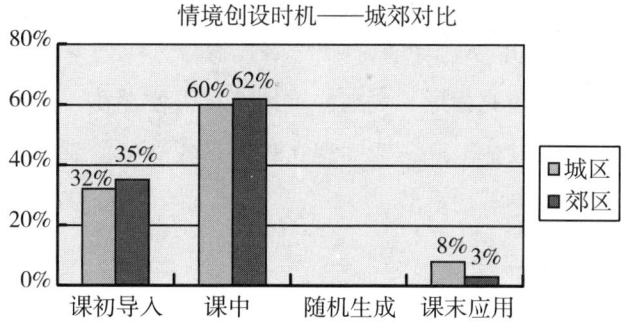

图 9－2－9

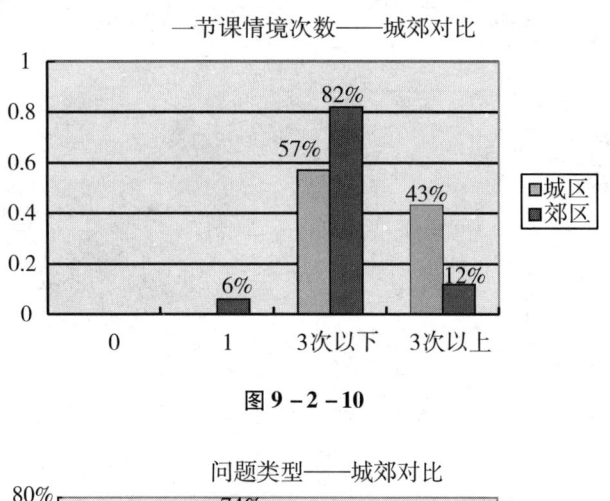

图 9-2-10

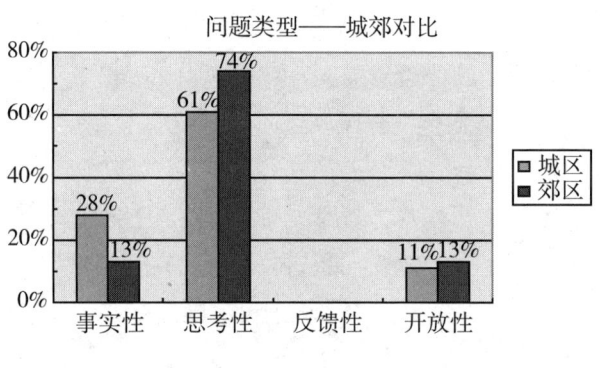

图 9-2-11

2. 常态与活动课中，活动课更加注重实效

从课的形态来看，区域活动课课初创设情境的比例增加（见图9-2-12）、在一节课创设3次以上的比例明显减少（见图9-2-13）、思考性情境增多（见图9-2-14）。从中可以看出，并没有像大家想象中的活动课那样更加注重情境创设。与此相反，更加注重情境在引发动机、引起思考等方面的作用，力图增强实效。因此，活动课在教研员或老师的研讨中，对提高教师情境创设的实效性是有帮助的。

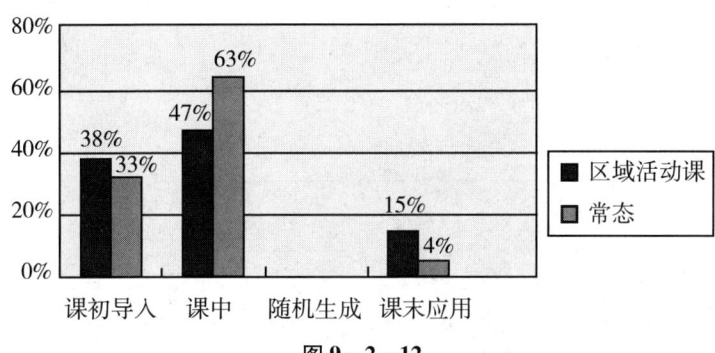

图 9-2-12

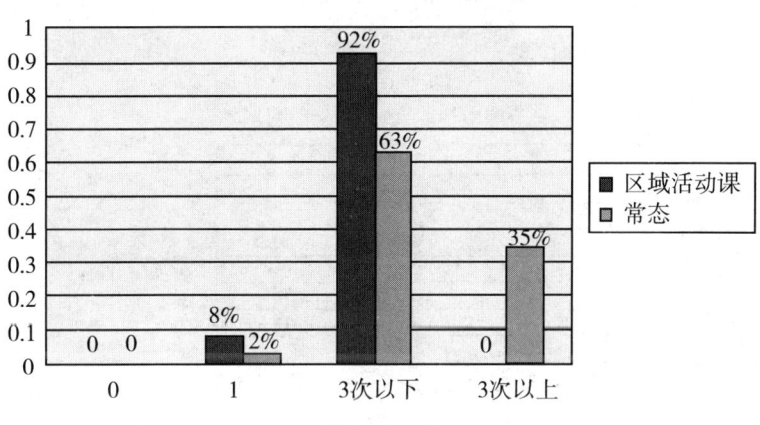

图 9-2-13

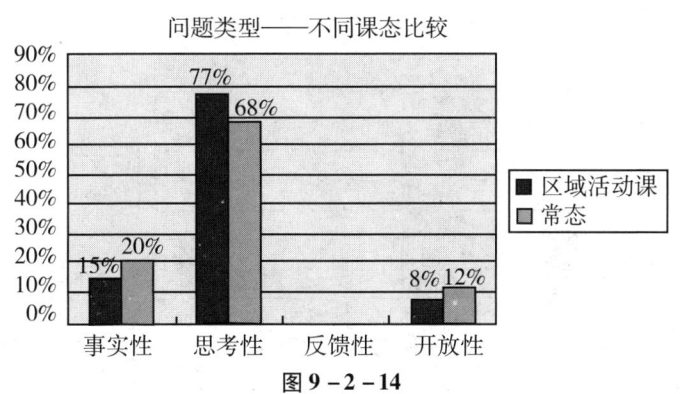

图 9-2-14

3. 年度差异：随着课改推移越来越重视实效性，2005年是一个关键点

从时间差异来看，随着时间的推移一节课更加重视课初情境的创设（见图9－2－15）、情境次数在减少（见图9－2－16）、思考性问题在增多（见图9－2－17）。可见，教师越来越重视实效性。

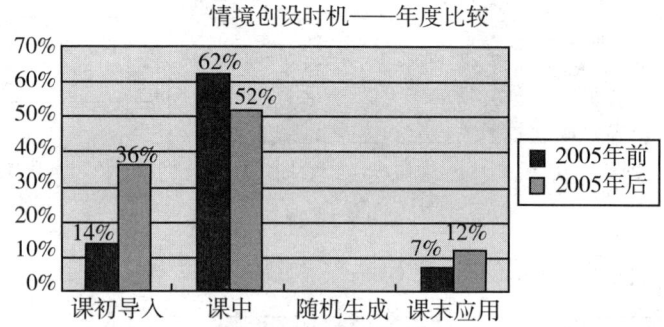

图9－2－15

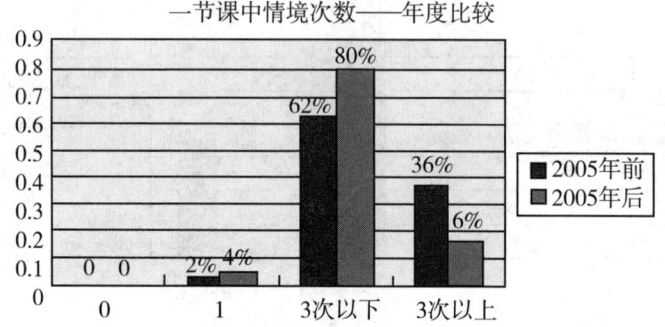

图9－2－16

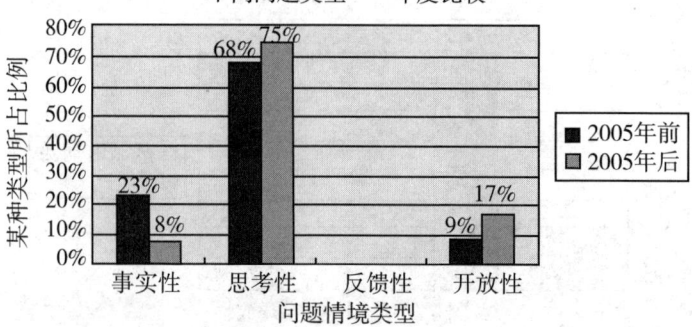

图9－2－17

中篇
第九章 问题情境：抓住思维节点

综上所述，从运用的程度来看，情境创设已经完全渗透进小学数学课堂教学中，但存在为情境而情境的现象；从情境的作用来看，主要为引发动机和课中的问题解决；从情境的实效性来看，具有思考深度的问题情境不足60%，说明其实效性还有待加强。

从不同地域来看，城区更注重情境创设，同时带来的是引发深层思维的情境比例低；从课态来看，活动课更加注重实效；从年度来看，随着课改推移越来越重视实效性，2005年是一个关键点。

二、问题情境为载体的教学过程的定性分析

（一）教学过程的整体情况

从问题情境中的问题提出、问题解决的互动过程和总结提升三个主要因素和若干个具体因素来看以情境为载体的教学过程的现状（见表9–2–2）。

表9–2–2 教学过程中问题情境实效的分析表

维度 案例	问题提出			互动过程			总结提升		
	认知冲突	谁的问题	谁提出	多项互动	思维过程	…			
案例1									
案例2									
……									

1. 从情境问题的提出看，更关注学生的主动性，但需加强从情境中抽象出问题的能力

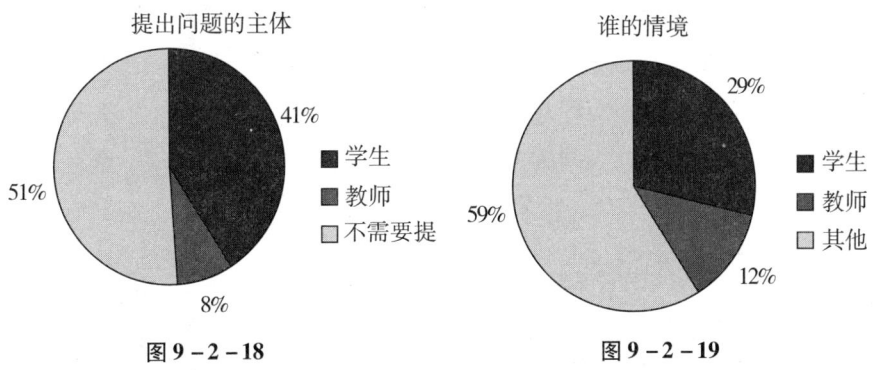

图9–2–18　　　　　　　　　图9–2–19

就情境本身来看（见图9-2-18），有29%是来自学生生活中的情境，12%是教师生活中的情境，59%是书中或其他地方与教师和学生生活无关的情境。

从提出问题的主体来看（见图9-2-19），51%不需要从情境中提炼问题，问题已经明确提出；41%是学生从情境中提出问题，即从情境中抽象出数学问题；8%由教师提出。

可见，情境的创设来源和问题提出开始关注学生的主动性，教师明显退居其次。说明课改提出的学生主体的理念，在学校中已经通过情境创设等策略得到落实。

但是需要注意的是，要从情境中抽象出数学问题也是培养学生提出问题能力的主要手段，这一环节不能忽视。

2. 从问题解决的过程来看，一问一答的单向互动基本不存在

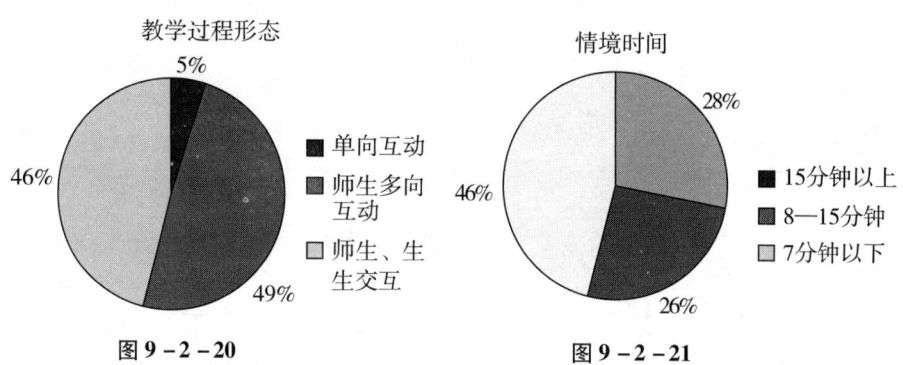

图9-2-20　　　　　　　图9-2-21

从教学过程来看，基本存在三种情况①，即师问生答的"单向互动"、同一问题师问不同学生回答的"师生多向互动"、同一问题师生、生生多向互动的交互作用。从图9-2-20看出，以问题为载体的教学过程中"单向互动"仅为5%，基本不存在；"师生多向互动"为49%，"师生、生生交互作用"为46%。充分说明，以问题情境为载体的教学过程已经转变了原来教师主体、师问生答的单一形式。需要注意的是，分析课例中发现，当学生遇到问题时，出现教师立即叫其他同学回答的现象。实际上可以通过深层互动，

---

① ［日］佐藤正夫：《教学原理》，钟启泉译，教育科学出版社1999年版，第317页。

发现这个学生面临问题背后的原因是什么，真正达到互动的效果。

3. 从问题的总结提升方面来看，学生总结占 1/4，但还需要加强总结提升

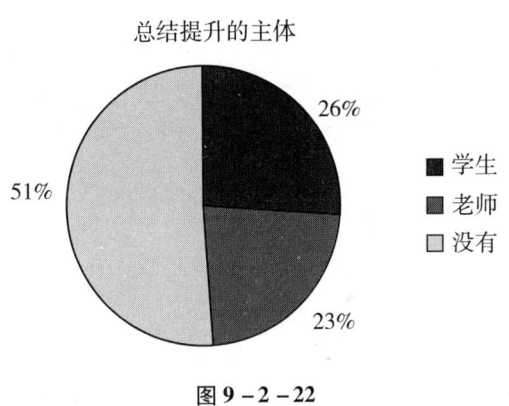

图 9-2-22

如图 9-2-22 所示，26% 是由学生总结，23% 由教师总结。说明不仅关注由学生提出、解决问题，而且最后的总结提升也由学生来完成。学生的主体性表现的程度在增强。

但是，还能看到 51% 并没有进行总结提升，说明在经过情境问题解决后没有进一步反思、系统化这个过程。因此需要今后加强。

(二) 问题情境设计与实施的主要问题及原因分析

问题一：情境设计和知识目标不匹配

案例：小学二年级数学《估算》

师：我想买一条裤子，其中有三条比较喜欢。第一条，原价 268，现价 139 元；第二条，原价 225 元，现降价 99 元；第三条，原价 399 元，买一赠一。同学们，我现在只有 125 元，能把裤子买走吗？（大家讨论一下）（多数学生计算得出了答案）。

分析：70 个情境中只有两个是这种知识性错误。本节课是估算，估算有大数的估算和非大数的估算。目的是培养学生数感[①]，重在估，是不需计算

[①] 中华人民共和国教育部：《数学课程标准（实验稿）》，北京师范大学出版社 2001 年版，第 4 页。

的大致的迅速的估计。但是本节课却要求学生讨论，学生有充足的时间讨论，失去了迅速得出答案的目的，而且多数学生是通过计算得出，而不是估算，这直接违反了学习估算的意义。

原因：教师对学科知识背后的课标精神没有掌握。估算是本次课改的新增内容，教师不了解为什么要增加这项内容、这项内容的内涵是什么、它和其他算法有怎样的联系和区别等问题。因此导致虽有情境，但知识本身错误的问题。

问题二：情境问题不能引发学生兴趣和认知冲突

案例：小学二年级数学，万以内数的加减法。

师：教师要到美廉美超市买手机和电饭煲，其中手机1350元，电饭煲花了125元，请同学们算算共用多少钱？

分析：情境是教师的生活而不是学生的生活，会令学生感到枯燥无味；同时，不能引起认知冲突。

原因：教师的学生观需要进一步调整。虽然联系了生活实际，但更多是从教师而不是从学生角度出发，由此造成分析学生的生活经验不足，导致课程内容枯燥无味。

问题三：过程没有真正实现，主要有以下情况

情况1：时间不充分，没有经历过程的机会。

针对重难点创设的问题情境要给足学生充分的时间，让学生充分地探索，而不是浅尝辄止。但是在真实的课堂中给予学生时间不足导致没有经历过程的情况比较多，7分钟以下占46%，也说明这个问题出现的程度，在此不再赘述。

情况2：遇到问题，教师或其他同学直接告诉答案。

学生遇到问题教师就立即告诉或者立即让其他学生回答，其结果是学生没有经历整个探索的过程，没有体验失败到成功的过程。实际上，教师应该客观分析错误的原因，有针对性地引导。

情况3：假过程，没有让学生真正地尝试、经历过程。

案例：一亿有多大（综合实践活动课）

这是一节大数的估算内容，教师首先引导学生以100张纸为例，探索1

亿张纸有多厚。接着，分组让学生根据这种方法用手头的材料分别体会一亿有多大。整个过程学生基本都按教师的这个思路来尝试，只是将其他材料换成了纸张。

分析：不能放开了让学生尝试，没有让学生充分探索、尝试失败发现的过程。如果能根据学生的认知规律，让学生经历由误到悟的过程，将是一节非常好的课。

原因分析：不了解学生的认知规律、不懂得一般教学法和学科教学法。

情况4：经历了过程，但没有真正思维。

案例：一节数学课"变与不变"

教师让学生用一个大烧杯、三个60毫升水的小烧杯、大小一样的糖球等物品做实验，要求调出同样甜的水，问哪些变了，哪些没变。

师：如何调的？

生1：每杯60毫升，每杯放三个糖块。

生2：60毫升的杯子放3个糖块，40毫升的放2个，20毫升的放1个糖块。

师：什么变了？

生：水量变了，糖球变了，水的甜度没变。

分析：这个案例虽然也让学生探究，学生也发挥主动性亲自去实验。但是整个过程只是讨论变与不变，并没有引发学生的积极思考，而且实验本身并没有引向深入。所以这个学生经历的过程只是一种目标不明确，没有思考深度的操作而已。

原因：数学学科的本质需要进一步挖掘，通过体验情境中的过程，达到训练思维，获得知识的数学学科目的。

此外，还有"数的运算"只有算法，没有算理，没有比较算法等等，都属于这一类型。

问题四：对知识的总结提升不够

很多没有总结，只是解决完问题就结束了，并没有重新反思一下解决问题的过程，并在此基础上提炼背后反映的知识内涵。

总之，课改后情境设计在载体的教学过程有了很大改善，但同时也存在不同类型的实效性不高的问题，还需要我们认真思考解决策略。

第三节　有效情境特征与问题

上节我们通过30节课了解了情境设计的现状，下面我们将视角放在某个区县的探索中。通过剖析密云县密云六小、河南寨等多所学校的不同学科案例，发现虽然题目不同，探索的视角不同，但每个案例中都有对情境的思考和实践。可见，情境创设已成为课改理念转化为教学行为的自觉的行为和最主要的方式之一。本节力图以学校探索为例，对教学情境做一分析，以期对提升情境创设策略有所启示。

一、案例分析：学校教学情境探索的主要观点

（一）学校情境创设的出发点

纵观学校情境创设的探索，发现一个突出的特点是：以促进学生的发展，实现三维目标为出发点。可见，教师已经将新课改的理念内化为了具体的课堂教学行为。具体表现在以下方面：

侧重提高学生的知识与技能。例如《创设情境——引导低年级学生在阅读中主动学习语言的良策》一文，提出创设问题情境，引导学生抓住知识重难点。《在生活化的课堂中学习数学应用数学》一文，提出从生活经验提升数学知识。《"主题式"古诗教学新探》一文，提出围绕情境中的一个主题问题的层层深入剖析，达到理解课文、掌握知识的目标。

侧重提高学生的过程与方法。主要表现在要学生主动、个性化地学习，经历学习的过程。如，《创设情境——引导低年级学生在阅读中主动学习语言的良策》一文，创设朗读情境，引导学生个性化感悟；创设游戏情境，引导学生在愉悦的氛围中创造性阅读。《转变观念，多渠道地培养学生口语交际的能力》，提出给学生主动的空间、创造和谐的师生、生生关系等方式营造氛围，让学生想说、敢说；立足课堂教学，通过提问、小组交流等方式，给学生创造口语交际的机会。

侧重提高学生的情感、态度、价值观。几乎所有的文章都提到创设各种情境，为了激发学生的求知欲、引发学生兴趣，让学生主动学习等。在此不再赘述。

总之，促进学生的发展是更加注重学生的情感、经验；由原来的被动学习到主动探索、参与、甚至设计，经历在情境中发现问题、筛选、解决问题的过程；由原来的漠视学生差异到开发不同学生的个性潜能。当然，三维目标不是孤立的，而是三维一体，不同学校的探索只是从一维切入达到三维目标的整合。

（二）情境创设主要策略

情境创设的策略多种多样。由于标准不同，也出现了不同的分类的方法。有学者将情境划分为三类：问题情境、游戏情境和实践情境。也有研究者分别谈到问题情境、生活情境和探究情境。密云学校的情境名目繁多，诸如，问题情境、障碍情境、游戏情境等等。本书做一梳理，将其归为三类：

（1）问题情境。问题情境是把学生置于运用已经掌握的知识去研究新的未知问题的气氛中，使学生在提出问题、思考问题，解决问题的动态过程中学习。

《创设情境 培养学生解决问题能力的研究》 一文提到创设悬念情境、猜想情境、探索情境等，激发学生提出问题、理解、解决问题的能力。这是典型的问题情境类型。

（2）生活情境。生活情境就是建构教学内容与学生生活的联系，调动学生的已有经验，强化学生体验，增进对知识的理解。

《在生活化的课堂中学习数学应用数学》在实践中系统探索了数学与生活联系的策略，充分挖掘了数学生活化的内涵。表现为在生活化的情境中激发学生的兴趣，引发学生学习数学的欲望；在生活化的课堂中，学习数学知识；在生活化的氛围中应用数学知识。

（3）实践情境。围绕教学内容创设实践操作的情境，让学生动手操作或以不同角色参与，在解决问题中获得直接经验，建构新知识。

学校探索出的游戏情境、应用情境、开放的时空情境等都可以归为实践情境。

(三)有效情境为课堂教学带来的几个转变

情境创设只是落实新课改理念的手段之一，其所带来的是整个课堂教学的变化。主要表现在：

其一，教学设计由照搬教材到情境设计。

原来的备课，也强调备教材、备学生、备教法。但是最主要的还是备知识方面，最终是将教材内容按部就班地让学生接受。而情境教学背景下的设计要分析学生，对教材进行创造性运用，使之转化为学生有效学习的情境。情境设计不仅是知识状态，更主要是三维目标的整合。此时，教师角色也由按部就班的执行者转化为情境设计者。

其二，教学过程由单向传授到情境建构。

原来的教学过程主要是师讲生听的单向传授。情境教学背景下，是师生、生生在共同建构的情境中基于教学目标的对话互动。在基于情境、促进情境深化的过程中提升彼此。此时，教师由权威灌输者转变为情境对话者和引导提升者。

其三，教学反馈由外在判断到内在促进。

原来的反馈更多实施的是判断功能。而基于情境的课堂教学是一个动态生成的过程，反馈贯穿教学始终，它的目的不是判断选拔功能，而是更好地促进教学的进程。此时，教师由外在的判断者转变为内在促进者。

此外，情境的创设不可忽略其保障因素，即物理和心理环境的创设。教师要善于创设宽松开放的教学氛围和平等和谐的心理氛围。

二、有益经验：有效情境设计的几个典型特征

情境创设的出发点是学生，最终指向也是学生全面、个性、可持续的发展。因此，有效的教学情境设计应该建立在充分考虑学生有效发展的基础上。

(一)教学情境内容：真实有效

乐学是学生有效学习的前提。乐学的最突出表现是对学习感兴趣，能激发内在的求知欲和心灵深处的触动。达到这一目标的情境内容有很多种，但最基本的有三点：其一，与学生的生活经验相结合。是学生而不是教师（或

成人）的生活经验；不是学生日常生活的简单照搬，而是结合，即源于生活，高于生活，与学科知识相联系。其二，与学生原有知识水平结合。即情境内容在学生的最近发展区内，符合学生的认知水平。过难或过易都不能引发学生的求知欲。其三，能引发学生的兴趣。情境内容学生喜闻乐见，能引发好奇心和兴趣。

当然，情境设计不能走极端。情境不仅包含现实的生活情境，也包括抽象的数学情境，用数学的内在魅力吸引学生。

（二）教学情境时空：多元开放

能学、会学是学生有效学习的关键。能学的突出表现是有主动学习、从不同角度看问题的时间和空间；会学是有自己的独特的学习方式。满足学生的这一需求的情境时空必然是多元开放的。所谓多元开放，最基本的有两点：其一，学生有足够思考、主动学习的时间和空间，而不是在教师满堂言的状态下被动地接受情境信息。其二，有从不同角度看问题的机会。不同个性特征、思维方式的学生能从不同的角度思考同一问题，从而形成师生、生生之间的多元互动，在互动中自我建构。

（三）教学情境内蕴：知识提升

学会是学生有效学习的核心。在乐学、会学的基础上获得知识和能力的发展是其最主要表现。满足学生这一需求的情境必然需要有效知识和教师引导。

情境蕴含有效知识主要是：首先，要区分场景和情境，场景是一个客观背景，它可以是现实生产、生活材料，也可以是学科问题。情境，更多是活动主体所拥有的心理的、内在的、主体的体验、氛围，更重主体内的感受。当场景切入学生的经验系统，与学生的心理发生知识层面的互动时，学生也就从场景进入了学科知识的情境。因此要善于引发认知失衡，合理挖掘蕴含的知识，将场景化为情境。其次，要围绕知识的重难点以主题形式设计情境，使情境不仅在于引发兴趣，而且贯彻课堂的始终。

教师引导主要是：教师要善于将情境中内隐的知识外化；在关键时刻的引领，使思维不断跃迁，促进知识提升；善于从具体的情境中引导学生梳理系统、抽象的知识，使学生完成一个思维的过程，最终获得知识和能力的发展。

（四）教学情境标准：弹性切适

个体差异性是班级授课制的突出特点，如何创设促进每一个学生发展的情境是教师面临的一个问题。不能用同一标准去面对所有的学生。所以，要注意情境的弹性和切适性。其一，情境中的问题要有层次。满足不同水平学生的学习需求。其二，要切适。根据学生不同的特点，如年龄、城乡生活环境、个性特征等方面设计不同的情境。

（五）教学情境呈现：简约清晰

有效的情境涉及时间和成果的比例。即教学情境多为一节课或某一片断的设计，所以必须考虑设计情境所需要的时间。过于繁琐的情境不仅占有教师大量时间，还可能造成内容主次不清，扰乱学生思维及隐含问题的有效解读。因此，情境创设要简约，情境表述要清晰。

三、重点解析：有效教学情境注意的几个问题

（一）注意情境问题的有效性

1. 问题具有开放性和定向性

情境问题最基本的一点是要有开放性，这样才能让学生从各自不同的角度，采用不同的方法进行学习。但是，创设问题情境的目的是让学生解决问题，从思考的过程中获得知识，达到三维目标，因此，问题又需要有一定的定向性，不能过于开放。

2. 问题具有思维含量，并在学生的最近发展区内

问题要有一定的思维含量，这样才值得采用主动、探究的方式。但是，问题又不能太难，要了解学生的现有知识水平，以及要达到的目标，在学生的最近发展区内设置问题，这样才能既激发学生的求知欲望，又能让学生在主动探索中有成就感。

3. 善于将教的问题转化为学生自己的问题

教师为了完成教学任务提出的问题可能是外在于学生的问题。有些学生感兴趣，有些学生不感兴趣。教师应该善于创设一定的问题情境，让学生产

生探究的欲望，将教的问题转化为学生感兴趣的问题。甚至需要教师引导学生在隐含问题的情境中自己提出问题，而不是由教师提出。

（二）把握情境创设的时机

教学情境不是处处需要，提供情境的时机要有所讲究。一方面，是预见性的，当教学到达关键处时，当教学到达疑难处时，当教学达到提升处时，当教学达到矛盾处时，都是呈现问题情境的好时机。当知识比较抽象时，当知识和学生生活较远时等，都是呈现生活情境的好时机。

另一方面，情境创设的最佳时机是生成性的。学生学习过程中显示出来的实际状态起决定作用。例如，当学生有所感悟、心情振奋、跃跃欲试的时候，应顺应学生的这种体验，使学生的思维进一步聚集，这时提出一个有助于问题解决的问题，会使学生在短时间内，抓住重点，突破难点，解决问题。

（三）教师引导要科学恰当

教学情境中，教师的角色发生了很大变化，其不再是以知识的权威者、真理的化身出现，而是与学生平等对话、共同成长。师生平等主要是人格上的平等，毕竟教师和学生在知识层面存在差异。因此，情境教学对教师提出了更高的要求，其应是教学情境的设计者、教学过程中的平等对话者、情境的建构者、教学中学生的引导提升者。

情境教学中，教师适时、适度、科学的引导作用往往不容易把握。"不愤不启，不悱不发"，只有当学生苦苦思考、多次尝试却没有结果时，当学生矛盾困惑时等，教师适时点拨才会起到很好的效果。教师的引导不仅要适时、适度，还要科学，以真正达到引导的作用，真正促进学生思维的深入，促进学生成长。

总之，教学情境的设计与实施成为新课改理念转化为课堂教学行为的突出表现。如何创设有效的情境还需要我们不断进行实践反思、理论提升。

四、根基锤炼：从实效性看教师专业知识结构

透过上面的分析我们看出，教师要掌握创设情境的策略，更本质的是要关注教师的专业成长，尤其是专业知识结构。通过原因分析，我们发现，教师需要在以下方面优化知识结构，从根本上解决教学实效性问题。

首先，课标和学科知识。从上面的原因分析发现，很多情境实效性差的原因是教师对学科知识尤其是知识背后的课标精神没有深入理解，造成情境设计和所要达到的知识目标不匹配或者实效性不足。

其次，对学习者及其特征的知识。了解学生的年龄阶段特征、认知规律和本班学生的学习经验和学习特征。情境创设是为了更加符合学生的学习规律，根据认知规律，安排一节课情境的类型、次数等，只有真正符合学生的认知规律的教学过程才有实效性；只有联系学生生活经验和学习特征的情境才能引发兴趣，建立经验和知识间的联系，达到从具体到抽象的过程。

再次，学科教学法和一般教学法知识。了解学科的规律和特点，不同的数学知识类型需要不同的学科方法，所需要的情境类型不同，不要千篇一律，不分知识类型的盲目照搬。同时，运用一般教学法的知识，根据教的规律和学的规律安排情境。

最后，有关教育情境的知识（如实践知识，包括一些案例）。教师需要平时积累案例知识，尤其是学生的生活情境的积累，这样才能信手拈来。

综上所述，"知识存在于个体与群体的行动之中，随着个体参与到新的情境中并在新情境中进行协商"。知识不仅作为一种客观存在，且是在一定的环境中主客体相互作用生成的，有其体验的主观性和解释的多样性。学生是成长中的、具有个性差异的主观能动性的人。对知识、学生本质的不同看法直接影响课堂教学的重新定位。即课堂教学是在一定的情境中，师、生、文本多向互动，最终实现价值引导与自我建构的过程。

第十章 预设生成：引领学生资源

课改后，教学设计不再是静态的文本，课堂是师生互动中建构知识的过程，是依据学生需求不断调整设计，不断生成的过程。这种生成既体现在课堂中的即时生成，也体现在反思后再次设计的延迟生成。那么，在这一理念下如何预设才有实效而不僵化，生成才有质量而不盲目？下文为此做以探讨。

第一节 探究教学方式的生成

一、背景介绍

课堂教学涉及两个最根本的问题是：教什么和如何教。如何教实质是采用什么方式和手段，课改前主要是讲授式，课改后提倡自主、合作、探究的教学方式。无论采用怎样的教学方式，其最终目标是为了学生在知识与技能，过程与方法，情感、态度、价值观方面获得发展。

面对多种多样的教学方式，选择哪一种，不仅受知识类型、教师教学风格的制约，同时还受学生等因素的影响。例如，知识可以分为陈述性知识、程序性知识和策略性知识。对于事实性的陈述性知识来说，采用探究的教学方式显然不太适合。因此，探究教学方式只是多种方式的一种，应视具体情况而定。

本书所分析的案例[①]是教师选取了科学课中的一个片断，在进行教材分

---

① 课程改革促进北京中小学校发展案例研究项目组主编：《新课程与学校发展案例研究》，中国科学技术出版社2007年版，第279页。

析和学生分析基础上,进行了探究教学方式的两次设计以更好地落实三维目标的尝试探索过程。两次设计的修改过程本身就蕴含着再次生成的过程,设计内容又恰恰反映了有深度的自主可以让设计更有实效,下面我们对此具体分析一下。

二、案例分析

(一)设计理念的分析

第一次:

在进行教学设计时,我考虑到,不能按照传统的"手牵手"式的教学方式,课堂上要体现新的课程理念,尤其是让学生在活动中提高探究能力。但同时又考虑到教学中不能出现过多坑坎,因此,试图让学生有些自由,但又不能太出圈。

第二次:

这一次我将思路定位在"手牵风筝"这个前提下,学生好比风筝,老师就像牵风筝线的人,风筝可以在天空中自由自在地翱翔,但始终有线作为约束,不管飞多高、多远,也都由教师所掌握。

分析:

两次教学设计理念都力图体现新课改理念,转变原来师讲生听的教学方式。表面看来两者只是对探究程度的不同理解,实质上背后的设计理念根本不同。

第一次设计,表面采用探究的方式,实质还是传统的教师主宰整个课堂的理念。"试图让学生有些自由,但又不能太出圈",在教师这样的理念下,学生虽然进行了操作,但没有经历思考、探索的过程。那么这种"探究"就是一种按指令的简单操作,它和原来的师讲生听没有实质区别,都是教师处于课堂的中心,学生处于被动地位。

第二次,实现着由形式化到实质的探究过程,真正体现了从学生出发进行教学设计的理念。教师"将思路定位在'手牵风筝'这个前提下,学生好比风筝,可以在天空中自由自在地翱翔,老师就像牵风筝线的人",在这样的思路下,教师不仅改变了问题的呈现方式,而且改变了材料的发放方式等。

这些细节设计的调整充分体现了以学定教的理念。教师要让学生成为课堂的主人，根据学生自主探究的需要来设计课堂教学。

两次设计表面上看来只是细节的变化，其实质是理念的变化。正如一位老师所提到的，第一次是"老师造座桥领着学生排队过河"，第二次是"让学生趟水过河"。

（二）探究的问题情境设计分析

第一次：

请同学们用这两种材料（一个小圆卡片、一根牙签）制作一个小陀螺（圆卡片作为转盘，牙签作为轴），试一试，转盘放在轴的什么位置上，陀螺转的时间才长呢？

第二次：

师：你能用这些材料（大、小圆卡片多张，牙签多根）制作一个小陀螺吗？试一试，怎样才能让小陀螺转的时间长呢？

分析：

第一次： 由原来的在教师指导下单纯动手制作，到创设问题情境在做中思考问题。

特点： 含有问题的情境超出了原有的单纯操作范畴，利于在做的过程中思考其中隐含的道理。原来的教材偏重于动手制作，老师在多方收集资料的情况下，认识到不仅是操作，而且设计了一个带有问题的情境，以引发学生在做的过程中思考。

讨论：

（1）问题的开放性不够。问题应该能引发学生产生不同的想法和可能性，有多种方案。但是"一个小圆卡片、一根牙签""什么位置"这些条件直接限制了学生的开放性思维。

（2）问题的思维含量不够。问题应从学生的认知结构、认知能力出发，有的放矢，让学生有思有所得。问题要有创意，在不断思考中形成思维的驱动力。而第一次设计中"转盘放在轴的什么位置上，陀螺转的时间才长呢？"这样一个问题思维内涵不深。只是位置与时间关系的单一操作。

第二次：

问题情境更有思维含量。

特点：问题具有开放性和思维含量。多种不同的材料和"怎样"的问语，会出现不同材料组合的多种思考方式和解决方案，学生会在选择的过程中对比、思考、尝试、总结。这样不仅具有开放性而且具有一定的思维含量。

讨论：应进一步思考在设计中如何将教师的问题转变为学生自己生成的问题。从案例中看到，不管预设性问题还是生成性问题都是老师提出，引导学生思考，如果能让学生不仅在老师提出问题后独立思考，而且能在做的过程中自己提出问题并解决，将真正转变为学生自己的思维过程。

（三）探究时空设计分析

第一次：

整节课分为三个环节，共有三次探究活动，每次的活动时间（包括学生探究和交流等）分别为：五分钟、七分钟、五分钟。

第二次：

整节课只有一次探究活动，仅学生操作用时十二分钟。

分析：

第一次，教师将探究过程分成了几个步骤，将时间分割，每次探究和汇报的时间加在一起为 5 分钟左右，从案例中看出，学生没有真正的探究，而且问题本身不需要太长时间就可操作完成，这种割裂的较短时间不适合真正的探究。

第二次，教师将探究的过程作为一个整体，并给了学生足够的探究时间，学生在尝试过程中出现了多种的解决问题的方案。同时在探究过程中出现了生成性问题，教师进行了积极的引导，在充分的时间中，探究过程不断深入。由此可见，教师在设计过程中给足学生时间和自由是非常重要的。

（四）探究方式设计分析

两次设计学生都在亲自操作，表面看来都在经历探究的过程，实质上却截然不同。

第十章 预设生成：引领学生资源

第一次：

（1）教师的设计一直是让学生按老师要求操作。"你能不能对轴进行调整，再发现一个秘密呢？"教师的话语带有明确的导向性。学生不用思考就直接按老师的操作即可。学生没有真正的主动性。

（2）设计中每次所有学生都按一种固定方式做。教师的教学方式决定了学生的学习方式，在教师的引导下，学生所采用的学习方式每次只有一种——按照老师规定的操作。体现不出学生学习的多样性和差异性。

（3）课堂生成的问题依然转化到教师严格控制的预设中。当一个同学操作出现"把牙签折断一节后，陀螺转的很好"这样的课堂意外时，老师要求所有同学也按照同样的方式进行练习。从中看出不仅教师在预设中没有考虑学生自己的探究过程，而且当出现生成情况时依然纳入自己的思路中。在这种情况下，老师自始至终牵着学生的鼻子走，学生不会出现多元化的思维，更不会出现学生之间多向的交流互动。

第二次：

（1）学生充分尝试，亲身经历探究过程。第二次设计中，教师调整了自己的角色定位，成为课堂教学的组织者，让学生在充足的时空、多样化的素材中尝试、探索。教师教的方式带来了学生学习方式的转变，学生根据自己的方式进行亲身的经历和探索。

（2）学生学习的方式多元开放。第二次设计充分激活了学生思维，学生采用各种不同操作方式，出现了"用大转盘做的陀螺比小转盘的陀螺转得好""我发现把三个转盘摞在一起转得最好。可是摞五个转得就不太好了。所以转盘应该重一点，但也不能太重"等多种答案。这些答案对成人来说，看似简单，但它是二年级孩子通过自己的方式获得，凝结着学生的思考过程。此外，具有不同答案的个体间相互借鉴，相互启发。

（3）教师引导时机恰到好处。由于学生认知水平、思维方式的局限性，没有教师的引导，不能使问题进一步深化，不能将学生的探索进一步提升。因此，发挥教师的引导作用已经成为大家的一致共识。但是，并不是任何引导都具有实效性。只有适时、适度、科学的引导才能真正促进学生发展，教学才能取得实效。案例中，教师根据学生的现有水平和心理需要，适时地进行了引导。

当然，教师引导还有美中不足的地方。"刚才你们发现了许多种使陀螺转的时间长的方法，老师也有一个好方法，想不想知道？（想）我们能不能对轴进行一下调整呢？大家试一试。"从教师的引导语中可以看出，如果教师能通过前面学生的探索，引导学生归纳出一定的规律。在此基础上，引导学生自己思考，想出另外的办法，使之完善，将更加科学。

综上所述，如表 10-1-1 所示。

表 10-1-1 两次探究方式比较

次数 类别	第一次	第二次
设计理念	教师为中心	学生为中心
问题设计	探究性不足	具有探究性
时空设计	时间分割，每一次探究不充分	时间充分
方式设计	按老师要求操作，每次都按一种固定方式做	各种方式，学生思维开放，群体间相互借鉴

三、设计策略初探

（一）设计有效的问题情境，激发探究的欲望

1. 问题具有开放性和定向性

探究的问题最基本的一点要有开放性，这样才能让学生从各自不同的角度，采用不同的方法进行学习。但是，创设问题情境的目的是让学生解决问题，经历思考的过程中获得知识，达到三维目标，因此，问题又需要有一定的定向性，不能过于开放。

2. 问题具有思维含量，并在学生的最近发展区内

问题要有一定的思维含量，这样才值得采用探究的方式。但是，问题又不能太难，探究学习和科学研究不同，不是为了发现未知世界，只是经历类似科学研究的方式达到获得知识的目的。所以，要了解学生的现有知识水平，以及要达到的目标，在学生的最近发展区内设置问题，这样才能既激发学生

的求知欲望，又能让学生在探索中有成就感。

3. 善于将教的问题转化为学生自己的问题

教师为了完成教学任务提出的问题可能是外在于学生的问题。有些学生感兴趣，有些学生不感兴趣。教师应该善于创设一定的问题情境，让学生产生探究的欲望，将教的问题转化为学生感兴趣的问题。甚至需要教师引导学生在隐含问题的情境中自己提出问题，而不是由教师提出。

（二）留足探究时空，激励探究行为

1. 预留充分的探究时空

探究过程离不开充分的时间做保障，因此，教师在设计情境中，整节课要围绕一个核心问题展开，并给予充分的时间。否则，容易走向表面化。

2. 鼓励学生大胆的尝试

学生的探究会有一个不断试误的过程，尤其是开始时，学生没有明确的目标、思路、计划等。这时，教师不应该看到学生出现错误就立即纠正，应该鼓励学生大胆尝试，经历从"误"到"悟"的过程。

（三）设计师生互动，引导探究过程

1. 适时适度

"不愤不启，不悱不发"，只有当学生苦苦思考、多次尝试却没有结果时，当在学生矛盾困惑时等，教师适时点拨会起到很好的效果。

2. 科学引导

教师的引导不仅要适时、适度，还要科学。真正能起到引导的作用，真正促进学生思维的深入，促进学生成长。

（四）设计信息交流反馈，评价探究过程

1. 学生反思自己的学习过程

在信息交流反馈中，要引导学生进行自我反思。这种反思不仅思考自己收获了哪些知识，而且要思考通过怎样的方法获得了知识即方法问题，同时，学生也要反思自己的收获，自己探索过程中经历的失败及其启示。

2. 教师反思自己教的过程

教师要善于根据学生的反应、教学过程、效果，来重新审视自己的教学设计。对学生的知识水平、方法等有一个深入的、过程性的了解,利于今后的教学开展。

(五)尝试新问题拓展,进行价值引导

要引导学生带着问题走出课堂,延续求知的欲望。真正的好课是开放的,不仅是过程开放,而且结果也要开放,是学生既带着收获的成就感或失败的教训,同时,要带着问题,带着思索和求知的欲望走出课堂。在今后有不断学习的动力,并在课外进行更广阔的思考。流程如图 10-1-1 所示。

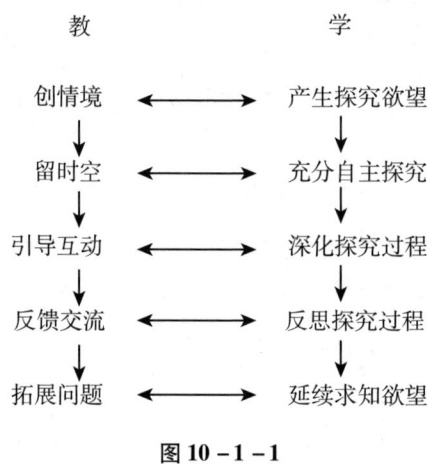

图 10-1-1

第二节 情境三次设计中生成

生成不仅体现在设计文本,更主要体现在课堂教学过程中根据学生需求不断调整预设的过程。下文以数学生活情境修改过程案例①做一分析。

一、背景介绍

数学生活化、情境设计是新课改倡导的理念。但是,学校作为一个农村

---

① 课程改革促进北京中小学校发展案例研究项目组主编:《新课程与学校发展案例研究》,中国科学技术出版社 2007 年版,第 275 页。

中心校在课改前就已经进行了这方面的尝试。他们的探索是建立在本校实践基础上，经历了一个发现问题——变为课题——课题聚焦——实践研讨的校本研究的过程，即发现原来的师讲生听的教学方式限制了学生思维发展，在反思基础上确立了小学课堂开放式教学的课题研究。随后在数学学科聚焦为数学与学生生活联系的研究，经过了多次理论学习和实践研讨。本书涉及的案例只是学校探索中的一个，它同样经过了教师们多次的实践—反思—研讨—再实践—再反思的校本研究过程。

本案例是小学数学"求平均数"一课的片断。学校进行了三次尝试：第一次，还是马芯兰教材，导入时引入一分钟跳绳比赛的数学信息，用表格的形式呈现。但学生讨论中不知干什么。第二次，上课前设计了一个学生跳绳比赛的场景，并录像。学生在课堂中争论不休，但忽视学生的原有基础，没有经历思维的过程，实效性差。第三次，课堂中让学生分为男女两组参与拍球比赛，让学生体验了当两组次数一致时可以用总数进行比较，当不一致时，自然而然地过渡到本节课要讲的平均数的内容，很好地达到了三维目标。

二、案例分析

从案例中我们可看出，学校的三次尝试都是试图将新课程所倡导的"数学生活化""教学情境"等理念落实到具体的教学设计中。每一次尝试都是在实践中，通过教学效果不断反思这一设计理念和行为，这一系列过程不仅提高了教师对理念的深层理解，而且增强了课堂教学的实效性。

第一次设计，将原来的按部就班地教授教材，转变为通过一个生活化的数学情境（跳绳比赛的表格）导出。

特点：

改变了原来直接从书中题目入手按部就班地教教材的传统教学，考虑了数学知识与生活世界的联系。

讨论：

数学知识与生活世界的联系机械、抽象。所谓抽象是直接出示带有数字的表格，对学生来说依然突兀，不能和他们的生活世界联系起来。所以，学生讨论不知干什么。所谓机械，是指这种联系是表面的联系，是对数学和生活世界联系的粗浅、表面化的理解。以为只要有生活的例子，就是联系生活。

所以，没有调动学生的积极性。在情感、态度方面，学生学习、探究新知识的积极性没有直接激发出来；过程与方法方面，学生没有体验和尝试从已有经验、知识去学习新知识的过程；由此，知识、技能目标达成度不好。最终三维目标没有达成。

第二次设计，数学情境的创设由原来和学生没有直接联系，转变为学生自己跳绳活动的录像。

特点：

（1）联系了学生自己的生活，而不是他人的生活。录制学生参与的活动作为情境，它不是教师强加给学生的，而是学生自己的生活。因此调动了学生的积极性。

（2）情境的设计与数学知识联系融洽，对学生有一个过渡的过程。和第一次相比，学生有一个从生活到数学知识的过程，减少了突兀和盲目。因此，学生有想法，并积极争论。

讨论：

（1）重视了学生的生活，却又忽视了学生原有的知识基础，对数学生活化存在表面化理解。联系学生生活是为了形成学生的经验性知识，以达到对新知识更好地理解和掌握。它作为连接原有知识到新知识的桥梁，在重视的同时不能忽视学生原有的知识基础。否则会像案例中那样过程热热闹闹，情感上积极参与，实质却没有达到目标。

（2）重视了学生的生活（指教学内容方面），却忽视了由具体到抽象思维的过程（过程与方法方面）。联系生活不是要回归生活，而是对生活中蕴含的数学知识和数学思想的提炼、抽象、理解。即从联系生活到掌握新知识的过程实质是经历由具体到抽象的思维过程，在过程中获得数学知识。真正达到知识与技能，过程与方法，情感、态度及价值观的整合。而本次尝试忽视了学生思维的过程，因此，教学不免有些肤浅。

第三次设计，联系学生生活的情境由一个固化的录像，转变为课堂中学生的亲自参与。

特点：

（1）教学内容设计：兼顾学生自己的生活经验和原有的知识基础。学生参与其中,形成了自己真实的生活体验,不是外在的、虚构的生活。同时,教学内容的设计考虑了学生原有的认知水平,内容设计有合理的梯度。

(2)教学过程设计:在生活情境中,不仅有参与的过程,而且有思考的过程。学生在积极参与中,思考情境中的数学问题,达到身、心参与,形、神合一。

(3)三维目标的设计:不仅关注了学习内容、学习过程,而且注重学生的需求、动机的激发等,情感、态度、价值观的设计。

(4)教学对象的设计:全体学生参与。比赛者和旁观者都参与了思考的过程。

(5)教师引导作用科学恰当。数学生活情境设计的优化,不仅要联系学生的实际、经验、体会;同时,教师要适时、恰当、精要地点拨。案例中教师在学生争论不休时,提出"'如果现在不进行比赛,能不能判断出是男队胜,还是女队胜?'老师的提问使课堂喧闹的气氛一下子变得鸦雀无声了,同时也激起了孩子们智慧的火花。"这样恰当的点拨,真正建立生活经验、原有知识和新知识之间的联系,形成提出问题、解决问题的新思路。

三、生活化数学情境设计的思考与策略

(一)为什么进行数学生活化情境设计

新教材虽然体现了社会发展、学生发展和学科发展三者统一。但是,教材是范例和载体,要落实到具体的课堂教学中,还要根据所教学生的具体情况,对教材进行创造性运用,达到文本与人本的统一、抽象知识与生活的联系。因此,进行数学生活化情境设计是为了体现学生的需要。

同时,数学生活化情境设计的最终目的是为了落实三维目标,促进学生发展。数学生活化,有利于学生从原有生活中的经验性知识过渡到新知识,并完成从具体到抽象的思维过程。情境设计有利于学生在一定的情境背景下,从外在的驱动力转变为内驱力,产生强烈的学习需求,在积极参与的状态下学习;同时,有利于学生在情境中经历学习的过程,更好地掌握知识。因此,进行数学生活化情境设计,是为了更好地落实三维目标,更好地促进学生

发展。

(二) 什么是数学生活化

1. 着眼于教学目标的生活，而不是肤浅的生活

生活情境创设的最终目的是为了让学生获得新知，落实三维目标。所以，生活情境的设计要围绕三维目标的落实，而不是为了联系生活而盲目的创设生活情境。因此，这种生活情境隐含着要达成的知识和要解决的问题。

2. 学生自己的生活，而不是他人（老师、成人等）的生活

生活情境设计的目的是为了建立学生个人的生活经验和新知识之间的联系。每个学生有不同的生活经验，即使同一经验也有不同的个人感受。因此，只有学生自己的生活，而不是外在于自己的他人的生活，才能真正引起他们的情感共鸣和心灵参与。

3. 真实的生活，而不是虚构的生活

真实的生活才会有真实的体验，它比虚构的生活更能引起学生情感共鸣，更乐于接受与之相关的知识。但是，要防止将"真实生活"片面理解为让学生有真实的经历。它应有多种呈现方式，比如，通过情境、通过多媒体演示等。

(三) 如何落实数学生活化

第一步：创设生活情境，引发学生情感共鸣

本步骤目标是学生建构生活体验，产生学习动机。教师通过创设具有实效的生活情境，让学生在生活的体验和感悟中产生情感共鸣，激发积极主动学习的愿望。

第二步：揭示情境问题，激发学生积极思考

本步骤目标是学生带着问题思考，搭建新旧知识的桥梁。教师引导学生揭示生活情境中隐含的知识或问题，让学生在问题的思考中，形成经验性知识，并逐渐建立自己原有知识与新知识的联系。

第三步：教师组织引导，学生经历思维过程

本步骤目标是学生完成从具体到抽象的总结提升过程。由生活经验形成

的经验性知识是具体的知识,而教学目标所要达到的数学知识是抽象的。因此,教师要组织引导,让学生自己经历从生活的经验性知识中总结提升为数学知识,完成从具体到抽象的思维过程。在必要的时候,教师要加以引导,保证正确的方向,点拨启迪学生的深层思维。

第四步:教师评价反馈,学生反思建构

本步骤目标是学生完成自我反思的过程,体现动态生成性。学生完成从具体到抽象的过程是获得新知的过程,从学生出发设计教学过程,完成后需要有过程和结果的反馈,进而让学生自己有意识地监控自己的学习。这反映在新课改背景下,教学设计的循环往复、动态生成性。

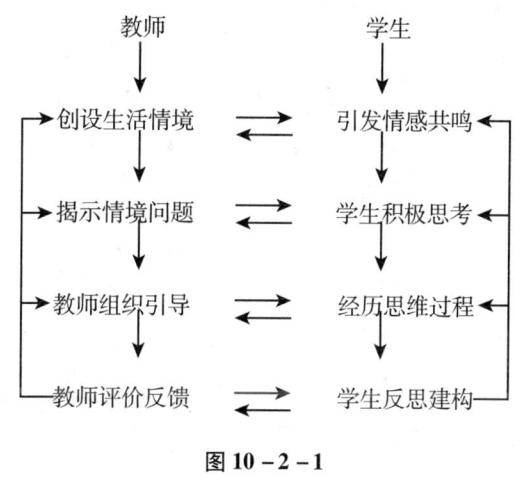

图 10-2-1

第三节 预设—生成有效互动

新课改背景下的教学中,教师摆脱了按部就班的教教案,积极探索教学中根据学生的反应和教学情境调整方案,实现预设与生成的互动、互促的过程。通过调查发现,有些教师没有把握住"预设—生成"互动的本质内涵,出现了低效或无效互动的现象,影响了教学目标的真正落实。本文对"预设—生成"低效互动的几种现象以问题的形式呈现,以案例分析的方式进行解读,以期有所启示。

一、问题之一：预设是否合理，并有利于生成？

预设的主体是教师，生成的主体是学生。教师要以学生为主体，为促进学生更好地生成而预设。但在当前课堂教学中存在设计僵化，没有生成空间的现象。

（一）教学目标设计缺乏弹性空间

其一，目标设计缺乏层次性。

教学目标的设计要从学生的需求出发，根据学生的现有水平预设不同层次、水平的目标。但是教师在设计教学目标时，并没有考虑学生水平尤其是认知水平，不了解学生的知识状况，简单地根据教学的普遍目标作为学生的学习目标。这样确立的教学目标是没有层次性和弹性空间的目标，在一定程度上不能满足不同学生的学习需求，只能调动符合其知识状态的部分学生的积极性。那么，没有弹性的教学空间，没有多数学生的积极参与和思想的碰撞，就在某种程度上扼杀了生成性资源的产生。

其二，目标缺乏多样性。

当前是主流价值观的主导下多元并存的时代，学生具有不同的个人经历、个性特征，他们对文本具有不同的理解，对事物具有各自不同的感受甚至价值判断。因此，教学目标的内涵应该体现多样性。比如，教师不应该强调答案的唯一性，而应该合理预设几种合情合理的可能性答案。但有些教师依然用一元化的取向要求所有的学生，在某种程度上禁锢了学生多样化的思想，没有生成新思想的可能。

（二）教学内容设计僵化

新课改背景下，教师积极尝试根据课标对教材进行创造性运用，开发各种课程资源，设计教学内容，将其转化为学生学习的内容，力图贴近学生的生活世界，这在某种程度上激发了学生的学习兴趣，利于生成学生自己的知识。但是，这其中也存在一些误区：如设计的问题都是事实性问题，不能激发学生的思考，没有多样化的观点，学生只能被动回应老师；或者教师设计的问题是封闭式问题，答案唯一，没有任何生成的可能等。诸如此类的预设本身无生成的空间和可能，更谈不上在教学过程中的有效生成。

中 篇
第十章 预设生成：引领学生资源

（三）方法与策略设计忽视学法

新课改背景下，教学改变了知识为唯一目标的取向，倡导知识技能，过程与方法，情感、态度、价值观三维目标的整合。过程与方法是关键，它是充分发挥学生的主体性，在探究、体验的过程中让其学会知识。

教学方法是教的方法和学的方法的统一，教是为了更好地学。但是教师在进行教学设计中，往往关注教法，忽视学法。例如，有些教师也设计了教学情境或活动，但是整个情境的设计都是以教师为中心，学生的任何活动都是为了证明教师的预设，这直接影响学生的参与程度。没有学生的深入参与就会直接影响课堂中生成性资源的产生。

二、问题之二：生成资源是否得到关注，并捕捉到了？

如果预设为生成预留了空间，那么，课堂教学中随时随处都会发生课堂意外，出现生成性的问题。面对这些"意外"，我们要照搬自己的教案思路对其视而不见吗？还是积极地关注学生反映，及时捕捉这些潜在资源呢？这里涉及的更多的不是教育机智问题，而是教育理念问题，即课堂教学是以教材为中心还是以学生为出发点。

案例：你下次不一定能走出大森林

课堂实录：《小鸭子回家》一课将要结束了，我设计了一个问题情境"学到这儿，你想对小鸭子说点什么？"一个女孩站起来说："小鸭子你很勇敢，我喜欢你。"一个男孩说："小鸭子，你迷路了，但不哭也不叫，我觉得你很坚强。"这时，一个有点口吃的胖男孩，边"嗯嗯"，边把手使劲往上举，为了鼓励他，我叫他起来说。他认真地说："小鸭子，你这次有朋友的帮助，走出了大森林，可是下一次你不一定能走出大森林！"语惊四座，不少同学投去惊异的目光。我先是一愣，很快灵机一动说：谁能把他说的变一个说法。一名女孩似乎明白我的意图，马上站起来说："小鸭子，你这次走出了大森林，我相信你下一次一定能走出大森林。"我很高兴地表扬了这个女孩。这节课结束了。

教师反思：

胖男孩对小鸭子说的话一直在我心里打转转。我开始反思自己的做法。

在备课时我没有想到学生会这么说，所以当学生说出与我预设的答案不同时，我没有考虑学生是怎么想的，也没有追问一句"你能说说为什么吗？"或者把这个说法交给学生讨论，而是启发别的孩子改变他的答案，向标准答案转轨。新课标倡导和推崇的是：老师要走向学生，为学生留有生成的空间。而我却要求学生走向老师，向学生要唯一答案，这显然不符合新课标的理念。

案例分析：

这是一名教师反思日记中的教学片断。我们抛开教师自己的分析来看："学到这儿，你想对小鸭子说点什么？"教师设计的这句开放性的问语给学生提供了发挥主动性和创造性的空间。同时，这是开放性的问题没有唯一的标准答案，每个人的个性特征、生活经历、个人感悟不同，答案也各不相同。课堂教学中这样平等开放的氛围，激发了每个孩子的积极性，包括一个口吃的小男孩。教师的预设问题为不同学生的生成提供了前提。

接下来，课堂中出现了意料之外的事情。口吃的小男孩鼓起勇气站起来却说出了与众不同的话，引来大家惊异的目光。面对着这样的课堂意外，教师"先是一愣，很快灵机一动说：谁能把他说的变一个说法"。教师对他的回答没有多少驻足，而是让其他同学说出了想要的答案。可见，面对课堂意外，正如教师自己所反思的并没有捕捉课堂中的资源。

对生成性资源没有很好地捕捉，主要是在教学设计时，只是提出了开放性问题，却没有对内容本身进行开放性的解读，没有将对文本的分析放在当时的情境和背景中进行分析，教师对文本本身的一元取向限制了其思维。在突然出现课堂意外时，不能及时把握。

三、问题之三：捕捉到的资源，是否准确判断？

对课堂中出现的资源如果能及时捕捉，恰当运用，可以转化为一种课程资源，促进教学进程和学生发展。如果处理不当，这些节外生枝的事件不仅不能成为课程资源，反而会阻碍课堂教学。

案例：二年级语文《瀑布》教学片断

师：瀑布如烟、如雾、如尘……

师：瀑布看起来还像什么？

生1说:"如云"。

生2说:"如雨"。

生3说:"如仙境"。

师:好,我们一起读一下,如烟、如雾、如仙境。

师生(读):如烟、如雾、如仙境。

师:虽然我们可以这样改,但我们还是要尊重叶圣陶老爷爷。

这则案例中,"瀑布看起来还像什么?"这一预设的问题给学生主动学习的空间,允许学生有不同想法。学生生成了不同的答案,"如云、如雨、如仙境"。面对学生的答案,教师如何做的呢?"好,我们一起读一下,如烟、如雾、如仙境"。可见,教师及时捕捉了学生资源,并将其作为教学内容推进课堂进程。

表面看来可谓尊重学生、灵活调整预设、及时捕捉并运用学生生成的资源。但仔细推敲,我们不难发现,仙境与烟、雾不是一个层次的词汇。烟、雾恰当地比喻了瀑布当时的特性,而仙境却没有这样形象。笔者在此不便于从语文学科特性来分析仙境所不具有的知识内涵和美感。

从案例看,教师对学生的回答没有进行分析,而是直接认可。这导致了学生没有对书中的比喻进行很好地理解和解读,没有体会比喻所带来的意境。接下来,教师直接将学生的观点作为一种生成性知识来学习,在提高学生自豪感的同时,也将学生带入了误区。可见,对生成性资源进行捕捉后,没有进行准确判断,形成对教学资源的滥用现象,导致预设的基本目标都没有达到。

四、问题之四:准确判断后,是否科学引领和提升?

课堂中的意外,有些可以作为有用资源,推进课堂,有些阻碍课堂的进程,我们对其也要准确地判断。判断后要进行区别对待:对那些课堂中不必要的课堂意外,我们要想办法及时纠正和调整;对可以利用的那些资源,我们要积极引导,并进行提升。下面我们就第二种情况进行分析。

案例:课堂意外

在圆柱的体积练习课时,我出示了这样一个题目:一个长方体,长6厘米、宽6厘米、高10厘米,从中挖出一个最大圆柱体,怎样挖?这时一个学生站起来说:"老师我有这样一个想法:当一个长方体的长、宽、高都不相同时,怎样挖出的圆柱体的体积最大?有什么规律可循?"

教师处理:

面对学生这个节外生枝的话题,我灵机一动,把皮球又踢了回去。"下面我们以小组为单位展开讨论,看谁能发现其中的奥秘。"

处理结果:

通过小组内动手实验、计算、交流、争论,在这个教学过程中,学生思维的闸门被打开了,同学们在交流、探讨和动手操作中体验了成功的乐趣。同学竟然得出这样一个结论:当长宽高不相等时,以中间数为底面直径,以最小数为圆柱的高时,得出圆柱的体积最大。

生1说:"我们先假设三个数,然后通过计算得出哪个圆柱体的体积最大。我们还大胆进行了猜想:在假设的三个数中,以中间数为底面直径,以最小数为圆柱的高时,得出圆柱的体积最大。"

生2说:"我们组是用一块橡皮试着切割了一下"。

生3说:"我们组是通过比较底面半径的大小。因为体积等于底面积乘高,只要这个数中半径的平方最大,那么这个物体的体积就是最大的。"

生4说:"老师我还知道了,假若我是一个设计师的话,我知道在实际生活中怎样选择最佳方案去处理类似的问题。"

教师反思:

这个课例也给了我一个很好的启示:由于老师在课前设计题目时,没有慎思斟酌,对于学生的问题没有做到心中有数,所以当学生总结规律时,老师不能加以肯定或否定。这也警示了我在工作中的疏漏与缺憾!

案例分析:

从案例中我们看到课改给教师及其课堂教学带来了巨大变化。当出现课堂意外时,教师及时捕捉到了,在进行准确判断的基础上,进行了科学的处理:"下面我们以小组为单位展开讨论,看谁能发现其中的奥秘。"教师的做法充分体现了以学生发展为本的理念。

教师科学的教法带动了学生的学法,他们充分发挥了主动性和创造性,从自己的认知结构和个人经验出发,用不同的学习方式,多角度的思考、研究问题。有些同学通过动手操作完成了从实践到理论的抽象思维过程；有些同学运用已有知识完成了严谨的逻辑思维的转化和提升。在这个过程中解决了问题，促进了学生发展。

但是正如教师自己反思的那样：如果教师对学生的多元思维进行实事求是而且简洁地总结和提升，将个体知识上升为理性知识；如果教师对学生的多种获取知识的方法进行比较和归纳，将多种方法提升到探索有效方法的高度，将不仅对学生个体而且对全班同学都会起到有力的推动作用。同时，这不仅让学生获得知识而且获得学习的有效方法，最终实现预设与生成的互促，大大提高课堂教学的有效性。

五、问题之五：我们是否忽略了生成的保障因素？

以上我们从教学的角度谈了预设与生成的关系。实际上，管理作为教学的保障，也会在某种程度上影响预设与生成的有效互动。例如，在座位的安排上，基本是秧田式，限制了学生之间的交流，交流的缺失在某种程度上限制了互动中激发的思想和火花，影响了资源的生成。在教学组织形式上，基本是班级授课制，这样的互动主要是教师与个别学生的互动，不利于师生间、生生间的多向多元的沟通和互动。这样在有限的时间内，大大减少了信息元交流、碰撞的机会，降低了生成性资源的概率。下面我们通过教学组织、管理的案例加以探讨。

案例：一节数学课"两位数加一位数进位加法口算"

在练习阶段，为了呼应前面的"购物"情境设计，我设计了一个游戏来巩固两位数加一位数的口算方法。请三名同学上来做"小售票员"，拿到车票的同学，快快站到你该乘坐的汽车的售票员后面去。于是，我开始将车票递到同学的手中，拿到车票的同学一个接一个地走上来。但是由于前面窄小，根本站不下这么多学生。学生乱作一团，有踩到同学脚的互相道歉的，有的因为被挤来挤去，挤的快受不了，大声叫的……在座位上的同学有的站起来向老师要"车票"的，有的因为看到讲台上的同学乱作一团偷偷笑的……我的头"嗡"得一下子，完了。于是这个游戏草草收场，我赶快下课了。

这则案例是教师在反思自己教学时，对当时课堂教学情境的一个描述。我们现在抛开教师自己的反思，重新解读一下。这则案例表面上是教师的课堂组织管理能力，实质上它反映了多个问题。一方面反映了教师教学设计不足。教学设计不仅涉及教学内容，而且涉及教学的组织与管理。案例中教师单纯注重了教学内容的设计，在练习阶段，为了呼应前面的"购物"情境设计设计了一个游戏来巩固口算方法。教师通过游戏的方式让学生在参与体验中巩固知识。在某种程度上，说明教师在教学中力图达到三维目标的整合，促进学生的发展。但是在教学中却由于没有预设教学的组织与管理，课堂教学中出现了组织混乱的局面，整个活动无法开展，没有达到教学目标。因此，教学组织与管理是为教学服务的，没有良好的设计同样会影响教学效果。

另一方面，反映了对生成的课堂意外的调节问题。课堂教学不像预设的那样条理分明、按部就班，课堂教学本身时刻充满了变数，它是教学预设与生成互动的过程。面对课堂中形形色色的意外，教师要有充分的心理准备，随时根据需要调整预设。实现预设与生成的统一，最终达到教学目标。

由此可见，教学管理等保障因素也是影响教学预设与生成有效互动的重要因素。

综上所述，新课改背景下以学生发展为中心的课堂教学，是预设与生成的互动统一。从上面的问题分析中我们可以看出，当前对此问题的实践在不同的教学环节存在不同的问题。因此，我们要把握预设与生成的几个环环相扣的问题：即预设是否为了更好地生成—生成的资源是否捕捉到了—捕捉到的资源，是否进行准确判断—准确判断后，是否进行科学引领和提升了—是否关注了生成的保障因素等，以更好地实现两者的辩证统一。

下 篇

教学管理思考

　　教学改革进展到一定程度必然会对教学管理提出新要求，与此同时，一些学校会进行教学管理改革以促进教学。两者相互促进，最终目的是促进教师成长、学生发展。

　　那么，随着课改的推进，教学管理出现了哪些变革？本篇在理论梳理、分析现状的基础上，对质量管理、组织制度、教学研究三方面做一分析。

第十一章　教学管理：基于现状思考

教学工作是学校各项工作的核心，教学管理是教学工作正常运行的基础。课改后教学改革冲击着教学管理，那么教学管理有哪些理论？现状如何？有哪些启示？下文一一呈现。

第一节　教学管理理论梳理

科学合理的教学管理是提高教学质量的关键，是教师专业发展的重要保障，是实现学校育人目标的重要途径。那么，什么是教学管理？教学管理系统主要包含哪些内容？最核心的质量管理的主要观点是什么？课改对教学管理的要求是什么？下面主要围绕这四个基本问题进行梳理。

一、教学管理的内涵与外延

（一）教学管理是什么

刘茗在《当代教学管理引论》中认为[①]：教学管理是学校教学行政人员为完成教学任务，提高教学质量，运用一定的原理和方法，通过一系列特有的管理行为，组织、协调、指挥和控制教学工作，以求实现教学目标的过程。

吴志宏在其主编的《学校管理的理论与实践》中认为[②]：教学工作管理是运用管理科学和教学论的原理、方法，充分发挥计划、组织、协调、控

---

① 刘茗：《当代教学管理引论》，教育科学出版社1997年版，转引自吴志宏、冯大鸣、周嘉方主编：《新编教育管理学》，华东师范大学出版社2000年版，第196页。
② 吴志宏：《学校管理理论与实践》，北京师范大学出版社2002年版，第167页。

制等管理职能，对教学过程各要素加以统筹，使之有序运行，提高效能的过程。

《学校的管理理论与实务》中认为①：学校管理学研究的教学管理是专指学校内部的教学管理，它是学校领导者和教学管理人员根据教育方针、教学计划、教学大纲的要求和学校教育教学规律，为完成教学任务、提高教学质量，运用现代管理的理论、方法和原则，通过计划、组织、指挥、协调、评价、反馈等一系列管理手段，科学组织、协调和使用学校教学系统中的人力、物力、财力、时间、信息等因素，以推动学校教学工作有序、高效地运行，达成教学目标。从管理主体来看，学校教学管理既包括学校领导者对教学事务的管理，又包括教学行政人员对教学事务的管理；从管理内容看，包括教学行政管理、教学质量管理以及教学资源管理等方面。

从不同的定义中可以看出，虽然表述方式不同，其概念也有细微的差别。但是，都厘清了教学管理的基本要素。（见表 11－1－1）

表 11－1－1　教学管理要素

教学管理的要素	主要观点
管理目标	教学工作有序高效运行；完成教学任务；提高教学质量
管理依据	管理科学和教学论的原理、方法、原则
管理主体	学校领导者、教学行政人员
管理对象	教学过程各要素（或教学系统中的人、物、财、时间、信息等因素）
管理手段	计划、组织、指挥、协调、评价、反馈、控制

（二）教学管理的主要内容

观点一 ②：

主要包括教学常规管理、教学但只管理、教学研究管理、教学质量的监控四个方面。

教学常规管理：教学常规指组织教学活动应遵循的最基本的工作要求和

---

① 范国睿：《学校的管理理论与实务》，华东师范大学出版社 2002 年版，第 412 页。
② 同上，第 417 页。

第十一章 教学管理：基于现状思考

规范，如作息时间的调整、课表的编排与调整、教室的安排、教学进度的编制、考试的安排等日常工作，都属于教学常规管理的范畴。

教学组织管理：包括教研组的管理与教师队伍管理。教研组是教学研究和教学实践的重要基地，建立健全教研组，是健全学校教学组织系统的重要方面。教师队伍的建设和管理就是学校通过各种管理机制，建设个体素质较高，群体结构合理，富有创新意识、创新能力和务实精神的教师队伍。

教学研究管理：教学研究管理是组织广大教师积极研究教育教学过程中出现的各种问题，为教学改革和提高教学质量服务。

教学质量的监控：教学质量的监控是对影响教学质量的各种因素、各个环节，包括教学目标和内容、教师的教、学生的学、师生互动、教师的态度、学生的心理状态等因素的过程性的监测、反馈和调控，及时研究教学过程中出现的新问题，制定新对策。

观点二[①]：

学校教学管理工作纷繁复杂，就其基本内容而言，大致包括教学行政管理、教学质量管理和教学资源管理等方面。

教学行政管理：主要包括教学计划管理、教学运行管理、教务例行工作管理和教学档案管理等方面的工作。教学行政管理是学校教学管理的基础性工作，其职能是通过对各项教学活动的合理组织、指挥、调度和监督，建立稳定协调、有活力的教学秩序，以保证教学工作的顺利进行。

教学质量管理：教学质量的高低是教学管理水平的综合反映。教学管理主要就是对教学质量实施管理，以达到提高教学质量的目标。教学质量的管理是教学管理的核心，管理者要在正确的教学质量观的指导下，根据一定的教育教学目的和教学质量标准，对影响"教"与"学"的各种因素进行有效的检查、分析、协调与控制，促使教学效果达到教学计划、课程标准和教科书所规定的要求，以保证教学任务的全面完成和教学质量的全面提高。

---

① 范国睿：《学校的管理理论与实务》，华东师范大学出版社2002年版，第424~444页。

教学资源管理：包括计算机网络、通信等系统在内的各类为教育教学服务的设施、设备器材的维护与管理。而且，教学信息及传播技术的优化配置在教学管理中的作用越来越重要。

观点三：

《〈基础教育课程改革纲要（试行）〉解读》[1] 中将教学管理作为课程实施的过程。认为教学是实施国家和地方课程的主要方式，需建立学校、处室、教研组（年级组）三级网络，在各自的职责范围内实施课程管理。

制订计划：一般以《学校年度课程实施方案》等形式呈现，主要包括一学年各年级的课程门类、课时分配、课程表、作息时间表、课程实施要求与评价建议等内容。

教学过程管理：包括备课、上课、作业、辅导、考试等教学基本环节的常规管理工作。

观点四[2]：

主要包括教学思想管理、教学组织管理、教学质量管理、教务工作管理四个方面。

观点虽然不同，但所包含的内容基本相同。笔者认为，教学管理可以有不同的维度：从系统角度看，由思想—组织—制度—行为四个由内而外不可分割的方面构成；从工作的角度讲，教学管理中教学行政管理和教学资源管理主要是提供保障作用，最核心的是教学质量管理。教学质量管理最主要是对教学过程的管理，包括备课、上课、作业、辅导、考试等教学基本环节的管理工作。

二、教学管理系统的主要内容

在学校管理过程中，现代教学管理组织系统的构建，推动和促进了教学管理的发展与完善，同时，也为教学质量的提高提供了可靠的保障。

---

[1] 钟启泉等主编：《〈基础教育课程改革纲要（试行）〉解读》，华东师范大学出版社2001版，第393~394页。

[2] 吴志宏：《学校管理理论与实践》，北京师范大学出版社2002年版，第168页。

下篇

第十一章 教学管理：基于现状思考

（一）教学管理组织与制度的基本内涵[①]

学校的教学管理组织系统，是指在校长或主管教学的副校长的直接领导下，学校中由教学决策、教学行政管理、教学业务咨询、教学监督与评价等组织机构以及广大教师共同组织而成的教学执行系统。

一般来说，学校教学管理组织系统包括三类性质不同的组织机构，一是教学行政管理机构，如教导（务）处等；二是教学业务机构，如教研组等；三是各种有关学校教学工作的咨询、审议、监督机构，如教学咨询委员会。各教学系统又由若干二级子系统构成。

教学管理制度，是学校教学管理系统的重要组成部分。学校的教学管理制度是指为强化教学管理、稳定教学秩序、加强教学质量控制而制定的教学规章、制度、条例、细则、守则等。教学管理制度具有一定的法治效应和约束力，是全体师生和教学管理人员必须共同遵守的教学行为准则，是实现教学管理科学化、规范化的重要基础。就其内容而言，学校教学管理制度分别涉及学生事务、教师事务、教学规范、考试制度、课程制度和与教学工作有关的各职能部门的责任制度等。例如，分层教学管理条例、备课组工作职责等。

（二）教学管理组织与制度的主要问题

1. 校长的教学领导力问题

（1）校长领导教学的主要方式[②]。其一，建立和健全教学管理系统，充分发挥有关机构的作用。其二，亲自参加教学实践，深入教学一线。一方面是抓好重点工作：从年级来说，既要抓毕业班，又要抓起始年级；从学科来说，抓住语文、数学、外语三门基本学科；从教学组织形式来说，抓好课堂教学。另一方面，深入第一线最基本的三条为听课、蹲点、兼课。

（2）校长和教导主任管理教学的区别。校长侧重抓好影响全局的工作，抓好方向性工作，抓好关键性问题；教导主任侧重随时掌握教学工作情况，掌握教学动态和师生的思想动态，及时向校长反映和提出建议，执行校长

[①] 范国睿：《学校的管理理论与实务》，华东师范大学出版社2002年版，第419～423页。
[②] 萧宗六：《学校管理学》，人民教育出版社1994年版，第329页。

指示。

(3) 校长领导教学的要求。教学管理是校长管理工作的核心。校长首先要在思想上重视教学和教学管理工作，真正将教学管理摆到学校管理的中心。

作为学校的教学领导，校长理应是教学专家。教学理论是校长进行教学领导的重要理论基础，善于运用教学理论分析和解决学校教学改革和教学管理过程中的各种问题。

校长要掌握领导和管理教学的主动权，必须深入教学第一线，通过个别谈话、召开座谈会，特别是听课等方式，了解各个教研组学年、学期教学计划，了解各学科教学改革的进展情况，了解广大教师的教学水平、教学经验和教学改革情况，从而对学校各学科的教学实践作出科学合理的判断与评价，引领教学改革。

2. 教学管理系统的健全

(1) 建立和健全教学工作管理系统。其一，充分发挥教导处的职能，正确处理校长和教导主任在教学管理中的职责。其二，充分发挥教研组的作用。明确教研组的性质不是介于教学主任和教师之间的行政组织，而是教学研究组织。其三，充分发挥教育科学研究室的作用。

(2) 教学组织管理的核心任务。教学组织管理是教学管理的核心，主要有三大任务：其一，建立教学指挥系统，包含教的管理和学的管理的两个系统；其二，明确教学管理职责；其三，完善教学常规管理制度，即教师教学工作制度和学生学习管理制度。

(3) 发挥教研组和教科室的各自功能。教研组和教科室具有不同的职责，发挥着不同的功能。首先，研究范围不同。教研组主要研究本学科的教学问题，而教科室范围要广泛得多。其次，研究重点不同。教研组偏重于研究教学中的实际问题，教科室侧重从实际问题中研究理论问题。最后，研究目的不同。教研组主要在于更好地完成本学科的教学任务，教科室侧重考虑如何领导教学和改革教学。当前在教学领域尤其强调教科研一体。

(4) 教学管理工作的原则。按照教学过程的特点来管理教学；遵循教学规律、教学原则来管理教学。

(5) 教学工作管理常规。教学常规主要是教学上沿袭下来的经常实现的规矩。主要有教师教的常规；学生学的常规；课堂常规（课前、课中、课间的要求）；教学组织工作常规（学期初的计划、学期中的检查、学期末的质量分析、假期的安排）；教务行政工作常规。

其中，教师教学过程的基本环节有备课、上课、作业、辅导、考查等，对这些环节提出的规格要求是教的常规；学生学习过程的基本环节为预习、听课、复习、作业、小结等，对这些环节提出的规格要求是学的常规。

三、教学质量管理的主要内容

（一）教学质量管理的内涵和过程[①]

教学质量的管理是教学管理的核心，管理者要在正确的教学质量观的指导下，根据一定的教育教学目的和教学质量标准，对影响"教"与"学"的各种因素进行有效的检查、分析、协调与控制，促使教学效果达到教学计划、课程标准和教科书所规定的要求，以保证教学任务的全面完成和教学质量的全面提高。

下面阐明教学质量管理的基本过程：即确立全面正确的教学质量观—教学质量检查——教学质量分析与评价—教学质量控制—教学质量改进与提高—反馈并实施下一轮教学质量检查的循环过程。

1. 确立全面正确的教学质量观

教学质量体现为教师"教"的质量与学生"学"的质量的结合；教学质量表现为整个教学过程的质量；教学质量体现为全体学生的质量，体现为学生的身心全面发展。

例1：美国阿拉斯加州学校教育全面质量管理的要诀在于[②]：

人际关系是质量提高的基础。

学校组织中的所有部分都得到提高。

[①] 范国睿：《学校的管理理论与实务》，华东师范大学出版社 2002 年版，第 430~439 页。

[②] Malcolm S. Greenwood & Helen J. Gaunt, Total Quality Management for Schools, London：Cassell, 1994，P. 14. 转引自赵中建："学校教育全面质量管理初论"，载《教育参考》1997 第 5 期。

消除系统内造成问题的原因必将带来"提高"。

做某项工作的人是对这一工作最有知识的。

人们都想参与并想把其做好。

每一个人都是一个有价值的贡献者。

共同工作可以实现更多的东西以改进系统,而不是单个行动。

运用统计的、图解式的问题技术的过程,可使你了解你在何处,变化存在于哪里,问题的相对程度,以及需做出的变化是否会带来预想的影响。

不和(敌对)的关系是反生产力的、过时的。

每一组织都有等待开发的和尚未发现的瑰宝。

消除有碍于对感到自豪和对学习感到快乐的障碍,以发挥组织的真正的潜能。

不断地培训、学习和实验是持续提高的优先之事。

例2:学校全面质量管理的特征[①]

持续的全面质量管理原则;

各年级都有合作学习策略;

重建教学计划以满足世界一流标准;

所有人员不断的在职培训;

鼓励和支持革新、实地检验、试验以及评价和采用新观念;

与家长、其他社区机构、学校和教育机构建成网络;

日常使用的操作性定义;

校本决策与管理设计;

课程、教学和评估(考试)的一致性;

顾客、教职员工和管理层有共同的憧憬;

修改教学传递系统;

思维与问题解决技能贯穿整个课程;

在管理与教学中使用恰当的技术;

使用协作管理与教学;

---

① Bradley, L. H., Total Quality Management for Schools, 1993.

学生是主动的学习者，争取学会成为一名学习者；

教师的角色是辅导者、促进者；

为学生与家长提供完备的服务支持；

与家长、学生和低一级学校发展长远关系；

在孩子的教育中家长被视为平等的伙伴；

有一支以顾客为定向的教职工队伍；

在决定各个学习计划与评定中使用统计过程控制。

2. 制定教学质量标准

教学质量标准不仅仅是一个包含多因素、多层次、多维度的质量标准体系，是师生在教学过程中共同追求的目标，也是管理者检查和评价教学质量的依据。

3. 检查教学质量

从教学质量检查的主体来看，学校可以组织不同层次、不同范围的质量检查。从进行教育质量检查不同层次看，有学校管理者、教导（务）处和教研组、教师之间互查和教师个人自查，并引导学生进行自我检查与评价；从教学质量检查的时间上看，教学质量的检查要注重过程性，将日常性检查与阶段性检查结合起来；从教学质量检查的范围来看，宜采用全面检查与重点检查相结合的策略。

4. 分析教学质量

教学质量分析是要在检查教学质量的基础上，通过对教学质量检查中获取的信息进行分析，肯定成绩，总结经验，同时发现问题，从教与学以及管理诸方面找出原因，对症下药，采取措施，指导和改进教学，从而使教学质量在现有基础上有较大提高。

5. 控制教学质量

教学质量控制是指建立在教学质量检查和分析的基础上，对影响教学质量的因素直接加以干预，如总结和推广有利于提高教学质量的经验，限制和排除偏离教学计划与课程标准、影响教学质量提高的各种不利因素，从而保障教学质量的提高。

例如：关于学生学习的质量监控[①]

要求教师在课堂上，必须关注学生的学，让学生尽量多地参与教学活动。在课堂教学的师生互动过程中，要侧重于学生的学，指导学生培养良好的学习习惯，掌握有效的学习方法，提高学习能力。

要求教师认真批改作业，了解学生的学习掌握情况，并及时进行作业讲评，或对学生作个别指导。教育管理部门则不定期抽查学生的作业情况，把握学生学习的整体状况，并对教与学的过程作必要的调控。

建立班主任、任课教师联席会议制度，定期对班级每位学生的学习情况、学习方法、学习态度等进行综合分析，并对学生下阶段的学习提出建议。

加强任课教师与学生沟通。在教学过程中不定期地与学生谈话、交流，了解学生的学习状况、学习感受、学习上的进展或碰到的困难，及时对学生进行指导，提供学习建议。

对自主活动课和课余时间的学生分布进行调查分析，根据具体情况，对不同类型的学生提供不同的建议，指导学生提高学习质量和效率。

建立考试后教师与学生的谈话制度。任课教师和班主任应该将每位学生作为一个教学案例，对不同学生进行分类分析，及时与学生沟通，不失时机地向学生提出下一阶段的学习建议。

建立学生跟踪调查制度，对学生校内学习及毕业以后的情况进行跟踪调查，并作为对学校教学进行调控的依据之一。

（二）全面质量管理（TQM）的主要内容[②]

1. 全面质量管理主要原则或特征

20世纪90年代，英美等国家出现了全面质量管理（Total Quality Management，TQM）热潮。全面质量管理是一种质量管理的理念，又是一种质量管理技术和制度。其主要原则为：

[①] 范国睿、董君武主编：《现代学校教育的持续发展》，上海教育出版社2001年版，第350~351页。

[②] 陈孝彬、程凤春主编：《学校管理专题》，北京师范大学出版社2002年版，第75~104页。

顾客导向原则；

以人为本、全面参与的原则；

过程管理的原则；

系统管理的原则；

持续改进的原则；

防检结合、以预防为主的原则；

文化导向原则。

2. 教学全面质量管理的主要模式

（1）戴明环模式：由美国著名的质量管理专家戴明提出，特点是质量管理和质量改进按照计划、执行、检查、处理的顺序循环往复，不断进行。

（2）教学全面质量管理的系统模式：把全面质量管理理解为维护一个组织正常供求关系的系统管理，包括愿景、战略、挑战性目标、团队和日常管理工具五个要素。

（3）教学全面质量管理的ISO9000模式：主要是通过建立系统的、规范化的、文件化的质量管理体系来实现质量管理和质量保证。

3. 戴明环模式的工作步骤

分为四个阶段（计划P、执行D、检查C、处理A）和八个步骤，涵盖了前馈控制、同期控制、反馈控制三个环节。

计划阶段：

第一步，分析现状，找出存在的问题和主要质量问题。

第二步，诊断分析产生质量问题的各种影响因素。

第三步，找出影响质量的主要因素。

第四步，针对影响质量的主要因素，制定措施，提出改进计划，并预计其效果。

执行阶段：

第五步，执行阶段，分头实施。

检查阶段：

第六步，检查计划、执行情况。

处理阶段：

第七步，对检查结果进行总结，把成功经验和失败教训补充到相应标准、制度中。

第八步，提出这一循环尚未解决的问题，转入下一循环中。

(三) 教学质量分析的常用方法

教学质量分析的常用方法包括数量统计法、比较法和综合分析法等。

(1) 数量统计法：运用数量统计的方法，统计分析各年级、班级学科成绩的平均分、标准差及其上升下降的幅度，各分数段学生分布情况，优良率和合格率等。运用数量统计方法分析教学质量，可以设计科学实用的统计表格以及形象的统计图表等，以便清晰地说明教学质量的实际状况。

(2) 比较法：包括纵向比较与横向比较两种不同的类型，纵向比较可以显现出各年级、班级在不同时期的教学质量状况，也可以对不同年级的学生以信度和效度相当的测量题目进行测量比较；横向比较，可以对同一年级的平行班的教学质量状况进行比较。通过比较，可以分析和判断教学质量的升降得失，并寻找影响教学质量进步或后退的原因。

(3) 综合分析法：即从学校教学现状出发，从教与学两方面对包括教师的教学思想、教学态度、教学方法、教学水平和学生的学习目的、学习态度、学习习惯和方法等各种影响教学质量的因素进行分析，并由此对教学质量进行综合性评价，发现教学过程中存在的主要问题，探究影响教学质量的主要原因。在此基础上，对教学过程的改进提出指导性意见。

四、课改对教学管理的新要求

(一) 课改对教学过程管理的要求[1]

包括备课、上课、作业、辅导、考试等教学基本环节的常规管理工作。

备课：应实行分层管理，因人而异，注重实效，防止用单一化的备课模式来统一要求教师。对优秀教师应尽可能激发他们的创造性，给他们提供广

---

[1] 钟启泉等主编：《〈基础教育课程改革纲要（试行）〉解读》，华东师范大学出版社2001年版，第393~394页。

阔的自主设计空间，并根据自身的素质特点，设计富有个性的教学方案。对新教师和其他教师需要进行一定的指导或规范的管理。

上课：是教学过程的中心环节，也是教学管理的主要环节。应倡导多样化的课堂教学模式，优化课堂教学过程，有效利用现代教育技术，努力提高课堂教学的效率。引导教师尽可能多地为学生创设自主探究、交流、合作的机会，尊重学生的见解，重视学生体验，鼓励学生创新，引导学生关注生活、实践。学校课程管理也应规范教师的课堂行为，引导教师从自身的人格魅力感染学生，建立和谐的师生关系。要经常举行课堂教学观摩及说课、评课、议课等活动，为教师创设交流经验的机会。

作业：作业管理应立足于减轻学生的课业负担，避免重复劳动。各学段都严格控制作业量，提倡引导学生完成一些感兴趣的探究性作业。学校应根据教学质量管理的要求，规范教师作业检查行为，并倡导多样化的、富于实效的作业检查和批改方式。

辅导：体现因材施教的原则，对学习有困难的学生给予更多关心与帮助。不能进行集体补课，严格控制在校学习时间。

考试：着眼于改进教师的教学和促进学生更好发展。应倡导考核方式的多样化，可采用闭卷、开卷等书面方式，也可采用口试、操作、表演、展示等方式。考试命题依据课程标准，侧重能力与素质的立意，注重选择现实生活的材料，杜绝设置偏题、怪题。义务教育阶段内的成绩评定一般采用等级制，不允许根据考试成绩给学生排名次，严格控制考试次数。

（二）面对新课程，学校教学管理制度应如何重建[①]

新课程的全面推进，教学改革的深入开展，没有一个相应的教学管理制度来支撑和保障，是难以想象的。因此，重建学校教学管理制度也自然成为本次课程改革的一项重要任务。

1. 学校教学管理存在的弊端

反思现行的学校教学管理制度，我们不难发现其存在的弊端，突出表现

---

① 朱慕菊：《走进新课程：与课程实施者对话》，北京师范大学出版社2002年版。

在以下几个方面。

第一，以"分"为本，盛行分数管理。分数是评定学生学业成绩的重要工具，也是考查教师教学质量的重要指标。遗憾的是，在我们学校教育中，分数被绝对化了。分数从"促进教师工作和学生学习的一种强有力手段"异化为"控制教师工作和学生学习的一种极可怕的魔杖"。教师和学生在分数面前顶礼膜拜，成为分数的奴隶。学校管理和评价盛行分数主义，结果见分不见人，重分不重人。分数主义、分数管理严重扭曲了教学的价值取向，教学工作被蒙上了强烈的功利色彩，利益驱动代替了事业追求，在这样的背景下，即使有所谓的教学改革，也会被异化为追求高分的"遮羞布"。

第二，以"章"为本，形式主义泛滥。校章校制是学校办学经验的结晶和反映，它对于稳定学校秩序、提高教育质量起着保障作用。每个人都必须接受规章制度的制约。但是学校管理不能因此见章不见人，重章不重人。遗憾的是，目前不少学校变本加厉地在规章制度上做文章，把规章细则化、标准化，而且配合量化评分和经济制裁，简直把教师和学生当成管教的对象，把领导变成了监工，把依法治校变成了以罚治校。这种管理严重扭曲了教学的本性，教学过程被程序化、机械化、标准化了。管理变成了检查（教案检查、作业批改检查最为典型），教师疲于应付，在这样的背景下，即使有所谓的教学改革，也是做表面文章，搞形式主义。

第三，以"权"为本，权力至上。学校管理不能没有权力，没有权力就成为无政府了，学校就会陷入混乱状态，但是行政权力至上或权力主义，却与教育主旨和使命相背离，也与当代社会民主化进程相背离。权力至上必然滋生和助长长官意志，从而排斥教育民主化和教育科学化，师生的民主参与和学校的学术研究也因此没有了立足之地。与权力至上一脉相通的另一现象是权威主义，领导是权威，专家是权威，教科书是权威，教参是权威，崇尚权威泯灭了教师工作的独立性和创造性，斥退了教师的个性。学校需要权力，但这种权力只能服务于学校培养人、造就人、成全人的使命。偏离这一方向的任何权力都会摧残人、摧残精神和摧残文化。从校长角度来说，管理学校需要的也不仅仅是权力，更重要的是思想和精神。对此，苏霍姆林斯基早有精辟论述："学校领导首先是教育思想的领导，其次才是行政领导。"遗憾的是，我们的学校管理最为缺乏的恰恰就是思想，在一个没有教育思想，崇尚权力、不崇尚学术的校园里，怎么可能有真正的教学研究和教学改革呢？

2. 学校教学管理制度的重建势在必行

一方面要坚决改变传统的落后管理模式和不合理的规章制度，另一方面要积极探索符合素质教育理念和体现新课程精神的新举措。当前，要特别强调和致力于：

第一，建立以校为本的教学研究制度。"谁看不到教师劳动的创造性，谁就是在根本上不理解教师的劳动；同样，不进行教育研究的教师，也不可能真正尝到当教师的乐趣，并成为真正出色的教师。"特别是新课程的推进，对教师提出转型要求，要求教师角色要由"教书匠"转变为"研究者"，教师必须学会反思、创新，成为实践的研究者。新课程的推进完全是一个开放性的探索过程，任何一所学校都应当承担起探索、创新的职责，有所作为，努力办出特色。学校进行教学研究必须以校为本，要从学校教育教学实践中的问题出发，通过全体教师共同研究，达到解决问题、提高质量的目的，即"在学校中，通过学校，为了学校"。教学研究要在学校取得"合法"地位，并真正成为学校教学改革发展的永恒动力，必须进行制度化建设。同时通过制度化建设，在学校形成一种崇尚学术、崇尚研究的氛围，这是保证教学改革和教师专业化发展的最有力的内在机制。

第二，建立民主科学的教学管理机制。教师参与学校民主管理的状况，直接影响着教师民主化教学意识的养成。为此，学校必须改变以往"家长式"的管理方式，建立民主、科学的教学管理机制，建立健全由教师、学生、学生家长、教育专家或社会知名人士共同组成的校务委员会以及以教师为主的教职工代表大会制度，加强民主管理和民主监督，使广大教师有一种法定的形式和正常的渠道参与学校的管理工作。同时，还可以建立民主协商对话制度、民主评议和竞争上岗制度、班主任联席会、家长联席会、学生代表会等，让广大教师和学生真正成为学校的主人，在学校教学改革和教学管理中发挥主人翁作用。

第三，建立旨在促进教师专业成长的考评制度。对教师工作的考查、考核、评价、评定是学校管理的日常性工作，它对教师的观念和行为具有最为直接的导向、激励、控制作用。我们必须基于对传统考评制度的深刻反思，重建一种能够真正促进教师专业成长的考评制度。首先，在考评内容和标准的制定上，要体现新课程的精神，反映教师创造性劳动的性质和角色转换的要求以及教学改革的方向。要把教师的教学研究、教改实验、创造性教学和校本课程开发以及师生关系引入考评的内容。其次，在考评的组织实施上，要杜绝一切形式主义，努力使考评过程成为引导教师学会反思、学会自我总结的过程，从而进一步提高认识，更新观念。最后，在考评结果的使用上，要防止片面化和绝对化，杜绝分数主义，要从教师专业成长的全过程来看待每次考评的成果，为教师建立成长档案袋，帮助教师全面了解自己，明确自己所处的成长阶段和进一步努力的方向。

第二节 教学管理的新动力

一、课改以来学校教学过程管理典型经验

教学过程管理包括备课、上课、作业、辅导、考试等教学基本环节的常规管理工作。新课改背景下，学校在教学过程管理方面进行了诸多探索，积累了一些经验。下面主要以北京市课改项目学校为案例，以访谈法、文本分析法等为主要研究方法，提炼了学校教学过程管理的典型经验。

（一）备课管理：教案突出学生活动设计，检查注重尊重教师差异

课标对备课管理有以下要求：备课管理应实行分层管理，因人而异，注重实效，防止用单一化的备课模式来统一要求教师。对优秀教师应尽可能激发他们的创造性，给他们提供广阔的自主设计空间，并根据自身的素质特点，设计富有个性的教学方案。对新教师和其他教师需要进行一定的指导或规范的管理。①

备课是将理想课程转变为教师实施课程的关键。在教科研部门、学校和

---

① 钟启泉等主编：《〈基础教育课程改革纲要（试行）〉解读》，华东师范大学出版社2001年版，第389~401页。

教师的努力下，教师在备课方面有了很多创造性探索。有64%的学校认为备课内容和形式发生了变化，主要体现在以下方面：

首先，备课内容注重围绕学生进行设计。

备课的前期分析注重根据学生认知进行整体设计。在分析教学内容方面，课改后教材编排摒弃了单纯根据学科知识而是兼顾学生的认知规律，因此很多学校不仅备本单元、本册教材，还根据课标要求对整个知识体系进行梳理，系统梳理的范围因校而异。例如，垂杨柳中心小学进行单元框架的知识梳理，呼家楼学区对整个小学阶段的知识体系进行梳理。在分析学生方面，很多学校不仅凭经验，更主要是通过问卷、作业分析、访谈等方式分析学生的知识现状、认知方式等。

教学过程设计关注学生活动和学习方式。从原来重点关注教的内容（教案主要是知识点的罗列）到非常关注教和学的方式；从原来只是从教师的活动设计，到现在增加学生活动；有些学校要求预设学生的答案及教师面对若干答案的反馈；有些学校要求二次备课（复备），根据学生学习实效进行反思；教学过程设计还增加目的和意图，说明关注背后的新理念。

此外，一些学校还根据本校学生实际和教学改革主题不同，对教案有其校本化要求。例如，房山城关一小改革原有教案形式，突出"以问题为纽带的研究性教学模式"的特点。要求教师在备课时，预设学生可能提出的问题，将提出问题和研究解决问题的过程作为重要的教学过程体现在教学设计上。引导教师关注学生的问题，针对学生的问题进行教学设计。[①] 例如，朝阳实验小学在备课制度中提出，"体现思维训练：根据教学内容合理安排训练的题目，注意交错训练。精心设计练习，练习设计要有层次、有梯度，要面向全体学生，保底而不封顶。"

其次，备课组织重集体智慧和个人创造相结合。

课改以后，不断加强集体备课的内涵和实效。个人备课和集体备课不同的排列组合下出现了不同的形式。比较典型的是集体讨论基础上一人主备，其他人在此基础上修改为适合自己的教学设计；另一种是每个人独立备课基

---

① 房山城关一小学校材料。

础上大家讨论完善。

在集体备课中出现了同课异构（即同一个教学内容，不同的教师有不同的教学设计）、异课同构（不同的教学内容，采用相同的理念）、三课两反思（三次备课，两次反思）等各种形式以备课为载体的研究课。初步实现了共性与个性的结合，既有规范又有创新。

最后，备课检查注重质量和促进功能。

根据调研，很多学校认为课改前教案检查强调数量是否符合、书写是否规范等表面内容，偏重监督检查，重量不重质。导致教师每天很多时间忙于抄写教案，而分析教材和学生的时间不足。

课改后很多区县、学校不仅关注量，更关注质。延庆县以教案检查为突破口进行改革是非常典型的案例，他们通过阅读教师教案的内容，分析教师目标确立是否合理、环节安排是否符合学生的认知规律、方法选用是否恰当、作业设计是否质量兼备等，很好地促进了学校教师课堂教学设计水平。还有一些学校领导通过参与备课来检查，如通州区张湾中心小学的领导改变了原来只看教案的情况，而是参与到教师中一起进行设计。

总之，若干学校备课管理的价值取向慢慢地发生变化，由原来的监督到现在的促进；由原来的重形式到现在的重内涵。

（二）上课管理：课堂教学注重变革创新，听评课注重研究激励

课标对上课管理有以下要求：上课管理是教学过程的中心环节，也是教学管理的主要环节。应倡导多样化的课堂教学模式，优化课堂教学过程，有效利用现代教育技术，努力提高课堂教学的效率。引导教师尽可能多地为学生创设自主探究、交流、合作的机会，尊重学生的见解，重视学生体验，鼓励学生创新，引导学生关注生活、实践。学校课程管理也应规范教师的课堂行为，引导教师从自身的人格魅力感染学生，建立和谐的师生关系。要经常举行课堂教学观摩及说课、评课、议课等活动，为教师创设交流经验的机会。①

---

① 钟启泉等主编：《〈基础教育课程改革纲要（试行）〉解读》，华东师范大学出版社2001年版，第389~401页。

第十一章 教学管理：基于现状思考

调查表明，81.8%的学校认为上课要求发生了变化，在教学过程管理变革中排列第一，变化最大。主要体现在以下方面：

首先，修订了原来的上课制度。

通过查看多所学校课改前后的上课制度，发现强调规范性的内容占大部分，课改前后变化不大，主要为教态、语言、板书、规范学生等。但个别学校在教学要求上和课改前有不同。例如，梨园中心小学提出"教师讲课要贯彻'精讲善练、主动发展'的原则，'精讲'要着眼于两个方面：第一抓本节教材的重点、难点和关键，并有一定的广度和深度，第二抓讲授程序要符合学生认知规律，讲解准确无误，明白透彻，力戒烦琐和重复。'善练'要在精讲的基础上，进行密度适当、形式多样的练习，最终使学生在知识、能力、情感等方面有所发展。'主动发展'指教学中能让学生做的教师一定不要包办代替，并努力为学生创设探究与参与的情境，努力做到课上学生活动时间占一半以上"。

其次，课堂教学行为有很多创新。

学校在上课制度变化不是很大的情况下，措施和行为发生了很大变化。调查表明，课改后讲授式教学有本质变化的比例为78%，原来以灌输为主，现在以引导为主；课改后，对探究式教学有探索的比例为87%；在探究教学方式具体表现形式中，其中认为是"学生各种活动"的比例占13.6%；"学生自己和小组自主探索基础上，教师讲"的比例占36%；"不同的学科、不同的内容，有各种不同的探究形式"的比例占86.4%。可见，无论采用何种教学方式，课堂教学都发生了很大变化，充分尊重学生主体地位已经成为普遍共识。

最后，听评课注重研究激励。

以"课堂教学评价方案"为载体的评课标准发生了变化。课改以后，无论是教育行政、教科研部门还是学校都非常关注一节好课的标准是什么。2004年，北京市教科研部门围绕这个问题形成了三个课堂教学评价方案，这些方案为学校课堂教学评价提供了参考。还有一些学校根据本校实际情况创造性地运用并形成了本校的课堂教学评价方案，如房山良乡三小为了推进探究式教学，推出了探究式课堂教学评价方案。很多学校也不断在运用中、实践中研讨一节好课的标准。这些标准虽侧重点不同,但都是落实课改理念关注学生发展的目的,并达到了一定效果。

变检查评价为参与并解决问题式的听评课。例如,朝阳区多所学校和通州区张湾中心小学的领导视导,通过定期参与教师备课、听课、评课整个过程,与教师一起研究并解决问题,改变了听评课的方式,改变了单纯检查评价的价值取向。而且很多学校听评课都不是泛泛而谈,而是有理有据,通过以课堂观察表为载体进行分析研究,提高其科学性。

此外,丰台第五小学变革学校管理,调整听评课价值取向(关注点在学生,在学习、反思、批判中提高);完善听评课管理方式和制度,为教师评课研究创造宽松文化氛围(如领导平等参与,跨学科听课,关注不同教师同类问题的解决)。东城区开展骨干教师开放大课堂活动,突破校际限制,多元听课,利用信息的多元互动。

(三)作业管理:布置作业的内容形式变化,批改注重质量和诊断分析

课标对作业管理有以下要求:作业管理应立足于减轻学生的课业负担,避免重复劳动。各学段都严格控制作业量,提倡引导学生完成一些感兴趣的探究性作业。学校应根据教学质量管理的要求,规范教师作业检查行为,并倡导多样化的、富于实效的作业检查和批改方式。

调查表明,68%的学校认为作业要求发生了变化,其在教学过程管理变革程度中排列第二,变化比较大。主要体现在以下方面:

一方面,作业布置的内容、时机和方式发生变化。

作业布置的内容、时机和方式发生变化。朝阳区实验小学利用网络实施在线作业;梨园中心小学作业与预习挂钩,学期备课时提前列出并打印成册,在课堂上根据需要随时结合练习,当堂完成,有些科目取消作业本。这种做法节省了时间,讲授发生了变化,提高了效果。

将作业转变为质量监控。朝阳区京通小学根据课标对质量要素分解,在此框架下,学生根据不同的教学内容进行填充,形成作业基本量列表。另外还有作业分层,如朝阳区黑庄户中心小学将作业分为三层。

此外,很多学校还探索出不同类型的作业,有实践型、主题探索型、数学日记等;还有学校提出自助餐式的作业;等等。

另一方面，批改注重质量诊断分析。

不仅简单评判，而是质量诊断分析。例如，朝阳实验小学的在线作业，对于量化的可以通过输入条码，判定对错，通过数据的定量分析能进行科学的质量分析，对于错误率高的题目自动生成错题本，利于有针对性的问题解决。这种方式不仅节省了大量批改作业的时间，而且客观、科学地进行定量和定性的诊断，也提高了对教师教研导学的针对性。此外，呼家楼中心小学要求分析学生作业错误的原因，并设有改错本。

（四）质量监控：改变考试作为唯一标准，出现多层过程质量改进

课标要求：着眼于改进教师的教学和促进学生更好发展。应倡导考核方式的多样化，可采用闭卷、开卷等书面方式，也可采用口试、操作、表演、展示等方式。考试命题依据课程标准，侧重能力与素质的立意，注重选择现实生活的材料，杜绝设置偏题、怪题。义务教育阶段内的成绩评定一般采用等级制，不允许根据考试成绩给学生排名次，严格控制考试次数。

一方面，改变考试为唯一的标准，但没有实质变化。

选择辅导和考试有变化的仅占36%，名列最后。由此可见，虽然学校也采用了各种方式考察学生，但是在当前的考试评价体系没有大的变化的前提下，小学的考试也没有实质的变化。虽然，有些部分的抽测或全方面的测查是为了了解现状，但是对于学校来说，仍然将其作为很重要的考试。每年的测试无疑会直接影响学校正常的考试。

另一方面，对教学管理本身的监控出现多层过程质量改进。

对管理自身进行监控，即对管理的反思调控，也是教学过程管理很重要的内容。朝阳区近两年一直在推行质量工程，很多学校提出三级监控，即教师自我监控、教研组监控、学校监控。此外，很多中心校对各完小的教学管理进行监控，主要通过年度自评、教学视导等方式开展。监控的核心还是课堂教学质量。

总之，课改以来学校的教学管理发生了很大变化，随着信息的畅通，各个学校趋于一致，个别学校有适合本校的探索。

二、教学管理现存问题和未来面临的挑战

（一）当前课程教学管理存在的问题

1. 学校课程整体设计和创造性实施不足

一方面，在促进国家课程落实为教师实施课程中，学校多是执行运用上级部门的规定，很少根据学校情况创造性地贯彻。课改给学校很大的自主权，但有些学校在合理处理三级课程在学校中的位置有失偏颇，往往认为校本课程开发自主权更大，纷纷开发校本教材、编印校本材料，而对国家课程主要是落实。因此，造成在教学方案的制订、课程教学实施管理、课程教学实施的评价方面主要按部就班地执行国家或地区的要求，而在如何将国家课程转变为教师实施的课程、根据本校实际创造性地实施方面，引领性还有待加强。

另一方面，学校整体规划课程教学有待加强。学校教学管理确实发生了很大变化，但是，很多探索是教师自发的点状探索，或学习借鉴他人做法，或参照对某方面的局部变革，而真正站在学校整体发展的角度，通过客观分析，整体规划学校教学变革的方向、引领学校教学发展方面有待加强。

2. 教学管理制度保障教学改革的激励功能不足

教学管理是为教学服务的，教学管理制度应该成为支持、引领、促进、保障教学改革的力量。但是，在现实中却存在着一些问题，主要有：①制度系统没有理顺，原有制度下生发出一些新制度，因此出现重复、交叉、缺位、错位。②制度内容过时陈旧，为课改背景下的教学提供指导作用受限。③制度的功能多约束少激励。近几年来，学校不断进行制度变革，但是深入分析却发现，多数制度是对原来不完善的制度的进一步完善和增加。而对于一直都很完善的教学管理制度方面变动不大，课改理念所倡导的管理为教学服务、要激发教学变革等方面很少看到，还基本停留在规范教师行为的条文。在当前教学改革如火如荼进行的过程中，学校的教学管理制度不仅不能提供引领促进作用，而且在某种程度上支持保障功能也有待加强。

3. 围绕学生发展的系统组织结构尚未形成

当前教学管理组织面临的主要问题是：①在学校的整体系统并没有形成一切围绕学生发展和教学系统设计的整体组织结构。②组织机构对课程教

学的改革引领不足，校长的课程教学领导力不足。③科层制构架，层级多，偏行政管理。导致重工作性，少研究性，若干学校研究团队成为另外生发出的另一系统，造成人力、物力浪费，不能体现教师作为专业人员的职业特点。④学生管理部门偏行政管理，缺少对学生年龄特征和个性特征的分析和正确引导，体现不出以学生为中心和以学生发展为本。⑤科研部门位置不妥，不能实现教学、教研、科研一体化，导致科研方向和重点错位，研究边缘问题，不能真正促进教学。

4. 创新措施丰富多彩，但典型性不突出，深化不足

通过调研发现了课改以来学校不断进行探索，其措施、行为丰富多彩，但是，调研多所学校发现，基本都大同小异，深入性不足，尚未形成成熟的典型经验。

形式雷同，机理有差距，深化不足。北京市中小学区域、学校有一定差距，通过对不同区县的调研发现，学校的做法外在形式很一致。但是如果深入挖掘，还是会发现其内在机理存在差异，有些学校的探索只是皮毛，并没有认识到教学管理措施背后反映的管理理念的变化。

（二）未来几年面临的挑战

1. 课改的深化变革的要求

以课改为切入点的教育改革遵循的思路为：社会对人的要求和人的身心发展规律—要求对现有的课程教学进行改革—对教学管理提出了一定的要求—学校的整体变革。

（1）新时期对孩子的身心特点提出新要求。上述思路其核心理念是关注人的全面个性的发展。随着中国经济的飞速发展、社会结构的变化、互联网时代等带给人们生活方式和认知方式的转变，必然会影响新一代孩子。尤其是北京更加具有特殊性。例如，社会结构的变化，外来务工子女在义务教育阶段的就学等因素，由此造成班级构成发生变化，由于受地域背景、文化观念、家庭环境和生活方式的影响不同，导致孩子个性特征不同。如何更好地全面了解学生，因材施教，直接影响教师的班级管理、课堂教学，影响学校的教学管理。

（2）课程教学本身的深化提出新要求。学生观的变化引起教学系统要素

（目的、教师、学生、教学内容、方式）及其关系的变化，落实在教学活动集中体现为几个变化，即教学目标转变为三维目标（这体现了关注全面发展）；教学内容要创造性地运用教材；教学过程中环节安排顺应认知规律、转变师生关系、突出学习方式转变、注重互动生成等。

　　对于这些变化，各学校都进行了不同程度的探索，但还需要进一步反思和深化。例如，三维目标本身是否科学，是否反映了学生的素质结构，在实施中如何科学确立和表述，如何根据本班学生的特点将教育目标转化为学生学习的目标等，都还有待加强。再如，教学过程要遵循学生的认知规律，这些认知规律和认知方式都是怎样的，如何与知识结构统一在教学过程中，也还需要进一步探索，同时形成不同的教学模式。

　　教学的深化必然会直接影响教学领导对学校教学改革方向的引领，引发推进教学改革管理策略的变化。

　　（3）课改对教学管理提出的要求还有待落实和深化。课改对教学管理提出的新要求还有待深化。本次课改提出建立以校为本的教学研究制度；建立民主科学的教学管理机制；建立旨在促进教师专业成长的考评制度。[①] 从这些要求看出教学管理改革的主要理念为：教学管理的价值观由原来重外在约束到重内在激励；教学管理的目的观为关注每个学生的发展，每个教师的成长；教学管理的动力观即教学研究是促进教师学生发展的内在机制。这些要求还有待进一步落实。

　　同时，课标解读中对备课、上课管理提出的要求，只是一个纲要和大框架，明显有些粗浅，对经过十年探索的学校已经不能再发挥引领深化发展的作用。因此，需要提出新的蓝图和更具体的要求。

　　2. 教育管理理论的新发展对教学管理提出新要求

　　教育管理也在不断发生着变革，当前有五个相对的特点[②]，由重视学校功能管理转到效能管理；由重视各个职能部门的优化管理到整体优化管理；由对过程的监督和检查为主到激励教职工的工作热情、责任感和成就欲为主

---

① 朱慕菊：《走进新课程：与课程实施者对话》，北京师范大学出版社2002年版。
② 陈孝彬、高洪源主编：《教育管理学》，北京师范大学出版社2008年版，第35页。

的管理；由强调教育管理制度的规范化、标准化和制度化为主导到以权变思想为指导，更加灵活多变管理；在教育管理方法上由重视行政管理方法为主，转为行政方式和科学手段相结合。这对教学管理的启示为：注重系统整体协调、激发内在动机、强调生成、重视质化量化结合。

此外，《国家中长期教育改革和发展规划纲要》（2010－2020年）提出改革重点是体制机制改革，核心是质量。这也为课程教学深化改革提供了一个大的背景。

三、转型期问题与挑战间的矛盾成为新动力

现在学校处于转型期，新旧理念和多种形态并存，距离建构新的理念指导下的课程教学管理还有一定差距，成为新一轮发展的动力。转型期学校发展阶段任务不同。主要有两类：

一类为发展还没有达到科学规范的学校。在新的理念下一方面要接受新理念，另一方面要不断进行未完成的规范化、科学化任务，不断通过完善组织、制度、行为，使其科学化。

另一类为处于新旧教学管理制度交织阶段的一些学校。在原有理念下建立的一套成型的管理制度，在新理念下旧有的教学管理理念被打破，新的教学管理逐渐规范。这个过程还在进行中，虽进行了一些新规范的建构，但还不是很典型和成熟，有待时间的检验。

当前北京市的学校发展不平衡，大多数学校还处于两个任务同时进行中，即科学规范与创新并存的时期，两者交叉在一起。一些学校借助课改，跨越式发展，用新的理念同时完成，但多数学校还处于探索中。

由此判断，未来五至十年应该是学校完成转型，实现新理念指导下组织制度行为的转变，完成课程教学整体变革。

第三节　教学管理系统重建

以课改为引擎的课程教学管理改革，经过学校十年探索总结了一些经验，将课程教学工作推进到一个新阶段。在今后五至十年，随着规划纲要的实施、

综合改革的推进及课程改革的深化，必然会对学校的教学管理工作提出新的要求，推动其更高水平的发展。本书立足学校现有探索进行理论思考，认为未来是在理念更新基础上，教学管理行为、制度、组织的系统变革，以期对学校教学管理趋势与走向有所启示。

一、理念更新："课"为教学价值载体的内涵变化

备课、上课、说课、听课、评课等各种以"课"为载体的不同形态的日常教学和教学研讨活动，是教学管理的重要内容。因此应该紧紧抓住"课"的内涵，以"课"的不同形态为抓手，有效管理。课改背景下"课"的内涵、形式、功能发生了变革，以"课"为载体的教学管理发生了转向。

（一）"课"的本质内涵：教学思想和意义的载体

课改背景下"课"的内涵发生了变化。课改背景下的各种类型的课（无论是常态课还是研讨课）不再是按部就班地执行教案过程，而是要经历教学设计（备课）—上课—反思的循环过程，这一过程是将教育理念转化为教学实践，又通过实践的现状反思理念的循环过程。因此，"课"就成为理论与实践相互转化的中介，是承载教育思想、教育意义的载体。关于"课"的各种研讨实质是挖掘、深化"课"的教育教学意义，是以"课"为载体，不断将教育意义内化—外化—再次内化—再次外化……不断深化的过程。总之，"课"的本质是具有教学思想和意义的载体。

（二）"课"的表现形式：是螺旋上升的活动抑或话题

从这个意义上说，首先，"课"是一次教学活动，是为了改善教学，要经历教学设计（备课）—上课—反思的循环过程。其次，"课"是话题，要能引发教师思考、讨论。在不同的时间序列中它的职能不同，开始可能是靶子，让大家发现问题，并起到抛砖引玉的作用；经过不断研讨、反思、完善后，可能会成为某阶段的例子或样板，供大家观摩。再次，"课"是改善教学的起点，是一次活动的终点和下次活动的起点，即目的是要将教学不断深化，而不是在同一水平的重复或无止境的蔓延。

（三）"课"的功能：背后的因素培植与文化营造

以往的关于"课"的教研活动注重个体某项教学经验的总结和交流、问

题的解决，实质上关注的主要还是经验或问题本身。而现在与此不同，它将"课"作为意义的载体后，更加关注经验和问题背后的理念和行为方式，或者说关注的是这些经验或问题是怎样才能形成和重新形成的。

这样的总结、交流就不仅是经验的简单复制或移植，也不是具体问题的解决，而是对可以促进教师成长和教学提高的背后因素的培植，是使学习和研究成为教师共同的职业生活方式，是建立学校的教学研究文化生态。

总之，这一理念需要今后很长时间进一步深化落实。

二、行为跟进：人为基点、意义追问的常态变革

虽然有各种形态，但是随着"课"的性质的变化，教师的日常教学和对"课"的研讨内容会发生变化，教学管理的关注点也相应发生变化。

（一）基点由对"物"的关注到"人"的观察

课改前，主要关注研究教材和教法，一是教师如何吃透教材精神，二是选择恰当方法，三是更有效地向学生传授知识、培养能力。这时，虽然也关注学生，但出发点是更好地落实教材内容，从落实教材内容来考虑教法。作为研讨主体的教师探讨的内容是教材和教法，很少将学生作为一个研讨内容，探讨作为一个学习主体的学生的发展规律和个性特点；更少真正将自己作为一个研讨的内容，谈促进教师专业发展问题。

当前及今后，更多的应是全面研究学生、教师，即人的行为。研究学生即关注学生的现有基础、发展需求和实际可能性，关注不同学生的个性特征，关注教学过程中学生主体地位的实现，关注教师"教"如何适应引导学生"学"。研究教师行为，关注教师的成长阶段和教学特点，关注教师在课堂教学中的行为，通过反思教学行为来促进教师的专业成长。

如果说以前研究的基点是物，是通过研究教材和教法改变人。那么，现在基点是人，以人的特点来选择、重组、创新教材和教法，根据人的特点和发展规律借助物引发其成长。

（二）关注点由操作层面到意义追问

如果说以往关于课的研讨更偏重于如何将教材、教参的内容更好地落实，即如何教的操作层面。教学的内容不可以随意改变，教学的价值取向和意义没有自觉地思考，对于教学的效果也多是从学生等外界的因素找原因。很少想到为什么教，也未从为什么教来考虑如何教。

那么，今后教师更多是以"课"为载体，不断反思为什么这样教。从为什么教反思如何开发课程教学资源调整教学内容的问题，即教什么的问题；从为什么这样教反思采用怎样的方式、方法等操作层面的问题，即如何教的问题；从学生成效反思自己的教学行为，即教的目的问题。总而言之，就是追问如何教背后的原因和意义。

（三）深化点由面面俱到到核心专题研讨

如果说以往关于课的研讨更偏重于对一节课从把握教材、导入、环节过渡、教态、板书等面面俱到的交流，今后则更关注从实践中遇到的问题出发，并从细小杂乱的问题中梳理、提炼出核心问题开展专题性的研讨。这集中体现在两点：

（1）关注具体问题到核心问题。核心问题包含很多彼此相关的具体问题，抓住核心问题就是把握住了关系，就是在系统中而不是孤立地考虑具体的问题。例如，三维目标的确立和表述；教学过程如何顺应学生心理规律和学科规律；通过教学反馈如何更好地了解学生现状。

（2）面面俱到到专题研讨。核心问题牵一发而动全身，针对核心问题的专题研讨具有将活动不断延续、深入的特性和潜质。而面面俱到的研讨往往会由于时间等各种因素的影响而流于肤浅。

三、制度优化：尊重规律、激发动机的系统设计

（一）尊重教学和管理规律，设计制度内容和流程

一方面，教学管理制度的内涵要尊重教学规律，落实教学新理念。纵观当前学校的教学管理制度，基本与课改前没有太多区别，只是形式的修修补补，多为笼统要求，尚未形成新理念下的可操作、可引领的要求。例如，备课要求中应该明确提出教学目标、三维目标如何设计和表述，教学过程如何设计，注重根据学生的需求生成等。但是当前学校还处于探索中，不足以上升到制度层面，迫切需要建立符合教学规律的完善制度。

另一方面，要运用科研方法根据管理规律，设计教学管理制度。任何事

情都会经过设计—实施—反思的过程,在这个过程中会伴随发现问题—原因分析—反思调整的过程,作为教学管理也要增强前期预警、工作和质量的过程监控、质量分析与反思、过程调节的相应制度。根据科学的工作流程来重新审视现有的教学管理制度,并进行相应的增加、删减。就目前而言,教学研究制度在课改背景下有了很大增强,但是预警机制、工作和质量的过程监控制度、质量的定量定性分析制度还有待加强。未来还应该在这方面加强力量。

(二)尊重教师特点和差异,激发内动力和创造力

其一,制度应激励主体的内在动机而不仅是约束。教学管理的目的要激励教师和学生发展,激发其内在动机,而不是用一套制度让其执行,对其约束。例如,学生的上课规程,在原来教学中需要认真听讲、认真做笔记,现在也需要,但随着课堂教学结构的变化,需要师生间的互动,因此原来刻板的规定(如不准插话等)就需要有所调整。再如,不能用单一的分数要求教师的所有教学活动,应鼓励教师的各种各样的教学实验探索。

其二,制度要求不能过细,要具有弹性,为教师提供探索创生空间。教师的职业是具有专业性的创造性的工作,因此制度要留有弹性,提供给教师根据不同的情况创生的空间,不能被过细的约束性的条条框框束缚。例如,教师的备课要求中,原来要求完全按照教学大纲、教科书来备课,现在需要对教材进行创造性运用,因此,要求也需要调整。

其三,尊重不同教师的差异性,探索多样化的教学管理模式。例如,分层的备课管理模式,形式多样的听评课管理模式等。

(三)尊重教学过程要素关系,整体优化制度系统

教学管理制度也是一个系统,要根据教学过程系统来制定。例如,教师教学过程的基本环节有备课、上课、作业、辅导、考查等,对这些环节提出的规格要求是教的常规;学生学习过程的基本环节为预习、听课、复习、作业、小结等,对这些环节提出的规格要求是学的常规;等等。要按照符合教学过程规律的各环节进行相应的制度建设。

四、组织再造:学生中心的专业研究型组织结构

在组织不调整的情况下,可以通过制度的调整改善教学管理。当制度完

善到一定程度，遇到了组织阻碍的时候，就需要对整体的教学组织结构进行思考。

（一）校长通过科研引领整体建构教学领导力

组织的设计应从整体出发，建立以教学科研引领的学校管理组织机构和运行机制。在这样的组织系统下，学校管理组织系统中行政系统和业务系统统一、日常教学和课题研究融为一体。校长的课程领导力和教师的课程实施（教学）的组织执行力紧密结合。这样不仅利于贯彻校长的课程、教学思想，同时也利于学校各方面工作都围绕日常教学开展教学研究，达到相互促进、系统整合的效果。

同时，校长直接对科研室进行管理。对于教学课题的研究，实现教研和科研一体化，实现日常教学与日常备课、教学科研的有机结合。并且，从课题管理和运行的机制看，校长牵头做一个总课题，不同学科都是子课题，这样形成全校围绕一个课题开展的系统。

组织合理的改造，可以实现教科研一体化的组织构架、团队研修非正式组织的正式化、由行政指令到专业领导的功能。

（二）增设学生发展、课程部门彰显学生中心

学生是教学工作的起点，是学校一切工作的基础。原有的政教处多对学生品质方面进行管理，年级组也多是对学生纪律的考察，教师对学生的分析有限。因此有必要从关注学生全面发展的角度，将违反纪律后的处理和之前的学生特点分析结合起来，增加预防性；从学生的身心发展规律和个性特征等多方面分析学生违反纪律的原因，正确引导；从学生认知规律、学习特点等方面了解分析学生，对学生的学习进行研究，并反观教师的教学。因此建立学生发展部门很有必要。

同时，原来学校没有课程自主权，按部就班地执行国家教学计划、大纲。在课改背景下，学校课程领导力和执行力是一个重要课题。如何在学校层面更好地进行三级课程管理、教师的课程设计和创造性如何落实都是值得思考的问题。因此，原来的教学部门不足以完成这些任务，需要拓展原有教学部门职能，在课程视角下管理教学，或者增设相应的课程部门。

（三）科层制和自组织整合增强专业组织效能

科层制利于高效执行上级要求，但不利于管理者和被管理者互动；层级比较多的组织机构容易造成信息递减，造成人力浪费。有必要将科层制的高效和自组织的功能有效整合，实现自下而上和自上而下的结合，发挥教师群体主动性和领导引领性的统一。通过减少层级，实现专业领导对每一位教师的关注，从原来行政性领导转变为专业领导。可见，组织的变革是教学管理的重要保证。

除此之外，信息技术在教学管理中的运用也是未来教学管理的一个趋势。通过信息技术与教学管理的整合，实现智能化、网络化；通过信息技术对教学质量的分析，达到定量和定性结合的高效性；等等。

总之，学校教学管理改革一方面要坚决改变传统的落后管理模式和不合理的规章制度，另一方面要积极探索符合素质教育理念和体现新课程精神的新举措。本书认为学校教学管理改革的趋势为：以"课"为教学价值载体的理念更新是核心；人为基点、意义追问的教学管理常态变革是重点；尊重规律、激发动机的系统设计是制度保障；学生中心的专业研究型组织结构是组织保障。从而形成动态周流、多元共生的运作机制，最终达到教学质量提高和人（学生、教师、领导）发展的目标。

第十二章　质量管理：尊重内在规律

无论哪一种教学管理的内容都彰显出质量管理是其核心，其中，备课管理、上课管理和教研管理是主要内容。当前这些方面有哪些典型经验？又有哪些可以借鉴的策略？下面分别加以探讨。

第一节　备课管理减负增效

备课管理是学校管理的重中之重。搜索 2001 年以来关于"备课管理"方面的文章共有 260 多篇，这些文章基本都是课改背景下学校管理者对现有备课管理存在的问题在反思基础上的实践探索。本章以典型实践与理论思考相结合的形式对其进行深层分析，揭示其具有以下四个特点，期待对学校改进现有的备课管理有所启示。

一、团队合作：实现个体与集体、共性规律与个性差异的统一

典型实践：

分—总—分：分工合作（每学期初，将本册任务以章节为单位分解到各组，主备教师要提前一周发给组员，非主备教师在讨论前要个人预备课）——集体讨论（主备教师对思路、难点、疑点、易错点提出策略，其他教师修改完善）——形成共案（主备教师根据意见修改完善，形成共案，发给大家参考）——个人二次备课（根据共案的参考，形成个性化教案）。①

---

① 何德华："创新备课管理，构建个性课堂"，载《教育教学研究》2009 年第 17 期。

第十二章 质量管理：尊重内在规律

骨干一个人：从两方面改进备课方式，一是充分发挥骨干教师的带头作用，共享优秀备课资源。一堂课的总体目标、环节设计等一些大的框架，预先由骨干教师或组内教师集体讨论后设定并形成填充式备课稿，下发组内教师；二是依据不同教师和学生的特点设计主要环节的教学过程，即对于一些主要环节的处理，教师可以根据不同班级的学生情况，结合自身的风格、特长等进行自主设计。[①]

集体备课—个人增减—个人细化：在集体备课基础上，个人增减是对集体备课教案进行增补和删减；个人细化是教师对集体备课教案中某一内容的细化，即教师可以对教学目标、教学重点与难点、教师行为、学生活动等方面，根据本班实际进一步细化。[②]

答辩式备课：主备教师作为主发言人，剖析教材、说思路，并回答同组教师的问题，通过答辩式互动，提高所有教师水平。

理性思考：

以上学校的典型做法体现了集体备课这一组织形式的运作方式，虽具体做法不同，但是都体现了两个典型特点：

一是个体主动性和集体智慧的充分结合。

集体备课前的个人备课，需要教师发挥主动性进行独立思考。在集体备课中大家可以集思广益，有针对性地解决个人无法解决的疑难问题，充分发挥集体智慧；同时，对同一问题看法不同，在集体备课中会有讨论，利于教师在理念层面进行认知冲突和碰撞，对于转化理念、达成共识有重要的作用。

在共识基础上，不同教师根据各自差异进行针对性调整。教师根据自己不同的教学风格、个性特征，本班学生不同的知识现状和认知方式等因素进行个性化创造。这让教师在同伴互助成长的基础上发挥了个体创造性，从而使个人和组织共同成长。

尤其要指出的是，骨干教师作用的发挥对青年教师有引领和示范作用，利于调动不同层面教师的积极性。总之，经过了个人—集体—个人的过程，

---

① 李建峰："关于精致化教学管理的思考"，载《学校管理》2009年第17期。
② 林鸿彬："实行精细化管理，推进课改工作"，载《小学时代：教师》2009年第6期。

将个人和集体的优势进行了充分整合。

二是挖掘共性规律和兼顾个体差异的充分结合。

在集体备课中,教师面对共同的教学内容和不同的学生,因此需要挖掘共性规律。对于共同教学内容有共同的知识结构,教师要对知识结构进行梳理,对课程教材的理解达成共识;教师面对着共同的教育理念和教学规律,尤其在课改背景下,随着理念的变化、教材内容的改变,需要共同探讨的内涵很多,这些是需要集体讨论、挖掘的共性部分。

同时,不同教师面对不同的学生,对于不同学生的认知特点,需要采用不同的学习方式;对于不同学生的个体经验,需要选择不同的具体教学资料;对于不同班级学生的知识现状,需要结合不同的难度水平和层次水平。教师集体可以对这些个性差异进行讨论和挖掘,但真正实施的只有教师自己;同时课改理念提出尊重个性差异,尊重每一个学生,这需要每位教师发挥创造性的领会、实施。集体备课中的个人增减、创造性的调整就体现了尊重个性差异。

总之,集体备课组织形式体现了挖掘共性规律和兼顾个体差异的充分结合。

二、反复研磨:实现理论与实践、理想课程与实施课程的互动

典型实践:

循环备课制:备精品课,寻求互助(详备一节精品课,即每位教师都要经历不同单元轮流备一节精品课)——分散施案,动态生成(根据集体备课后进行个人特色备课,课后进行二次个人备课,将调整的预设精彩、失意及反思之处记录,形成完整的个性教案)——集体叙事,提升智慧(集体讲述教育叙事,反馈分散施案情况)。[1]

三次备课模式:一次备课是传统备课;二次备课是一课时内容在一个班级上完后,对一次备课的补充;三次备课是同一单元内容全部上完后,教师再对备课的总结和反思。这样的备课更加具有针对性,提高了教师的教学素养。[2]

---

[1] 刘玉波:"循环备课制:动态管理,互动生成",载《黑龙江教育》2004年第11期。
[2] 杨树滨:"课堂照镜子,备课填精彩",载《中国教师》2009年第2期。

第十二章 质量管理：尊重内在规律

三备一查活动模式：初次备课给空间（备课组每人必须写备课提纲，并提出自己的疑问和设想，以便"会诊"。集体备课中主备教师提供一体化的教学案，讨论充实），二次备课重学情（教务处定期检查这种"增补式教学案"），三次备课成资源（备课组内无遮挡听课，反思集体备课的教学设计，修改后形成备课资源库），检查落实见效能（定时检查，随时抽查，及时反馈）。[①]

理性思考：

无论是集体备课还是个人备课，都经过了一个以课为载体的设计—实施—反思—再设计—再实施的反复过程。这一过程是教师理想课程—实施课程—学生经验课程的转化过程，是理论—实践—理论的反复互动的过程。这个循环过程，实现了三次转变：

第一次转变是将理想的课程转换为教师的课程。这个过程中教师无论是通过集体的互助还是个人的思考，都是运用自己的理解，将文本的法定课程转化为教师的师定课程，即侧重对教材的分析，将书本的文本课程转化为教师理解的课程，是将理想的课程转变为实施的课程，是对教育在理解的基础上在理念层面的实践。这个过程也内涵着对学生的分析，但这种分析是凭个人或集体的经验将对学生的了解纳入教案中。这一过程实质是对理论的再认识过程，是在大脑中完成了理论落实到实践的过程。

第二次转变是将教师的课程转换为学生的经验课程。这是将设计的思想落实到具体的实施中，将教案落实到具体课堂教学中的课程，是将教师的课程转换为学生经验的课程。这个过程中要根据课堂中学生的真实现状调整教案，捕捉学生的创新点、错误点作为资源。不断地将教师理解的课程与学生的个体经验碰撞，不断引发学生的认知冲突，完成学生认知结构的不断解构和重构的过程，在顺应和同化中不断提升。这一过程对教师来说是真刀实枪的历练，对于学生是不断将自己现有的知识剖析并建构新知的过程。没有这个过程的历练，就不会有对理想课程的深刻理解，也不会有对自身师定课程的反思载体，不会有教师的提升。这一过程实质是将理论转化为实践的过程，

---

① 陈留庚："新课改背景下备课组建设的实践与思考"，载《江苏教育（教育管理版）》2008年第21期。

是在真实情境中完成了理论落实到实践的过程。

第三次转变对于教师来说是对转化过程的反思提升。课堂教学虽然结束，但是教师的成长还没有结束，这一转变是教师想过、做过之后的深刻剖析阶段。如果反思科学，教师会有很大提升；否则，会循规蹈矩、止步不前。这一过程是要不断反思对理想课程的理解本身是否有问题，对将理想课程转换为教师实施的课程中的操作是否有不足，对将实施的课程转换为学生经验的课程中对学生的把握是否科学合理，引导是否到位等。简言之，就是教师反思自己的理念和行为。这一过程实质上是对实践进行理论反思的过程，更是对理论与实践的认知过程。

可见，备课的循环过程实质上对于教师来说完成了理论—实践—理论的不断反复螺旋上升的过程，对于教学来说完成了理想课程—实施课程—学生经验课程的转化过程。如果我们能从这个角度来认识教师的备课，那么，教师不会对反思日记有抵触，学校管理者不会采取强制的手段去限制教师心灵的创造性。

三、分层管理：满足不同阶段教师需求和不同风格教师创造性

典型实践：

一类为：分层管理，激发不同发展阶段教师积极性。

分层管理、分层指导：分为详案（五年以下的新教师）、简案（有一定的课堂经验和教学技巧的教师）、旧教案修改（将教学的新感悟呈现在原有教案中）、0教案（对教育理论渊博、实践经验丰富，熟悉教材和学生认知规律的教师，备课可以不写教案）。[1]

借助骨干资源，分层管理：山东高密一中的做法是为了表示对老教师的尊重，对老教师的备课情况不予检查，但可以当作教学资源交到档案室，由青年教师借阅参考。期末，根据借阅率发给一定的稿费。这种倡导性的措施，极大地鼓舞了老教师，从如何给青年教师提供参考入手，改进教案。[2]

---

[1] 郭泽仁："从不用天然气改用搓煤球说起——重庆南开小学备课改革的思考"，载《科学咨询》2009年第6期。

[2] 贺克春："服务课堂：'教案管理的价值取向'"，载《校长参考》，2009年第9期。

另一类为：教案格式预留空间，激发教师创造性和个性。

实行柔性管理，充分信任教师。提倡教师写个性化、创新型教案，可将教师教案汇编成册，在版面设计上预留足够空白，直接发给老师增补修改，借鉴运用，将继承和创新结合。①

创新教案的记载方式，建立反思性备课笔记，在备课本每页留出第二次、第三次反思备课的空白。②

理性思考：

新课改提出"备课应实行分层管理，因人而异，注重实效，防止用单一化的备课模式来统一要求教师"，从学校的探索中可以看出已经在积极落实课改理念，体现在以下两个方面。

其一，满足不同发展阶段教师的需求。备课管理分层背后反映了要顺应教师成长发展规律，满足不同阶段教师发展的需求。

教师的成长有其内在的规律性，不同发展阶段的教师具有不同的特点，具有不同水平的专业能力，也面临不同的问题。同时需要注意的是，发展阶段不是简单按照教龄划分，而是真正根据教师实际的发展阶段来确定。虽然发展阶段一般是以教学年限为一般规律，这在某种程度上符合教师的一般成长规律。但是，考虑到当前处于新旧理念更替的交织时期，以及每位教师的个体差异性等因素，不能简单以教龄段为维度，还要在此基础上考察教师的真实现状，以此为依据来分层管理。

其二，激发不同风格教师的创造性。教育是对人的教育，是作为人的教师与学生以知识为载体的心灵对话。因此，教师的成长经历、个性特征等都会参与到整个教学的过程中，教师的不同教学视角、不同个人风格会直接、间接地影响教学过程。同时，教师职业是创造性的工作，是需要教师思维和情感投入的事业，因此只有激发教师个体的创造性，才能真正唤起教师对教学的热爱，创造性地完成教学工作。而这些都需要改变过去那种要求教师按部就班地执行法定知识的想法，给予教师创生的空间。备课管理中的分层管

---

① 姜文香："教案改革与教学质量提高"，载《中学校长》2008年第4期。
② 何德华："创新备课管理，构建个性课堂"，载《教育教学研究》2009年第17期。

理、预留空间看似简单的举措，实质对教师的创造性教学有重要意义。

四、简化教案：强调提升思维深刻性和设计的动态生成性统一

典型实践：

(1) 教案格式减负增效，根据需求强化重难点。

允许"片段教案"。允许教师直接在教案上补注圈划、粘贴资料的形式代替文本；允许教师以活页的形式反复使用、批判性使用，不断生成；允许教师在教案中删除共性内容，就教学难点与重点、感受最深之处或独创性的教学设计写出片断教案；写教后记，完善教案内容。

积件式备课袋教案。课堂是动态生成的，可以将一节课的逻辑安排、图像、知识背景、教学故事等分解成若干文本、图片、图表等以积件的形式呈现，以课时章节为序收集，方便后续的二次备课、反思修改和去劣重组使用。

弹性教案。不再拘泥于过去的条条框框，而是要求教师对一堂课的重点、难点做到心领神会，对学生实际接受能力做充分评估，从而形成最佳的教学过程体系。在实施弹性教案的同时，要加强教师思想、业务学习，并强化管理，通过随时抽查等管理手段督促备好课、上好课。[1]

双色备课。把体现知识内容的部分用蓝色笔书写，把最能体现教法、学法和新课改理念的文字、步骤等用红色笔书写。这使原来备课中被弱化的教法、学法等内容得到了加强，而不是简单罗列内容。[2]

(2) 利用网络建立精彩教案资源库，发挥服务功能。

利用网络资源，建立电子教案、网页教案等。

网络教案，要求教师在教案中注明出处，把参考的教案和自己修改的部分用不同的颜色标注；若发现有照搬现成教案的行为，给予适当的处罚。

学校建立教案库，注明每个教案的版本、入库时间、作者及适用的学科和年级，以便资源共享。[3]

---

[1] 姜杨加根："让我轻轻地走近你——弹性教案"，载《教育研究与实验·新课程版》2005年第6期。

[2] 杨树滨："课堂照镜子，备课填精彩"，载《中国教师》2009年第2期。

[3] 朱永飞："浙江杭州萧山区永兴中心小学．教案管理如何适应信息时代的要求"，载《中小学管理》2004年第10期。

下篇
第十二章 质量管理：尊重内在规律

此外，很多学校对备课都是综合管理，如有学校对教案有四条规定：充分利用教本，即直接在教材上勾画圈点；实用，不必写详案，但重难点的突破、创造性思维训练、起承转合等内容要有所体现；教案要有创新，不能千篇一法；教师上完课要写好教后记，对上课的得失、点面谈体会；在此基础上，教师及时带上教本、教案和听课领导交换意见，及时沟通以提高教师水平[①]。

理性思考：

教案是备课的呈现形式，是教学设计的载体，是不是每次都要详细全面地写下来呢？调查表明，书写的时间占用了教师备课过程中的大部分时间，尤其是重复性、内容抄写等造成教师诸多无效劳动。从上面的典型案例看出，学校在提升深刻性和挖掘生成资源，达到减负增效方面做了很多探索。主要体现如下：

（1）强调提升思维深刻性。

实际上，教学设计最重要的是思路，而不是写字；虽然每节课知识内容不同，但是很多理念等是一致的。每节课都详细写会有很多重复劳动，占用了很多思考的时间。因此，学校针对这一弊端，主要关注以下两个方面。

一是关注重难点。无论有多少好的想法，都要在教学重难点上下工夫。反复琢磨修改，通过课堂中学生的教学反馈再修改，只有抓住最基本的最核心的这些内容，才能提高教学实效，不会无目的地创新。

二是关注发展点。抓住了最核心的重难点后，要思考发展点，它既包括教师成长的增长点，又包括教学深化的增长点，最根本的要落在学生的增长点上，即通过深入挖掘教学设计背后的理念，来促进师生的共同成长。抓住这两方面，教案就会减负增效。

（2）强调设计的动态生成性。

原来的教案是备课的结果，课上完就结束了，实质上这是一个不断生成的过程，有两方面需要关注。

一是关注过程的生成性。教案是教学设计中的一环，是将大脑中的思路

---

① 甄方圆："教案管理的尝试"，载《学校管理》2003年第1期。

落实到文字中,也是将内在的思想外化为文字载体,这只是教学设计的前设计。实质上,在课堂实施后,还需要重新审视外化的文字,通过深刻思考、修改完善后,再一次内化为自己的教学理念。通过内化—外化—内化的反复过程,就会创生出很多感悟。备课过程中的感悟是宝贵的资源,上面案例谈到的"片段教案"等反映了关注教学过程的生成性。

二是关注结果的生成性。教案作为一个载体实质是已经成为了很好的教学资源。例如,学校的做法,将修改过的教案放入档案库作为资源,为今后的教学设计提供了一定的参考,这是将教学设计过程中的智慧以教案为载体得以延续,是一个教师的教案结果在其他若干教师身上的无限生成的可能性。对于学校教师的整体发展都是有益的。

总之,备课是教师每天面临的日常工作,是提高教学质量的关键,也是教师专业成长的主要载体。备课管理符合教师成长规律、教学规律,不仅可以激发不同层面教师的积极性、促进教师的专业成长,而且能通过教师的成长促进教学质量的提升,达到减负增效的作用。

第二节 听评课文化的再造

一、听评课的文化氛围再造

(一) 案例呈现[①]

密云第六小学听评课主要是开学初的普遍听、对青年教师的重点听和区校教研活动的研讨听。前两者主要是针对常态课,后者是针对研究课。

对听评课的反思变化也经历了一个过程:原来的听评课主要是指出存在的问题,其结果是听评课后教师的成长并不快,引发了反思;同时,在2005年的一次县活动中,教研员在听评课后不像原来那样直接指导,而是和听课教师一起研讨,这一做法对教学主任有一定的触动;在课改理念的深入学习

[①] 北京市中小学课程改革样本校建设项目主编:《追求卓越——义务教育阶段课改样本校本管理行动的思考》,北京科学技术出版社2011年版,第338~340页。

下 篇

第十二章 质量管理：尊重内在规律

中，逐渐改变了原来听评课的思路和策略，努力给教师创造互动对话的听评课文化，并取得了好的效果。

听评课是教学管理的重要内容之一。课改后随着教育观念的转变，对听评课管理也提出了新的要求，密云六小在听评课文化进行理念转变和实践尝试。

听过新教师小郭的课后，上午的第三节课她来找我说课。她进门低着头，说话的声音很小，满脸的愁容。"主任，您好好的给我指导指导吧，从学生的作业中我感觉他们掌握的不太好。"从她的表情看这位小老师不仅上课紧张，找我说课依然紧张。

我为她搬了把凳子，让她坐下来。我问："刚开学事情比较多，感觉挺累的吧？""还好。"她说。"与熟悉的好朋友分开，来到新环境感觉有些不太适应吧？""还行，每天忙忙碌碌的，晚上还要备课，做些课件，还来不及想她们。"我点头笑着说："从你今天的课前准备可以看出你的责任心很强，你个人的素质也很不错。努力吧！你会成为一个好老师！"小姑娘不好意思地说："还需要各位老师的帮助。""我说的是心里话，一个好老师首先要有强烈的责任感，其次要善于钻研。这两个基本点你都具备。"她笑着说："我会努力的。"

我感到小郭老师慢慢地放松了便请她说说这节课的设计思路和目标达成情况。小郭老师说："我在课堂上感觉学生学习的兴趣很高涨，课堂气氛活跃，我认为他们应该学会了，可是为什么作业中有三分之一的学生出错呢？""你这个问题问得好，这三分之一的学生是哪些人？"我问。"是学习中下等水平的。"郭老师回答道。"那么活跃课堂气氛的又是哪些同学呢？""张伟、李丽……噢！都是反应比较快的，是不是他们这些反应快的学生掩盖了真实的课堂面貌呢？""对呀！张伟他们几个课上发言积极，善于思考，你更多地关注了他们，把机会也让给了他们，所以他们会学得更好"，我说，"怎样引导你的这三分之一学生也参加讨论，让他们学会是关键。"小郭说："同意您的说法，在学生自己探索读数方法时，我应该走近这些学生去了解他们的状况，概括方法时安排一个质疑，给这部分学生参与的机会就好了。"我马上肯定道："你的悟性真好，就是这样，知识的重点处给予他们参与的机会，难点处给予帮扶，这样你的学生能比较均匀地发展，而不是两极分化……"我们的评课在交流、商榷之中悄然完成。

评课结束后小郭很高兴，她激动地拉着我的手说："谢谢您，为我出了这么多好主意，今后我一定主动找您多听听我的课，到时候您可别嫌我麻烦。""怎么会呢，修改的这些好主意都是你自己想的。"我拍着她的肩膀说到。"明天我讲数的大小比较，有时间您过来再给我指导指导吧。""好的，明天我一定去。"小姑娘带着灿烂的笑容离开了我的办公室……

（二）学校听评课主要体现了三点变革

1. 关注新教师的心理特点，创造平等对话的心理氛围

教师有不同的群体，相应有其不同的特点。新教师刚进入工作岗位，不仅面临教学知识、技能问题，更重要的是融入新环境的心理感受，即情感态度价值观问题。"紧张"充分说明了当时新教师的心理状态。只有当教师对环境具有归属感和信任感时，才愿意敞开心扉，无所顾忌地说出教学中的困惑，也才能真正找到问题，解决问题。因此，看似对教师无实质帮助的氛围营造，实质上却是将教师作为具有完整生命看待的本质回归。

2. 关注听评课角色转变，创造激发主动思考的反思氛围

在营造心理氛围的基础上，还要引导教师主动反思自身的教学问题。原来的听评课更多的是领导或同事的建议、讨论，这些虽然是很重要的环节，但是这些如果不能启动上课教师的内在需求，则会成为外在的建议，实效性很难凸显。

因此，在此之前将上课教师转变为听评课问题需求和改进的主体是很关键的一步。这就需要教学领导给教师足够的空间和时间去反思，其角色由原来高高在上的指导者、经验丰富的老教师转变为平等对话者，积极引领者。相应的新教师的角色会由原来被动执行者、听从者转变为主动思考者。这有利于提高教师的问题意识，增强评课的针对性，同时也会起到教学相长的作用。

3. 尊重教师的教学特点，创造科学引领的研究氛围

在平等对话基础上的教师反思问题，为科学引领提供了前提。但要做到科学引领还需要一定的条件：

下篇

第十二章 质量管理：尊重内在规律

科学引领需要教学领导具有引领的能力，最重要的是准确把握教师存在的问题。从本案例中看出，教师在看似良好的课堂过程和无效结果间形成了矛盾，不知原因在哪里。教学主任应从宏观的视角，根据当时的情境，准确引导教师真正意识到问题的关键所在，提点其如何关注不同层次类型的学生。

科学引领不是告诉解决方案，而是引领其自我反思。在发现问题的本质后，教学主任不是运用自己的教学经验直接告诉解决方案，而是进一步引导教师进行自我反思，找到解决问题的办法。这体现了科学引领的方式。

这三点变革综合起来就是转变原来自上而下的检查式的听评课为诊断研讨式的听评课。这一转变不仅促进了教师的发展，而且在探索的过程中有利于教师在平等引领的体验中转变观念和行为，将其运用到和学生的互动中；有利于形成常态教学听评课的策略；有利于引发对教师的听评课文化的再造。

二、听评课为载体的有效教研策略

（一）案例呈现①

2008年10月，在校内的一节青年教师状物作文指导课上，授课教师拿出一篇作文书上的佳作，引导学生分析佳作的精妙之处，体会状物文章的结构特点。学生的发言积极踊跃，状物的好词佳句层出不穷。但提起笔时，眉头却拧成个疙瘩，一节精彩的作文指导课，到关键出"杰作"时，好像搁浅了。此时，听课老师们也都有些茫然。为什么会这样呢？

"想过为什么吗？"校长会心一笑，轻声地问老师们。校长看了看大家，继续说道："学生说得挺好，但他们的认识都是零散的，片面的……我们的作文教学，不是只教会学生这一篇作文怎么写，而是要教会孩子方法。"在场的一些老师似懂非懂地点着头。

那天，校长端着一盆开得正旺的菊花走进了会议室，全场哗然。校长在与老师们随意的谈论中，很自然地问道："大家都看到了菊花的什么？"

"当然是花。""还有茎和叶子。"老师们七嘴八舌地回答。

---

① 北京市中小学课程改革样本校建设项目主编：《追求卓越——义务教育阶段课改样本校校本管理行动的思考》，北京科学技术出版社2011年版，第330~331页。

校长不失时机地在黑板上写下：菊花。然后画个大括号，分三点写出：花、叶、茎。

"花什么样？"

"球形。""金黄色的。""像针一样细长的花瓣。"

校长又在"花"的后面板书出两个词语：整体、部分。又分别在相应的位置记录下"球形、金黄、像针一样细长的花瓣"等词句。

……

在校长与老师们的热烈互动中，一株有形、有色、有幽香、有傲骨的菊花，就以板书的形式绽放在了黑板上。当老师们还陶醉在菊花的美丽世界里时，校长适时地出示了状物文章的写法：有顺序、抓特点、写生动、有感情。

校长以生动的语言激起了全校教师的兴趣，点燃了大家的创作灵感，使每个人置身于一种积极的"愤悱"的状态中，提炼出规律性的结论，更使老师们顿有"山重水复疑无路，柳暗花明又一村"之感。

一篇篇优美的"赏菊"文章，一首首描写菊花的诗句，相继在教师的笔下诞生。

一次"问题教研"结束了，但教会学生作文，让作文这个难题化难为易，这成了我校每位语文教师的研究方向……一个个作文指导专题研究如雨后春笋出现在我们的课堂教学中。我们的孩子也正在一篇篇方格纸上书写着最美的语言。

（二）以听评课为载体的有效教研策略

这篇案例是校长在促进听评课实效性方面的做法，也是以听评课为载体的教研过程，体现了以下有效策略。

其一，有问题有需求。

从日常教学问题中引发教学研讨，并发展成为学校教研的一种形式，即"问题教研"。这体现了教学、教研、科研一体。研究的问题具有针对性和真实性。

同时，与以往不同的是除了日常的同伴互助的教研外，有了更具专业性的校长参加，利于发现教与学之间的矛盾，把握真问题，提升层次。

可见，教研中引入水平更高的人参与确实能更加有效，在不具备这种条件的情况下，就要深入分析教与学间的真正矛盾，从教师和学生两方面来思考，深入客观把握问题。

其二，有引领有示范。

本案例中的校长发挥了教学领导角色。校长有不同的角色类型，有专业型校长、管理型校长等，该校长在进行行政领导的基础上，发挥了其教学专业引领的角色。懂教学是校长引领教学的基础。

该校长采用深入教研的方式实现教学领导。进行教学领导的方式有很多，可以通过物质的投入、组织的变革、制度变革、文化创新、通过教学检查等。本案例中的校长通过深入一线的教学研讨，来引领教学变革。这也是非常重要且非常直接的一种进行教学领导方式。

校长言传身教感染教师对教育科学和艺术的热爱。在校本教研中，校长参与更多的是提出建议或参与讨论。但是本案例的校长在平等讨论之后，并亲自上课讲座，通过身体力行让教师多方位真正体验到了一个老教育者对教学的热爱、对教学规律的探寻和把握。身教重于言教，我想教师收获的不仅是如何教好课，还在教师心中埋下了热爱教学的种子。

其三，有途径有方法。

本次校本教研中校长的引领不仅在研讨中试图转变观念，而且在具体的行动中让教师真实体验，这一做法确实是本次教研活动的一大亮点。在教研活动中进行专业引领可以有很多方式，如讲座、案例教研等，而案例中是校长亲自讲课来启发教师。

校长通过引导观察，说出局部特点，再引导形成整体印象，并总结出状物作文的写法是有顺序、抓特点、写生动、有感情。这一教学过程遵循了从具体到抽象、从局部到整体、从关注写作动机到关注写作方法。

校长的讲座之所以能触动教师心灵，还在于他准确把握了教师在状物作文教学中普遍存在的问题，并通过自己的教学策略和艺术，让教师真实体验了对这类问题应该如何解决。真实的情境、真实的体验、教师自己的问题，无疑触动了教师问题的核心，引领其发现关键所在。

其四，有效果有后续。

从问题教研到专题教研成系列。开展后续活动，不再只是单一地出现问题、解决问题，而是出现问题、分析原因、找出关键问题、系列教研，这一过程具有深入性和持续跟进的特点。

三、还需进一步思考的问题

（一）对听评课的策略和工具进行探索

还需要针对不同的教师特点、不同的听评课目的来探索多种听评课策略，探讨重点听什么、如何听、如何引导等问题。

此外，还需要探索听评课的工具，如听课观察表，使听评课更加科学。

（二）对教学的深化还有提升空间

其一，从状物文章的写作，应该延伸到对教学规律的探寻

不同教师特长不同，教学设计不同，校长作为有经验的教师，其身体力行的目的不是要教师简单模仿，而是引导教师抓住规律进行教学。因此，讲完后大家能一起探寻背后的原因，分析其符合怎样的规律至关重要，即从对问题的解决深化到理论、规律的探寻。

其二，教研还应对学生学习特点进行分析

校长的讲座身体力行，确实起到了很好的效果。但同时也要意识到虽然人类的认识规律具有共性，也具有差异性，因此教学对象是教师还是学生，所采用的方法可能具有很大不同。校长的讲座对教师起到了很好的效果，如果是对学生可能会有不同。

第三节　校本教研运作机制

全国第四届校本教研研讨会将重心转移到课堂教学中来，无疑给学校指明了方向。学生成长、教师发展依赖于立足教学实践的研究、反思，那么以课堂教学为载体的校本教研如何运作才能提高实效？TX 小学几年来在这方面做了一些探索，本书试图以此为案例探讨校本教研的运作机制，以期有所

启示。

一、TX 小学教研方式呈现与分析

TX 小学是一所区重点小学,始建于 1963 年,现有 56 个教学班,2337 名学生,131 名教职工。学校通过运用组织诊断理论,开展了多层次对话与深度汇谈,逐渐明确了"以教师发展促进学生发展"的理念,在教师教育研究方式上倡导"三个对话"。

(一)与学生对话,在师生建构新知的教学过程中探根寻源

与学生对话、了解学生,是 TX 小学实施课堂教学改革的起点。为此,教师开展了全员性访谈活动,与学生平等交流,它不仅反映在学校日常生活中师生朋友式的共同交流,最主要的体现在课堂教学过程中。表面上的师生对话,实质是通过课堂交流捕捉教学中的教学资源或问题,厘清背后的原因,更有效地实施课堂教学。

案例

音乐教师 YX 老师是一位年近 50 岁的老教师,她讲到:在一节音乐课中,一个小男孩的发言引起了我的思考。"老师,我们的课能不能分成几个栏目呀!"对呀,真是好主意。于是,我又让孩子们给这些栏目起名字,如音乐快乐城、音乐大舞台、奇妙的音符、走进音乐厅、音乐你、我、他、音乐大擂台、七色魔方……一个个新奇的栏目名称从他们的口中说出。最后经过师生共同筛选,确定了四个板块:"音乐大舞台"展示自己的空间;"七色魔方"探索音乐奥秘;"音乐大擂台"学会竞争;"走进音乐厅"扩大视野、增长知识。这样,她与孩子们一起创造了"四个音乐板块"的教学模式。

案例分析

YX 老师的课堂教学看似平常,与学生的沟通看似简单,但却隐含着很多教育思想。

首先,给学生言说的空间,这是了解学生需求开展研究的前提。以往教师是课堂教学的主宰,按设计好的教案进行教学,其话语霸权支配着整个教学过程。学生只是按部就班的接受者,没有多少发言权,即使有一些自主权,也是被限制在教师设计好的框架中,一旦超出教师设计的范围,会因为不符

合要求而被埋没甚至否决。与此不同的是 TX 小学的教师给了学生自主发挥的空间。笔者认为与学生"对话",不仅是一种沟通方式,也是一种思维方式,它表明师生之间的真正沟通及对彼此的精神敞开。正是教师营造了宽松的课堂氛围,学生才有言说的欲望,并能随意说出自己内心真实的想法。

其次,捕捉对话中的教育契机,将理念渗透到教学实践中。为学生提供主动发展的空间只是第一步,最重要的是教师能真正考虑学生的观点,把学生的观点纳入到真实的课堂情境中,并能根据学生的需要及时调整教学设计。"我又让孩子们给这些栏目起名字"充分说明教师及时捕捉教育契机,由一个孩子的闪光想法推延到所有孩子的多元化思维需要,及时转变了整个课堂教学方式,充分调动了所有孩子的积极性和创造性。由此"一个个新奇的栏目名称从他们的口中说出"。教师一句把握时机的适时引导,带来的是整个课堂教学气氛的开放、活跃,是师生、生生双向思维的激活。

最后,师生共同建构新知识,在真实的情境中思考研究。在教育、教学改革中,我们经常会看到,教师为了发挥学生的主动性、积极性,让学生说出自己的想法,却往往止于此处,不对学生的观点做评判和加工。因此,活跃的课堂不能真正推动教学进程和学生发展,结果双方对话流于形式,不了了之,学生依然迷惑。而 TX 小学教师的尝试恰恰在此方面有所突破。"经过师生共同筛选,确定了四个板块",这是师生共同建构新知的过程。这本身就是在课堂真实情境中思考、研究的过程。

由此可见,教师的教研应植根于日常课堂教学,把学生的需要作为思考的出发点;以寻找课堂教学的问题为突破口,把课堂作为开展校本教研的阵地。在教学过程中,给学生思考的空间,并把学生的思考纳入课堂进程中,在与学生的对话中不断调整教学内容和方式。在师生关系中注重互动性和教育性,不断在教师、学生和文本的彼此互动中挖掘课堂教育资源,建构新资源,把教学和研究融为一体。

(二)与同伴对话,在以听评课为载体的主体间互动中深层合作

教师个人的课堂教学研究是有局限性的,它往往受限于教师个人思维方式、个人经历、知识水平等方面。因此,教师与同伴合作互动就成为教研的

最重要的方式。TX小学从改进听评课活动入手，在研究实践中，逐渐探索出一套研究课的活动模式。

案例

经过与学生对话得知：学生对数学中的角有一定的感性认识，对分类也有些了解。因此，教研组确定了以学生自学为主的教学思路。

组内进行交流时发现，在设计上对学生的能力估计过于保守，不易于激发学生的积极性，限制了学生的发展。于是，改变了原设计方案。具体情形如下：

在这次课堂实施过程中，全组教师边研究、边听课、边修改教学方案。第一节课教师重在区别直线与平角的形状不同，加深了难度，未达到课前所预想的效果。第二节课教师进行改进，通过各种图形的对比区分，为学生赢得了较宝贵的学习时间。但发现学生积极思考、自主探究的时间和空间还不够。第三节课教师又对教案作了比较大的修改，让学生自己带着问题去看书、寻找答案、动手演示、观察思考，为学生发展提供了机会，但因在学生自主探究之前没有恰当指导，教学目标超出了部分学生的能力范围，以至于未完成规定的内容。在第四节课中，教师便引导学生根据"角的分类"这一课题，让学生思考确定学习目标。之后，让学生带着问题去学习、交流，课堂气氛十分活跃，既完成了教学目标的要求，又使学生了解了一些课外知识，学生的自主能力得到了体现。

案例分析

分析案例发现学校通过改进听评课，充分体现了个体研究与群体研究、理论反思与课堂实践相结合的过程。这一过程充分说明了群体研究要以个体研究为基础，同伴互动的群体研究要以课堂实践为载体。

首先，个体研究是群体研究的基础。教师群体是由个体所构成的，只有个体在教学、学生等不同角度深入研究的基础上彼此交流感悟，才能或产生共鸣，推动研究进展，或出现不同点触动，进一步实践、反思。否则不以个体研究为基础，群体互动只能停留于浅层次的交流，个体研究的程度直接会影响群体互动的质量。

其次，群体研究是基于教学的反思互动过程。任何互动过程都不是凭空的，它需要对一个共同问题的思索和碰撞。教师所面对的最核心的是课堂教学中的诸多问题，如教学目标、教学内容、师生互动等。上面的案例充分说明如何深入研究教材、学生，调整教学设计、内容、教学步骤从而有效促进学生发展。因此，课堂教学是群体研究的最重要的载体。

最后，群体研究模式是在改革听评课中完善的。群体研究不是几个教师的简单相加，它需要教师之间的深层互动，互动的效果如何则需要对群体研究本身进行反思。TX小学正是在不断的实践反思中，改革了原来的听评课教研模式，建立了"个人研究→合作互动→课堂实践→共同反思→再次课堂实践"的群体研究模式。"全组教师边研究，边听课，边修改教学方案。"这一过程充分提高了群体研究的有效性。

由此可见，教师的群体研究是教师教育研究方式的突破。它改变了过去"个人研究→大家听课→领导讲评"主客二元的单向度模式。教师由原来作为领导评价对象的客体化位置逐渐成为了研究的主体。同伴之间也由原来的主客二元的关系，变为了主体间双向互动的关系。群体研究以课堂教学为载体，以个人研究为起点，充分实现了深层互动。

（三）与自己对话，在对实践客观反思的元认知中理性提升

与自己对话是个人反思过程。TX小学的做法是教师在教学研究后，撰写教学案例，进行案例分析，剖析教学实践中存在的典型问题或成功体验，进行有针对性的研究。这一过程是对自己教学的再审视，是主体客体化的过程。

案例

欧阳老师在进行"0"和任何数相乘都得"0"这一知识教学后，做了这样的反思。

当出现"0×5"这一式子时，不同的学生根据不同的经验得出不同的答案。第一种是"0×5"表示"5个0相加"；第二种是父母或朋友给的一种信息，无思考过程；第三种是答案来自"0加上任何数，都得这个数"这一结论。如果是以前，对于第三种答案我会认为是不对的，是学生不动脑筋的表现。但在学习建构主义理论后，我们意识到学生的这个答案虽然不正确，但同样是他根据已有的知识经验或者生活经历而建构的"新知"。如何矫正学

生已有的错误概念，正是老师教学要解决的问题。现代教学设计必须从学生实际出发，因此，教师在教学中是否能意识到这种发现，结果是不同的。获得这种发现，就是建构，是在理论指导层面上的研究。

案例分析

反思过程不是简单的回顾与思考，它实质蕴含着三个层面。

首先，要有反思意识。以往教师是以真理的化身、知识的代言人自居。从来没有想过教学内容的选择是否科学，教学方法是否适合学生，自己对学生的反馈是否恰当，等等。而现在教学反思已经成为了教师教研的一种最主要的方式，成为了一种教学习惯。如上面的案例中，如果教师没有反思意识，她不会意识到自己在教学中存在的问题。因此，是否具有反思意识是个人反思的前提。那么是否只要有反思意识就可以促进教学改革了呢？

其次，要有反思能力。具有反思意识之后，最重要的是我们要有反思能力。否则，只会停留于浅层次的认识。反思能力是基于对教育本质的深层把握，它不是一蹴而就的，而是需要不断地学习理论知识，尝试教学实践，在教育理论与实践的磨合互动中加深认识。只有对教育本质的理解深刻了，认识提高了，才能站在一个高平台上审视自己教学实践中的成功与不足之处。如上例，正是教师具有建构主义理论，她才会意识到学生的答案有其个人经验的原因，并调整自己的教学设计。

最后，要进行个性化的反思。个性化的反思不是个人化的，它是在对教育有独到见解的基础上的反思，是在理论与实践磨合中逐渐形成的。个性化反思不迷信教育理论和专家处方，但它需要以理论知识为基础；个性化反思不盲从于个人实践的感悟，但它需要个人实践经验作为支撑。它是基于个人的思维特点、生活经历、个人感悟基础上所形成的独特反思视角和风格。个性化反思是教师教研的高层次要求。

由此可见，个体反思是教师教研方式不可或缺的重要环节。它不仅需要反思意识作为基础，更需要反思能力作为保障，最终达到个性化反思的境界，这样才能真正实现理性提升。

二、TX小学教研方式引发的运作机制思考

通过对TX小学教研方式的分析，可以看出在"三个对话"的背后隐含着的是教师教研中各种因素相互作用的过程。

其一，促进学生成长是校本教研的核心。

上面的分析表明，促进学生成长是教师教研活动开展的出发点和最终归宿。教师教研要考虑学生的不同个性特征、前期经验、现有知识和生命状态；要探寻学生面临的问题、遇到的困惑等。在课堂教学中，要考虑给学生创生的空间，抓住学生思想的创新点，要根据学生的需要调整教学计划，与学生在互动中建构新知识。在课后，反思教学是否有利于学生积极成长，如何根据学生的现有状况设计下面的教学活动等。一切围绕学生的成长和发展来思考、研究问题。可以说，促进学生成长和发展是教师教研的核心所在。

其二，日常课堂教学是校本教研的载体。

教师教研有别于专门的教育研究人员，它重点关注学校生活中的教育问题。学校生活包括学校日常生活和课堂教学。课堂教学无疑是学校生活的主体部分。当前虽然有不同的评优课、研究课等，但是，教师、学生朝夕进行的日常课堂教学的有效性才是最有研究价值的方向。不管是与学生对话、教师的群体研究还是个人的反思活动，都需要以日常课堂教学的实践和听评课研讨为载体，研究课堂教学中的教学目标、教学内容、教学方式、师生互动等一切和学生相关的设计与实施问题。

其三，激发教师内在动机是教研的源泉。

无论是与学生对话、同伴对话还是个人反思都内含着教师作为主体所进行的积极、主动的探索行为。教师主动探索源于对现状的不满和对愿景的追求，是教师创造自己具有个性化教育观的深层动力因素。教师的心动是生命对生命的发现过程，是教师发现自身生命价值对学生发展的独特性影响作用，是自己创生的潜动力。教师的内在动机引发了积极的行动，行动后引发学生和教师的共同成长，从而促进教育质量的提高。因此，教师内在动机是教研的源泉。

其四，强调互动生成是教研的运作方式。

互动生成一方面强调互动性，互动不仅表现为教育理论与教育实践之间的反复磨合，而且表现为教师的个体反思，教师之间、师生、生生、师生与课堂之间的相互作用。另一方面强调生成性，在课堂教学、教育研究中，主体之间相互启发，在对话中不断挖掘教育资源内涵，也挖掘各自的潜能，在这样的良好研究氛围中，教师与学生之间教学相长，教师之间资源共享，并不断形成新知，从而达到知识扩展、能力提高、人格提升、心灵愉悦。互动生成反映了教师教育研究的运作方式。

总之，教师的教育研究应该以促进学生成长为核心，以日常课堂教学为载体，通过激发教师内在动机，促进其与自身、与学生、与同伴的互动，在研究性实践和对实践的理性反思中促进彼此成长和发展。

第十三章　组织制度：打造专业系统

如何构建制度直接影响着实现怎样的教学功能，课改后部分处于改革前沿的学校进行了大胆尝试，本章以此为例进行分析，以期有所启示。

第一节　研修结构生态模式

中关村第二小学是一所以卓越的教学管理著称的名校。该校在教学管理方面的特点主要有：抓住教学，多年不放松；组织结构，教学专业管理；引领教学，领导实力雄厚；教学领导，面向每位教师；同步教研，拓展优质资源；围绕学生，开展教学活动。

学校建校40年来始终抓住教学这一核心工作。通过组织结构的调整，在学校整体系统中一切围绕教学系统开展工作，将行政化的管理转变为专业化管理。在教学系统内部，学校也有很多很好的做法，其中团队研修就是学校提高教师执教能力，增强课堂教学实效的重要举措。

一、团队研修举措[①]的特点

（一）团队的结构功能：扁平专业

学校除了日常教研外，还有横纵教研、各种研修团队。这些研修团队包括名师工作室、师徒团队，还有自发组织的伙伴团队等，教研和

[①] 北京市中小学课程改革样本校建设项目组编：《追求卓越——义务教育阶段课改样本校校本管理行动与思考》，北京科学技术出版社2011年版，第202～211页。

日常的教学工作紧密结合，打破时间、空间的限制，随时随地都充满了研讨。

在这些出于不同目的结合的团队中，领导者更多执行的不是行政管理，而是专业引领，是平等中的首席；团队成员不是被动的执行者，而是为满足自身需求主动参与的研究者，每个人都是主体；组织运行不是自上而下地落实学校要求，而是基于问题的研讨，多向沟通、相互促进，并有相应的研修制度保障其有效运行。

从中可以看出，这些团队专业化、扁平化的组织结构。不同的结构有不同的功能，这样的结构必然有利于在专业引领、同伴互助的过程中，促进教学持续改进以及每个教师的专业成长。

（二）研修内容：客观需求

确定研修内容是一个研究的过程。学校提出研修的内容是基于教师的需求，通过走进教学过程、走进学生等来了解。虽然学校没有详细介绍是如何诊断教师需求的，但从中可以看出，研修的内容不是来自上级的要求，也不是单纯来自教师的个人要求，而是更加客观地通过学生的视角看老师，从专业的视角分析教师的需求，从中找出真正的研修内容。

学校以数学为例，介绍教师的需求是学生，并提出了分析学生哪些方面、如何分析的思路和框架，从实践中提升出的这些思路具有科学性。从中看出，分析学生主要从三个大的方面，一是学生的知识状态（分析学生的认知水平和已有知识经验——通过梳理教材的知识结构、最基本的核心概念、错误点来更好地定位）；二是学生的学习方式（分析学生的认知规律、学习的过程和要素——通过挖掘数学本质中体现的思维方式和思维方法等找到切合点）；三是学生的情感、态度、价值观（主要是学习动机，分析学生的需要、情感——通过找到学科中的数学精神和相应的心理状态走进学生的心灵）。可见，学校在分析学生哪些方面、如何通过教学达成学生需求上有清晰的思路。而这些和课改提出的达成学生的三维目标是比较吻合的，也是具有操作性的。（见表13-1-1）

表 13-1-1　学校数学研修内容分析

学校做法		背后反映
分析学生什么	达成途径	
分析学生的认知水平和已有知识经验	通过梳理教材的知识结构、最基本的核心概念、学生错误点	学生的知识状态
分析学生的认知规律、学习的过程和要素	通过挖掘数学本质中体现的思维方式和思维方法等找到切合点	学生的学习方式
分析学生的需要、情感	通过找到学科中的数学精神和相应的心理状态走进学生的心灵	学生的情感、态度、价值观（主要是学习动机）

（三）研修运作机制：实践改进

学校的研修遵循着眼需求—巧在设计—重在实践—成在后续的过程。这一过程是找到问题—分析问题—提出解决思路—实践中落实—改进跟进的循环往复过程，体现了以研究的方法来开展工作。

同时，这一研修过程一直围绕课堂教学来开展，从单元备课—说课—上课—研讨（听评课）—反思修正，不断从教学实践中研究、反思、改进。

而且，这一研修的过程不仅是本校内的常态教研，还有三个校区的网络教研，以及跨校和跨国教研。不同校区的教研，促进了优质资源的拓展，达成校内教育水平的均衡发展；跨校、跨国教研不断将团队与外界进行能量交换，也促进团队不断向更高水平跃迁。

（四）研修背后理念：系统反思

学校之所以能呈现出以上特点的团队研修，是在实践性中进行深入反思的基础上形成的。这个过程反映了学校思考的方式为系统、主动、深入的反思。系统反思，不是头痛医头脚痛医脚，而是从整体思考，找到切入点，探索出研修模式；主动反思，不是遇到问题后的被动反思，而是主动思考，引领改革；深入反思，不仅反思实践本身，而且反思实践背后的理念和途径。

纵观学校团队研修，在某种程度上符合教师教学发展的生态模式和建构主义模式。①。生态模式是从更加宏观的视角来审视教师的专业发展，认为合作性发展是最理想的教师专业发展方式，即由小组的教师相互合作，确认自己的发展方式。因此，生态模式更关注构建一种合作的教师文化。建构主义模式认为教师是处于成长过程中的人，需要与学生、同伴在互动过程中不断建构自己的知识体系，将各种知识内化为自己的东西。

二、需进一步思考的问题

（一）不仅基于而且引领教师的需求

现在诊断教师的需求主要是通过外部和教师个人诊断的基础上了解，这个方向是对的。但是外部诊断如果只从经验的角度来获得，可能摸索的时间会长。如果能在现有理论和教师的实践需求中找到切入点，便会有一定的科学性和针对性。尤其是相关理论会提供一个思考的视角，很快判断出教师的需求到底在哪里。还能通过让教师掌握理论来自我分析，从而引领教师需求。

（二）研修的内容还可以更科学化

研修的内容和目的是为了提高课堂教学实效。一个好的教学研讨不仅需要掌握学科知识、学科教学方法、学生心理知识，还需要教学理论的知识等多方面。以分析学生为例，分析哪些方面、如何分析等在教学理论上已有探讨，它在一定程度上具有逻辑性和科学性，如果能将这些研究成果与学校的具体实践结合起来，会减少摸索的过程。经过学校的实践也会修正现有研究成果，达到相互促进的作用。

第二节 教学管理制度重构

昌平区马池口中心小学②是一所农村中心校，在资源有限的前提下，学校领导根据本地、本校的特点积极思考学校发展问题、探索学校发展路径，

---

① 范国睿：《学校管理的理论与实务》，华东师范大学出版社2002年版，第508页。
② 北京市中小学课程改革样本校建设项目主编：《追求卓越——义务教育阶段课改样本校校本管理行动的思考》，北京科学技术出版社2011年版，第216~225页。

在不同的时期抓住了关键领域和切入点，不断将学校向前推进。经访谈和文本分析，笔者认为学校有如下特点，并对进一步发展提出了个人的思考与建议。

一、科学地思考和分析，探索发展路径

（一）思考方法：以研究性实践的方式思考

马池口中心小学一直遵循着"分析现状—思考路径—找到突破口—大胆实践探索—分析反思—找突破口—实践探索"的循环往返的过程。这一思考过程不仅存在于学校发展的思考中，也贯穿在学校方方面面的工作中。

这一思考与实践的过程是抓住问题—分析问题—解决问题的研究方式；同时也是从实践—理念—实践的实践取向的思考方式。

（二）发展路径：找准了关键领域和切入点

思考方法和思考内容总是相辅相成的，都是为了解决学校发展的问题。而学校发展的路径无疑是最大的问题。

（1）学校在不同的阶段根据具体情况找准了关键领域。第一阶段，为留住生源，将艺术教育作为关键领域。课改之前的20世纪90年代中期，很多当地生源去了城里学校。学校分析地域、学校特点，从1998年开始艺术教育，留住了生源。第二阶段，内涵发展，将教师的教学管理作为关键领域。课改后，生源充足，但年轻教师占大部分。学校借助课改契机，思考内涵发展，将教师发展作为学校发展的引擎，果断抓住了教师的教学管理这一关键领域。

这一关键领域转换的过程是从由外延到内涵发展的过程，是分析学校特点基础上的结果，是学校发展的体现。

由此可见，不同的学校特点、同一学校的不同的发展阶段，其关键点不同，只有抓住适合本校发展的点才能促进学校发展，而不能盲目模仿其他学校做法。

（2）找准关键领域从何做起，这就涉及切入点的问题。促进教师发展可以有很多切入点：从学校发展的结构来说，可以是物质的改善、组织结构的改变、制度的完善、文化的创新等；从教师专业素质①来说，可以是专业精神、教育理念、专业知识、专业能力、专业智慧。

马池口中心小学从制度改革为切入点，尤其是将常态的备课、上课等转变为研究性的教学管理制度，并根据教师面临的问题调整制度，使其具有实效性。通过建立学习、培训制度转变教师的教育理念，通过互动的课堂教学研究制度历练教师的专业知识、能力。

二、务实地实践改进，探寻发展规律

学校探索是基于实践反思的行为跟进和改进。而有效的行动背后一定是符合某种规律的。我们试着分析一下。

（一）制度变革尊重了教师特点

研究表明②，教龄5年以下的教师关注点是备课、上课，教龄5~10年的教师关注点为形成自己的教学风格，教龄15年以上的教师关注点为因材施教。这在一定程度上说明了问题，当然教龄只是一个参考维度，如果教师能力增长快，可以将相应的时间提前。如有些教师在很短时间内能备好课、上好课，这时候在新课改关注学生的前提下，可能也会有更多精力研究学生。

课改初期，马池口中心小学教师队伍现状是两头大中间小，尤其青年教师所占比重大。因此，多数教师关注点在于备课、上课方面（例如，如何分析课标、教材，确立教学目标）。同时，受新课改理念的影响，如何将理念转化为教学行为，落实到课堂教学中，成为学校教师关注的主要问题。

这时候学校从备课、听评课入手进行改革。在备课方面，学校从内容到形式都进行了一些变革。内容上，根据新课改理念，提出了两通、三依据、七精心，为教师备课提供了依据。在形式上，将教案分为详案、简案、注案三种格式；后来通过教案分层，满足了不同教师的需求。例如，教龄在10年以上的教师就有时间钻研，形成自己的教学风格，教龄5年的教师能扎实地打好备课的功底。此外，在备课组织形式上，有集体备课的模式、有骨干教

---

① 叶澜：《创建上海中小学新型师资队伍决策性研究总报告》，载《华东师范大学学报（教科版）》1997年第1期。

② 范国睿：《学校管理的理论与实务》，华东师范大学出版社2002年版，第507页。

师示范课和青年教师的模仿课等。

在听评课方面，学校为规范教师行为制定了《课堂观察记录表》和《听课记录本》。这不仅使听评课具有很强的操作性，而且使教师的听评课有目标、有针对性、有专题性，提高了听评课的实效。同时，制定了听徒弟课的措施和系列步骤，这有效促进了青年教师的成长。

这些措施满足了不同教师的需求，形成了合作互补、资源共享、传帮带的氛围。

（二）制度变革尊重了教学和管理的新理念

这体现为两个下移。从教师管理来看，从原来的自上而下的执行到创造条件满足需求，最终目标落在满足不同层次教师的发展上。从教师教学来看，从关注教法到研究学法，最终目标落在学生的成长上。

三、思考与建议

课改后学校，主要是转向内涵发展，通过制度规范和变革，追求教师专业成长和教学变革。在当前，系列变革变成了教学常态，一批青年教师成长起来了。但是，教师达到了一个阶段后，今后如何在现有平台上跨上更高的平台？学校如何纵深持续发展？是转移切入点还是继续深化？笔者认为，应继续深化现有关键领域和切入点，用新的增长点和完善的机制促进现有制度实施。

（一）寻找新的增长点，转移到形成教学风格和关注不同学生需求上

当前应该引导教师将需求转移到形成教学风格和关注不同学生需求上。通过调研，找到不同教师的更高需求，针对教学中的深层问题，确立新的目标，用新的增长点促进教师的发展，促进教学深化。

（二）通过完善备课、听评课制度引领教师

课改初期的备课内容的要求，侧重将教学理念转化为教学行为的可操作性，因此对教学过程规定细致。现在经过了这一阶段，应更关注教学过程符合学生的认知规律、学科特点，而不拘泥于什么具体情境创设、方式方法等条条框框。经过几年的探索，对教学目标的制定、教学过程的设计等应该总结出了更好的策略，并将新的成果纳入备课制度的变革中。

第十三章　组织制度：打造专业系统

同时，完善《课堂观察记录表》和《听课记录本》等。内容要不断根据教师的关键问题进行调整，如观察内容要更新、观察的框架也要调整等。这些都是需要进一步思考的。

第三节　教学管理过程优化

北京市朝阳区实验小学始建于1956年，前身为幸福村中心小学，1996年更名为朝阳区实验小学，成为北京市乃至全国有影响力的学校之一。1997年，马芯兰成为朝阳区实验小学的校长。2007年跟随马芯兰十余年的陈立华担任校长。在继承发展马芯兰教学法基础上，学校不断进行改革创新。本节以朝阳区实验小学为例①做一思考。

一、实践中实验，教材教法改革

马芯兰老师从1977年进行教材教法改革。"改革小学数学教材，给最基本的概念以中心地位"，以概念为节点形成知识结构，利于学生形成良好的认知结构；同时，在课堂教学中正确处理教师与学生、学生与教材的关系这两个基本矛盾，成为促进学生发展的教学②。

这一改革成果不是凭空而来，而是体现了一个成功的教学改革的路径：教师在执着追求学生发展（教学）规律的精神支撑下，钻研理论、实验探索，走出了一条理论与实践结合的路。这一改革路径所体现的实验探索精神几十年来一直影响着朝实人。教材教法探索的成功和推广，使学校的发展站在了一个高起点上。

在课改背景下，陈立华校长及其教师团队传承实验探索精神，从教材教法的改革到教学方式、教学结构的探索，从小学数学延伸到其他学科，从课堂教学延伸到教学管理等方方面面。这些不同时期的实验都体现着勇于挑战、

---

① 北京市中小学课程改革校本校建设项目主编：《追求卓越——义务教育阶段课改校本校本管理行动的思考》，北京科学技术出版社2011年版，第182~194页。

② 张熙：《非指导教学论》，西苑出版社2005年版，第273~276页。

超越自我、探索教育教学规律、以研究的方式解决问题的精神。理论与实践相结合的实验精神成为学校发展的文化内驱力。

二、继承中发展，持续教学改革

（一）继承发展马芯兰教学思想

（1）将马芯兰教学法拓展到教学模式探讨。在课改背景下，虽然已不再使用马芯兰教材，但是很多符合规律的做法，如"渗透、交错、训练、迁移"等仍在有效传承，并在此基础上进行拓展，初步研究了数学"新授内容的探究课、专项内容的训练课、习惯培养的作业课、建立结构的复习课"四种课型的教学模式。

（2）将马芯兰教学思想渗透在各个学科。建立马芯兰教学思想研究中心，将马芯兰教学思想渗透在各个学科的教学中，使各学科教学能围绕思维主线，进行能力培养。

（二）立足日常教学、依托教科研，深化教学改革

（1）日常教学中抓教师基本功和学生学习品质的培养。

教师基本功和教学能力方面，重视教师命题的能力培养，重视课堂练习和作业设计。

学生学习品质，重视学生注意力、记忆力，研讨学科学习习惯与培养策略。

（2）教学研究一体，教科研深化教学改革。

科研课题主要围绕思维培养、学习方式（合作、探究）及校本教研实效来开展研究。

从上面可以看出，注意力、记忆力是思维品质的重要内容，课堂练习和作业设计是重视训练的具体体现。思维和训练是教师在教学中最关注的两个方面，贯穿着整个教学过程的始终，是所有学科都力图体现的关键点。而日常课堂中所侧重的也是课题研究的主要内容。

因此，教科研、教学一体化是朝阳区实验小学的特点，通过立足日常教学、依托教科研，深化了教学改革。

三、突破中创新，进行管理探索

朝阳区实验小学之所以能与时俱进不断探索创新而且有成效，研究性的教学管理制度、机制建设为教学创新提供了土壤，制度确立和实施本身内涵着一种科研的精神，主要表现在以下三方面。

（一）具有扁平结构的研究型发展性的日常教学管理系统

日常教学管理系统主要是对备课—上课—作业—质量监控进行日常教学管理。

对备课的管理：教研组单周检查反馈改进—行政领导每月检查反馈—教学干部复查—网络公布。

对上课的管理：教研组互相听评课—专家领导课堂教学指导—教学形成性评价—评优课网络展示—终结性评价。

对作业的管理：教研组双周检查反馈改进—行政领导按分工每月检查评价反馈—教学干部每月汇总抽查反馈复查—网络公布。

质量监控的管理：教师自我监控课堂教学效益—教研组每周末重点知识检测—教研组单元知识检测—学校每月阶段检测教学竞赛、期末检测。

虽然是日常的教学管理流程，但是从中可以看出教学管理系统的性质不是逐层上报（或自上而下）的科层制，而是具有扁平结构的研究型发展性的管理系统。整个流程将个人反思、同伴互助、专业引领渗透到了日常教学管理中，主要有以下三个突出特点。

首先，个人反思。教师可以通过学生学习效果监控自己的课堂教学（即案例提到了教师自我监控课堂教学效益等）。

其次，同伴互助，教研组内检查强调反馈改进，成员间相互促进。教研组通过对备课、作业、检测的检查及相互听评课等方式，将现状及时反馈、讨论，最后落实到行为的改进上。可见，作为学校中一个相对独立的基础组织，其发挥监督检查的作用不仅仅将现状报告给上级，而是强调在互相启发、互相借鉴的基础上反馈改进。在这种理念组织下的成员会达到相互讨论促进的作用。

最后，校长（行政领导）的教学领导力体现在日常教学管理过程中。从上面的流程中可以看出，通过定期参与包括备课、上课、作业、质量监控等整个教学管理过程，真正把握教学现状，定期进行反馈，深入地引领教师的教学。此外，学校长期以来形成了"专家治校"的理念，校长还通过兼课及"校长导学"网络栏目的开设等方式发挥其教学领导力。

由此可见，教学管理系统为专业型的管理系统，行政领导同时是专业领导；内在的运作不是自下而上的层层检查，而是教研组、行政领导（专家）不定期直接对教师的课堂教学进行检查反馈，不断改进。

（二）具有教学改进功能的研究性的制度系统

学校通过各种可操作的制度落实教学管理，主要依据如下。

制度：《行政联合会诊制度》《校长兼课、行政干部兼课制度》《教学质量管理预警制》《质量监控月报制度》《质量监控分析反思制度》《教学检查反馈与整改追踪制度》《教学工作的警示、报告和追踪制度》。

检查依据的文件：《课堂教学评价方案》《规范教学常规提升教师执行能力的意见》《教师教学策略指导手册》。

可操作的记录表：《教师教学质量成长记录单》《教师教学质量评价反馈表》《学科教学质量分析诊断报告单》《教师教学能力分析报告单》。

学校有一套教学管理制度，除了每个学校都大同小异的制度外，朝阳区实验小学能够将不同制度联系起来，这实质是"对教学现状诊断、背后原因分析、改进——持续跟进的教学研究和改进过程"。其主要表现为：

（1）研究性，是针对问题—分析问题—解决问题的研究过程。经分析发现制度有不同的类型，发挥着不同的功能，主要有诊断现状类，如《行政联合会诊制度》《教学质量管理预警制》《质量监控月报制度》；有原因分析类，如《质量监控分析反思制度》；有改进类和持续跟进类，如《教学检查反馈与整改追踪制度》《教学工作的警示、报告和追踪制度》。

（2）可操作，制度有配套的可操作化表格，利于有效落实。制度的制定是否科学，需要执行来保证。学校通过制定系列的表格，将制度可操作化。如《教师教学质量成长记录单》《教师教学质量评价反馈表》《学科教学质量分析诊断报告单》《教师教学能力分析报告单》等保障了相应制度的执行。

（3）目标明确，围绕提高教学质量制定。无论是诊断、预警、追踪、

第十三章　组织制度：打造专业系统

分析反思、反馈制度都是围绕教学质量开展，因此，其目的性是很明确的。就某个制度本身来说，其目的也是为了促进教师在教学中研究，在研究中教学，提高教学质量。如《质量监控分析反思制度》，就是激励教师在日常教学中不断分析教学行为，激励学校管理者在日常教学管理中分析教师的教学行为。

此外，学校在原有基础制度基础上，又增加了一些侧重预设和追踪反馈的制度，说明增强了前期的设计性和过程的调整，形成具有教学改进功能的研究性的制度系统。

（三）数字化校园形成一体化机制，改变了每位教师的学习、教学、研究和管理方式

学校引进数字校园管理模式，基于教师的需求，开发建设了含有教科研管理平台、德育建设平台、管理业务平台、数据交换平台、学校门户和认证中心的数字化校园管理体系。

在课堂教学反馈、教师批改作业、考试分析系统、师生课程学习资源共享、对学生的全面评价及家长约见等方面，都体现出数字化校园不可替代的优越、先进与便捷。

以作业切入的循环为例，通过在线作业诊断现状，自动生成错题本—教研活动（科学分析并通过错题反思背后的知识点，为教师教学提供依据）—校长导学—有针对性地备课、上课—作业诊断的循环过程

这有利于为教师提供新的工作方式、培训方式、学习方式，更好地提升教师在教学实施中的诊断、调整与评价能力，促进教学全过程质量监控的有效实施。

在陈立华校长的"转变模式一定要转变观念""机制建设与系统建设同等重要""形式一定承载内容"的理念下，朝阳区实验小学开发了数字化网络校园，在改善硬件系统建设的同时，更为重要的是加强附着其上的软件系统的建设。学校以数字化校园平台为基础，以"数字化校园环境下的课堂教学实效性研究"和"数字化校园环境下的校本教研方式研究"两个课题为核心进行软件建设。将数字化校园不仅仅作为一个工具、手段，而是成为教学

管理系统运行的加速器,也改变了管理运行机制。因此,硬件与软件相互促进,转变了教师的学习、工作方式。

一方面,拓展时空整合资源,提高管理效率。朝阳区实验小学数字化校园以数字化信息和网络为基础,实现从环境(包括设备,教室等)、资源(如图书、讲义、课件等)到应用(包括教、学、管理、服务、办公等)的全部数字化,在传统校园基础上构建一个数字空间,以拓展现实校园的时间和空间维度,提升传统校园的运行效率,扩展传统校园的业务功能,最终实现教育过程的全面信息化,从而达到提高管理水平和效率的目的。

另一方面,在平台上整合教师的学习、教学、研究一体化运行机制。课堂教学反馈、教师批改作业、考试分析系统、师生课程学习资源共享、教学研讨等,是每个教师都面临的一个相互联系的系统过程。数字化校园恰好搭建了一个平台,将备课、上课、作业、考试、教研、科研以网络数字化平台为载体充分结合,将网络教研、常规教研和课题研究相结合,以促进教师专业发展为核心,通过构建主动发展的学习模式、课程整合发展模式等,促进学生学习方式的转变,形成相互促进的一体化运作机制。

这一机制,改变了其他很多学校所存在的科研与教研、教学脱节的现象,形成了教学问题及时发现、及时解决的状态;改变了备课、上课、作业等日常教学管理分割脱节不及时的现象,形成了通过作业科学反馈学生现状迅速调整课堂教学的状态。一句话,改变了教师的工作状态。

可见,如果说日常的管理系统和制度从学校层面为教师研究提供保障的话,那么数字化平台不仅转变了学校的管理模式,更重要的是每位教师转变了学习、教学、管理的方式。

总之,如何更好地遵循教学规律和管理规律是制定教学管理制度和机制要思考的最基本的两个问题。从遵循教学规律来看,依据一定的科学规律指南作为监控标准(如依据课改后的课堂教学评价方案等);从遵循管理规律来看,通过科研的思维和行为,形成了一个诊断—研讨—实施(备课、上课)—过程监督—追踪反馈的循环往复的运作机制。以期充分实现诊断—计划—实施—监控的教学管理的过程(见图13-3-1)。

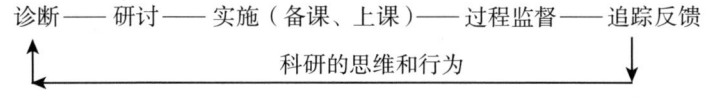

图 13-3-1

四、朝阳区实验小学变革引发的思考

（一）科研引领是学校发展的持续动力

从朝阳区实验小学的经验来看，突出的一点是通过科学的教育教学实验来推动发展。这种科研不仅表现在不同的时期都有主打的科研课题来推动，如从开始的马芯兰的教学法，到课改后的合作学习的学习方式、数字化校园背景下的课堂教学实效和校本教研方式转变等课题。而且，更重要的是用科研精神、科研的方法来思考学校发展的各种问题，包括课堂教学、校本教研、学校管理等。科研已经成为学校的文化，根植于学校每个教师和学生的大脑、行为中。

（二）科学的制度机制是学校发展的保障

从朝阳区实验小学的发展来看，如果没有开放、激励的制度机制，马芯兰教学法可能早已被扼杀在摇篮中，没有制度机制的保证任何科学的教育教学思想只能停留在个别的操作层面或者流于口头形式；如果没有机制的科学运行，学校这一有机体非但不会正常运转，反而会阻碍教学的进程，阻碍教师和学生的发展，而朝阳区实验小学恰恰是将体现教学、管理规律的思想以制度化的形式合法化，形成了一种激励的制度、开放的制度和促进发展的制度，并直接影响着教师的日常惯习。而且，制度还在不断的完善中。

（三）始终抓住课堂教学最本质的规律

无论外部如何变化，朝阳区实验小学一直抓着课堂教学实效不放松。而且在课堂教学中仅仅抓住思维和训练这两个基本点，思维是外部事物的抽象化，是建模的过程，训练是将抽象的事物运用到实践中。因此，这两个基本点实质上是从具体事物抽象化的思维过程，将抽象具体运用的过程，是理论与实践反复结合的过程，抓住了教学最基本的规律。因此，随着课改的推进，虽然马芯兰教材不用了，但是马芯兰抓思维、训练等最本质规律的东西一直在沿袭。

（四）持之以恒的精神

学校持之以恒地坚持实验，持之以恒地探索教学规律，每个时期的探索都是在继承前一时期的基础上的发展深化。例如马芯兰教学法，也在坚持其探索的精神和反映教学规律的做法，并在课改背景下不断继承创新。

综上所述，每个学校有每个学校的特点，朝阳实验小学几十年来一直以现代为目标，以实验为引擎，以制度机制为保障，探寻教学规律为核心，走出了一条自己的有影响力的改革创新之路。

第十四章　教学研究：提升内在动力

课改背景下，教学、教研、科研一体，真正发挥了研究的引领作用。它作为引擎，是教师不断成长、变革、创新的内在动力。那么，学校内部研究的运作机制如何构建，与外在力量合作中如何有效提升就更值得关注。

第一节　透过论文看现状趋势

论文是教师理论与实践反复磨合的结晶，它反映了教师当前的水平和现状，教师是学校发展的主力军和推动者，教师素质直接影响和决定着学校发展的水平。因此分析优秀论文，解读教师研究的现状，可以审视学校发展的水平；剖析教师的各种探索，可以明确学校发展的方向。通过对课改后某年优秀论文的整体把握及对论文的抽样分析，我们发现在以课改为契机的教育改革向纵深发展的过程中，北京市的中小学校也日趋重视科研兴校，不断推动学校发展和变革。

一、优秀论文的共同特点

（一）选题比较科学，针对实际问题

选题本身是一个思考研究的过程。选题是否准确、科学，不仅关系到整个论文的意义和价值，而且直接影响其研究过程的有效性。征集的9000多篇北京市课改论文中，不乏对一些假问题、空问题的"无病呻吟"，这在某种程度上表明没有抓住教育实践中的关键和实质。而选择出来的优秀论文，在选题上一般比较科学，是思考现实中的问题，提炼后的结果。它们或者是针对教学、管理、教师发展、学生成长等各个维度中的某一具体问题的深入挖掘，或者是对其进行的前瞻性的思考。

（二）内容比较充实，具有思想内涵

从论文内容来看，已经不再是原来"格言＋体会"的空洞感慨，也不是将理论生搬硬套进实践的"两层皮"，而是在教育思想和新理念指导下，尝试教育、教学，在实践过程中，不断完善新理念，反思重构新理念，使之更符合教学现实。他们立足实践，反思实践，总结个人感悟和经验，并结合教育理论和新理念不断进行拓展和提升。总之，教师是在扎扎实实"做"的过程中，一边学习、一边尝试、一边反思。在理论与实践相结合的基础上写出的这些论文比较充实，言之有物，并具有一定的思想内涵。

（三）论述比较严谨，行文比较规范

论文是在扎实研究中总结提炼出来的，研究过程本身的科学务实，使行文的论述比较严谨。在理论探索的文章中，从对概念的界定到新观点的阐释都比较清晰明了；在调查报告中，从调查的设计到整个调查过程的实施都能做到有理有据；在实验研究中，从实验的假设、具体实施到实验结果的讨论反思都能做到环环相扣，结构严谨。在行文中，从摘要到后面的注释虽还不够规范，但相比以前已经有了很大进步。行文语言一般比较流畅。

总之，论文从数量到质量、从内容到形式都有了很大提高，大部分论文具有一定的思想性、科学性和应用性，体现了现代教育思想和新课程的理念。

二、从优秀论文看学校发展现状

（一）从论文数量看学校发展的总体状况

我们通过对论文数量的分析，可以得出如下结论：

（1）论文数量增多，学校科研意识增强。自从2001年课改实施以来，征集的论文数量成倍递增，2004年共征集到论文9000多篇。从数字中我们可以看出教师在教育、教学研究方面积极性高涨。同时也说明学校重视科研兴校。没有学校创造的科研氛围，没有对教师科研的鼓励和重视，不会有教师科研的强烈的积极性。

（2）论文获奖面大，学校科研水平提高。其中2004年优秀论文获奖数目达到 1000 多篇，一等奖 100 多篇。充分说明越来越多的教师不仅积极参与，而且其研究水平也在提高。教师教育教学研究水平的提高，必然带来教师整体专业化发展，带来教师整体素质的提高。这必然推动学校教学水平的提高。

论文水平不均，学校发展不齐。城区的专任教师数目为 24 189 人，郊区的教师数目为 25 654 人。但是，从抽样获得一等奖的 82 篇论文中，城六区共 66 篇，占总数 80.5%，郊区则不到 20%。从数字中可以看出，区域学校发展不平衡。

（二）从论文内容看学校工作关注的重点

学校作为一个系统，其工作不仅涉及学校内部的方方面面，而且涉及学校与社区、社会之间的关系。因此，学校工作纷繁复杂。通过论文反映出的关注热点，可以看出学校的工作重点，从而可以反观学校发展的现状。分析论文发现，重点主要集中在以下方面：

（1）教学方式、模式的探讨。教学方式侧重教学中的方法和形式，教学模式侧重整合的标准和样式。如果以前教师更多关注具体的教学方式和方法，那么现在，教师在研究教学方式的同时，更加关注教学模式的探讨。例如：探讨"研究性学习"的课堂教学模式、"自主探究式"教学模式、俱乐部式的活动模式；提出差异性教学、小班化教学等。而且以前只是对模式本身的理念探讨，现在主要是应用于具体学科甚至是对具体问题的探讨，如俱乐部模式在体育中的应用；研究性学习在乘法口诀教学中如何体现；探究式教学在数学教学中如何运用等。这些都是以系统化、多维化的观点看教学，而不是拘泥于某种方法。

（2）教学内容的整合与创新。教学内容的整合与创新是本次课改论文的重点之一。重视挖掘各科教学内容的德育、美育功能，如《中学美术教育促进道德教育的研究》《论语文教育的美育功能》。重视不同学科间的整合，尤其是不同学科与信息技术的整合，如《高中综合文科课程与信息技术整合的教学研究与实践》《学生主体参与信息技术与数学教学整合的研究》等。重视课本知识与学生生活世界和个人体验的结合，如《小学德育实效性的研究——德育贴近学生的生活》《小学数学教学走向生活中存在的问题及其对策》《架起课堂与生活的桥梁——小学语文实践活动的内容与途径的研究》。

重视用新理念创造性地教学，如《用新理念处理教材，创造性地实施教学》。从中可以看出，当前教学不再拘泥于对课本知识进行按部就班地教学，而是充分挖掘课程资源，挖掘文本内涵，创造性地教学。

（3）关注学生的身心发展。关注学生的身心发展是本次论文的一个亮点和关键点。主要集中在关注学生的能力培养（主要是创造力）、身心健康、思想道德发展。在82篇论文中，有6篇文章探讨学生的创造力，除了探讨各学科与学生创造力的关系外，还对创造性人格、创造性思维品质进行了调查研究和探讨。这说明对创造力的研究深入到了稳定性的内核部分。在身心健康方面，从对学生心理健康状况的调查、心理健康教育的作用到关注具体的心理问题，如情绪问题、逆反心理问题、社会化交往、性教育等，还关注学生的思想道德发展。此外，关注学生个性化、个体差异，以及"问题儿童"。从中可以看出，学校在关注学生知识状态的同时，更加关注学生的生命状态。在教育学生成才的同时，更加注重学生成人的培养。

（4）关注教师的成长发展。除了关注学生，学校开始关注教师的身心健康和专业化发展。如《崇文区中小学教师心理健康现状的调查研究报告》，关注教师的心理健康；《全纳性教育教师校本培训的研究与实践》《创设良好环境，促进幼儿教师专业化成长》等文章说明学校在创设环境、教师培训、学校管理优化等方面促进教师的专业化成长。

（5）关注学校各类管理。学校管理涉及多个层面，主要包括班级管理、学校管理、教师管理。班级管理主要侧重班集体建设，学校管理开始从文化层面（环境文化、校风等）进行建设。在管理理念中更加注重以人为本，重管理的文化内涵。同时，还有文章提出量化积分的现代管理方法。

此外，除了学校内部的探讨，本次论文突出的特点是开始关注学校与家庭、社区的互动合作，资源共享，而且尝试建立合作模式，如《以校为本，家校合作模式研究的实践与探索》《构建新型的家园双向互动》等。

从上面的分析可以看出，学校关注教学、管理、教师、学生等各个方面，但其中又有所侧重，越来越关注学校主体（教师、学生）的发展。在各个层面，关注点也有所偏移：在教学中，学校从关注具体的教学方法到整体的教学模式；从按部就班的学科教学到学科知识的整合和创造性运用；在管理中，从刚性的物化管理到注重人文化管理:在教师、学生层面,从单纯关注教师的升学率、学生的分数到重视他们的生存状态、个性差异。同时,不仅在学校内部探讨,而且把学校作为一个系统,注重与其他子系统的互动合作。

(三) 从研究主体看学校发展的内部动力

教师是学校教育研究的主体,教师素质提高是学校发展的动力。从论文中可以看出,教师发生了很多变化,这直接带动学校发展,呈现以下新特点:

(1) 教师角色变化,学校充满活力。在传统观念的支配下,教师很少反思自己的课堂教学是否有待改进,班级管理是否有待改善,师生关系是否有待和谐,更不用说去反思视为经典的教科书是否符合学生的身心特点。随着课程改革的推进,新的教育教学理念冲击着教师原有的思想和观念。他们在困惑矛盾中开始反思,并开展研究。从论文看出,教师在研究过程中,自身发生了实质性变化,他们不再是学校"复制机",而是课程、教学的设计者、反思者、研究者。充分说明教师由原来的"教书匠"向反思型、研究型教师转变。教师角色的转变必然带来学校的变革、创新。

(2) 教学研究相长,学校整体发展。如果研究内容是研究的载体,那么研究方法是研究的核心。从研究内容看,教师从各个角度对学校问题进行研究。从研究方法看,采用了量化、质化、理论阐释、实验研究等多种研究范式。量化研究主要是问卷调查;质化研究主要有观察法、访谈、文本分析等。分析论文可以看出,教师能把实践中遇到的问题转换成研究的问题,进而运用多种研究方法进行研究。从单一的文献法到现在多种研究方法的运用,有力地说明了教师的研究水平在增长,研究能力在提高。对问题的解决由点到面地整体推动了学校发展。

三、从优秀论文看教师专业发展

分析论文可以发现,北京市中小学教师的教育研究在有条不紊地向纵深发展。教育研究过程和论文写作推动了教师的专业发展,同时也是教师专业化水平的一种反映,具体表现如下。

(一) 研究意识增强,教师角色变化

传统社会,教师具有传道、授业、解惑的职责,"师道尊严"观念深入人心。现代社会，现代知识观限制着教师的职能定位。现代性认为科学知识是唯一合法性的知识。科学知识作为"人类认识世界的结果，如实地'反映着''揭示着'事物'本质'的，而事物'本质'是稳定的、唯一的，因此人们把寻找普遍性的、确定性的、客观的或绝对的科学知识作为认识的根本目的"。① 在学校中的科学知识又进一步窄化为教科书知识。教师是法定知识的负载者、传递者，无疑成为知识的代言人。所以在当前制度化的学校教育中，教师以知识的权威者、真理的化身自居。

长期以来在这种观念的支配下，教师按部就班地传递书本知识，有条不紊地进行教学，"居高临下"地对学生进行说教。突出表现为教师的权威意识操纵着课堂教学，"霸权话语"支配着师生之间的对话形式。很少反思自己的课堂教学是否有待改进，班级管理是否有待改善，师生关系是否有待和谐，更不用说去反思视为经典的教科书是否符合学生的身心特点。

随着课程改革的推进，新的教育教学理念冲击着教师原有的思想和观点。他们在困惑矛盾中开始反思，并开展研究。从9000多篇论文中，我们可以看出教师研究的意识增强，研究的积极性高涨，教师的观念也发生了实质性变化。

（二）研究内容多元，教师走向"成熟"

课改以前和刚开始时，教师主要思考教学方式的转变，即在现有的教材内容下，采用怎样的教学方式、方法能让学生更快、更好地接受知识。这说明当时，教师依然把教科书、教参看作神圣不可侵犯的宝典，从没有想去改变。同时，教师没有多少教学自主权，只能在其他条件不改变的情况下，探索"如何教（即教的方法）"的问题。

而现在从优秀论文中可以看出，教师不仅研究教学方式、班级管理，而且对视为经典的教材进行质疑、再创造，如对教材的多学科整合问题、教材和实际生活联系间的再创造等。同时，教师不仅研究教学、管理而且关注学生的生存状态，如关注学生的心理健康问题、青春期的性教育问题、班级的弱势群体、学生的个性化发展等。教师的教育研究内容由单一走向多元。

---

① 石中英、尚志远：《后现代知识状况与基础教育改革》，载《教育探索》1999年第2期。

第十四章 教学研究：提升内在动力

如果教师的成长分为求生—调整—成熟三阶段①，那么教师在每一阶段的关注点不同：求生阶段，教师关注班级的管理、教育教学的实施，对学生关注少；调整阶段，教师开始有精力关注学生，寻求适合学生需要的新的教学方法和技巧；成熟阶段，教师更多关注学生，关注师生间的交流，根据学生的需求尝试新的教学。教师研究从单纯的教学方式的改进到教学模式的新尝试、班级管理的创建、学校文化的营造、学生个性生命的关照等多层面、多角度地探讨，充分说明教师逐渐走向成熟。

（三）研究方法多样，研究能力提高

教师从单纯的教学转而开始尝试研究的时候，基本停留于"格言+体会"的水平，主要采用文献研究法。从本次的优秀论文看，采用了量化、质化、理论阐释、实验研究等多种研究范式。量化研究主要是问卷调查；质化研究主要有观察法、访谈、文本分析等。

甚至一项研究中采用多种研究方法。例如，《架起课堂与生活的桥梁——小学语文实践活动的内容与途径的研究》一文，分别采用文献研究法、问卷调查、观察法、访谈法、实物分析、资料分析、案例研究等多种方法。通过文献研究，了解前人的研究成果，然后再运用多种方法对现状进行了解和分析，从而得出结论。

如果研究内容是研究的载体，那么研究方法是研究的核心。对研究方法的掌握和运用的情况，直接体现了教师的研究水平和能力。分析论文，我们看出教师能把实践中遇到的问题转换成研究的问题，进而运用多种研究方法进行研究。从单一的文献法到现在多种研究方法的运用，有力说明了教师的研究水平在增长，研究能力在提高。

（四）研究实践统一，教师定位明确

教师从原来单纯的教育实践者开始向研究的实践者转变，无疑说明教师角色的递进。教师开展研究无疑是教师专业化的重要特征，那么他与专业的研究人员的区别是什么呢？教师研究的定位是什么呢？

---

① 陈琴、庞丽娟、许晓辉："论教师的专业化"，载《高等师范教育研究》2002年第6期。

分析论文可以发现，教师研究的问题基本来源于自己的实践。问题的研究解决推动了实践的发展。一方面，教师首先是一个教育实践者，在教育教学实践中不断产生困惑，发现问题。然后通过研究的方式进行探究并解决。另一方面，教师是一个不断反思的研究者，在研究过程中提升自己，研究的结果更有力地促进教育实践，两者相互促进，互相统一。在此过程中，教师是反思的实践者、实践的研究者。

定位明确后，我们就可以明确教师研究、发展的方向。教师研究的问题最好来源于教学现实的真问题，而不是人云亦云的空问题、假问题。教师研究的目的是为了更好地实践，实践的结果修正着研究，两者交织运作的结果促进了教师的专业化发展。正如一位教师在论文反思中写道，"通过参加本次研究活动，我从一名普通教师变为一个研究者。以前只需要钻研教材，设计教案。而现在还需要收集资料，分析资料，制订研究计划，分析问题，研究解决方案，然后在实践中不断反思，修正方案。对课的设计要考虑它在研究过程中要解决什么问题，达到什么效果，而不是单纯考虑一节课的教学目的。对课堂的评价也不止站在老师的角度去评价，还要从研究者的角度去思考等"。[①]

四、从优秀论文看学校发展趋势

（一）教科研逐渐成为学校发展的动力

一方面，教科研促进了教师的成长。学校的发展离不开教师素质的提高，教育科研是促进教师成长的有效途径之一。尤其是伴随着新课程改革，一些新的观点、思想、方法逐渐涌现。需要教师以教科研为载体进行理论学习，实践探讨。教科研不仅更新了教师的教育理念，提高了教师的教育教学水平，而且增长了研究能力，促进了教师专业化发展。教师的成长成为学校发展的不竭的动力。

另一方面，教科研带来了教学、管理质量的提高。教学、管理是学校发展的生命线。任何质量的提高都不是凭空的，它需要对其各种因素进行深入

[①] 《关于思想品德学科"学做家务活"一课的行动研究报告》内部资料。

考察和研究，并不断进行理论—实践—理论—实践等循环验证和探讨。这个过程是研究的过程。学校的教科研是针对学校的实际问题展开，并为了解决问题而开展的，是学校发展的推动力。

（二）越来越关注学校主体的生命成长

教师和学生是学校发展的主体。如果教师的发展分为求生—调整—成熟三阶段，那么学校的发展也会相应地分为三阶段。在每一阶段的关注点不同：①求生阶段，关注班级的管理、教育教学的实施，对学生关注少；②调整阶段，开始有精力关注学生，寻求适合学生需要的新的教学方法和技巧；③成熟阶段，更多关注学生、师生间的交流，根据学生的需求尝试新的教学。论文反映，教师研究从单纯的教学方式的改进、教学模式的新尝试、班级管理的创建到学校文化的营造、学生个性生命的关照等多层面、多角度的探讨，这一变化本身充分说明学校从关注物逐渐转变为关注人。今后会更加关注作为主体的学生、教师。

（三）更加关注学校与社区的深层互动

以往的论文仅围绕学校内部问题探讨，2004年的论文开始探讨学校与家庭、社区互动的文章。这说明人们开始意识到学校的发展，不仅是学校内部各要素之间的相互关系，而且涉及学校与外部的关系。

实质上，学校的发展离不开家庭、社区的支持和资源共享。学校与社区关系的未来走向将由原来的互不相关，到深层互动，最后学校成为社区的一部分，由社区成员参与学校管理。当前学校在积极探索与社区的互动关系，以期不久的将来，学校和社区能深层互动，对教育理念达成一致共识。

五、今后应进一步探讨的问题

（一）专家应加强对教师的专业引领

以往教育研究只是研究者的专利，教师没有研究的意识。只是作为一个客体，面对专家言听计从，完全是一种自上而下的方式。随着新课程理念的推行，研究者和教师站在了同一个平台上，他们对新的理念都要重新学习。尤其是新理念更加关注实践的问题，这样教师无疑具有一定优势。因此，在某些认识上走向了一个极端。

实质上，研究者和教师的分工不同，侧重点也不同。研究者在理论层面比教师更有优势。任何教育的变革都不能离开理论和实践的反复作用。一线教师需要的不是只懂理论、夸夸其谈的研究者，而是掌握理论，并能用理论指导实践的教育专家。

（二）学校应积极营建教学、研究共同体

深入、有效地开展教学离不开研究的态度。但是在研究教育、教学过程中，任何个人行为的闭门造车或者零散经验的总结都不利于教师深入、持久的发展。学校应营建教学研究共同体，教师要成为学校教学研究共同体中的一员，在专家引领下，并与专家对话、同伴互动，在个人反思中提升自我。

学校教学研究共同体要以学校发展中的问题作为课题，并以此为依托，这样才能真正激发教师的研究热情，真正促进学校的发展。同时，在共同体中，教师不是被动的参与者，而是一个积极的反思者；教师不是一个接受专家指导的客体，而是一个平等研究的主体；教师不是一个教学的"工具"，而是一个研究教学的创造者。只有在发挥教师积极性、主动性、创造性的基础上，才能真正推动学校的变革、创新。

（三）教师应找准定位，做研究型教师

教师是学校教育、教学的主体，最终目的是促进教学质量的提高，促进学生的成长和发展。但是，由于受时间、职责等的限制，教师做研究不可能像教育研究者那样专门做研究。因此，教师的研究应该是基于教学的研究。教师研究的问题基本来源于自身实践，问题的研究解决推动了实践的发展。一方面，教师首先是一个教育实践者，在教育教学实践中不断产生困惑，发现问题，然后通过研究的方式进行探究并解决。另一方面，教师是一个不断反思的研究者，在研究过程中提升自己，研究的结果更能有力地促进教育实践。两者相互促进，互相统一。

（四）突出研究的个性化和特色

教师在研究过程中促进个人的专业化成长，最终目的是促进学生发展。但由于每一个教师在个性特征、兴趣爱好、思维方式、个人经历、文化背景等方面存在差异，所以教师是具有多元差异的人。而研究是促进教师个人成长和专业化发展的重要手段。任何研究都不是凭空的，它应根植于自己的生活世界，源于个人教育教学的体验和感悟。当教师把教育理论和个人生活世界、个人感悟结合起来，进行的研究才能真正推动理论进程，真正促进实践开展，真正实现教师自我发展。因此，今后教师的研究应具有个性化和特色。

（五）研究过程有待严谨和深入

从优秀论文中可以看出，教师在进行研究过程中，从理念的把握、问题的提出、研究假设、研究的实施到研究的反思等一系列研究步骤清晰、明确，在论证过程中能做到有理有据。

但是，在研究过程中，一些教师在新理念和传统观念、新理念和现实教学的交织碰撞中，不能准确有效地把握。或者在新理念的冲击下，没能深刻理解教育本质内涵，缺乏考虑现实多种因素的交互作用，导致教育理想化倾向。因此，对教育理念有待深入挖掘，研究问题有待推敲，研究过程需严密论证。

总之，分析优秀论文我们看到教师的研究能力有了很大提高，在实践与研究的磨合互动中，教师逐渐成为一名反思的实践者、实践的研究者，在向研究型教师的专业化道路上迈出了坚实的脚步。教师的发展最终促进学校发展、学生成长。

第二节　教学研究实效追问

苏州第一中学、采荷中学、苏州实验小学三所学校都在理论和实践基础上探索素质教育的内涵和路径。三所学校都是抓住了最核心、最关键、最活跃的因素——人（在学校中即教师），将促进教师的专业发展作为学校的核心工作开展；而促进教师专业发展，三所学校都抓住了最核心的领地——课堂教学研究。在这些共同点的基础上，三所学校不同的是采取的具体措施不同，研究的切入点（即具体内容）不同。下面以三所学校为案例针对课堂教学研究什么（抓什么），如何研究（如何抓）才有实效谈谈自己的看法，以期与大家讨论。

一、研究什么

（一）三所学校在研究什么

不同类型、不同发展阶段、面临不同问题的学校研究的课堂教学问题不同。通过以下案例加以展示。

案例一

苏州第一中学：新课改背景下学科教学研究

通过研究高中课改方案、课标、课标下的教学要求、学业考试考纲、江苏省实施方案等，找到以下切入点进行学科教学研究。

（1）教学目标的研究。

教到什么程度心中没底，所以统一教学目标（统一编教案、学案，尽可能制作统一课件）。然后，根据学生层次不同（实验班、普通班等），教师在原有基础上有所调整。

可见，对目标的研究是教学设计中最关键的步骤，也是教学起点。学校先根据教学内容和课标要求，制定普适性的教学目标，然后根据学生差异，调整教学目标。

（2）教学内容分析。

备课量很大，知识点多且庞杂，如历史课，历史味道淡，背景是一课，内容是一课（以前是一课）。所以，在网上查知识点，讨论哪些知识点一定要讲透，哪些要讲到，哪些不一定讲。

可见，学校超越了教材，对学生应该掌握的教材背后的知识结构和知识点进行研究。

（3）教学方式探索。

增进了师生互动，尊重学生的主体地位，给学生时间、空间、机会，多讨论、互动。新课程也不是将传统推翻，而是在传统中创新，教学手段的变化在教育现代化建设中起到推动作用。

增加学案，前半部分是知识点，是教案的缩影，后半部分是根据教案所编的问题。上课前将学案发给学生，让学生预习，做到心中有数，并带着问题听课。教案是预设，能够在课堂中增进互动，有生成的成分。

可见，对于教学方式的探索学校给学生主动的空间，处于放开程度。虽然不一定有成型的东西，但反映了处于高中课改两年中课堂教学发生的变化，对于高中来说，已经不容易了，这给了北京高中学校很多启示。

案例二

采荷中学：1992年开始自主实践教育——现在，初中自主实践体系的研究

选择切入点的背景和原因：

学校自1989年建校以来，经历了以下五个阶段。

——1991年前，学校处于城乡结合部，条件艰苦，很多教师纷纷调走。

——1991年，学上海青浦实验，分三批每个教师都去实地考察。借鉴堂堂清、及时反馈等做法后，学校以生理化教研组为点，探索自主实践教育。

——随后，杭州教研室对每个教师把关，分两次随堂听课，磨课。教师提高很快。1996年、1998年出现中考状元，并完成浙江省级示范初中评估，成为后起之秀。

——1998年之后，学洋思中学的先学后教经验。对教师启发很多，意识到激发自学能力的重要性，并将教学和研究紧密结合，开展同一课文，不同教法的研讨等。

——2001年比较成熟。现在根据实践总结出：道德教育规范自律；知识自主建构；个性自赏张扬。

案例三

苏州实验小学：教学结构和模式的探索

选择切入点的背景和原因：

20世纪八九十年代学校教师进行各种教学方式、方法的探索，形成了点状分布。在这样的基础和前提下，校长思考从长远和高处着眼，1994年开始进行小学素质教育课程战略研究，提出素质教育目标化、素质教育目标课程化、课堂教学素质教育化。

在这样的背景下，学校以《小学发展性课堂教学研究》为课题，主要以教学模式的探索切入研究。学校根据学生不同发展阶段的不同特点和各学科自身特性，分别开发出一系列模式：语文——"以读导学""读写同步""自能型"课堂教学模式，数学——"双线型""互惠式""开放式问题解决法"课堂教学模式，英语——"情境交际型"课堂教学模式、社会——"体验式"课堂教学模式，自然——"探究学习"课堂教学模式等。现在，课堂教学模式还在不断地深化中，以此推动了课堂教学的变革和发展。

（二）启示：学校选择研究什么作为切入点

纵观三所学校研究的内容，共同点是都基于学校现有问题出发，不同点是学校的发展阶段不同，历史和现状基础不同，锁定的研究内容也不同。

苏州实验一小处于成熟期，引领课程改革的发展。该校之所以能实践"小学校，大教育"，研究素质教育的课题，是以前面的积累为前提的。它建立在已经具有了多个点状的探索成果之上，需要立足得更高，更系统。因此，它实际是按照学校的需求在进行探索，符合学校实际。

苏州第一中学是发展较好的学校，当前面临高中课改新形势。因此，重新审视自己的课堂教学，从分析教学目标、教学内容开始，这也是课改初期对教材不熟悉的情况下所选择的切入点。因此，探索课堂教学设计问题，教什么还是第一位的，后面才有如何教的问题。在还没有厘清教什么，就盲目探索如何教，如何多样化地教会走入歧途。

杭州采荷中学是一所先天不足，并不断借鉴的发展中学校。其发展经历了三个阶段，抓住了两个研究关键点，第一次学青浦，重反馈；第二次学洋思，重先学后教；现在初步探索出本校的自主实践体系。对于课堂教学中如何自主建构知识还没有总结出成型的东西。

由此可见，学校的探索内容不是自上而下的要求，也不是凭空想出来的。任何问题要站在历史基础上系统考虑，要立足于学校的现状和问题，不断寻找适合本校的切入点来开展。此外，我们的学校如果没有前面的积累是否可以跨越式发展，直接选择站位很高的题目呢？这值得我们思考。

二、如何研究

三所学校的教学研究有共同点，如领导牵头，全员参与的系统；扎实、深入、持久开展；研究与日常教学紧密结合等。其中实验一小更加典型，学

下篇

第十四章 教学研究：提升内在动力

校从 1994 年开始主动进行以课程改革为切入的素质教育探索，从中可以看出一个脉络：多个教师多点探索——整合成一个系统的课题，教师从中点状探索——课堂教学变革对管理冲击，管理变革——促进学校整体发展。下面以苏州实验一小为案例，谈谈是如何开展学校研究的。

（一）课程眼光，教学中心

1. 学校探索很多，要抓住教学这个核心

课堂教学是学校工作的中心，管理的变革目的是促进教学，校本教研的载体是课堂教学，教师专业发展的核心体现在课堂教学水平的提高，校长办学思想的确立最终是为了提高教学质量等。因而，对课堂教学的研究是学校研究的永恒的中心主题。学校层面的任何研究都不能脱离课堂教学研究而进行，否则无实质内容作为载体。

对课堂教学的研究，要立足于日常教学。脱离日常教学的研讨无异于缘木求鱼，徒增负担。当前我们很多学校将科研作为装点的门面，盲目追求课题的数量、盲目追求课题级别高、盲目追求理论的时髦，却没有想到是否有利于促进教师的课堂教学，是否有利于学校发展。

2. 研究教学，要放在课程的背景下

对课程与教学的关系有不同的观点，现在比较认可的是课程包含教学，教学是课程的实施。如果仅教学论教学，研究的焦点可能主要放在教法创新上，20 世纪 80 年代以来的探索多集中在此，也积累了大量的经验。随着积累的不断丰厚，需要从更高的层面来看教学，实验一小的探索过程向我们证明了这一点。

尤其是在当前课改的背景下，为我们提供了一个非常有力的外部环境，需要我们有一个更加广阔的视野，在课程的视野下去研究教学问题。这就需要我们深入思考，为什么是这些内容？为什么这样教？从而引导教师从理念方面把握教什么，如何教的问题。

但仍有需要注意的地方：首先，教学和科研一体，可以相互促进，不是额外负担。其次，考虑在原有的基础上如何创新，不要盲目追求新鲜、时髦。实验一小的研究内容没有增进什么新花样，而是在原有基础上考虑如何创新。

（二）问题出发，关键问题

研究是发现问题、解决问题的过程。没有问题的研究不是研究，没有真问题的研究不是真研究。要抓住适合本校的一个关键问题开展。苏州实验一小在分析学校现状基础上,选择了课堂教学模式这一方面作为研究的对象,不同学科结合学科特点开展此方面的研究。对于研究问题的确定要注意以下两点:

课题数量不能多,一个核心问题足矣。我们姑且不谈研究课题多必然增进负担。单从事物的内在规律和关系讲,学校是一个系统,课堂教学也是一个系统,系统中的各个要素是相互联系的,只要抓住一个要素,从一点切入,都能达到对整个系统的探索。同时,如果问题多,说明对事物没有本质的把握,没有找到牵一发而动全身的问题。这需要对各种问题进行梳理,找出关键问题。

题目选择不能太大,也不能太小。太大,不能深入;太小,不能统领。

同时,需要注意的是:首先,在某一阶段要抓住一个核心开展,不同的阶段,学校的核心问题可能不同。其次,时机问题。找到关键的问题是需要积淀的。不是凭主观去找,而是建立在学校的实际基础上,如果学校没有一定的基础,也很难找准这个问题,需要在积极探索中,不断聚焦。

(三)校长牵头,系统组织

苏州实验一小从组织系统看,建立了以教科研为中心的学校管理组织机构和运行机制变革,如图14-2-1所示。

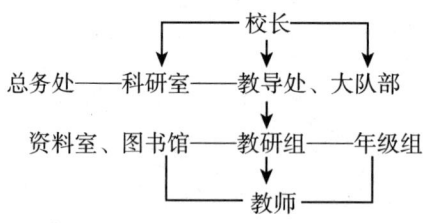

图14-2-1 教科研为中心的组织机构

在这样的组织系统下,校长直接对科研室进行管理。一方面,对于教学课题的研究,实现了教研和科研的一体化,实现了日常教学与日常备课、教学科研的有机结合。

另一方面,从课题管理和运行的机制看,校长牵头做一个总课题,不同学科都是子课题,这样形成全校围绕一个课题开展的系统。

第十四章 教学研究：提升内在动力

学校管理组织系统中行政系统和业务的系统是统一的、日常教学和课题研究是统一的。校长的课程领导力和教师的课程实施（教学）的组织执行力紧密地结合起来。这样不仅有利于贯彻校长的课程、教学思想，同时，利于学校的各方面工作都围绕日常教学的教学研究，达到相互促进、系统整合的效果。

（四）精细扎实，深入持久

课题选好了，利于课题开展的机制建立起来了，就涉及操作层面了。苏州实验一小给我们以下四点启示：

（1）关键问题做精。精细不仅是一种做事方式，更是一种思维方式。是将关键问题在宏观把握的前提下，不断细致分化，以更有利于深入研讨；是不断对关键点、细节问题深入挖掘，挖掘到极致。

（2）做的过程扎实。扎实、重过程不仅是一种学术品质、工作的态度，更是一种理念。任何事物的变化、发展是有一个过程的，在变化、发展中有一些因素在起作用。因而，不仅要关注结果，更要关注过程，我们需要扎实的经历过程，并研究过程背后的因素。

（3）做的研究深入。研究深入是需要不断解决新问题、不断创新的过程，这一过程离不开反思，在做的过程中不断思考。同时，思考不是盲目的，而需要理论引领。只有在理论引领下的实践才能做的更加深入。

（4）时间持久。不断坚持做是品质问题。一个课题不断深入地做，不受浮躁氛围干扰；遇到困难，没有退缩；面对新思想的出现，不断吸纳，而不盲从，需要的是气度、淡定、持之以恒等精神。同时，能够做下去是说明题目本身具有不断挖掘的生命力，是能否顺应内在规律去做的问题，是科研水平的问题。

（五）总结提升，外化为物

总结提升是研究到一定阶段的重要工作，是研究的深化。它既是一个阶段的总结，同时也是下一阶段的起点。总结提升是将研究过程梳理的过程，是将大量事实进行归纳的过程，是建立在理论和实践磨合基础上的理性化过程。这一过程是至关重要的。因此，总结不是简单地罗列做了什么，而是要在此基础上理性思考,要用科研的方法和理念进行总结。

同时,要外化为物,即要有成果。成果或者是案例、优秀设计,或者是论文等。外化是一个必要的过程。如果说内化是懂了、接受了、理解了,那么,外化是更深刻的理解,是在过程中的深刻理解。没有做一般写不出来,即使写出来,或者东拼西凑或者没有实质内容;做了也可能写不出来,只有做到一定程度了,是在理论与实践结合中做的,并有理性思考的基础上,才能真正地外化为成果。

第三节 U-S有效互动思考

U-S即大学或研究机构与中小学校的合作,下面以案例来说明对双方互动情况的思考。

一、背景介绍

(一) 当时课堂教学设计的研究现状

从2004年下半年开始,课堂教学专题以课堂教学设计为切入点进行。先后经过了文献综述了解了当前理论与实践的现状;经过查阅文献,对课堂教学各要素的设计进行了整理,描绘了课堂教学设计的框架(如对学生分析、教学内容的设计、三维目标的设计、教学结构设计、教学策略的设计、预设与生成等);针对以上部分对项目学校进行了现状调查研究(包括问卷调查、访谈、课堂观察等方法);并撰写了相应的案例分析文章,将典型的问题加以深入分析。通过这些前期的研究,对课堂教学设计有了一个面上理论和实践的了解。

(二) 与学校互动的思考

面对20多所项目学校,如何有效实现课堂教学设计理论与实践的结合,最终促进学校课堂教学设计水平的提高是当时面临的问题。这涉及两个问题:一个是研究内容聚焦的问题,即课堂教学设计是一个系统,任何一个要素都不能缺失。同时,作为一个研究又应该根据学校具体实际,有所侧重,从某一个方面切入，研究整体。另一个问题是研究机制问题，即如何实现理论与实践的结合，如何与学校更有效互动。

针对这两个问题进行了一些思考：关于第一个问题，应该去实践中看看学校到底在研究什么问题，什么问题最感困惑，然后再确定；关于第二个问题，面对如此多的学校、面对项目的工作方式，单纯扎根个别项目学校进行课题研究是不够的。如何有效开展互动？笔者总体思路是建立基于学校日常教学，以案例为载体，以活动带动来推进整体机制。对于单个的学校，则希望通过抓住学校课堂教学的真问题，以案例为载体互动，从实践中去深化研究，提升理论。

（三）与学校互动的思路

基于这样的思考，笔者设计了一个关于课堂教学设计专题推进的思路：以案例为载体，经过理论与实践不断地碰撞磨合，将新课改的理念渗透进来，使案例不断完善，并以此为切入点，带动学校教学工作的开展。

具体步骤如下：

第一步：学校交案例初稿

第二步：对稿子提出反馈意见并讨论

第三步：学校修正稿件

第四步：不断重复第二、三步的内容

第五步：案例基本完善

注意：每一步，教师要写出自己的体会（如在与专题联络人的互动中，是否有收获或困惑，若有空及时记录并发给专题责任人），便于了解教师的心声，并使研究者与教师之间形成良好互动。

二、互动过程

在这样的背景下，经过初步了解区县现状，选择某个区试图开展理论与实践的结合研究。下面仅就对这个区某所学校的互动情况做简单介绍。

（一）座谈——了解现状阶段

在区教科所的协调下，我们与学校的教学主任进行了座谈。在座谈会中，笔者将自己的研究思路进行了介绍，并希望学校谈谈本校课堂教学设计的探索情况。通过一番交流，X校教学主任介绍了一些听课体会以及对数学生活化的教学案例的想法，并初步确立了要撰写的案例和内容。

由于是第一次接触，笔者带着课堂教学设计的宏观理论，对学校课堂教学设计的实践没有切身体验；而L主任充满了对教学的思考，但是对教学设计新内涵、备课与教学设计的区别等还没有明确的认识。理论与实践进行了初次对话，但却没有完全理解深层的内涵。

（二）撰写案例——正式开展阶段

一个星期后，笔者看到了L主任以"数学生活化教学设计的思考"为题的第一稿，文章近3000字，用四个案例说明了三个问题：数学源于生活，教学设计要从实际出发；生活寓于数学教学设计，要注重联系生活；数学用于生活教学设计，注意解决生活问题。

看到这则案例后，初步了解了学校的探索现状。但是文章案例繁多、浅尝辄止。在具体分析的基础上，笔者提出了自己的修改意见：

优点：

（1）用"课堂教学片断"为案例说明，很好。

（2）本文实质是对教学内容的设计，反映了对新课标的解读，注重课程资源的合理有效利用问题。

不足：

（1）作者对本文反映的教学设计的理念不太清楚，导致对案例的分析不透。

（2）案例本身不典型，有些没有很好地表达教学设计中的"有效"，甚至"高效"。

L主任经过几天的思考、修改后，上交了第二稿。第二稿在呈现两个案例的基础上，总结出"教学设计的理念要从生活实际出发；教学目标的体现要以生活为原型；教学策略的运用要符合生活实际；教学设计要恰当使用生活中的教学资源"几点。

经过一番对比分析后，笔者思考了几个根本性问题：选题是否值得深入研究（即数学生活化在学校层面是否属于瓶颈问题）；数学生活化在课堂教学设计研究中是如何定位的？（即数学生活化的内涵是什么？它是课堂教学设计中要研究的关键部分吗？是内容设计还是方法设计？还是其他？）；文章的内容是否很好地说明了这一核心问题。

在思考的基础上又提出了自己的建议。

优点：

（1）观点聚焦了很多。

（2）主题比以前鲜明了。

思考：

（1）"数学情境生活化"这个选题很好，它是否有学校在这方面的探索作为背景支撑？还是只是个人的一点感悟？

（2）生活化和三维目标的落实到底是什么关系？

（3）课标中提到的数学生活化问题的内涵到底是什么？

（4）案例是否说明了这个主题，案例的呈现和分析清晰吗？

（5）"教学设计的理念要从生活实际出发""教学目标的体现要以生活为原型教学""策略的运用要符合生活实际""教学设计要恰当使用生活中的教学资源"四个标题和下面的内容匹配吗？是否准确地说明了作者想表达的意思？

（三）解决问题深化阶段

经过了近一周的修改，L主任针对第一个思考问题做了说明，提出了学校进行探索的背景，表明数学生活化是学校的核心问题。但是，后面笔者提到的问题，L主任基本没有变动，只是又将案例删掉一个。

面对这样的现状，笔者开始反思自己提出的意见可能含糊不清，背后的意思不能被深入理解。同时，这些问题是基于理论提出来的，可能和实践有距离，因此，这次稿子变动不大。看来再推进下去很难，我们的互动遇到了问题。

在这种情况下，笔者决定与L主任进行一次面对面的交流。这样可以及时追问，明确问题所在。为了能使对话有效，笔者进行了具有针对性的准备工作，查阅了数学生活化理论和实践探索的资料，对数学生活化有效性的内涵有了一个比较清楚的认识。

之后，笔者与L主任对教材、案例产生的背景、探索的过程及效果等各方面进行了一个上午的交流。这次交流有以下特点：

（1）研究人员与教师平等互动。

自始至终研究者和教师都处于平等的状态，研究人员与教师共同分析了教材。之后，以教师为主进行了教学设计的介绍。此时，研究人员主要是一个倾听者和促进者。

（2）采用科学的方法进行对话。

平等对话不是漫无边际的闲聊，应有比较明确的目的，并用质化研究方法中的倾听和追问进行科学实施。此时研究者本身就是一个研究工具，研究者的理论视角、水平、方法的运用技巧等直接影响对话的质量。笔者曾经有过扎根学校进行研究的经历，或许对与教师互动方面有了一些帮助。

（3）挖掘内容，并引导提升。

在完整真实了解了学校探索的现状后，基于前面资料的学习，对学校的探索情况有了一个基本的判断和定位，了解到它在数学生活化的研究方面做到了什么程度，取得了哪些突破进展，还有哪些有待进一步研究的问题等。此时或许应该对学校的探索提出建议，引导提升现有实践探索，以利于今后的研究（但当时为了体现学校探索的独立性，笔者当时并没有这样做，只是通过案例分析表达出来了）。

互动对话有以下收获：

（1）案例放在学校维度中研究。学校的探索已经进行了三年，本案例是其中之一。通过对案例的深入分析交流，可以带动学校在此问题中的探索发展。

（2）案例突出过程性。在对话过程中不断追问，对挖掘出本案例进行了三次尝试，深入了解了三次具体情况，突出了研究过程性。

（3）案例凸现背后的理念。深入挖掘出三次设计背后的理念以及对教材的分析、对学生的分析的想法。从课堂案例的角度挖掘背后理念，分析理念理解的正确性以及理念转化为教学行为中出现的问题。

（4）基于学生收获的过程反思。

对效果进行反思是检验设计的有效性。反思在课改背景下也不是陌生的话题，但反思什么确实是大家不太关注的问题。我们不仅对教学结果进行反思，也要对教学过程进行反思；更主要的是针对三维目标对学生学习的效果进行反思才是其核心内容所在。

总之，经过和 L 主任的互动对话，挖掘了亮点、明确了方法、突破了瓶颈。在这个过程中，笔者有一种豁然开朗的感觉，体验到了研究的喜悦。

（四）完善阶段

经过前面几个阶段后，L 主任的文稿从选题、思路到内容基本可以确定，需要对文章进行进一步的加工和完善。主要是对一些过程、细节进行再打磨。这也经历了一个扩充—压缩—再提升的过程。

三、互动反思

（一）教师是推进理论和实践结合的重要载体

科研人员与教师的互动实质是理论与实践的互动。如何真正互动起来，有很多途径，实践是理论的源泉，单纯从教师盲目实践中总结理论，未免会停留在浅层次；从理念指导下的实践中提升出的理论，才会具有深度。因此，从理论—实践—理论是一个不断循环往复的过程。无论是科研人员与教师共同开展的行动研究还是教师参与的科研人员的课题等各种互动范式中，教师无疑都是实现理论与实践结合的重要载体。

（二）双方积极构建互动的前期经验

研究人员和教师若能真正对话，要有实现对话的共同平台和基础。这个平台是前期经验，它需要彼此共同构建。他们都需要针对某个共同问题进行理论与实践的学习，搭建前期经验。尤其是教师，他们是研究的真正主体，研究人员只是促进者和引导者，教师需要在实践中不断学习理论，促进自主研究的意识、习惯。研究者不仅是和教师深入切磋，而主要是在教师自主研究的基础上的点拨。

（三）互动生成的过程基于学校情况不断调整

科研人员与教师的互动不是一成不变的，互动就是一个行动—反思—调节的过程。其中调节的依据不是以某个理论或某个成功经验作为轴心，让学校围着转。而应是基于学校情况不断与之对话、理论与实践磨合的过程。遇到问题要多从复杂的真实实践思考原因并调整解决。

（四）教科研人员的角色转变与定位

原来的科研主要是学校参与某项课题，研究人员主要以指导者身份出现。在新课改背景下，将理念落实的是一线的教师，他们在探索中遇到的困难，解决的策略是真实有效的，他们对理念的反思有其背后的深层原因。因此，科研人员作为局外人应该首先是一个倾听者。在了解学校的问题和需求基础上，通过互动，让教师掌握研究的方法，授人以渔而不是授人以鱼，引领教师在真实的课堂中自主研究。此时，研究人员是帮助者、促进者、引导者，研究人员只有不断学习相关理论、深入实践才能实现角色转化。

参考文献

1. 赵光武. 后现代主义哲学述评 [M]. 北京：西苑出版社，2000.
2. 王治河. 扑朔迷离的游戏：后现代哲学思潮研究 [M]. 北京：社会科学文献出版社，1993.
3. 张颐武. 从现代性到后现代性 [M]. 南宁：广西教育出版社，1997.
4. 张国清. 中心与边缘：后现代主义思潮概论 [M]. 北京：中国社会科学出版社，1998.
5. 陆有铨. 躁动的百年：20世纪的教育历程 [M]. 济南：山东教育出版社，1997.
6. 王坤庆. 现代哲学导论 [M]. 上海：华中师范大学出版社，2000.
7. 冯建军. 主体教育论 [M]. 南京：江苏教育出版社，2000.
8. 刁培萼. 教育文化学 [M]. 南京：江苏教育出版社，1998.
9. 王天一，夏之莲，朱美玉. 外国教育史 [M]. 北京：北京师范大学出版社，2001.
10. 田本娜. 外国教学思想史 [M]. 北京：人民教育出版社，1994.
11. 衣俊卿. 回归生活世界的文化哲学 [M]. 哈尔滨：黑龙江人民出版社，2000.
12. 贺来. 现实生活世界：乌托邦精神的真实根基 [M]. 长春：吉林教育出版社，1998.
13. 姚纪纲. 交往的世界：当代交往理论探索 [M]. 北京：人民出版社，2002.
14. 人学与现代化：全国第二届人学研讨会论文集 [M]. 南京：广西人

民出版社，1999.

15. 袁贵仁. 对人的哲学理解［M］. 郑州：河南人民出版社，1994.

16. 鲁洁. 教育社会学［M］. 北京：人民教育出版社，1990.

17. 吴康宁. 教育社会学［M］. 北京：人民教育出版社，1998.

18. 谢维和. 教育活动的社会学分析：一种教育社会学的研究［M］. 北京：教育科学出版社，2000.

19. 吴康宁. 课堂教学社会学［M］. 南京：南京师范大学出版社，2000.

20. 刘云杉. 日常生活社会学［M］. 南京：南京师范大学出版社，2000.

21. 洪成文. 现代教育知识论［M］. 太原：山西教育出版社，2001.

22. 项贤明. 泛教育论［M］. 太原：山西教育出版社，2001.

23. 石中英. 知识转型教育改革［M］. 北京：教育科学出版社，2001.

24. 赵志毅，朱乃识，贺晓星. 孩子·家长·教育——现代社会文化与教育的中日案例研究［M］. 兰州：甘肃教育出版社，1998.

25. 金生鈜. 理解与教育：走向哲学解释学的教育哲学导论［M］. 北京：教育科学出版社，1997.

26. 陈向明. 质的研究方法与社会科学研究［M］. 北京：教育科学出版社，2000.

27. 俞国良. 差生教育［M］. 长春：吉林教育出版社，1992.

28. 李跃儿. 谁拿走了孩子的幸福［M］. 北京：中国电影出版社，2003.

29. 李书磊. 村落中的"国家"：文化变迁中的乡村学校［M］. 杭州：浙江人民出版社，1999.

30. 钟启泉. 差生心理与教育［M］. 上海：上海教育出版社，1994.

31. 吴立德. 班级社会学概论［M］. 成都：四川大学出版社，1996.

32. 康永久. 教育制度的生成与变革：新制度教育学论纲［M］. 北京：教育科学出版社，2003.

33. 刘晶波. 师幼互动行为研究［M］. 南京：南京师范大学出版社，1999.

34. 王策三. 教育论集［M］. 北京：人民教育出版，2006.

35. 王策三. 教学认识论（修订本）［M］. 北京：北京师范大学出版

社，2002.

36. 张熙. 非指导教学论［M］. 北京：西苑出版社，2005.

37. 黄甫全. 现代课程与教学论学程（下）［M］. 北京：人民教育出版社，2006.

38. 黄政杰. 课程设计［M］. 台湾：台湾东华书局，1991.

39. 钟启泉，崔允漷，张华《基础教育课程改革纲要（试行)》解读［M］. 上海：华东师范大学出版社，2001.

40. 朱慕菊. 走进新课程：与课程实施者对话［M］. 北京：北京师范大学出版社，2002.

41. 普通高中新课程方案导读［M］. 上海：华东师范大学出版社，2003.

42. 义务教育数学课程标准修订组. 义务教育数学课程标准修订稿（征求意见稿），2011.

43. 上海中小课程教材改革委员会办公室，上海市教育委员会教学研究室. 面向21世纪中小学新课程方案和各学科教育改革行动纲领［M］. 上海：上海教育出版社，1999.

44. 郭成. 课堂教学设计［M］. 北京：人民教育出版社，2002.

45. 萧宗六. 学校管理学［M］. 北京：人民教育出版社，1994.

46. 陈孝彬，程凤春. 学校管理专题［M］. 北京：北京师范大学出版社，2002.

47. 陈孝彬，高洪源. 教育管理学［M］. 北京：北京师范大学出版社，2008.

48. 吴志宏. 学校管理理论与实践［M］. 北京：北京师范大学出版社，2002.

49. 范国睿. 学校的管理理论与实务［M］. 上海：华东师范大学出版社，2002.

50. 肖烨. 知识的双刃剑：现代主义与当代理论［M］. 北京：中国社会出版社，1996.

51. 齐格蒙·鲍曼. 后现代性及其缺憾［M］. 上海：学林出版

社，2002.

52. 大卫·杰弗里·史密斯（David Geoffrey Smith）. 全球化与后现代教育学［M］. 北京：教育科学出版社，2000.

53. 现代西方资产阶级教育思想流派论著选［M］. 北京：北京人民教育出版社，1983.

54. 特纳. 现代西方社会学理论［M］. 天津：天津人民出版社，1988.

55. 马克思恩格斯全集（第26卷上）［M］. 北京：人民教育出版社，1980.

56. 让·弗朗索瓦·利奥塔（Jean-Francois Lyotard）. 后现代状况：关于知识的报告［M］. 长沙：湖南美术出版社，1996.

57. 让-弗朗索瓦·利奥塔. 后现代道德［M］. 北京：学林出版社，2000.

58. 大卫·雷·格里芬. 后现代科学：科学魅力的再现［M］. 北京：中央编译出版社，1998.

59. 大卫·雷·格里芬. 后现代精神［M］. 北京：中央编译出版社，1998.

60. 小威廉姆·E. 多尔. 后现代课程观［M］. 北京：教育科学出版社，2000.

61. 米歇尔·福柯（Michel Foucault）. 疯癫与文明：理性时代的疯癫史［M］. 北京：三联书店，1999.

62. 米歇尔·福柯（Michel Foucault）. 规训与惩罚：监狱的诞生［M］. 北京：三联书店，1999.

63. 波林·罗斯诺（Pauline Marie Rosenau）. 后现代主义与社会科学［M］. 上海：上海译文出版社，1998.

64. 阿伦·布洛克. 西方人文主义传统［M］. 北京：三联书店，1998.

65. 戴维H乔纳森. 学校环境的理论基础［M］. 郑太年，等，译. 上海：华东师范大学出版社，2002.

66. 戴维·布莱克莱吉，巴里·亨特. 当代教育社会学流派：对教育的社会学解释［M］. 北京：春秋出版社，1989.

67. 玛丽·杜里-柏拉（M. Dubar-Bellat），（法）阿涅斯·冯·让丹

(A. Van Zanten). 学校社会学［M］. 上海：华东师范大学出版社，2001.

68. 片冈德雄. 班级社会学［M］. 北京：北京教育出版社，1993.

69. 皮埃尔·布迪厄，华康德. 实践与反思：反思社会学导引［M］. 北京：中央编译出版社，1997.

70. 保罗·弗莱雷. 被压迫者教育学［M］. 上海：华东师范大学出版社，2001.

71. 迈克尔·W. 阿普尔（Michael W. Apple）. 意识形态与课程［M］. 上海：华东师范大学出版社，2001.

72. 佐藤正夫. 教学原理［M］. 钟启泉，译. 北京：教育科学出版社，2001.

73. 刘复兴. 论教育价值的本质［J］. 教育理论与实践，1998（3）.

74. 顾建军. 论科学教育价值［J］. 南京师范大学报（社会科学版）1999（3）.

75. 刘铁芳. 教育走向与现代教育的反思［J］. 教育理论与实践，1998（6）.

76. 沈建民，谢利民. 以学生为本：现代课堂教学设计的基本理念［J］. 教育理论与实践，2000（8）.

77. 刘世清，李智晔，楼广赤. 以"学"为中心教学设计的构成要素与基本模式［J］. 中国电化教育，2002（12）.

78. 李康. 系统教学设计与建构主义教学设计——两种对立的教学设计观［J］. 电化教育研究，2003（10）.

79. 王兴辉、陈向东、张际平. 基于自导式学习的教学设计模式初探［J］. 中国电化教育，2003（10）.

80. 王丽华. 2003 年国内教学设计研究综述［J］. 宁波大学学报（教育科学版），2004（6）.

81. 钟志贤. 论客观主义教学设计范型［J］. 外国教育研究，2004（11）.

82. 乌美娜. 教学设计模式简述［J］. 外语电化教学，1987（2）.

83. 裴新宁. 谁是教学设计者［J］. 全球教育展望，2003（5）.

84. 杨开城，杜立梅. 基于活动的教学设计理论中学习内容分析和活动设计方法的探究［J］．中国电化教育，2003（8）．

85．王丽华．对课堂教学设计中教学目标阐明的思考［J］．现代教育技术，2003（13）．

86．朱细文．教学设计必须考虑的几个问题［J］．早期教育，2003（1）．

87．高文．情境学习与情境认知［J］．教育发展研究，2001（8）．

88．王治河．作为一种思维方式的后现代哲学［J］．外国哲学与哲学史，1995（3）．

89．朱旭东．后现代主义与比较教育研究［J］．比较教育研究，1998（4）．

90．刘啸廷．评后现代教育［J］．高等师范教育研究，1998（6）．

91．邓志伟．后现代主义与西方批判教育学［J］．外国教育资料，1996（4）．

92．沈建民，谢利民．以学生为本：现代课堂教学设计的基本理念［J］．教育理论与实践，2000（8）．

93．张应强．高等教育现代化的反思与建构［D］．南京师范大学博士后学位论文．

94．张义兵．逃出束缚："赛博教育"的社会学解读［D］．南京师范大学博士学位论文，2001．

95．徐长宽．对不受欢迎儿童的同伴人际交往特征的研究［D］．南京师范大学博士学位论文，1989．

96．刘静．学生互动规范的社会学分析：关于小学生的研究［D］．南京师范大学硕士学位论文，2001．

97．马维娜．局外生存：相遇在学校场内［D］．南京师范大学博士学位论文，2002．

外文：

［1］Wakefield, Peter W. Class in the Classroom：Engaging Hidden Identities［J］. *Sociology of Education*, 1996, 67.

［2］David weakliem, Julia Mcquillan, tracy schauer. Toward Meritocracy？Changing social－class difference in Intellectual Ability［J］. *Sociology of Education*, 1995, 68.

[3] JohnRobert Warren. Education Inequality among White and Mexican-origin Adolescents in the American Southwest: 1990 [J]. *Sociology of Education*, 1996, 69.

[4] George Psocharopoulos, Eduardo veler. Education quality and labor Market outcome: Evidence from Bogota, Colombia [J]. *Sociology of Education*, *Vol.* 66.

后　　记

　　本书在前期学习研究基础上主要依托"北京市中小学课程改革样本校建设项目"对促进学生发展的教学和教学管理进行理论与实践思考和重构。研究方式上采用"理论——实践——策略"的思考模式展开并构建。即在梳理前人研究基础上提出理论框架和思考，在此框架下对北京市实践进行现状调研，在调研基础上抽取有探索经验的典型案例进行剖析，并在此基础上提炼操作策略。

　　如果这些思考有一定的价值，主要得益于其处于一个很好的平台、机制中，得益于专家的直接指导。在前期理论研究和实践调研基础上，2004年张熙研究员负责的"课程改革样本校建设项目"研究，依托北京市41所不同类型的样本校，[①] 以四个专题从四个视角研究课改背景下的学校实践变革与发展，课堂教学和教学管理是其中之一。这些搭建了一个接触研究课改理论与实践的平台。

　　在项目运行中，建立了专家、子项目负责人、区县学校的合作共同体，专家是理论与实践的指导者；同事是共同研讨的激励者；学校是共同的参与者、思考者和建构者。在这样的平台和机制中，我得到了理论与实践的历练！

---

① 文中案例所涉人名均为化名。

后 记

　　在成长路上，我得到了许多领导、师长、朋友、家人的鼓励、支持、关爱，内心充满感激。

　　在此，一并致以诚挚的感谢！

　　理论不断发展、实践不断探索、改革不断深化，我深知这本书只是改革历程中点滴思考，不妥之处，欢迎大家批评指正。

　　路漫漫其修远兮，吾将上下而求索……

赵艳平

2015 年 7 月于北京